中國歷代書目題跋叢書

〔清〕范邦甸 等撰
江曦 李婧 點校
杜澤遜 審定

天一閣書目 天一閣碑目

上

上海古籍出版社

圖書在版編目(CIP)數據

天一閣書目　天一閣碑目 /（清）范邦甸等撰；江曦，李婧點校. —上海：上海古籍出版社，2019.5
（中國歷代書目題跋叢書）
ISBN 978-7-5325-9218-0

Ⅰ.①天…　Ⅱ.①范…　②江…　③李…　Ⅲ.①藏書樓—古籍—圖書目録—中國②藏書樓—碑刻—專題目録—中國—古代　Ⅳ.①Z838②Z88：K877.42

中國版本圖書館CIP數據核字(2019)第074552號

中國歷代書目題跋叢書

天一閣書目　天一閣碑目

（全二册）

［清］范邦甸　等撰

江曦　李婧　點校

杜澤遜　審定

上海古籍出版社出版發行

（上海瑞金二路272號　郵政編碼200020）

（1）網址：www.guji.com.cn

（2）E-mail：guji1@guji.com.cn

（3）易文網網址：www.ewen.co

蘇州越洋印刷有限公司印刷

開本850×1168　1/32　印張29.375　插頁10　字數620,000

2019年5月第1版　2019年5月第1次印刷

ISBN 978-7-5325-9218-0

G·710　定價：128.00元

如有質量問題，請與承印公司聯繫

《中國歷代書目題跋叢書》出版説明

漢代劉向、劉歆父子編撰《别録》《七略》，目録之學自此濫觴，在傳統學術中發揮了重要作用。歷代典籍浩繁龐雜，官私藏書目録依類編次，繩貫珠聯，所謂「類例既分，學術自明」（《通志·校讎略》），學者自可「即類求書，因書究學」（《校讎通義·互著》），實爲讀書治學之門户。而我國典籍屢經流散之厄，許多圖書真容難睹，甚至天壤不存，書目題跋所録書名、撰者、卷數、版本、内容即爲訪書求古的重要綫索。至於藏書家於題跋中校訂版本異同、考述版本淵源、判定版本優劣、追述藏弆流傳，更是不乏真知灼見，足以津逮後學。

我社素重書目題跋著作的出版，早在二十世紀五十年代，我社就排印出版了歷代書目題跋著作二十二種，後彙編爲《中國歷代書目題跋叢書》第一輯。此後，我社又與學界通力合作，精選歷代有代表性和影響較大的書目題跋著作，約請專家學者點校整理。至二〇一五年，先後推出《中國歷代書目題跋叢書》第二至四輯，共收書目題跋著作四十六種，加上第一輯的二十二種，計六十八種，極大地普及了版本目録之學。面對廣大讀者的需求，我社將該叢書陸續重版，並訂正所發現的錯誤，以饗讀者。

上海古籍出版社

二〇一八年八月

總目録

點校説明

《天一閣書目》十卷、《補遺》一卷、《范氏著作》一卷，清范邦甸等撰。或著録爲阮元撰。阮元《定香亭筆談》卷二云：「閲其書目，龐雜無次序，因手訂體例，遴范氏子弟能文者六七人，分日登樓，編成書目。」又《書目》中凡遇范欽皆稱「司馬公諱欽」或「司馬公」，所以此目之編纂者當爲范邦甸等范氏後人，阮元只不過製定體例，並主持刻印而已。據《范氏家譜》：「邦甸字禹甫，號小愚，灼長子。鄞學廩生。乾隆四十三年生，嘉慶二十一年卒。」是范欽九世孫。

天一閣是我國現存最古的藏書樓，從嘉靖末年至今，已巍然屹立近四百五十年之久。其創建者范欽，一生酷愛典籍，曾歷官湖北、江西、廣西、福建、雲南、陝西、河南等省，每到一地都留心搜集當地文獻，所以天一閣所藏明代地方志頗豐。在廣泛搜羅的同時，天一閣也編刻書籍，《書目》中凡著録爲「司馬公手訂」者，多爲范氏所刻。此外，范氏還與當時著名藏書家王世貞、豐坊等互抄有無。積書數萬卷，以兵部右侍郎致仕後，構天一閣以庋之，遂爲東南藏書家之巨擘。其子大沖、曾孫光文，續增藏書，閣中典籍益富。

歷來爲天一閣編製目録者甚衆，有明以降，不下數十家。明朱睦㮮《萬卷堂書目》著録的《范氏東明書目》、焦竑《國史經籍志》著録的《四明范氏書目》以及祁承㸁《澹生堂書目》著録的《四明范氏天一閣書目》，是其中較早者，但都已没有傳本。現存最早的藏書目是清初抄本《天一閣書目》，收録圖書五千餘部，僅著録各書書名和册數。乾隆三十八年修《四庫全書》，欽之八世孫懋柱進獻天一閣藏書六百餘種，爲獻書最多者之一，故獲賜《古今圖書集成》一部。呈書之後，范氏後人編有《四明天一閣藏書目録》，此目不分部類，亦僅著録書名和册書，頗爲簡陋。嘉慶間，阮元巡撫浙江，命范邦甸等編成《天一閣書目》十卷、《補遺》一卷。其後，天一閣迭遭兵燹，損失慘重。劉喜海、薛福成、林集虚、楊鐵夫、馮貞群等先後爲殘存之書編有目録。

范邦甸等編製的書目，是阮元於嘉慶十三年交寧紹台道陳廷杰付寧波府學教授汪本校刻而成的。該目分經、史、子、集四部，每部各爲一卷，每卷下又分若干子卷，加上御賜書、御題書、御賜圖以及進呈書，凡十卷。共著録藏書三千三百九十三種，三萬八千五百七十二卷，加上御賜《古今圖書集成》、范氏及二老閣進呈書目等，共計四千九百十四種，五萬三千七百九十九卷，大體反映了天一閣藏書的整體面貌。該目詳細著録書名、卷數、版本、著者、序跋、印章等，與此前僅著録書名、册數的簡目相比，其體例更爲完備；與閣書大量流散後所編訂的各書目相比，則更爲完整地反映了天一閣藏書的全貌。可以説該目是諸多天一閣藏書目録中編纂體例較爲完善、著録較爲詳備的一種。特别是它摘録序跋，便於讀者窺測一書之内容主旨、成書過程、版本源流，能很好地起到「辨章學術，考鏡源流」的作用。更由於《書目》著録的不少書後來亡佚，後人藉此目可窺其一斑。因而具有較高的學術價值，其流傳和影響也較其他書目更爲廣泛。值得注意的是，該目詳細著録版本、印章，注重對反映刻書情況序跋的摘録，並且不厭其煩地羅列有何人序、跋、識，何人校、重校、刊，具有稍後盛行的藏書志的特點。這反映了當時由傳統目録向版本目録轉變的情況。然而，由於閣書數量龐大，又書出衆手，所以該目瑕疵亦復不少。分隸門類、排列先後，頗有失次。另外，所著録書名、卷數、撰者姓名等訛謬者甚夥，僅馮貞群所編天一閣《舊目考略》中就指出數百條之多（詳見本書「附録」。）

除了大量藏書，天一閣還儲有許多碑刻拓本。全祖望説：「天一石刻之富，不減歐、趙。」據乾隆和光緒《鄞縣志》記載，范欽和全祖望都曾爲天一閣編寫碑目，然而皆不見傳本。現存較早的是乾隆末年由范懋敏編寫、錢大昕鑒定的《天一閣碑目》一卷、《續增》一卷，後來由汪本附刻於書目之後。懋敏字葦舟，號遜齋，國學生，范欽七世孫。此目以時代前後爲次，並記撰、書人姓名。著録周一種、秦二種、漢二十九種、魏晉南北朝二十二種、隋五種、唐一百四十四種、五代五種、宋二百零二種、金四十一種、元二百五十七種、年代不詳者二種，續增九十四種，都凡八百零四種。明代碑帖，以其時代較近而不録。

我們這次點校所用底本，爲嘉慶十三年寧波府學陳廷杰刻本。此本有不少魯魚帝虎之類的舛訛，個别地方難已卒讀。比如史部《南唐書》條，數十字的文章竟有四個錯字。由於該目没有其他版本可以用來對校，故對於難以句讀、疑有訛謬之處，則以檢校原書或其他書目，對錯字進行改正，對脱文予以校補，并附校勘記於該條之後。對於如「玄」刻爲「元」、「弘」刻爲「宏」之類的避諱字，以及己、已、巳之類刊刻時未加區分的情況，則徑改不出校。對於諸如「元大德」誤爲「宋大德」之類非錯字性質的謬誤，爲保持書的原貌，則不予改正，只在該條後加注指出。

此次整理輯有三個《附録》：一是其他天一閣書目、碑目的序跋及一些相關文章；二是范欽及其他對天一閣有重要影響的范氏族人傳記；三是民國時期馮貞群編寫的《舊目考略》。這些對於認識和研究天一閣及其藏書均具有重要的參考價值。另外，爲了方便讀者使用，本書附有《天一閣書目》、《天一閣碑目》書名、碑名和《天一閣書目》撰校序跋及刊者四角號碼綜合索引。

本書的點校工作，經、史、子及碑目由江曦負責，集部由李婧負責，全書由杜澤遜審定。限於水平，謬誤之處恐在所難免，尚冀讀者有以教正。

江曦　李婧

二〇〇八年十月十日

天一閣書目

天一閣書目

天一閣書目目録

寧波范氏天一閣書目序

阮　元

海内藏書之家最久者，今惟寧波范氏天一閣巋然獨存。其藏書在閣之上，閣通六間爲一，而以書厨間之。其下乃分六間，取「天一生水，地六成之」之義。乾隆間詔建七閣，參用其式，且多寫其書入《四庫》，賜以《圖書集成》，亦至顯榮矣。余自督學至今，數至閣中，繙所藏書。其金石榻本當錢辛楣先生修《鄞縣志》時，即編之爲目，惜書目未編。余於嘉慶八九年間，命范氏後人登閣，分厨寫編之，成目録一十卷。十三年秋，以督水師復來寧波，與寧紹台道陳君廷杰言及之。陳君請觀其目，遂屬府學汪教授本校其《書目》、《金石目》並刻之。刻既成，請序焉。

余聞明范司馬所藏書，本之于豐氏熙、坊。此閣構于月湖之西，宅之東，墻圍周迴，林木蔭翳。閣前略有池石，與闤闠相遠，寬閑静閟，不使持烟火者入其中，其能久一也。又司馬没後，封閉甚嚴，繼乃子孫各房相約爲例：凡閣厨鎖鑰分房掌之。禁以書下閣梯，非各房子孫齊至不開鎖。子孫無故開門入閣者，罰不與祭三次。私領親友入閣及擅開厨者，罰不與祭一年。擅將書借出者，罰不與祭三年。因而典鬻者，永擯逐不與祭。其例嚴密如此，所以能久二也。夫祖父非積德則不能大其族，族大矣，而不能守禮讀書，則不肖者多出其間。今范氏以書爲教，自明至今，子孫繁衍，其讀書在科目學校者，彬彬然，以不與祭爲辱，以天一閣後人爲榮。每學使者按部，必求其後人優待之。自奉詔旨之褒，而閣乃永垂不朽矣。其所以能久者三也。觀察刻《目録》既成，即以板畀其後人庋閣下，甚盛舉也。余更有望者，此閣所藏五萬三千餘卷，皆明天啟以前舊本，若明末暨國朝之書概闕焉。范氏子孫若有能繼先業而嗜典籍者，以裒藏繼之，則書益以富矣。且閣不甚高敞，木亦漸朽，新而增之，不益禕歟？又案《甬上耆舊傳》曰：「范欽字堯卿，嘉靖十一年進士。知隨州，有治行，遷工部員外郎。時大工頻起，武定侯郭勛爲督，勢張甚。欽以事忤之，勛譖于帝，下獄廷杖。知袁州。大學士嚴嵩，其郡人也。嵩之子世蕃，欲取宣化公宇。欽不可。世蕃怒，欲斥之。嵩曰：『是抗郭武定者，踣之適高其名。』遂得寢。稍遷按察副使，備兵九江。歷遷副都御史，巡撫南贛，擒劇賊李文彪，平其穴。疏請築城程鄉之濠居村，設一通判，以消豫章、閩、粵之奸。復攻大盜馮天爵，斬之。遷兵部右侍郎，解組歸。張時徹、屠大山亦里居，人稱爲東海三司馬。欽築居在月湖深處，林木翳然。性喜藏書，起天一閣，購海内異本，列爲四部。尤善收説經諸書及先輩詩文集未傳世者。浙東藏書家，以天一閣爲第一。卒年八十三。」因並録之，以見司馬事實。又黄梨洲先生有《天一閣藏書記》，亦録而刻之於卷首。

嘉慶十三年冬至日撫浙使者揚州阮元序。

天一閣藏書記

黄宗羲

嘗嘆讀書難，藏書尤難，藏之久而不散，則難之難矣。自科舉之學興，士人抱兎園寒陋十數册故書，崛起白屋之下，取富貴而有餘。讀書者一生之精力，埋没敝紙渝墨之中，相尋於寒苦而不足。每見其人有志讀書，類有物以敗之。故曰讀書難，藏書尤難，非好之與有力者不能。歐陽公曰：「凡物好之而有力，則無不致也。」二者正復難兼。楊東里少時貧，不能致書，欲得《史略釋文》、《十書直音》，市直不過百錢，無以應，母夫人以所畜牝雞易之。東里特識此事於書後。此誠好之矣。於尋常之書猶無力也，况其他乎？有力者之好，多在狗馬聲色之間。稍清之，而爲奇器。再清之，而爲法書名畫，至矣。苟非盡捐狗馬聲色、字畫、奇器之好，則其好書也必不專，好之不專，亦無由知書之有易得有不易得也。强解事者，以數百金捆載坊書，便稱百城之富，不可謂之好也。故曰藏書尤難。

歸震川曰：「書之所聚，當有如金寶之氣，卿雲輪囷，覆護其上。」余獨以爲不然。古今書籍之厄，不可勝計，以余所見者言之，越中藏書之家，鈕石溪世學樓其著也。余見其小説家目録，亦數百種，商氏之《稗海》，皆從彼借刻。崇禎庚午間，其書初散，余僅從故書鋪得十餘部而已。辛巳，余在南中，聞焦氏書欲賣，急往訊之，不受奇零之值，二千金方得爲售主。時馮鄴仙官南〔二〕納言，余以爲書歸鄴仙猶歸我也，鄴仙大喜。及余歸而不果，後來聞亦散去。庚寅三月，余訪錢牧齋，館於絳雲樓下，因得繙其書籍。凡余所欲見者，無不在焉。牧齋約余爲讀書伴侣，閉關三年。余喜過望，方欲踐約，而絳雲一炬，收歸東壁矣。〔三〕歙溪鄭氏叢桂堂，亦藏書家也。辛丑，在武林捃拾程雪樓、馬石田集數部，其餘都不可問。甲辰，館語溪，檇李高氏以書求售二千餘，大略皆鈔本也，余勸吴孟舉收之。余在語溪三年，閲之殆遍，此書固他鄉寒故也。江右陳氏業，頗好藏書，自言所積不甚寂寞。乙巳寄弔其家，其子陳澎書來言，兵火之後，故書之存者，惟熊勿軒一集而已。語溪吕及父，吴興潘氏壻也。言昭度欲改《宋史》，曾弗人、徐巨源草創而未就，網羅宋室野史甚富，緘固十餘簏在家。約余往觀，先以所改曆志見示。未幾而及父死矣，此願未遂，不知至今如故否也。祁氏曠園之書，初庋家中，不甚發視。余每借觀，惟德公知其首尾，按目録而取之，俄頃即得。亂後遷至化鹿寺，往往散見市肆。丙午，余與書賈入山，翻閲三晝夜，余載十捆而出。經學近百種，稗官百十册，而宋元文集已無存者。途中又爲書賈竊去衛湜《禮記集説》、《東都事略》。山中所存惟舉業講章、各省志書，尚二大櫥也。丙辰，至海鹽，胡孝轅考索精詳，意其家必有藏書。訪其子令修，慨然發其故篋，亦有宋元集十餘種，然皆余所見者。孝轅筆記稱引姚牧菴集，令修亦言有其書，一時索之不能即得。餘書則多殘本矣。吾邑孫月峯，亦稱藏書，而無異本，後歸碩膚。丙戌之亂爲火所盡，余從隣家得其殘缺實録，三分之一耳。由此觀之，是書者，造物之所甚忌也，不特不覆護之，又從而菑害之如此。故曰藏之久而不散，則難之難矣。

天一閣書，范司馬所藏也，從嘉靖至今蓋已百五十年矣。司馬殁後，封閉甚嚴。癸丑，余至甬上，范友仲破戒引余登樓，悉發其藏。余取其流通未廣者鈔爲書目，凡經、史、地志、類書，坊間易得者，及時人之集、三式之書，皆不在此列。余之無力殆與東里少時伯仲，猶冀以暇日握管懷鉛，揀卷小書短者鈔之，友仲曰諾。荏苒七年，未蹈前言。然余之書目遂爲好事流傳，崑山徐健菴使其門生謄寫去者不知凡幾。友仲之子左垣，乃并前所未列者重定一目，介吾友王文三求爲藏書記。近來書籍之厄，不必兵火，無力者既不能聚，聚者亦以無力而散。故所在空虛，屈指大江以南，以藏書名者，不過三四家。千頃齋之書，余宗兄比部明立所聚。自庚午訖辛巳，余往南中，未嘗不借其書觀也。余聞虞稷好事過於其父，無由一見之。曹秋岳倦圃之書，累約觀之而未果，據秋岳所數，亦無甚異也。余門人自崑山來者，多言健菴所積之富，亦未寓目。三家之外，即數范氏。韓宣子聘魯，觀書於太史氏，見《易象》與魯《春秋》曰：「周禮盡在魯矣。」范氏能世其家，禮不在范氏乎？幸勿等之雲烟過眼，世世子孫如護目睛，則震川「覆護」之言，又未必不然也。

〔一〕「南」字原脱，據《南雷文定》補。

〔二〕「庚寅」至「東壁矣」原脱，據《南雷文定》補。

聖諭

浙江巡撫臣阮元敬刊　寧波府鄞縣學廩膳生員臣范懋柱恭録

乾隆三十八年閏三月初七日准大學士劉　字寄乾隆三十八年三月二十九日奉上諭：

昨以各省採訪遺書奏到者甚屬寥寥，已明降諭旨詳切曉示，予以半年之限，令各督撫等作速妥辦矣。遺籍珍藏，固隨地俱有，而江浙人文淵藪，其流傳較別省更多，果能切實搜尋，自無不漸臻美備。聞東南從前藏書最富之家，如崑山徐氏之傳是樓、常熟錢氏之述古堂、嘉興項氏之天籟閣、朱氏之曝書亭、杭州趙氏之小山堂、寧波范氏之天一閣，皆其著名者，餘亦指不勝屈，並有原藏書目至今尚爲人傳録者。即其子孫不能保守，而輾轉流播，仍爲他姓所有，第須尋原竟委，自不致湮没人間，縱或散落他方，爲之隨處蹤求，亦不難於薈萃。又聞蘇州有一種賈客，惟事修賣舊書。如山塘開鋪之金姓者，乃專門世業，于古書存佚原委頗能諳悉。又湖州向多賈客書船，平時在各處州縣兑賣書籍，與藏書家往來最熟。其于某氏舊有某書，曾購某本，問之無不深知。如能向此等人善爲諮詢，詳加物色，因而四處借鈔，仍將原書迅速發還，諒無不踴躍從事。至書中即有忌諱字面，並無妨碍，現降諭旨甚明。即使將來進到時，其中或有妄誕字句，不應留以貽惑後學者，亦不過將書燬棄，轉諭其家，不必收存，與藏書之人並無干涉，必不肯因此加罪。至督撫等經手彙送，更無關碍，又何所用其疑畏乎？朕平日辦事光明正大，可以共信于天下，高晋等尤所深知。而其所隸州郡藏書，什倍於别省，徵訪之事，更當是其責成。著將此旹交高晋、薩載、三寶，即恪遵朕旨，實力購覓。並當舉一反三，迅速設法妥辦，以副朕殷殷竚望之意。如有覓得之書，即行陸續録送，毋庸先行檢閲，致稽時日。將此由四百里傳諭知之。欽此。

乾隆三十八年六月初五日准協辦大學士尚書于　字寄乾隆三十八年五月十七日奉上諭：前經三寶奏，據鮑士恭等願以家藏舊書上充秘府，並先繕書目進呈，曾傳諭該撫，以外省進到之書，大小長短不齊，留之無益，將來辦竣，仍給還各本省自行收藏，無藉伊等恭進。今復據三寶續購遺書開單具奏，并稱「天一閣後人范懋柱等，俱呈請抒誠願獻」等語。該撫想尚未接奉前旨，是以復爲此奏。現已明降諭旨，凡各省解到之書，鈔録已竣，概令給還各本家珍守。所有范懋柱等呈出各書，著三寶先傳諭伊等，將來解京鈔畢，仍發回浙省，令其領取收藏。再該撫摺内又稱「范氏藏書中，有與前奏單内各書重複者頗多，已經檢除」等語，此等檢出書籍，自應先行給還。著傳諭三寶，即將檢存各書，點明若干部，每部若干本，開列清單，派委妥員，齎交范懋柱收領，并留心稽察，毋任承辦之員從中扣留缺少及吏胥等藉端需索。其餘各家有似此者，并一體辦理。將此諭令知之。欽此。

乾隆三十九年五月十四日内閣奉上諭：

國家當文治休明之會，所有古今載籍，宜及時蒐羅大備，以光策府，而裨藝林。因降旨命各督撫加意採訪，彙上於朝。旋據各省陸續奏進，而江浙兩省藏書家呈獻者種數尤多，廷臣中亦有紛紛奏進者。因命詞臣分别校勘應刊、應録，以廣流傳。其進書百種以上者，並命擇其中精醇之本進呈乙覽，朕幾餘親爲評詠，題識簡端。復命將進到各書，于篇首用「翰林院印」並加鈐記，載明年月、姓名於面頁，俟將來辦竣後，仍給還各本家自行收藏。其已經題詠諸本，並令書館先行録副，將原書發還，俾收藏之人益增榮幸。今閲進到各家書目，其最多者，如浙江之鮑士恭、范懋柱、汪啟淑、兩淮之馬裕四家，爲數至五、六、七百種，皆其累世弆藏，子孫克守其業，甚可嘉尚。因思内府所有《古今圖書集成》爲書城鉅觀，人間罕覯。此等世守陳編之家，宜俾專藏勿失，以裨留貽。鮑士恭、范懋柱、汪啟淑、馬裕四家，著賞《古今圖書集成》各一部，以爲好古之勸。又如進呈一百種以上之江蘇周厚堉、蔣曾瑩，浙江吴玉墀、孫仰曾、汪汝瑮，及朝紳中黄登賢、紀昀、勵守謙、汪如藻等，亦俱藏書舊家，並著每人賞給内府初印之《佩文韻府》各一部，俾亦珍爲世寶，以示嘉獎。以上應賞之書，其外省各家，著該督撫、鹽政派員赴武英殿領回分給。其在京各員，即令其親赴武英殿祇領。仍將此通諭知之。欽此。

乾隆三十九年六月二十四日奉上諭：

浙江寧波范懋柱家所進之書最多，因加恩賞《古今圖書集成》一部，以示嘉獎。聞其家藏書處曰天一閣，純用磚甃，不畏火燭，自前明相傳至今，並無損壞，其法甚精。著諭寅著親往該處，看其房間製造之法若何，是否專用磚石，不用木植，并其書架欵式若何，詳細詢察，燙具準樣，開明丈尺呈覽。寅著未到其家之前，可預邀范懋柱，與之相見，告以奉旨：「因聞其家藏書房屋、書架造作甚佳，留傳經久。今辦《四庫全書》，卷帙浩繁，欲仿其藏書之法，以垂久遠。故令我親自看明，具樣呈覽，爾可同我前往指説。」如此明白宣諭，使其曉然於心，勿稍驚疑，方爲妥協。將此傳諭知之，仍著即行覆奏。欽此。

領侍衛内大臣和碩額駙尚書公福，遵旨傳諭杭州織造寅著。

乾隆三十九年七月二十五日大學士于敏中等奉諭旨：

《四庫全書》處進呈總目，于經、史、子、集内分晰應刻、應鈔及應存書目三項，各條下俱經撰有提要，將一書原委，撮舉大凡，并詳著書人世次、爵里，可以一覽瞭然。較之《崇文總目》，蒐羅既廣，體例加詳，自應如此辦理。第此次各省搜訪書籍，有多至百種以上至六七百種，如浙江范懋柱等家，其裒集收藏，深可嘉尚。前已降旨分別頒賞《古今圖書集成》及初印《佩文韻府》，并擇其書尤雅者，製詩親題卷端，俾其子孫世守，以爲稽古藏書者勸。今進到之書，于纂輯後仍須發還本家。而所撰《總目》，若不載明係何人所藏，則閱者不能知其書所自來，亦無以彰各家珍弆資益之善。著通查各省進到之書，其一人而收藏百種以上者，可稱爲藏書之家，即應將其姓名附載于各書提要末。其在百種以下者，亦應將由某省督撫某人採訪所得附載于後。其官板刊刻，及各處陳設、庫貯者，俱載内府所藏。使其眉目分明，更爲詳細。至現辦《四庫全書總目提要》，多至萬餘種，卷帙甚繁，將來鈔刻成書，繙閱已頗爲不易，自應于《提要》之外，別刊簡明書目一編，祇載某書若干卷，註某朝某人譔，則篇目不繁，而檢查較易，俾學者由書目而尋提要，由提要而得全書。嘉與海内之士考鏡源流，用昭我朝文治之盛。著《四庫全書》處總裁等遵照悉心妥辦，並著通諭知之。欽此。

天一閣書目藏書總目

御賜書　一種一萬卷
御題書　二種十五卷
御賜圖　二種二十八幅
進呈書　六百九十六種五千二百五十八卷
經部　二百二十六種四千一百七十一卷
史部　一千二百七十六種一萬九千五百六十二卷
子部　一千十一種三千二百四十八卷
集部　八百八十種一萬一千五百四十五卷
通共四千九十四種五萬三千七百九十九卷

天一閣書目卷一之一

乾隆三十九年御賜《古今圖書集成》一萬卷，聖祖仁皇帝御纂。雍正四年九月二十七日，世宗憲皇帝御製序：「欽惟我皇考聖祖仁皇帝聰明睿智，亶生知之質，而又好古敏求，孜孜不倦。萬幾之暇，置圖書于左右，披尋玩味，雖盛暑隆寒，未嘗暫曠。積數十年之久，研綜古今，搜討殆遍，屢命儒臣宏開書局。若《周易折中》發四聖之微言，《朱子全書》會羣儒之奥義。皆禀自睿裁，復躬加校定。若《律曆淵源》，推軒皇之神策，叶虞代之元聲。皆親行指授，以天縱之能，而準於儀器。凡註經考史，選詩論文，以及博聞多識之資，所纂輯雕鐫，充溢於内府。删述之功，嘉惠無窮，稱極盛矣。而又以爲未攬其全，乃命廣羅羣籍，分門别類，統爲一書，成策府之鉅觀，極圖書之大備。而卷帙浩富，任事之臣，弗克祇承，既多訛謬，每有闕遺，經歷歲時，久而未就。朕紹登大寶，思繼先志，特命尚書蔣廷錫等董司其事，督率在館諸臣重加編校。窮朝夕之力，閲三載之勤。凡釐定三千餘卷，增删數十萬言。圖繪精審，考定詳悉。書成進呈朕覽，其大凡列爲六編，析爲三十二典，其部六千餘，其卷一萬。始之以曆象，觀天文也。次之以方輿，察地理也。次之以明倫，立人極也。又次之以博物、理學、經濟，則格物、致知、誠意、正心、治國、平天下之道，咸具於是矣。惟我考法天行之剛健，協坤德之含宏。察於人倫，明於庶物。尊六經而禮先儒，釐六官以敷大政。故是書之成，貫三才之道，而靡所不該；通萬方之略，而靡所不究也。我皇考金聲玉振，集五帝、三王、孔子之大成；是書亦海涵地負，集經、史、諸子百家之大成。前乎此者，有所未備，後有作者，又何以加焉！敬藏石室，寶垂久遠。用叙其本末，綴於篇首，上以彰皇考好學之聖德，右文之盛治。并記朕繼志述事，兢兢業業，罔敢不欽若于丕訓云爾。」序後有雍正御筆之寶。

凡例四十七條。

曆象彙編

乾象典　二十一部一百卷

歲功典　四十三部一百一十六卷

曆法典　六部一百四十卷

庶徵典　五十部一百八十八卷

方輿彙編

坤輿典　二十一部一百四十卷

職方典　二百二十三部一千五百四十四卷

山川典　四百一部三百二十卷

邊裔典　五百四十二部一百四十卷

明倫彙編

皇極典　三十一部三百卷

宫闈典　一十五部一百四十卷

官常典　六十五部八百卷

家範典　三十一部一百一十六卷

交誼典　三十七部一百二十卷

氏族典　二千六百九十四部六百四十卷

人事典　九十七部一百十二卷

閨媛典　一十七部三百七十六卷

博物彙編

藝術典　四十三部八百二十四卷

神異典　七十部三百二十卷

禽蟲典　三百一十七部一百九十二卷

草木典　七百部三百二十卷

理學彙編
經籍典　六十六部五百卷
學行典　九十六部三百卷
文學典　四十九部二百六十卷
字學典　二十四部一百六十卷
經濟彙編
選舉典　二十九部一百三十六卷
銓衡典　十二部一百二十卷
食貨典　八十三部三百六十卷
禮儀典　七十部三百四十八卷
樂律典　四十六部一百三十六卷
戎政典　三十部三百卷
祥刑典　二十六部一百八十卷
考工典　一百五十四部二百五十二卷
已上六彙編三十二典，六千一百九部，共一萬卷。

乾隆三十九年御題魏了翁周易要義十卷 棉紙藍絲闌鈔本。

右宋僉書樞密院事卭州魏了翁纂。按：了翁各經要義共有九種，方回謂係謫靖州時取諸經註疏摘而成者。惜流傳頗少，今所見《尚書》、《儀禮》，并此已得其三。又按：魏公别有《周易集義》六十四卷，乃集周、邵、程、朱以下十七家之説，與此爲二書。朱氏《經義考》録彼遺此，蓋失載云。乾隆甲午御製五言古風一章：「華父師敬子，其學傳紫陽。紫陽註《周易》，獨稱卜筮方。舉占意有謂，恐人涉荒唐。魏乃宗正義，删煩取其臧。釋文考陸氏，兼引馬鄭王。簡以得其要，約而頗致詳。彝尊尚勿知，希寶誠吉光。開宗闡虚玄，孔門教用彰。三《易》明周稱，葢謂取岐京。《乾》健具四德，《坤》順惟隨倡。弗牛而曰馬，牝馬行無疆。然予更思之，仍即一《乾》剛。《乾》、《坤》分既定，餘卦推類明。大端勿失正，十翼臣之良。出處益卓然，正色立朝綱。豈徒託空言，用《易》誠有常。《四庫》廣搜羅，懋柱出珍藏。鈔刻俾歸之，牖世文教昌。」卷首題五言，用賁世守長。」

御題馬總意林五卷 棉紙朱絲闌鈔本。

摘録諸子要言彙粹而成。乾隆甲午御製七言絶句三章：「集録裁成庾潁川，《意林》三軸用兹傳。漫嫌撮要失備載，嘗鼎一臠知味全。」「都護安南政不頗，用儒術致政平和。奇書五卷銅柱二，無忝祖爲馬伏波。」「六經萬古示綱常，諸子何妨取所長。節度豈徒務佔畢，要知制事有良方。」

乾隆四十四年御賜平定回部得勝圖 共十六幅一分。乾隆丙戌歲御製序文。

第一幅 伊犁受降圖
第二幅 格登鄂拉斫營圖
第三幅 鄂壘扎拉之戰圖
第四幅 和落霍澌之捷圖
第五幅 庫隴癸之戰圖
第六幅 烏什酋長獻城降圖
第七幅 黑水圍解圖
第八幅 呼爾滿大捷圖
第九幅 通古思魯克之戰圖
第十幅 霍師庫爾克之戰圖
第十一幅 阿爾楚爾之戰圖
第十二幅 伊西洱庫爾淖爾之戰圖
第十三幅 拔達山汗納欵圖
第十四幅 平定回部獻俘圖

第十五幅　郊勞回部成功諸將士圖

第十六幅　凱宴成功諸將士圖

右圖十有六幅，始于伊犁受降，訖于回部獻俘。凡我將士剷壘斫陣、霆奮席卷之勢，與夫賊衆披靡潰竄、麕奔鹿駭之狀，靡不摹寫畢肖。鴻猷顯鑠，震耀耳目，爲千古臚陳戰功者所未有。幅端各繫以御製詩，成于奏凱録功、即事紀實者十，追叙時地、補圖補詠者六。既裝潢成册，親序册首，並命臣等恭識其後。伏惟西陲之役，歲不越五周，北庭以北，西濛以西，二萬餘里，咸隸版宇。懿此武成大定，胥荷我皇上廟算精詳，先機制勝，用以洪迓靈貺，佑順協孚。當我師之再克捷也，叙豐功則有告成太學之碑，有勒銘伊犁、格登、葉爾羌、伊西洱庫爾淖爾之碑。闡偉畫則有《西師詩》、《開惑論》。而自乙亥軍興，至己卯蕆事，見諸賡詠者凡二百二十餘篇，勒石武成殿廡。至五十功臣，則繪像紫光閣，題贊以寵異之。又繪其次五十人，勅臣等擬贊同弆。而閣壁左右則繪平定伊犁回部之圖，所以昭垂史牒者，赫弈乎詳且備矣。兹册復因事綴圖，或採諸奏牘所陳，或徵諸諮詢所述。今得撫圖而指數之曰：「是役也，某實任之，而先登則某之績，分部襄勤則某某之力也。是準部之所以備滅，而回部之所以覆亡也。若夫目擊心存，如指揮于折衝禦侮之間，與所謂欽天眷而凛月盈者，則序文又已舉其綮要，臣等無能贊揚萬一云。」大學士臣富恒等恭跋。

乾隆五十二年御賜平定兩金川戰圖 共十二幅一分

一幅
將軍阿桂奏攻克科布曲索隆古山梁等處碉寨即期迅擣賊巢詩以誌事
一幅
副將軍明亮奏攻克宜喜達爾圖山梁已據要隘籌進取賊巢詩以誌事
一幅
將軍阿桂奏捷攻克木思工噶克了口等碉栅詩以誌事
一幅
副將軍明亮奏攻克日旁一帶碉寨詩以誌慰
一幅
將軍阿桂奏捷官軍收復小金川全境詩以誌事
一幅
將軍阿桂奏捷羅博瓦山碉痛殲賊衆相機進勦詩以誌事
一幅
副將軍明亮奏捷攻克宜喜甲索等碉卡詩以誌事

一幅
八月二十四日丑時將軍阿桂馳報攻得勒烏圍紅旗是晚奏摺至知攻克賊巢長悉詩以誌事
一幅
副將軍明亮奏報攻克石真噶賊碉詩以誌事
一幅
將軍阿桂奏報大兵攻兵喇穆喇山梁及日則了口詩以誌事
一幅
將軍阿桂奏攻克𢈪薩爾山梁碉寨木城詩以誌事
一幅
將軍阿桂奏攻克噶喇依賊巢紅旗報捷喜成凱歌十首

進呈書　寧波府鄞縣附學生員臣范邦甸恭録

周易要義十卷　　呆齋周易圖釋三卷
易數鈎深圖三卷　　易圖識漏一册
易筮通變三卷　　葉八白易傳十六卷

易占經緯五卷
周易賛義六卷
易論二册
增修東萊書説三十五卷
魯齋書疑九卷
尚書詳解十三卷
書義矜式六卷
書經直指六卷
尚書考異三册
尚書疑義六卷
書義卓躍六卷
禹貢詳畧二册
詩補傳三十卷
詩傳會通二十卷
詩義斷法五卷
詩演義十四卷
周禮句解十二卷
周禮圖説三卷
春秋經解十五卷
春秋左傳詳節句解三十五卷
春秋王霸列國世紀三卷
春秋或問十卷
春秋諸傳辨疑四卷
春秋諸傳會通二十四卷
春秋左傳類解二十卷
春秋類編三十二卷
春秋録疑十六卷
左傳附註五卷
孝經集講一册
四書經疑貫通八卷

河洛真數二卷
皇極經世節要三册
太極圖分解一册
雅樂考二十卷
鐘律通考六卷
讀書記六十一卷
逸語一册
孔子編年五卷
孔子遺語一册
東家雜記二卷
三遷志六卷
聖駕臨雍録一册
尊聖集四卷
道南三先生遺書十一卷
景行録一册
草廬輯粹七卷
心學録四卷
聖學大成十二卷
東石講學録十一卷
劉先生邇言十二卷
消閑録十卷
東越證學録十六卷
正學編二卷
楓山語録一册
歲寒居答問二卷
講學二卷
皇王大紀八十卷
大事紀二十七卷
大事紀續編七十七卷
世譜增定二卷

綱目愚管二十卷
直説通畧十三卷
兩漢筆記六卷
三國紀年一卷
三國雜事二卷
蜀漢本末三卷
漢唐秘史六卷
東觀奏記三卷
大唐傳載一册
南部新書十卷
宋紀受終考三卷
靖康蒙塵録一册
清溪弄兵録一册
建炎維揚録一册
建炎時政紀三卷

嘉祐雜志一册
燉煌新録一册
忠獻韓魏王别録三卷
豐清敏公遺事一册
思賢録五卷
五先生政跡一册
元公年譜一册
象山年譜一卷
南宋名臣言行録十六卷
金志一册
歸潛志八卷
南遷録一册
遼志一册
劉文靖公遺事一册
國初事蹟一卷

國初禮賢録一册
北平録一册
平蜀記一册
高皇后傳一册
皇明傳信録七卷
成憲録十一卷
翦勝野聞三卷
賢識録一册
平黔三記一册
九朝談纂十册
雙溪雜記一册
革除逸史二卷
備遺録一册
革朝遺忠録二卷
革除遺事六卷

革除遺事十六卷
懷忠録七卷
拾遺書一册
革除編年一册
館閣漫録三册
治世餘聞録二卷
繼世紀聞五卷
正統臨戎録一册
北征事蹟一册
否泰録一卷
出使録一卷
閣論録四卷
南征録一卷
南内記一册
皇明紀畧四卷

平定交南録一卷
損齋備忘録二卷
乙未私志一卷
平吳凱旋録四卷
使琉球録一册
鎮平世系紀二卷
皇朝功臣封爵考八卷
公侯簿三册
三家世典一册
鐘鼎逸事一册
殿閣詞林記二十二卷
靖難功臣録一册
内閣行寔二册
掾[一]曹名臣録一卷
南城召對録一册

忠烈編十卷
馬端肅公三記三卷
夏忠靖公遺事一册
使西日記二卷
雲中紀變二册
平番始末二册
土魯番哈密事蹟一卷
南太紀畧一册
嶺南客對一册
征蠻紀畧二卷
龍憑紀畧一卷
商文毅公遺行集一册
昭鑒録十一卷
外戚事鑒三卷
三才考二十六卷

東漢會要四十卷
唐大詔令一百三十卷
政和五禮新儀二百四十卷
謚苑二卷
歷代兵制八卷
營造法式三十四卷
大明集禮五十三卷
皇朝典章十二册
皇朝制誥八卷
大禮集議四卷
兩河經畧二册
治河總考四卷
兩河管見三卷
新河成疏一册
膠萊新河議畧二卷
漕運通志十卷
漕政舉要十八卷
漕河奏議四卷
新濬海鹽内河圖説一卷
海運詳考一册
海運誌二卷
全陜政要四卷
八閩政議三卷
茶馬類考六卷
民事録十卷
救荒活民書三卷
救荒活民補遺書三卷
處苗近事一册
會稽志四十卷
會稽續志八卷

赤城志四十卷
赤城新志二十三卷
赤城會通記二十卷
成化杭州府志六十三卷
括蒼彙紀十五卷
金華賢達傳十二卷
四明文獻録一册
浦陽人物志二卷
義烏人物志二卷
餘姚海堤集四卷
金陵志十五卷
金陵世紀四卷
金陵古今圖考一册
玉髓真經前集三十卷後集二十一卷
全吳水畧七卷

中都志十卷
姑蘇志六十卷
虔臺志十二卷
虔臺續志五卷
楚紀六十卷
鄖臺志九卷
豫章古今記一册
齊乘六卷
嘉靖維揚志三十八卷
毘陵人品記四卷
滁州志四卷
南滁會景編十卷
商畧六卷
廣州人物傳二十四卷
桂海虞衡志一卷

昌國州圖志七卷
莆陽文獻六册
崇安縣志四卷
京口三山志六卷
鄧尉山志一册
石湖志畧一册文畧一册
石鼓書院志五卷
龍川别志八卷
龍門志二卷
千金堤志八卷
下陴紀談二卷
陝西鎮考一卷
朝鮮志二卷
朝鮮雜志一册
朝鮮賦一册

南中志一册
使交録十八卷
越嶠書二十卷
南詔事畧一册
南夷書一卷
塞語一册
異域志一册
異域圖志一册
海道經一册
海防圖論一册
奉使高麗記四卷
真獵風土記一册
島夷志畧一册
日本朝貢考畧一册
日本考畧一卷

日本圖纂一册
古史餘論一册
夷齊録五卷
戰國人才言行録十卷
史剡一册
温公徽言一册
世史積疑二卷
兀涯西漢書議十二卷
史要編十卷
宋元史發微四卷
宋論三卷
帝鑑圖説二册六卷
歷代忠義録十四卷
名相贊一册
疑獄集十卷

政訓一册
牧民忠告二卷
十二論一册
讀史備忘八卷
學史十三卷
聞見類纂小史十四卷
善行録八卷
善行續録二卷
責備餘談二卷
感應類從志一册
銅劍讚一篇
酉陽雜俎續集四卷
兼明書五卷
意林五卷
漫叟拾遺一册

松窻雜録一册
晏公類要一百卷
紀纂淵海一百九十五卷原缺四十四卷
娱書堂詩話一册
自警篇九卷
負暄野録二卷
金石録三十卷
錦帶補註一册
金漳簡譜三卷
巖下放言三卷
古文苑二十一卷
千古功名鏡十三卷
翠屏筆談一册
天問天對解一册
墨譜法式三卷

章申公九事一册
唐朝名畫録一册
嘯堂集古録二卷
開顔録二卷
觀林詩話一卷
續玄怪録四卷
錢氏私志二卷
深雪偶談一册
侯鯖録八卷
春明退朝録三卷
宜[一]齋野乘一卷
郭氏山水訓纂一册
林泉高致集[二]一册
内府古器評二卷
五代名畫補遺一卷

宋朝名畫録三卷
讀書漫筆十八卷
琴史六卷
優古堂詩話一册
莊子義海纂微一百六卷
湘山野録三卷
玉壺清話十卷
王氏談録一卷
幽居録二卷
紺珠集十三卷
都城紀勝一册
翰苑叢鈔二十卷
詩話一卷
四聲等子一卷
香譜四卷

脚氣集一册
六藝綱目三卷
飲膳正要三卷
黄文獻公筆記一册
選詩補註八卷又六卷
聲音文字通三十二卷
原始秘書十卷
南濠詩話一册
懷麓堂詩話一册
天心復要二册
蟫精雋十六卷
延休堂漫録三十六卷
東谷贅言二卷
厭次瑣談一卷
過庭詩話一卷

紀善録一卷
丹鉛總録三十七卷又四十二卷
轉註古音畧五卷
詩話補遺三卷
石鼓文三卷
古文識鑒八卷
虞初志八册
郊外農談三卷
鼓吹續編十卷
胡文穆公雜著一册
推篷寤語九卷
應菴任意録十四卷
古言二卷
射林八卷
保和冠服圖説一册

冠圖一册
歸閑述夢一册
正思齋雜記二卷
東溪漫語一册
夜燈管測二卷
陳石亭雜録一册
三餘贅筆二卷
耆舊續聞十卷
冀越雜記一册
冬遊記一册
雜誡一册
吳氏墨記一册
蓬窗類記五卷
百泉子緒論一册
謇齋瑣綴録八卷

復齋日記二卷
玉唾壺二卷
説文解字韻譜二卷
楊公筆録一册
山堂瑣語二卷
渚山堂詩話三卷
渚山堂詞話三卷
古穰雜録三卷
同文備考九卷
法家裒集一册
大明通寶義一卷
簡籍遺聞二卷
月河所聞集一册
西村省己録二卷
見聞隨録一册

百感録一卷
西樵野紀十卷
夢兆要覽二卷
冶城客語二卷
病逸漫記一册
寓圃雜記十卷
齊民要書一册
北窗瑣語一册
皇明書畫史四卷
水經註碑目一册
離騷草木疏補四卷
黎州野乘一册
竹下寤言二册
張乖崖事文録四卷
效顰集二卷

劒陽名儒録二卷
存愚録一册
海涵萬象録四卷
墅談六卷
畫志一卷
中麓畫品一卷
海内奇觀十卷
東園客談一册
歷朝翰墨選註十四卷
名筆私鈔六卷
吳中金石新編八卷
吏隱録二卷
柏齋三書四卷
少林古今録二卷
浮物一册

溪堂麗宿集一册
李氏居室記五卷
吟堂博笑集五卷
萬卷菁華前集八十卷又一百十四卷
俗語一册
瀛槎談苑五卷
燃犀集四卷
緯畧類編三十五卷
事始一册
畫繼補遺二卷
蒙泉雜言二卷
立齋閑録四卷
吹劒録外集一册
竹莊詩話二十二卷
書訣一册

東皐雜記一册
南溪詩話二册
布粟集八卷
莝録三卷
寔賓録一册
无能子三卷
南窗紀談一册
荆溪林下偶談八卷
頤山詩話一卷
山樵暇語十卷
竹爐新咏一册
林泉隨筆一册
春雨堂隨筆一册
守溪長語一册
徐仙翰藻十四卷

文選類林十八卷
嚴陵集九卷
楚範六卷
楚騷協韻十卷
風雅遺音二卷
文翰類選大成一百六十三卷
三國志文類六十卷
六朝聲偶集七卷
三賢集三卷
十先生奥論前集十五卷後集續集三十卷
羣公小簡六卷
羣公四六續集四册
百段錦二册
皇元風雅二卷
元音十二卷

皇明兩朝疏鈔十二卷
盛明百家詩一百册
皇明珠玉八卷
二妙集十二卷
金華文統十二卷
四明風雅四卷
古虞文録二卷
天台集三卷又十卷
蓬萊觀海亭集十卷
太白樓集十卷
滕王閣集一卷
西湖八社〔四〕詩一册
石鐘山集八卷
滄海遺珠集四卷
荆溪唱和詩一册

橋門聽雨詩一卷
瑞石山紫陽道院集二卷
王右丞集十四卷
玄英先生集八卷
昔遊集三卷
田表聖奏議集一册
方秋崖小簡十四卷
内簡尺牘十一卷
鄮峯漫録五十卷
羅鄂州詩文集五卷
麗則遺音四卷
范德機集七卷
曹文進詩集十卷
滄浪櫂歌一卷
光岳英華十五卷

虞伯生詩續三卷
剡源集三十三卷
桐山老農集一册
廣寒殿記一册
商文毅公疏稿畧一册
東塘詩集十卷
西巡類稿八卷
弈世增光集八卷
家宰文集一卷
鄭思齋文一册
王介塘文畧一册
傅山人集三卷
新河初議一册
孫毅菴奏議二卷
葉海峯文一册

世緯一册
太平金鏡策八卷
二戴〔五〕小簡二卷
逃虛子詩集十一卷
東墅詩集六卷
李山人詩集一卷
勾漏集四卷
草窗集二卷
白雲樵唱詩一册
楊文定公詩集八卷
東園詩集續篇八卷
栗太行山居集八卷
田秬山稿一册
斗南詩集四卷
全室外集十卷

甬東山人稿七卷
節愛汪府君詩集一册
會稽懷古詩一卷
越草一卷
金陵勝覽〔六〕詩一卷
清江二家詩各二卷
赤城集二卷
西槎彙粹草二卷
觀政集一册
張伎陵集七卷
揚州瓊華集二册
筠溪家藏集三十卷
諸真元奥十卷
霞外雜俎一册
證道歌一卷

觀化集一册
陶隱居重定甘巫石氏星經一册
天文主管一册
測圓海鏡十卷
天元玉曆祥〔七〕異賦十册
靈棋經一册
象緯彙編二卷
天文精義賦四卷
太公兵法一册
邵康節加一倍法一册
天漢全占一册
天文諸占一册
青羅曆一册
通占大象曆〔八〕星經三卷
演禽圖訣二册

海上占候一卷
筮篋理數日鈔二十卷
占候書十册
七元六甲書一册
將門秘法陰符經二卷
白猿經風雨占候説一册
東方朔占書三卷
祥異賦七卷
將苑一册
六壬軍帳賦一卷
演禽心法一册
太白陰經八卷
太乙專征賦一册
軍占雜事〔九〕一册
陰符經註一册

歷代將鑑博義十卷
六壬行軍指南十册
黄帝奇門遁甲圖一册
奇門遁甲賦一册
奇門説要一册
奇門要畧一册
五行類事九卷
三畧直解三卷
太乙成書八册
肘後神經三卷
遁甲吉方直指一册
通書捷徑二册
弧矢算術一册
回回曆法四册
葛仙翁肘後備急方八卷

鍼灸玉龍經一册
褚氏遺書一册
普濟方一百六十八卷
玉機微義五十卷
銅人鍼灸經七卷
西方子明堂灸經八卷
經驗良方十一卷
東垣珍珠囊二卷
袖珍小兒方十卷
志齋醫論二卷
醫開七卷
醫學正傳八卷
醫史十卷
痓驥通元論六卷
大定易數五卷

六壬觀月經一册
星禽直指一册
吕氏摘金歌一册
禽星易見一册
寸金易鑑一册
通元五星論一册
範圍數二册
演禽通纂一册
大定新編四卷
十代風水地理十卷
適情録二十卷

以上六百二種

附二老閣進呈書

易象解四卷

周禮傳九卷
警時新録五卷
十八史畧三册
話腴甲乙集四卷
治世龜鑑一册
征南録一卷
种太尉傳一卷
投轄録一卷
中興禦侮録二卷
錢塘先賢祠傳贊一册
存心録十卷
皇明名臣録圖一册
漕河志八卷原缺五卷
問水集六卷
嶺海輿圖一册

海語二卷
定變録一册
平倭四疏三卷
聞見録一册
未齋雜釋一卷
灼薪劇談一卷
耳鈔秘録一册
補妒記八卷
古音叢目五卷
書法鈎玄四卷
字學新書摘鈔一册
書纂五卷
十處士傳一卷
永昌二芳記三卷
九代樂章二十三卷

黎嶽集一册
象臺首末五卷
象巢雜著二卷
鮑〔一〇〕參軍集二册
霞海篇一卷
使東日録一册
明珠集二卷
太乙十精風雨賦一册
大〔一一〕六壬無惑鈐一册
六壬畢法賦〔一二〕一册
黄石公行營妙法四卷
神應經一册
瓊瑶神書二卷
以上四十四種

挑取備用進呈書

嘉興府圖記二十卷
莆陽科第録二卷
六壬五變中黄經一册
悟真編八卷
太和正音譜一册
如宜方二卷
二麓政議三卷
避水集驗要方四卷
皇朝書刻一册
羯鼓録一册
出使禮儀定式一册
陝西行都司志十二卷
五星要録一册
青林雜録一册

神樞鬼藏二册
五曜源流二卷
十八方加減一册
五星考三卷
禽總法二册
襄陽外篇一册
奇書一册
理學辨一册
朝鮮紀事一册
三難軒集一册
奇門總括一册
造甎圖説一册
浙元三會録一册
西洋國志一册
皇明祖訓一册

小孤山記八卷
石川芝田遺稿二册
緑窻新語一卷
京口三山續志六卷
越望亭集三卷
吳越遊稿一册
岳郡圖説一册
素問鈔補正十二卷
江南春詞一册
守城事宜一册
閒博録一册
燈下閒談二卷
心性書一册
武夷遊詠一册
欽恤録二册

山海等關地形圖一册
庚申外史二卷
五國故事二卷
遊嶷集一册
詠史集解七卷
陰符經講義四卷
以上五十種

〔一〕「掾」原作「椽」，據《四庫總目》改。
〔二〕「宜」原作「宣」，據《四庫總目》改。
〔三〕「集」原脱，據《四庫總目》補。
〔四〕「社」原作「杜」，據《四庫總目》改。
〔五〕「戴」原作「載」，據《四庫總目》改。
〔六〕「覽」原作「鑒」，據《四庫總目》改。
〔七〕「祥」原作「詳」，據《四庫總目》改。
〔八〕「曆」原脱，據《四庫總目》補。
〔九〕「事」原作「集」，據《四庫總目》改。
〔一〇〕「鮑」原誤作「包」，據《四庫總目》改。
〔一一〕「大」原作「太」，據《四庫總目》改。
〔一二〕「賦」原脱，據《四庫總目》補。

天一閣書目　經部

易類　三十三種三百十三卷 附録二種三卷

書類　二十八種二百七十八卷

詩類　一十三種三百三卷

禮類　二十種七百四十四卷 附録一種四卷

春秋類　四十七種八百五十二卷 附録二種七卷

經總類　五種一百十六卷

四書類　三十五種八百十二卷

樂類　三種二百四卷

小學類　三十七種五百三十五卷

共計二百二十六種四千一百七十一卷

天一閣書目卷一之二　經部

易類

周易十卷 刊本。○上下經六卷，魏王弼註。《繫辭》二卷，《説卦》、《序卦》、《雜卦》一卷，晋韓康伯註。無序。後附唐邢璹註王弼《周易畧例》一卷，有序。

易經註疏九卷

周易兼義九卷○魏王弼註，唐孔穎達正義。《釋文》一卷，唐陸德明撰。《畧例》一卷，魏王弼撰。

李氏易傳集解十七卷後附王氏畧例乙卷 刊本。○唐資州李鼎祚撰并序。上海潘恩序云：「此唐李氏鼎祚所輯《易》解，刻之者，我明宗室西亭氏也。」汴水朱睦㮮序云：「予觀《唐藝文志》，稱李鼎祚《集註周易》十七卷。據鼎祚自序云十卷。而首尾俱全，初無亡失，不知《唐史》何所據而云十七卷也。《崇文總目》及《邯鄲圖書志》亦稱七篇逸，蓋承《唐史》之誤耳。」

漢上周易集傳十一卷卦圖三卷叢説一卷 烏絲闌鈔本。卷首有「天一閣」、「東明山人之印」二圖章。○宋朱震撰并序。

周易義海撮要十一卷 藍絲闌鈔本。○宋紹興江都李衡撰，并自序云：「《易義海》，熙寧間蜀人房審權所編。房謂『自漢至今，專門學不啻千百家，或泥陰陽，或拘象數，或推之于互體，或失之于虛無。今于千百家内，斥去雜學異說，摘取專明人事、羽翼吾道者僅百家，編爲一集，仍以《正義》冠之端首，釐爲百卷，目之曰《易義海》』。或諸家說有異同、理相疑惑者，復援父師之訓、朋友之論，輒加評議，附之篇末。』衡得其書而讀之，其間尚有意義重疊、文辭冗瑣者，輒加删削，而益之以伊川、東坡、漢上之說，庶學者便于觀覽云。」

西溪易說十二卷○宋李過撰。無序例。卷首附載《西溪先生周易序說》一卷。

周易本義通釋十卷輯録雲峯文集易義一卷 藍絲闌鈔本。○宋延祐丙辰新安胡炳文撰并自序。嘉靖元年新安潘旦重刊序，正德庚辰九世孫胡珙後序。嘉靖元年邵武縣儒學教諭盱江鄧杞校刊。

童溪易傳三十卷 藍絲闌鈔本。卷首有「天一閣」、「古司馬氏」圖章。○宋王宗傳撰并序。

蘇氏易傳九卷 烏絲闌鈔本。○宋蘇軾撰。無序。紹興南昌莫將後序云：「將初得先生《書》、《易傳》于眉山士人家，舛誤幾不得讀。丁巳年，臨出蜀，得孫朝陰所藏《書傳》。癸亥年，爲明州，得蘇簡所藏《易傳》。朝陰眉山人，簡即先生族子，故所藏皆善本。將以二家所藏及先得眉山士人家本參定校正，無一字誤，乃刊板以廣其傳。學士大夫探聖人之心，而通六經之指歸，當自此書發之。」明嘉靖戊戌，寧昌張合記云：「予近得閣本《東坡易傳》録之，乃宋刻也。筆史録多遺謬，因自爲補正一過，藴蟲鞅掌，故所校姑止傳文云。」

周易集說十二卷 烏絲闌鈔本。〇元皇慶石澗生俞琰撰并自序。集説《上下經説》：「周代名易，書名猶周書，題周以别于夏殷也。易有二義：變易也，交易也。變易者，陽變陰，陰變陽也。交易者，陽交陰，陰交陽也。觀《先天圖》，可見『經』即『篇』也。孔子稱乾坤之策曰『二篇』，則『經』字乃後人所加。吕東萊謂：『經分上下，必始于文王。』郭白雲謂：『序卦已分，其來尚矣。』皆不言分經之由。邵康節曰：『重卦之象，不易者八，反易者二十八。故卦有六十四，而用止乎三十六。爻有三百八十四，而用止乎二百一十有六。』知此則知經之所以分上下者，蓋有由焉，非苟然也。或疑上經卦三十，下經卦三十四，多寡不均。殊不知卦有對體，有覆體。何謂覆體？屯倒轉爲蒙，需倒轉爲訟之類是也。何謂對體？乾、坤、坎、離、頤、大過、中孚、小過，相對而不可覆者是也。餘皆一卦倒轉爲兩卦。故上經卦三十，約之則十八；下經卦三十四，約之亦十八。謂之不均可乎？卦分内外二體，凡六十四陽，六十四陰。約爲三十六，則上經純陽卦六，純陰卦四，下經純陽卦四，純陰卦六，陰陽相重之卦，上下經皆八，不亦均乎？上經陽爻八十六，陰爻九十四，約爲十八，則五十二陽，五十六陰，共一百八。下經陽爻一百六，陰爻九十八，約爲十八，則五十六陽，五十二陰，亦一百八，其均如此。孔穎達謂：『《繫辭》分上下無異義，直以簡帙重大，是以分之。』晁以道乃曰：『古者竹簡重大，分經爲二篇，今又何必以二篇成帙。』蓋皆不知六十四卦，約之則爲兩十八也。」

《彖傳説》云：「文王之辭謂之經，孔子之辭謂之傳。傳者，所以釋經之辭也。經有《彖辭》，即文王所繫于卦下之辭，孔子釋文王卦下之辭，而傳述其意，故謂之彖傳。古者經與傳各爲一書，自費直以傳解經，而後鄭玄以《彖傳》連經文，然猶若今乾卦次序。至王弼乃自坤卦而始，每卦以彖傳移綴于彖辭之後，又加以『彖曰』二字冠之，後之人遂不謂之彖傳，而直謂之彖。夫以孔子之彖傳爲彖，則文王之彖辭當復謂之何哉？魏晉而下，去古日遠，訛以傳訛，至今讀者習以爲常，弗察也。先儒謂西漢時，六經與傳皆別行，逮東漢諸儒作注，始合經傳爲一。如《春秋》，三傳之文不與經連，故石經《公羊傳》，皆無經文，《藝文志》所載《毛詩故訓傳》亦與經別。及馬融爲《周禮注》乃云欲省學者兩讀，故具載本文，而就經爲注。鄭玄與馬融同時，玄以《易傳》連于《易經》，蓋仿融例。而弼又援玄例也。乃若杜預分《左氏傳》連于《經》，范望散《太玄測》于八十一首之下，皆欲取便于學者之誦覽故也。唐太宗詔名儒定《九經正義》，孔穎達奉詔與諸儒參議，于《易》則獨取王弼，自唐至宋，著爲定論。不本《正義》者，以爲異説。于是後之學者，惟王弼是從，竟莫敢移動。吕汲公、王原叔、晁以道、李巽巖、吕東萊、朱紫陽皆以分經合傳非古。吳仁傑、税與權編《周易古經》，亦皆極論王弼之失。讀《易》者，要當審其是，不可狃于舊説，而復以彖傳爲彖云。」

《象辭説》云：「象者，伏羲所畫八卦，天、地、水、火、雷、風、山、澤之象，其辭則孔子爲之也。彖辭、爻辭亦皆有象，乃獨以『天行健，君子以自强不息』之類爲象辭，何也？曰彖辭、爻辭固皆有象，然又有占辭，又有象占相渾之辭。象辭則止乎象而已，並無吉、凶、悔、吝之占辭，故特謂之象辭。其象則乾、坤爲天、地，艮、兑爲山、澤，震爲雷，更不別取他物。巽、坎、離則不然。巽爲風，遇天、遇雷，在上、在下，皆爲風，在地、澤、水、火之上亦爲風。遇山，則在下爲風，在上爲木，在地、澤、水、火之中亦爲木。坎爲水，遇地、風、火、澤之上下皆爲水，在山上亦爲水，在山下則爲泉，在天下亦爲水，在天上則爲雲，遇雷而在上亦爲雲，在下則爲雨。離爲火，純離之象，不言火而言明，遇地亦皆言明，遇天、山、水、澤、風、木則皆爲火，遇雷則爲電。凡此取象，皆以人所共見者言之也。其辭則與彖、爻之辭不同，彖辭、爻辭有善有惡，或善惡相半，象辭則無有不善也。且如剥、如明夷，皆凶卦也。而剥曰：『上以厚下安宅。』明夷曰：『君子以涖衆，用晦而明。』必于凶中取吉，以爲之辭。卦雖凶，君子于此觀象玩辭而善用之，則亦轉凶而爲吉，蓋不待乎占也。是以每象皆著一『以』字，以者，用也，用而見之于事也。稱上、稱大人者皆一，剥與離是也。稱先王者七，比、豫、觀、噬嗑、復、无妄、涣是也。稱后者三，泰、復、姤是也。稱君子則五十三。《易》蓋爲君子謀，不爲小人謀也。」

《爻傳説》云：「爻傳者，孔子釋文王爻辭而傳述其意也。初九『潛龍勿用』，此爻辭也，文王之所作也。『潛龍勿用，陽在下也』，此爻傳也，孔子之所述也。古易爻傳自爲一篇，不以附經。自費直以此解經，而鄭玄傳費氏之學，始移附各卦經文之後，猶未若王弼以之分附于諸爻之下也。弼更以象辭置于爻辭之前，又于象辭之首并爻傳之首，皆冠以『象曰』二字。于是後人以象辭爲大象，爻辭爲小象，而爻傳則謂之象傳，其謬甚矣。夫象辭云：『天行健，君子以自强不息。』不過如斯而已矣，安有所謂大小哉。所以有大象、小象之稱者，蓋妄認爻辭亦以爲象辭故也。既妄認爻辭以爲象辭，故又妄稱爻傳以爲象傳也。嗚呼！爻傳不謂之爻傳，而謂之象傳。自漢以來，列《易》于學官，專置于博士，而世無一人爲之辯。何耶？古《易》始變亂于費直，次變亂于鄭玄，大變亂于王弼，遂使六爻文意皆不連屬。且如坤六三『以時發也』，以『發』字作去聲，與大字、害字叶。又如蒙六四曰『獨遠實也』，以『實』字作去聲，與巽字、順字叶。又如未濟初六『亦不知極也』，以『極』字作去聲，與正字叶。皆魯音也。至今東原之人，皆以入聲字作去聲。如瀆爲豆、織爲志、曲逆爲去遇之類是也。若從王弼以爻傳分綴于各爻之下，非但不見其韻叶，又使上下文前後相承之義，亦泯而不見矣。愚故用古《易》爻傳例，並不以附經，而自爲一篇，庶幾六爻連屬，而文意不間斷云。」

《文言傳説》云：「古《易》十二篇，《文言傳》自爲一篇。題曰《文言傳》者，孔子發明文王彖辭、爻辭言外之意，以盡乾、坤二卦之藴，而餘卦之説，因可以類推也。自王弼移附乾、坤二卦後，加『文言曰』三字冠于首，而除去『傳』字，後人遂不曰《文言傳》，而僅曰《文言》。或謂文飾其言，或謂交錯而言，或謂古有是言而孔子文之，或謂言不文則不足以傳遠，故因其文以詳言其理，所以文飾乾、坤之大德。愚按陸德明《釋文》：梁武帝云《文言》是文王所製。梁武之説必有所據，但製字未瑩耳。或曰文即文王言，即彖辭、爻辭，孔子傳述文王所言之意而推廣之，故曰《文言傳》。愚觀其反覆發明乾、坤二卦彖辭、爻辭之意，則知古《易》題曰《文言傳》良是矣。分明彖辭、爻辭皆文王之言，而孔子傳述之也。首章云『元者，善之長』，與《春秋左氏傳》惠伯之説同。穆姜則以『善』字爲『體』字，朱子謂『體字較好』。或者因而疑之曰：『茲非孔子之文，孔子以前穆姜、惠伯嘗言之，則此語乃古語也。』愚則曰：古無是語，穆姜、惠伯亦無是語，左氏蓋借孔子之説，爲穆姜、惠伯之説耳。何以見之？如呂相絶秦書，此豈當時史氏之文哉？蓋皆左氏爲之也。又如《國語》，司空季子之占，既取八物之象，又有坎、勞卦之語，審如是，則孔子之前，司空季子已有是説矣。謂《説卦》爲非孔子所述，亦可也吁？讀《易》者要當明辨之，苟輕信左氏之浮誇，而反疑聖言，毋乃不可乎。」

《繫辭傳説》云：「辭乃文王之辭，繫謂繫屬于卦爻之下。傳者，孔子傳述文王之意。故曰《繫辭傳》（係一作繫）。按：德明《釋文》云：『若從轂下系者，音口奚切，非也。』又云：『王肅本作《繫辭上傳》。』訖于《雜卦》，皆有『傳』字。或疑今本除去『傳』字，徑以孔子之辭爲繫辭可也。范諤昌曰：『《繫辭》非孔子命名，止可謂之贊繫耳。』歐陽文忠公曰：『繫者，有所繫之謂也，言其爲辭各聯屬于卦爻之下也。』今乃以孔子贊《易》之文，爲上下繫辭，何其謬也。況其文乃概言《易》之大體，雜論《易》之諸卦，其辭非有所繫，不得謂之繫辭者必矣。然自漢諸儒，已有此名，不知從何而失之也。或又疑司馬談《論六家要指》引《易大傳》云：『天下一致而百慮，同歸而殊塗。』此《繫辭傳》中語也，何乃謂之《易大傳》耶？李秀巖曰：『意者，秦漢諸儒，自爲《易大傳》一書，如伏生《尚書大傳》之比，而司馬氏不詳考，誤以《繫辭傳》爲《易大傳》耳。』劉向封事亦引《易大傳》云：『誣神者，殃及三世。』此豈《繫辭傳》中語乎？亦猶『差之毫釐，謬以千里』。本易緯之文，而司馬遷《答壺遂問》所引，乃冠以『易曰』二字，鹵莽類此，要不足據也。秀巖又謂：『《繫辭傳》文體全與《文言傳》同，疑此二傳乃後人取孔子之説而彙次之，故文勢節目頗與《中庸》相似。』愚亦深疑之。竊謂《繫辭傳》乃《文言傳》之餘耳。是故嵩山晁以道以《文言傳》先《繫辭傳》，愚今所編，蓋依晁氏古《易》，置《繫辭傳》于《文言傳》之後，分章則依朱子《本義》。」

《説卦説》云：「《易》有三畫卦，有六畫卦。三畫有三畫之象，六畫有六畫之象。何謂六畫之象？如下震、上艮而爲頤，頤中有物而爲噬嗑，與夬井、鼎之類，合上下二體爲之者是也。何謂三畫之象？《説卦》所列者是也。卦有畫則有象，象以辭而顯，不説則不明，此《説卦》所以作也。先説蓍數卦爻，爲聖人作《易》之本。次説六畫，兼具三才之道。次説伏羲八卦方位，先乾坤後六子，以明六子之功用皆出于乾坤。次説文王八卦方位，始震終艮，而又盛稱六子之功用。次説八卦之德。次説乾馬、坤牛之類，以明遠取諸物。次説乾首、坤腹之類，以明近取諸身。次説乾坤爲父母，所以得男女之由。終則分八卦爲八條，凡三才之道，無不説之，所以類萬物之情也。其説亦有經中所無者，如震之蒼、筤、竹、萑、葦，離之鼈、蟹、蠃、蚌是也。然損之簋、泰之茅，非蒼、筤、萑、葦之屬乎？頤之龜、震之貝，非鼈、蟹、蠃、蚌之屬乎？需之酒，即坎之水也。旅之斧，即離之戈兵也。乃若震爲龍，乾、坤皆無震而言龍；坎爲豕，大畜、姤皆無坎而言豕；離爲龜，損、益皆無離而言龜，蓋自有所取也。乾爲馬，而坤爲牝馬，坤乃乾之配也。坤爲牛，而離爲牝牛，離之中畫乃坤畫，此又取一畫之象也。至如訟之帶、困之紱、豐之沛、巽之牀、渙之机、坎之牖、大過之棟、漸之鴻、剥之魚、中孚之鶴，聖人豈能一一盡言之于《説卦》哉？讀《易》者，苟能觸而長之，則《説卦》之所無者，盡皆可以通之也。」

《序卦説》云：「《序卦》者，孔子稱文王六十四卦之先後次第也。上經三十卦，約之爲十八，下經三十四卦，約之亦爲十八，此上下經之分也。乾、坤，陰陽之純，坎、離，陰陽之中，爲天地四正。故《易》以乾、坤、坎、離居上，震、艮、巽、兑反是則居下。咸、恒、損、益在下，蓋震、巽、艮、兑之交也。上經首乾、坤者，天地之道，二體之分也。下經首咸、恒者，夫婦之道，二體之合也。《易》道貴中，不欲其終窮，故以坎、離終上經。既濟、未濟乃坎、離之交，故以之終下經。泰、否在上，乾父、坤母自交也。需、訟、同人、大有、无妄、大畜、小畜、履，以乾父交六子，故在上。師、比、謙、豫之在上，則以坤母交三男也。晉、明夷、萃、升之在下，則以坤母交三女也。剥、復、臨、觀，所以進而之上者，一陽二陽爲主也。夬、姤、遯、大壯，所以退而之下者，一陰二陰爲主也。困、井、革、鼎、家人、睽、蹇、解、豐、旅、涣、節，此六子自交，故居下。而屯、蒙居上者，三男繼父母用事也。屯、蒙以坎交震、艮而在上，故噬嗑、賁以離交震、艮亦在上。隨、蠱、漸、歸妹，皆震、巽、艮、兑之交，而隨、蠱在上，長男、長女爲主也。頤、大過、中孚、小過，雖皆震、巽、艮、兑之交，然隨〔二〕、大過互乾、坤，故在上，中孚、小過止肖坎、離，故在下。向取其子爲之序，則後世簡編脱落，寧不錯亂，又焉知某卦先、某卦後哉？孔子懼其或然，此《序卦》所以作也。韓康伯乃謂：『《序卦》非《易》之蘊。』謬矣。紫陽朱子曰：『謂非《易》之精則可，非《易》之蘊則不可。』」

《雜卦説》云：「夫《雜卦》者，孔子釋六十四卦名義，而前後雜糅，不依上下經次序之舊也。然乾、坤居首，而咸、恒亦居三十卦之後，則雜之中又有不雜者存焉。按：《隋經籍志》云：『秦焚書，《周易》獨以卜筮得存，唯失《説卦》三篇。後河内女子得之。』今韓康伯注本，以《説卦》三篇分出《序卦》、《雜卦》，則《序卦》、《雜卦》之名，蓋始于康伯。又按：《史記》云：『孔子晚而喜《易》，序《彖》、《繫》、《象》、《説卦》、《文言》。』而不及乎《序卦》、《雜卦》，則漢初猶以《序卦》、《雜卦》總名之曰《説卦》也。朱漢上曰：『三《易》之卦，其次各異，首艮者《連山》也，首坤者《歸藏》也，首乾者《周易》也。聖人猶慮後世未知三《易》之變，故于《雜卦》一篇，雜糅衆卦，錯綜其義，以示變易之無窮。』以愚觀之，《先天圖》始乾而終坤，此伏羲氏之《易》也。《周易》始乾而終未濟，此文王之《易》也。《雜卦》始乾而終夬，兹非孔子之《易》歟？夫夬之爲卦，五陽而一陰，比乾之純只争一畫，若決去在上一陰，即爲純乾。今置夬于《雜卦》之終，聖人之意可見矣。蓋《易》道貴乎變通，變通則不窮。夬而又乾，則生意周流不息，是故《雜卦》不終之以他卦，而必終之以夬也。始而乾，終而夬，亦猶六十四卦始于乾，終于未濟，皆此意也。《雜卦》之作，大概兩兩相對，而其義則各各相反，如乾剛則坤柔，比樂則師憂，餘卦皆然，至大過則有不然者。故鄭玄云：『自大過以下，卦旨不協，似錯亂失正，弗敢改耳。』至蘇東坡始改之，以紫陽朱子亦以爲當改，蔡節齋又改之。今依蔡氏本。」

石澗後序云：「予生平有讀《易》癖，三十年間雖隆寒大暑不輟。每讀一字一句而有疑焉，則終日終夜沉思，必欲釋其疑乃已。洎得其説，則欣然如獲拱璧。親戚朋友咸笑之，以爲學雖勤，而不見用于時，何乃不知時變，而自苦若是耶？予則以理義自悦，猶芻豢之悦口，蓋自得其樂，罔知所謂苦也。粤自至元甲申，下筆解上下經，并六十四條象辭，與夫《彖傳》、《爻傳》、《文言傳》，期年而書成。改竄二十餘年，凡更四稿。或有勉予者云：『日月逝矣，《繫辭傳》及《説卦》、《序卦》、《雜卦》猶未脱稿，其得爲完書乎？』予亦自以爲歉。至元辛亥，自番陽歸吳，憩海濱僧舍。地僻人静，一夏風凉，閑坐無所用心，因取舊稿《繫辭》讀之。不三日并《説卦》、《序卦》、《雜卦》改竄皆畢，遂了此欠。噫！予髮種種矣。向嘗與予共講明者，如西蜀荀在川、新安王太古、括蒼葉西莊、番陽齊節初，悉爲故人，獨予未亡。今也書既完矣，癖既瘳矣，則當自此收心歸腔，以樂餘年，留氣暖臍，以保餘生，弗復更自苦矣。如《易經考證》，如《易傳考證》，如《讀易須知》，如《易圖纂要》，如《六十四卦圖》，如《古占法》，如《卦爻象占分類》，如《易圖合璧連珠》，如《易外别傳》，乃予舊所編者，將毁之，而兒輩皆以爲可惜，又畧加改竄而存于後。皇慶癸丑四月十四日。」

後附宋秀巖李心傳《丙子學易編》一卷，并序云：「始心傳年四十餘，朋友爲言當讀《易》，意忻焉樂之。既而終日蒙然，如眇者之視，莫知《易》之爲何書也。後十年，復取讀之，首求諸王氏書，多所未喻。次攷張子書，乃粗窺其梗槩。最後讀程子書，則昭若揭蒙矣。程子之書，義理之會也。然其言猶若不專爲爻畫而出，於是以先君子《本傳》暨晦菴先生《本義》參焉。而後聖人畫卦命爻之情，無復餘藴矣。顧諸先生之言，尚有不能盡同者，因復頗爲參釋，隨日書之，以備遺忘，間有鄙見，可以推明諸先生之説者，亦附著之。烏乎！程子尚矣。先君子之學，不肖孤不敢妄有稱贊。晦菴書最後出，世之學者往往未究其蘊，而反以象占之説爲疑。同志者于此，儻有取焉，然後知程、朱二傳不可相無。而晦菴之爲書，其條理愈密，其意味愈長，誠未可以驟窺而輕議也。乃若先君子之説，則類多與晦菴合。第先君子專自聖人畫卦之意求之，晦菴兼自聖人命爻之意求之，此爲小異，要亦相表裏耳。嘉定九年歲次丙子春二月甲申。」

石澗小識云：「秀巖乃隆山之子，其書取王弼、張横渠、程伊川、郭子和、朱晦菴而求其是。又以其父隆山之説證之。或又附以己見，中間儘有可取。泰定九年歲在甲子十一月十八日，書于梅齋西塾。」

周易畧例一卷 刊本。○晉王弼著，唐四門助教邢璹註。明司馬公諱欽訂。

元包經傳十卷 刊本。缺下五卷。○後周衛元嵩述，唐秘書監武功蘇源明傳，唐國子監四門助教趙郡李江註并序。紹興張洸有跋，政和楊楫有序。

元包數總義 刊本。○宋紹興張行成序。

京氏易傳三卷 刊本。○吳鬱林太守陸績註。明司馬公諱欽訂。

周易舉正三卷 刊本。○唐郭京撰并序。明司馬公諱欽訂。

正易心法一册 刊本。○五代麻衣道者著。宋淳熙主簿程準序。

周易古占法上下二卷 刊本。○宋沙隨程迥編。明司馬公諱欽訂。

周易傳義十卷 刊本。○宋程子傳，朱子本義。

易圖通變五卷 藍絲闌鈔本。○元大德庚子年臨川道士雷思齊撰并序。至元丙戌嗣天師簡齋張宗演序，至順三年揭傒〔二〕斯序，至順三年吴全節序。

周易參義十二卷 紅絲闌鈔本。○元至元臨江梁寅撰并序，末云：「今天子即位之九年，爲至元六年，歲名商横執徐，月名畢聚，始繕録成編，總十二卷，將以行于四方，諏之君子，以俟詳訂。」

周易翼傳四卷 紅絲闌鈔本。○元皇慶新安胡一桂撰并自序。

周易傳義十卷 明嘉靖丙辰廣東崇正堂刊本。○卷首載《程朱易説綱領》。缺《易序》。

玩易意見二卷 藍絲闌鈔本。○明三原王恕撰并序。

易學本原啟蒙意見四卷 刊本。○明弘治苑洛子韓邦奇撰并自序。河東七十三翁質菴序云：「郡通守韓君，在弘治間著《易學本原》一編藏于家。邇者，侍御崑周公伯明按臨河東，見而奇之，如獲拱璧。乃命貳守李君鋟梓，推守東君校正，仍囑予叙諸簡端，以傳不朽。君名邦奇，字汝節，别號苑洛子，關輔朝邑人。由進士先任銓部員外郎，今改前職云。」正德甲戌平陽同知古耘李滄後序。滄爲之梓。

周易傳義二十四卷 明嘉靖十一年福建建寧府刊本。○宋程子傳，朱子本義。卷首列程子《易傳序》、《易序》、《上下篇義》，朱子《易本義圖》、《五贊》、《筮儀》。

周易大全二十四卷 ○明翰林學士胡廣等奉勅纂修。

絅菴易詠一卷 刊本。○長壽戴錦撰并自序。各賦七言四句。

易演十六卷繫辭演上下二卷 藍絲闌鈔本。○廬陵胡經撰。

周易圖三卷 藍絲闌鈔本。○上下二卷，不著撰書人名姓。中卷六十四卦圖并説，合沙鄭先生撰，亦不著年月。

關氏易傳十一卷 刊本。○北魏關子明撰，唐天水趙蕤註。明司馬公諱欽訂。

周易古經十二篇 藍絲闌鈔本。卷首有司馬公「東明草堂印」文〔三〕「萬古同心之學」二圖章。○明正德建安雷樂撰并自序。

雪園易義四卷易義補三卷○明嘉善李奇玉荆陽甫著，後學王宣、門人趙元祉、男公柱參訂。趙序。

【附録】

乾坤鑿度二卷○明司馬公校刊。

三墳一卷 刊本。○明司馬公諱欽訂。宋毛漸序云：「元豐七年，奉使西京，巡按屬邑。歷唐州之泌陽，道無郵亭，因寓食於民舍。有題於户：『《三墳書》某人借去。』亟呼主人問之，曰：『古《三墳》也，某家實有是書。』因命取而閲之。墳各有傳，墳乃古文，傳乃隸書，言簡理暢，疑非後世之所能爲也。借歸録之。」

〔一〕〔隨〕疑當爲「頤」，頤、大過爲乾、坤互體。

〔二〕「傒」原誤爲「儷」，今改正。

〔三〕「文」字疑衍。

書類

書經註疏二十卷◎漢孔安國傳，唐孔穎達疏。明御史李元陽、僉事江以達校刊。

尚書疏二十卷◎宋刊本。

尚書全解四十卷 藍絲闌鈔本。司馬公題籤。◎宋三山拙齋林之奇少穎撰，并序云：「《書》孔子所定，凡百篇。孔子之前，《書》之多寡，不可得而見。《書緯》云：『孔子得黄帝玄孫帝魁，凡三千二百四十篇，爲簡書。』此説不然，古書簡質，必不如是之多。班孟堅《藝文志》於古今《書》又有《周書》七十一篇。劉向云：『周時號令，蓋孔子所論百篇之餘。』於周時所删去者，纔七十一篇，自周以前，疑愈少矣。謂有三千餘篇，非也。孔子百篇，遭秦火無存。至漢時，伏生口授，得二十八篇。後又得《泰誓》一篇，爲二十九篇。孔壁之書既出，孔安國定其可數者二十五篇，又别出《舜典》、《益稷》、《盤庚》、《康王之誥》，共爲五十八篇。其文以隸書存古文，故謂之《古文尚書》。此書之成，遭巫蠱而不出。漢儒聞孔子之《書》有五十八篇，遂益張霸之徒僞造《書》二十四篇爲《古文尚書》。兩漢儒者之所傳，大抵霸僞書也，其實未嘗見真《古文尚書》也。故杜預注《左氏傳》、韋昭注《國語》、趙岐注《孟子》，凡所舉《書》，出於二十五篇之中，皆指爲逸《書》，其實未嘗逸也。劉歆當西漢之末，欲立古文《書》學官，移書責諸博士甚力。然歆之所見，皆霸僞本，非真古文《書》也。以至賈、馬、鄭、服之輩，亦皆不見古文《書》。至於晉、齊之間，然後其書漸出。及開皇二年求遺書，得《舜典》，然後其書大備。嗚呼！聖人之經，可謂多厄矣。遭秦火失其半，其半存者，又隱而不出。自漢武帝巫蠱事起，至隋〔二〕開皇二年，凡六百七十餘年，然後五十八篇得傳於學者而大備，是可嘆也。孔氏《書》始出，皆用隸書。至唐天寶間，詔衛衡改古文從今文書，今之所傳，乃唐天寶所定之本也。此蓋《書》之本末也。」淳祐庚戌嗣學孫迪功郎衡州州學教授兼石鼓書院山長畊謹序，後學盱江鄧均序。

書經集註六卷○宋蔡沈註并序。明嘉靖丙辰刊。

書經集註六卷○明萬曆陳奇泉梓。高頭有《元元集註》，明徐汧著，陳孫賢纘。

登雲書經集註六卷○明熊振宇刊。

書經集註六卷○明福建建寧府知府曲梁楊一鶚重刊。

書經集註八卷 刊本。○宋蔡九峯撰。

古書世學六卷 烏絲闌鈔本。○宋豐稷正音，明豐慶續音，豐熙集説，豐道生考補。

尚書疑義四卷○明嘉靖壬寅馬明衡制并序。

書説七卷 紅絲闌鈔本。○南宋山陰勉齋黄榦撰。

東坡先生書傳二十卷 藍絲闌鈔本。卷首有「四明范氏書記」印。司馬公題籤。

蔡氏集傳六卷 鈔本。○元至大鄱陽董鼎輯録纂註，并序云：「宋諸儒數十家而後，其説漸備，又得文公朱子有以折其衷，而悉合於古。雖《集傳》之功未竟，而委之門人九峯蔡氏，既嘗親訂定之，則猶其自著也。鼎族兄介軒夢程，親受學于勉齋黄氏、槃澗董氏，故再傳而鼎獲私淑焉。釋經諸論，多出朱子，迺取訂定《集傳》爲之宗，而蒐輯語録於其次。又增纂諸家之註有相發明者，并間綴鄙見於其末，庶幾會粹以成朱子之一經。可無参稽互考之勞，而有統宗會元之要，則亦不無小補矣。至大戊申十二月序。」草廬吳先生作後序，弘治五年蔣欽小識。凡例八。建安余文定編校。

尚書集傳纂疏六卷 紅絲闌鈔本。○元泰定陳櫟撰并序。

書傳大全十卷○明翰林學士胡廣等奉勑纂修。

書經講義會編十二卷○明大學士申時行著，并序云：「余從書肆中遍求名人達士所爲疏解訓義，及帖括、制舉之文可以印證發明者，皆手自采録。積數年，至若干卷。既卒業，遂獲雋以去，而好事者謬有稱述，頗流傳四方。余既以詞臣久次横經勸講，日侍今上於帷幄。所進《尚書直解》，雖分目更撰，而余以顓經删訂爲多，今内府所刊《書經直解》者是已。蓋余向所采録，第以舉業從事，多尋摘章句，拘牽藝文，未能超然於章縫鉛槧、羔雉筌蹄之習。而廣厦細旃之上，直以闡發大旨，剖析微言，要在啟沃聖聰，敷陳理道，不爲箋疏、制義所束縛。其簡切明暢，有不待深思强索，而昭然若發矇者。獨是書藏於禁中，惟閣臣講僚乃蒙宣賜，學士大夫罕獲睹焉。余甥李漸卿鴻得而讀之，因與懋、嘉兩兒共加裒輯，合余前所采録，共爲一編。於是《尚書》大義，論説衍繹，粲然備矣。徐文學衡卿氏家世受書，謂是編不可無傳，欲付剞劂，公諸同志，命之曰《書經講義會編》，而余爲之引其首。」甥李鴻編輯，子用懋、用嘉校訂，後學徐銈校刊。

書經主意七卷○明申時行著。古番董氏梓。萬曆丁丑潘士藻序云：「《尚書主意》七卷，今宫詹瑶泉中公業舉子時著也。友人董希儒句讐而字訂之，爲力甚勤，因録之梓。」

書經尊朱約言十四卷〇明進士南池洪翼聖著輯，盱邑幼文吳道岸校定。秀峯余良史繡梓。洪序云：「昔蔡沈氏，善淑子朱子者也。承顧命，《傳》成而揭諸首曰：『二帝三王之治本於道，二帝三王之道本於心。』嗚呼，心之一言至矣，故精一執中者，所以存此心之體也。措之政事者，所以達此心之用也。又約而言之，不踰曰欽、曰敬焉。此約言之旨，朱、蔡先得我心之同然也。」

書經大全十卷〇明翰林學士胡廣等奉敕纂修。

禹貢訓釋一卷簡備一卷〇明嘉靖甲寅梓。

禹貢説一卷〇明鄭曉撰。

禹貢論二卷後論一卷〇宋淳熙四年程大昌奏上。凡五十二篇。并序。

禹貢註一卷 藍絲闌鈔本。〇無著書人姓名。卷首載「明中宇先生新改」。

書經新説十卷〇秀水進士沈鎜著，莆田解元黄繼集。沈序云：「余少業《尚書》，博覽諸説，退而茫然。乃熟玩白文集註，又采經傳互相參訂，蓋亦有年。乙未，偶登第，除理莆田。至日，同經之士鋭志問難三十餘人，竊稱文獻喜得相與明之。公務少隙，遂忘固陋，不廢講解。庚子春，余改官南部。癸卯，黄子子和又發解過都下，以所記論辨之語，編爲十卷，請序於余，將付諸梓。余重黄子嘉惠盛心，又以此所集者，皆羣賢相長之見，豈敢自私。乃啟卷視之，整整有條。雖於帝王之道，未敢謂觀其深，而顯微闡幽，則修齊治平之道，亦可謂得其概矣。」

尚書摘註三卷 藍絲闌鈔本。○畸人君公甫摘。

洪範圖解一卷 刊本。○明正德苑洛子韓邦奇撰并序。

尚書十三卷 紅絲闌鈔本。○前臨江軍軍學教授廬陵胡士行編。

古逸書三十卷 刊本。○明潘基慶編集。

〔一〕「隋」字原誤爲「隨」，今改。

詩類

詩經註疏二十卷○漢鄭玄箋，唐孔穎達疏。

毛詩疏四十卷○明刊本。

詩經二十卷 刊本。○宋朱子集傳。明正德十二年司禮監刊本。

魯詩世學三十二卷序傳四卷 藍絲闌鈔本。卷首有「天一閣」、「古司馬氏」二圖章。○宋豐稷正音，明豐慶續音，豐耘補音，豐熙正説，豐道生考補，邵城、邵培續考。香山黄佐撰序云：「古文《魯詩》，摹於虞喜，廢於天監、貞觀，發於宣和、紹興，而重於趙明誠、黄伯思、董逌、洪适、韓元質、范成大，其亦有數存焉。豐清敏公爲之正音，其後文忠公、簡菴公、西園公，世有論著。先師一齋先生集爲《正説》，以宋世摹本授佐，俾訂成之。」

詩緝三十六卷 刊本。○宋淳祐嚴粲撰并自序。

毛詩名物解二十卷 藍絲闌鈔本。○宋蔡元度撰。

詩傳集義一卷 朱絲闌鈔本。宋畏菴倪復撰。

毛詩名物鈔八卷 烏絲闌鈔本。○元東陽許謙撰。吴師道序。

詩經疑問七卷疑問附編一卷 烏絲闌鈔本。○元盱黎朱倬孟章氏撰。建安劉錦文識末云：「《詩經疑問》，朱君孟章所擬，以私淑人也。舊所録先後無緒，今特爲之詮次梓行。復以豫章趙氏所編，頗采以附於後。」《附編》一卷，豫章趙悳撰。劉錦文識云：「右趙氏所編，凡七卷，此特四之一耳。是編專爲《疑問》設，其餘泛論經旨，故不復録。」

詩説解頤四十卷 刊本。○明嘉靖季本撰，并序云：「書有《總論》二卷，以提其綱，《正釋》三十卷，則説正經者也。别爲《字義》八卷，附於其後，以補正説之所未備。而性情之本，名物之詳，一覽可盡矣。」卷首附録釋詩先儒姓名、旁引證義書目，門人馬棫、張道、王浤、徐渭同校正。

毛詩大全二十卷○明翰林學士胡廣等奉勑纂修。

詩經集註二十卷

詩經註疏大全合纂三十四卷○明後學張溥纂并序。

禮類

周禮註疏四十二卷◯漢鄭玄註，唐賈公彥疏，陸德明釋文。

周禮句解十二卷◯魯齋朱申周翰著。

周禮集說十二卷◯闗中劉儲秀編補。元至正陳友仁序云：「余友雲山沈君則正謂余曰：『近得《集說》於霅，手澤尚新，編節條理，與東萊《讀詩記》、東齋《書傳》相類，其博雅君子之爲歟？名氏則未聞也。』一日，到沈君家，取而閲之，擕其書以歸。是歲，留於山前表伯之西榻，就而筆之。訓詁未詳者，則益以賈氏、王氏之疏說；辨析未明者，則附以前輩諸老之議論。越明年書成。」

周禮鄭註六卷考工記一卷 刊本。司馬公題籤。◯嘉靖丁亥陳鳳梧編行并序，松江守何鰲梓。

儀禮註疏十七卷◯漢鄭玄註，唐賈公彥疏，提督直隸學政餘姚聞人詮校正。常州府知府遂昌應檟刊行。

儀禮經傳通解二十三卷續解二十九卷 朱絲闌鈔本。◯宋朱文公熹撰。寶祐癸丑金華王佖序，丁抑序，崑山謝章序，朱夫子男朱在序。

儀禮集說十七卷 刊本。◯元敖繼公撰，并自序云：「此書舊有鄭康成注，然其間疵多而醇少，學者不察也。予今輒删其不合于經者，而存其不謬者。意義有未足，則取疏記或先儒之說以補之，又未足則附之以一得之見焉。」

禮記註疏六十三卷◯漢鄭玄註，唐孔穎達疏，陸德明釋文。

禮記二十卷 宋刊本。○漢鄭玄註，唐陸德明釋文。

禮記集説一百六十卷 藍絲闌鈔本。○宋衛湜撰并序。寶慶元年魏了翁序。又衛湜集解跋。卷首附衛湜《進禮記集説表》一道。

禮記纂言三十六卷 新安黄氏刊本。○元臨川吴澄撰。吴尚序，正德崑山魏校序。寧國守胡君東皋刻。

禮記集説三十卷○元陳澔註并自序。嘉靖丁亥南康府六老堂刊本。

禮記集説三十卷○明嘉靖丙辰重刊。

禮記集説十卷○元至治壬戌後學東滙澤陳澔著并序。刊于嘉靖庚寅仲夏。

禮記大全十二卷○明翰林學士胡廣等奉勑纂修。

三禮考註六十四卷 刊本。○元吴澄撰。

王制考四卷○明李黼著。吕元夫序云：「吾友李君黼，少承厥祖孟暘、厥考崇善世傳之教，博學羣書，留意歷代之制。凡史傳、表記、儒先論述有關王制者，手自輯録，纂成是書，分古今爲二帙。君嘗補註《性理五書》已行，予謂是書尤要。」

禮記擬題解一卷○山陽彭頤觀吉甫纂定。

儀禮戴記附註四卷外記一卷 藍絲闌鈔本。○不著編輯人姓名。

禮書一百五十卷○宋左宣義郎太常博士陳祥道上進。元郡人林光大序云：「吾閩憲府前進士趙公宗吉先生，購求善本，首命鋟梓於學。賓幕經歷前進士可行君、知事前國學貢士允中張君董成之。」

【附録】

夏小正四卷 刊本。○明甬東屠本畯序。

春秋類

春秋左傳註疏六十卷○晉杜預註，唐孔穎達疏，陸德明釋文。

穀梁傳註疏二十卷○晉范寧集解，唐楊士勛疏。

春秋經傳三十八卷○晉杜預註。

春秋經傳集解三十卷○晉杜預註。

春秋經傳集解三十卷○無刊者姓名。

春秋集傳大全三十七卷 刊本。○明翰林學士胡廣等奉勑編。

春秋左傳杜林合註五十卷 刊本。○晉杜預著，宋林堯叟註，唐陸元朗音。

春秋公羊傳疏二十八卷 刊本。○明御史李元陽校刊。

春秋集傳纂例十卷 宋刊本。○唐陸淳撰。宋慶曆吳興朱臨序。陸自識云：「啖子所撰《統例》三卷，皆分别條流，通會其義。趙子損益，多所發揮。今故纂而合之，有詞義難解者，亦隨加註釋。兼備載經文於本條之内，使學者以類求義，昭然易知。其三傳義例，可取可舍，啖、趙具已分析，亦隨條編附，以袪疑滯。名《春秋集傳纂例》，凡四十篇，分爲十卷云。」

春秋辨疑十卷 刊本。○唐陸淳纂。宋吳興朱臨序云：「唐有陸氏，總啖、趙之説，爲《纂例》，爲《辨疑》，所得獨多於近古。以啖、趙之賢，而陸氏兼之，其得多也亦宜矣。《纂例》雖傳，而世不全，獨《辨疑》無遺辭，學《春秋》者當自《辨疑》始。」明無錫華察題跋。

春秋尊王發微十二卷 藍絲闌鈔本。○宋平陽孫明復氏撰。紹興鄱陽魏安行序卷末云：「安行假守鄱陽，公餘獲與同僚參校，釐〔二〕正謬誤凡一百十九，釋文二百十四，命工鏤版，以授學宫。若先生操履〔三〕學問，則有范文正公薦章，歐陽文忠公墓誌銘載之詳矣，此不復叙。」卷末備載范文正公《舉張問孫復狀》、歐陽文忠公撰《孫先生墓誌銘》。

春秋皇綱五卷凡二十三篇 紅絲闌鈔本。○宋太原王晳撰。

春秋提綱十卷 藍絲闌綿紙鈔本。○元陳則通撰，陳應龍編并跋。至正丁亥大比之歲夏四月丙戌盱江胡光世跋于石泉書院。

春秋諸國統紀六卷 刊本。○元延祐四年丁巳夏沙鹿齊履謙叙。其弟思恭有序。

吕東萊左氏博議六卷 刊本。○宋吕祖謙撰。自序。

東萊先生左氏博議二十五卷 刊本。卷首殘缺三頁。○明正德己巳江東張偉識後云：「東萊先生《左氏博議》，市肆閒行之已久，獨其全帙不見于天下。正德丁卯，鉛山張侍御以其十卷授予兄廷鎮刻之。時以缺卷尚多，意在趑趄。未幾，復得十卷于當塗濮内翰，吾鄉梅留守又出其所鈔末五卷，盱江何冬官亦以其世藏先生手叙一通見畀，是書遂爲完璧。」

春秋權衡十七卷 紅絲闌鈔本。○宋劉敞原父氏撰并自序。其首定爲十七卷。淳熙十三年劉龜從題跋云：「曾伯祖公是先生所作《春秋傳》、《説例》、《權衡》、《意林》四書，元祐間被旨刊行，今吴、蜀、江東、西皆有本。龜從修縣學既成，鋟板于中，以廣其傳。」

春秋意林二卷 藍絲闌鈔本。○宋劉敞撰，軍學學録王與能校正。

春秋本例二十卷 烏絲闌鈔本。○宋涪陵崔氏西疇居士撰并序。

春秋集解三十卷 紅絲闌鈔本。○宋東萊吕本中撰。

春秋傳三十卷 刊本。○宋胡安國撰。

春秋集註十一卷 刊本。○宋臨江張洽撰。

春秋通説一册 不分卷。朱絲闌鈔本。○宋黄仲炎撰。

春秋經筌十六卷 紅絲闌鈔本。司馬公題籤。○宋咸淳左綿木訥先生趙鵬飛撰，并自序云：「學者當以無傳明《春秋》，不可以有傳求《春秋》。謂《春秋》無傳之前，其旨安在，當默與心會矣。三傳固無足據，然公吾心而評之，亦時有得聖意者。若何休癖護其學，吾未嘗觀焉。惟范寧爲近公，至于論三家則均舉其失，曰：失之誣，失之俗，失之短。不私其所學也。其師之失，亦從而箴之。故穀梁子之傳，實賴寧爲多。如經書『乾時之戰，我師敗績』，赤曰：『不諱敗，惡内也。』寧知其妄，正之曰：『讐無時而可通惡内之言，傳失之。』經書作『三軍』，赤曰：『古者，諸侯一軍，作三軍，非也。』寧知其疏，正之曰：『總言諸侯一軍，又非制也。』若是者，蓋多有之，故愚以爲寧之學近乎公。而王通亦曰：『范寧有志乎《春秋》焉。』愚學《春秋》，每學寧之志，作《經筌》。」又石泉青陽夢炎有序：「《麟經》在蜀尤有傳授，蓋濂溪先生仕于合、伊川先生謫于涪，金堂謝持正先生親受教于伊川，以發明筆削之旨，故薰陶浸漬所被者廣。如馮公輔、朱萬里、張習之、劉光遠諸先生，皆一時所宗。吾鄉木訥趙先生實爲之倡，所著《詩故》、《經筌》二書，有功于聖經甚大。《詩故》湮没不傳，《經筌》獨存。其爲説，不外乎濂、洛之學，而善于原情，不爲傳註所拘。至于推見至隱，使二百四十二年事瞭如指掌。其所參訂，率有據依。余與先生居同里，且受經于先生之高第，每患此書未能散見于四方，謹刊諸家塾，與同志共之。」

春秋世學三十二卷 藍絲闌鈔本。卷首有「天一閣」、「四明范氏圖書記」二印。○宋清敏公丹陽豐稷案斷，十五世孫明豐道生釋義。

春秋五論一卷 藍絲闌鈔本。○宋温陵吕大生述。無序。卷尾小識云：「舊借故編修王堯衢懋中家藏本手録，堯衢則自其内兄荆川宫諫處得之者也。隆慶改元夏六月五日，皇山樗老姚咨重録。時年七十有二。」

左傳事類本末五卷 藍絲闌鈔本。○宋淳熙茂深章沖撰，并自序云：「沖少時，侍石林葉先生爲學。先生作《春秋讞》、《考》、《傳》，使沖執左氏之書，從旁備檢閱。左氏傳事不傳義，每載一事，或先經以發其端，或後經以終其旨。有越二三君數十年而後備，近者亦或十數年；有一人而數事所關，有一事而先後若異。君臣之名字，有數語之間而稱謂不同。間見錯出，常病其不屬。沖因與先生日閱以熟，乃得各從其類。有當省文，頗多裁損。亦有裂句摘字，聯累而成文者。二百四十二年之間，小大之事，靡不采取，約而不煩，一覽盡見。又總記其災異、力役之數，時君之政，戰陣之法，與夫器物之名，併繫于後。讀之者，不煩參考，而畢陳于目前。惜先生已歿，不及見類書之成。淳熙乙巳歲，沖假守山陽，嘗刊之郡庠。竭來天台，簿領之暇，遂加是正，復刊之郡庠」云。又臨江謝諤有序。

春秋左傳詳節解句三十五卷○宋朱申周翰註釋，明顧梧芳起鳳校正。震澤王鏊序云：「《春秋左傳詳節》三十五卷，宋魯齋朱申周翰註釋。今董南畿學政黄侍御希武以授同知蘇州府事張幼仁，俾刻之郡中。」萬曆重刊。王穉登序。

三傳辨疑十五卷○宋四明程端學編。

春秋金鎖匙一卷 朱絲闌鈔本。○元趙汸撰。

春秋左氏傳補註十卷 刊本。○元新安趙汸傳并序。

春秋本義 殘。有「尚寶少卿袁氏忠澈」印。

春秋孔義 刊本。殘。○明梁溪高攀龍著，秦堈編輯。崇禎庚辰高世泰序。

春秋啟鑰五卷 紅絲闌鈔本。○元至正廬陵彭飛南溟氏校正。不著撰書人名字。卷首彭自序。

春秋經傳辨疑一卷 綿紙朱絲闌鈔本。○明成化戊戌蘭溪童品撰并自序。

春秋私考三十六卷 刊本。○明嘉靖會稽季本撰并序。嘉靖庚戌武進唐順之亦有序。嘉靖丁巳慈溪王交後序。

春秋詞命三卷 刊本。○明王鏊撰并序。

春秋列傳五卷 刊本。○劉〔三〕節重編，周瑯校。卷首有「崑崙山人」、「范伯子受」二圖章。貴溪邱九仞序。

春秋胡傳三十卷○明成化壬寅劉憲序。殘。甲午崇仁書堂重刊。

春秋胡傳三十卷 刊本。○明嘉靖癸未廣東贛州府清獻堂刊。

春秋胡傳三十卷○江超恒編纂。

春秋胡傳集解三十卷 刊本。○明正統六年海虞陳喆集解。嘉靖九年常熟鄧韍序。安正堂劉氏按京本刊行。

春秋四傳三十八卷○明巡按福建監察御史開州吉澄校刊，緡雲樊獻科重訂。

春秋左史捷徑二卷 刊本。○明進士麻城劉守泰撰序。

春秋標題要旨一卷〇西陵沈載錫、程吴龍訂定，及門程斯彪校。

麐題備覽一册 藍絲格鈔本。不著撰人名氏。

春秋繁露十七卷 藍絲闌鈔本。〇漢董仲舒撰。明四明樓郁序。

【附録】

春秋繁露求雨止雨直解一卷〇不著編書人姓名。

程氏續演繁露六卷 藍絲闌鈔本。〇宋程大昌撰。

〔一〕「鼇」原誤爲「整」，據《經義考》改。

〔二〕「履」原誤爲「理」，據《經義考》改。

〔三〕「劉」原誤爲「魏」，據《續修四庫全書總目提要》改。

經總類

經籍考七十六卷 刊本。卷首有「天一閣」、「古司馬氏」二圖章。〇宋鄱陽馬端臨撰。明弘治盱江何喬新刊，并序云：「鄱陽馬貴與氏，宋丞相碧梧先生之子。家多縑素，學有淵源。嘗著《文獻通考》，以補《通典》之未備。其《經籍考》尤爲精詳。江西按察司僉事莆陽黄公仲昭奉勑來董學政，莅政之暇，取國子監本，校訛補缺，繕寫成編。且規措楮板之資，付南昌府同知張君汝舟俾刻之。」

宋學士夾漈先生六經奥論六卷〇盱江訓導危邦輔家藏，臨川黎温校正。凡例十條。

經義模範十六篇 刊本。○明楊慎選。嘉靖丁未王廷表序云：「丁未冬，表訪太史楊升菴，得《經義模範》一帙，乃同年朱艮矩所刻也。義凡十六篇。《易義》二篇爲姚孝寧，餘篇則先賢廣安張才叔、中江吳師孟、簡州張孝祥也。夫經義盛于宋，張才叔自靖人自獻于先生之義，吕東萊取之入《文鑑》，與古文並傳。朱文公每醉後口誦之，至與諸葛武侯出師二表同科。我成祖文皇帝命儒臣纂集《尚書大全》，以其義入註，經義之盛，無踰此篇。選者以此特範卷首，有見哉。其餘十五篇皆稱是。」

兩蘇經解十二册 刊本。○《東坡易傳》九卷，《書傳》二十卷，《潁濱詩傳》十九卷，《春秋》十二卷，《論孟拾遺》一卷，《道德經附》一卷。

六經圖六册○宋楊甲撰，乾道元年苗昌言序，明萬曆四十三年吏部尚書衛承芳照宋板摹刻。

四書類

孟子註疏十四卷○漢趙岐註，宋孫奭疏并序。

朱子大學或問二卷

四書章句集註二十六卷 宋刊本。○宋朱子撰并序。

四書集註十四卷 刊本。○明嘉靖丙辰廣東崇正堂刊行。

四書集註六本○明嘉靖丁亥南康府六老堂刊。

大學衍義四十三卷 刊本。卷首有「欽文之璽」、「廣運之寶」二方御章。○宋真德秀撰。明嘉靖御製序，謹身殿大學士楊一清後序。

大學衍義四十三卷 刊本。○宋學士真德秀撰并自序，明史官陳仁錫評。

大學衍義補一百六十卷 弘治初刊本。○明成化二十三年邱濬撰并序。

大學衍義補一百六十一卷 刊本。○明邱濬撰并自序。備録進書表一道。

大學衍義四十三卷 嘉靖重刊本。○宋真德秀撰。明嘉靖六年御製序。

尊孟辨三卷 藍絲闌鈔本。○宋余允文撰。

孟子解七卷 棉紙藍絲闌鈔本。○宋乾道南軒氏張栻撰并序。題曰「癸巳孟子説」。咸淳庚午趙與植跋後。

四書叢説 藍絲闌鈔本。○元許謙撰。

四書通義輯釋二十册 刊本。○元新安倪士毅編輯，并序云：「朱子《四書註釋》，格菴趙氏謂其渾然猶經。初，此書之成也，朱子之從游、交游，遇未曉處，必質問焉。今參諸《語録》、《文集》中，隨問而答，皆可見也。況于欲便後之初學者，而可無以發明之乎？故黄氏有《論語通釋》。而采《語録》附于朱子註釋之下，則始自貞氏，名曰《集義》，止《大學》一書，祝氏《四書附録》，乃仿而足之者也。至趙氏《纂疏》，用力亦多，但去取猶未皆當。若吳氏之《集成》，則泛濫甚矣。于是先師定宇陳先生諱櫟字壽翁，編《四書發明》，星源雲峰胡先生諱炳文字仲虎，亦編《四書通》。彼此雖嘗互觀其書之一二，而未竟也。既二書學者傳入坊中，皆已板行。先師晚年，頗欲更定其書而未果。及觀《四書通》全書，遂手摘其説，蓋將以附入《發明》。若《大學章句》，則嘗下筆發其端矣，餘未之及。士毅嘗僭欲合二書爲一，以自便觀讀，先師可之。元統甲戌春二月，先師考終。乃即二書詳玩，且以先師手摘者參酌而編焉，名曰《四書輯釋》。至正辛丑定凡例，更加訂正。」

四書通義十四卷〇元倪士毅撰。新安汪克寛序云：「近世儒者，取朱子平日所語學者，并其弟子訓釋之辭，疏于朱子之左，真氏有《集義》，祝氏有《附録》，蔡氏、趙氏有《集疏》、《纂疏》，相繼成編。而吴氏最晚出，但辨論未爲明備，去取頗欠精審。同郡定宇陳先生、雲峰胡先生，睹集成之書行于東南，輾轉承誤。陳先生著《四書發明》，胡先生著《四書通》。晚年欲合二書一之，未遂也。友人倪君仲弘，實從遊〔二〕于陳先生，乃會粹二家之説，名曰《四書輯釋》。至正辛巳，建陽劉叔簡得其本而刻之。後二年，倪君即舊本重加訂正，視前益加精密。徵予叙其所以然。」

四書通證六卷 朱絲闌鈔本。〇元新安張存中撰，泰定胡炳文序。

四書通旨六卷 朱絲闌鈔本。〇元鄱陽克升朱公遷撰。

新編待問集四書疑節十二卷 朱絲闌鈔本。〇元至治鈐北袁俊翁撰并識。黎立武、李應星、彭龍均序。

四書蒙引初稿十四卷㊂〇明蔡清傳。門生李墀校刊，序云：「歷漢而唐而宋，註《四書》者數千家，至《章句集註》出，而後其説始定。自宋而元至今，訓《章句集註》者，亦數千家，至《蒙引》出，而後其説始定。文公發諸先生所未發，先生又發文公所未發者。」

蔡虛齋蒙引六卷○四明張家傳訂，古勛劍峯伍倜、梅月王天章編次。

四書大全三十四卷○明翰林學士胡廣等纂修。

論語大全二十四卷○明翰林學士胡廣等奉勑纂修。

四書直解二十七卷○明江陵張居正進講，鹿城顧宗孟批點，西陵王益朋、禹航嚴曾榘同閲，後學陳枚、吳鍙較訂。

四書説約二十卷○明吳郡顧夢麟麟士纂輯。楊彝子常參訂，并序云：「往予嘗爲《四書大全節要》云：『時在戊亥之間，與麟士並處一室，多所商榷。會丙子各有事散去，塗乙纔數卷，所登木即《學而》、《爲政》二篇耳。其後，戊寅秋，麟士《説約》繼作，則余兩人已不能數面相質訂，惟郵筒也。及庚辰夏五，而其刻遂成。其辨證精析，雖貫穿羣經，而窮究指歸，則斷以晦翁爲正，理務畫一。而筆削所至，皆本平生所見爲之。此所以易而復歸至慎〔二〕也。』今取其書覆觀，覺《註疏》、《大全》而下，卷帙舊矣，而反焕然以新。鄭、孔、程、朱而下，人代分矣，而條貫繩約，則如出一口。不皆麟士之書，而麟士之書豈非所謂『其事雖述，功倍於作者』與。」

四書宗註二十卷○明李之藻述著，顧起元、邵景堯同訂。

四書口義十二卷講二卷緒言四卷刊本。○明隆慶江陰薛甲撰，并序云：「丙寅歲，縣博林君承督學耿公之命，延予與諸生講于學宫。予爲敷《講義》一十五篇，即《口義》之旨也。別集《緒言》四卷，雖不盡同于《口義》，然大旨要歸實與《口義》互相發明，其均有裨于心學。故此三書者，予復合而一之，以便參考。」

學庸口義一卷 藍絲闌鈔本。◯明嘉靖臨川章袞撰，并序云：「袞自幼孤苦，資既庸下，所向亦差，加以獨學寡與，如中夜求于幽室之中者矣。年甫三十，乃作詩曰：『埋頭更惜回頭晚，得手翻嫌放手遲。故紙堆中迷出路，扶揺何日是佳期？』又曰：『夜夢平安毛骨冷，覺來枕上頗如如。連旬雨意連旬卧，好似瞿曇不用書。』蓋自是于聖賢經傳，窒者漸以通，拘者漸以邕，故者漸以新。而朱子之書，雖彼此先後立論不同，要亦不能爲吾累矣。比入仕途，時繹舊聞，又似浸長一格。辛卯，調官建寧，諸生楊堯、滕鶴齡、魏耕、楊肇輩，時從質難。顧方攝府事，苦于無暇，乃作《學庸口義》，以便授受。比來雲間，又畧加詮訂，以授華亭學諭楊君訓論。」

四書備考二十七卷◯陳仁錫編并序。凡例二十一條。

四書解畧六卷◯丹陽姜寶著。武進惲華卿校刊。

讀晦菴四書衍義十四卷 綿紙鈔本。◯蘭雪鄒霆炎撰，吳郡徐達左校正。

四書湖南講十册 刊本。◯明葛寅亮撰。

四書衍註六册 刊本。◯國朝歸安朱心撰。康熙庚申黄周星、閔景賢俱有序。

中庸思問録一卷 鈔本。◯不著撰書人姓名。

孟子思問録一卷 鈔本。◯不著撰書人姓名。

中庸緝畧二卷 朱絲闌鈔本。〇不著編輯人姓名。

〔一〕「遊」原誤作「友」，據《經義考》改。

〔二〕「慎」原誤爲「順」，據《經義考》改。

樂類

樂書二百卷〇宋宣德郎秘書省正字陳暘上進。楊萬里序云：「太常博士臣陳祥道，上體聖意，作爲《禮書》一百有五十卷。其弟太學博士臣暘，作爲《樂書》二百卷，然未就也。至哲宗時，祥道以《禮書》獻。至徽宗時，暘以《樂書》獻。中更多難，二書見之者鮮焉。今年二月丙子，朝奉大夫權發遣建昌軍事三山陳侅岐送以《樂書》一編，且以書底萬里曰：『岐幼師先君樞密，嘗因請業問曰：「士奚若而成於《樂》？」先君曰：「聖門之學，驟而語，未可也。從先儒問津，則鄉先生陳公晋之有《樂書》在。」岐自是求其書，老而後得之。是用刻棗，與學者公之。』」

柳屯田樂章三卷 綿紙鈔本。〇宋柳永耆卿撰。

樂章音註一卷 刊本。〇明鄧鳴鸞注。序云：「聖天子建極，治熙教洽，每三歲屬有司比其賢者而進之，制也。雄才翊運，淑德應期，有文有武，森若林會，治之徵也。録成，宴而樂之，爲音也五，爲章也八，《鹿鳴》、《天保》諸詩備焉。禮興而樂成也。維茲壬子屆期，事事職於有司者，夫既治之矣。維樂典於學校，前此用林鍾角音起調，不惟節奏無序，抑且陵越冒嫌，豈治世所尚哉。鳴鑾自受督率之命，夙夜惟寅，懼無以副委任之隆，而崇聖天子作人之盛典。故取聖朝頒降廟雅樂音律，引伸觸類。其始終條理，清濁高下，三分損益，隔入相生，悉皆依之。然有取義《鹿鳴》，樂音調起南吕，蓋南吕爲徵、爲事，於位屬離。天子嚮明，而宰羣動，以是德王天下，乃陽火文明之象，求賢之端，即期之以弘功業、翊聖德也，故首用之。次用林鍾，蓋林鍾爲角、爲民，于位屬震。震東方生氣，人主德和於上，澤被於下，使斯民遂厚生之願，咸得其所也。又次用太簇，蓋太簇爲商、爲臣，于位屬兑。兑西方清氣，人臣和德於下，承流於上，猶五行之吏，各宣其氣也。至羽音居北，屬坎，有躁急而無安舒。姑約用之以成調者，備物義也。終歸之黄鍾，黄鍾爲吕，君象也。聲氣之元，根本乎萬事，其位中，而四音上下還轉如輪以應之，中天下而立，定四海之象也。宴以《鹿鳴》，典爲貢舉，故其製音自下而上，寓歸極也。若夫武樂之詠，《采薇》諸詩也。厲兵命將，盛其氣也。克敵制勝，壯其猷也。舊多用變羽而主水調，今抑之不用，止以黄鍾、太簇、林鍾、南吕四聲成調，蓋由尊達卑之義也。故調起黄鍾，尊君位也。次用太簇，重將權也。又次用林鍾，寓兵於農。終之以南吕，蓋南吕火德也，陽明勝而文治光矣。」

小學類

爾雅註疏十一卷〇晉郭璞註，宋邢昺疏。

爾雅三卷 刊本。〇晉郭璞註。自序。明嘉靖許宗魯校刊并序。

釋名一卷 刊本。○漢劉熙著。明儲邦掄重刊。作後序云：「是書南宋時刻于臨安，尋毀不傳。今侍御谷泉儲公邦掄得之于嵩山僉憲李公，李公得之于中丞石岡蔡公。乃命梆校正付梓，州守程君鴻刊布焉。」

埤雅二十卷○宋陸佃撰。明成化己亥重刊。

埤雅二十卷○宋陸佃撰。宣和七年陸佃之男陸宰序。明嘉靖元年贛州府清獻堂刊本。

爾雅翼三十二卷○宋新安羅願著，明畢效欽校。

急就篇四卷 刊本。○唐顏師古注，并序云：「舊得皇象、鍾繇、衛夫人、王羲之等所書篇本，備加詳覈，足以審定，凡三十二章，究其真實。又見崔浩及劉芳所注，未云善也，遂因暇日爲之解訓。」

説文解字篆韻譜五卷 刊本。○南唐徐鉉序，宋樂清臺南李顯重刊序首。

六書統二十卷 刊本。○元楊桓撰。劉泰序。

古篆一卷○明田不欲翁纂。正德辛巳王準序。

同文備考八卷 刊本。缺卷八下并附録。○明崑山王應電字昭明號明齋著。嘉靖己亥自序，友人毛希秉序，吉水念菴羅洪先、同邑朱柔嘉序。

墨池瑣録三卷 刊本。○明楊升菴著。嘉靖庚子禺同山人有序，玉林山人成都許勉仁序首。

書史會要九卷 刊本。○明陶宗儀著，并序云：「宗儀蚤歲粗知六書之旨，凡遇名蹟、古刻，博覽精研。

每讀史傳以至百氏雜説，書録所記善書姓名，捃摭殆遍。因以朝代分輯，而繫六書諸例于其後，釐爲九卷，題曰《書史會要》。」

字彙十卷〇梅膺祚音釋。

草書集韻四卷 刊本。〇首卷缺數頁。撰書人姓名無考。卷末有「一忠」并「中山人」二圖章。

韻補五卷 刊本。〇宋吳棫撰。乾道四年武夷徐蕆序云：「才老以壬申歲出閩，别時謂蕆：『吾書後復增損，行遽[一]，不暇出，獨藏舊書。』才老死，訪諸其家，不獲。僅得《論語續解》于延陵胡穎氏」云。

重刊韻補上下二卷〇宋吳棫才老著。明嘉靖改元廬陵静齋陳鳳梧序。

禮部韻畧五卷 刊本。殘。〇明毛晃增註。子居正校刊。

古今韻會三十卷〇元熊忠子中[二]舉要，元昭武黄公紹直翁編輯。卷首劉辰翁序，明嘉靖戊戌劉儲秀跋。嘉靖丙申崧少山人張鯤藏有嘉本，付江西提學李愚谷重刊。鯤序云：「《韻會》之集，以《禮部韻畧》、《禮韻續降》、《禮韻補遺》、《毛氏韻增》、《平水韻增》綴集舊業，勒成一家，統記萬有二千六百五十二字。」

洪武正韻十六卷 刊本。〇洪武八年宋濂序。

古音餘五卷附古音餘後語一卷 刊本。〇明楊慎升菴著。李元陽跋，嘉靖壬辰太和楊士雲序。

古音獵要一卷 刊本。〇明楊慎著。序云：「予輯《古音叢目》，凡四千五百餘字。《詩補音》、《楚辭釋音》、《韻補》、《古音畧》取十之六，亦既省矣。猶病其寡要也，又手録其可叶之賦頌韻文者，凡千餘字，謂之《獵要》，欲博諸古音，會合前數書，以參互也。若臨文古韻，則此卷足矣。」

書學正韻三十六卷 刊本。○元奉直大夫國子司業楊恒撰。

書學正韻十八卷 刊本。○元奉直大夫國子司業楊恒撰。

書學正韻八本 刊本。○江浙提學佘謙補修。不分卷數。

併音連聲字學集要四卷 刊本。○不著撰人名氏。明越人毛曾删集，宛陵周恪校正并後序，甫陽林火黼同校。萬曆二年會稽陶承學序。

經史海編直音五卷 刊本。○不著撰人姓名。

九經韻覽十四卷○不著撰書人姓名。

五車韻瑞一百六十卷 刊本。○明淩以棟撰。晋安謝肇淛叙。

類聚古今韻府續編四十卷 刊本。○明青田包瑜編。弘治己未渤海張時叙序，餘杭周禮序，鶴山潘琴序。

五音類聚十五卷○泰和八年刊本。内有「王君實家藏印」、「錦衣殿直備員」、「春泉居士」、「古三王氏」、「栝蒼王氏君實家藏書畫之印」。

詩韻釋義四卷 刊本。○明江東雲厓老人集，關西修髯子釋義。正德十五年南海楊一漢序。

詩韻輯略五卷 刊本。○明隆慶己巳上海潘恩著。卷首自序缺。

詩韻輯略二卷 刊本。○明上海潘恩著。有隆慶己巳自序。

聲韻會通一卷 刊本。○前人著。嘉靖十九年崑山周士淹序。

韻要五卷 刊本。○不著撰人姓名。

韻要二卷 刊本。○明嘉靖丙午韓克濟有序，潘子正跋。

〔一〕「遽」原誤爲「遠」，據徐氏原序改。

〔二〕「中」原誤爲「忠」，據《四庫總目》改。

天一閣書目　史部

正史類　三十四種三千九百二十九卷

編年類　四十一種一千五百三十四卷

紀事本末類　七種三百八十三卷

別史類　二十九種一千六百九十一卷

雜史類　六十五種二百六十二卷

詔令奏議類　一百二十八種一千六百二卷

傳記類　一百三十四種一千七十八卷附録四十九種一百十三卷

史鈔類　二十六種五百五十一卷

載記類　九種一百一卷

時令類　八種一百十七卷

地理類　五百十九種五千九百四十五卷

職官類　五十八種三百三十八卷
政書類　一百三十八種一千四百五十卷
目録類　八種一百二十卷
史評類　二十二種三百四十七卷　附録一種一卷
共計一千二百七十六種二萬九千五百六十二卷

天一閣書目卷二之一　史部一

正史類

史記評林一百三十卷刊本。○漢司馬遷著，宋裴駰集解，唐司馬貞索隱，張守節正義。明萬曆四年冬歸安茅坤序，萬曆五年八月天目徐中行序，裴駰《集解》序，司馬貞《索隱》前、後兩序，并《補史記序》，張守節《正義序》，并《論例》、《謚法解》、《列國分野》備載卷首。

史記一百三十卷刊本。○漢司馬遷撰，唐司馬貞補撰并註。明嘉靖九年國子監祭酒張邦奇、司業江汝璧奉旨校刊。

史記正義一百三十卷刊本。○唐張守節撰并序。開元二十四年丙子八月刊成。

史記大全一百三十卷刊本。○漢司馬遷撰，唐司馬貞註。元中統〔二〕董浦叙，明景泰吳節叙。正德戊寅重校。

史記題評一百三十卷刊本。○明李元陽輯訂，高世魁校正。嘉靖十六年福州知府胡有恒、同知胡瑞敦雕。

史記考要十卷 刊本。○明莆田柯維騏著。嘉靖辛丑冬王鳳麟叙云：「柯子名維騏，字奇純，希齋其號。」

前漢書一百十九卷 刊本。○漢班固撰，唐顔師古注。

漢書評林一百卷 刊本。○漢班固撰，唐顔師古注并叙例，明萬曆辛巳吳興凌稚隆輯校。吳郡王世貞序。

前漢書一百卷 刊本。○明嘉靖己酉孟夏福建按察使周采、提學副使周琉、巡海副使柯喬同校訂。

史漢異同三十五卷 刊本。○宋倪思撰，元劉會孟評，明李元陽校。永樂廬陵楊士奇跋云：「右《史漢異同》，近從鄒侍講借録，凡三册。此書相傳作於須溪，而編内不載。觀其評論批點，臻極精妙，信非須溪不能。然《文獻通考》云：『倪思撰《班馬異同》三十五卷，思以班史仍《史記》之舊，而多删改，務趨簡嚴。或删而遺其事實，或改而失其本意。因其異，可以知其優劣。』所論政與今所録者合，而卷數亦同，豈非書作於倪，而評論批點出於須溪邪？」弋陽汪田跋。

後漢書一百三十卷 刊本。○宋范蔚宗撰，唐章懷太子賢註。明張邦奇、江汝璧奉旨校刊。

後漢書一百二十卷 刊本。○南宋范曄撰，唐章懷太子賢註。明嘉靖丁酉冬廣東崇正書院重刊。

後漢書一百二十卷 刊本。○明嘉靖己酉孟夏福建按察使周采、提學副使周琉、巡海副使柯喬同校訂。

三國志六十五卷 刊本。○晉陳壽撰，宋元嘉六年七月中書侍郎西鄉侯裴松之注并表上。大德丙午桐鄉朱天錫跋。

三國志六十五卷 刊本。○明嘉靖衢州參軍蔡宙、教授陸俊民重校刊。

晉書一百三十卷 刊本。○唐太宗御撰。

宋書一百卷 刊本。○梁沈約撰。

南齊書五十九卷 刊本。○梁蕭子顯撰。

梁書五十六卷 萬曆三年刊本。每卷首有「千〔二〕古同心之學」、「天一閣主人」二印。○唐姚思廉撰，明余有丁校正，周子義同校。

陳書三十六卷 刊本。○唐姚思廉撰。

魏書一百十四卷 刊本。○北齊魏收撰。

北齊書五十卷 刊本。○唐李百藥奉敕撰。明萬曆十年刊。

後周書五十卷 刊本。○唐令狐德棻等奉敕撰。

隋書八十五卷 刊本。○明景泰改元東吳夏昶補輯重刊。

南史八十卷 刊本。○唐李延壽撰。宋〔三〕大德丙午蜀蒯東寅序。

北史一百卷 刊本。○唐李延壽撰。

舊唐書二百十四卷 刊本。○晉劉昫等奉敕撰。明餘姚聞人詮校刊并序。東吳楊循吉後序，文徵明序。

新唐書二百五十卷 刊本。○宋歐陽修、宋祁等奉敕撰，曾公亮奉敕編修表上。大德丁未戚明瑞序，大德九年河南雲謙跋。

五代史七十四卷 刊本。○宋歐陽修撰，徐無黨註。

五代史七十四卷 刊本。○同前。明汪文盛、高瀔、傅汝舟同校刊。

宋史四百九十六卷 刊本。○元至正五年丞相阿魯圖等表進。

遼史一百十五卷 刊本。○元托克托等撰。明張邦奇、江汝璧奉旨校刊。

金史一百三十五卷 刊本。○元托克托等撰。明張邦奇、江汝璧奉旨校刊。

元史一百九十七卷 刊本。○明宋濂等奉敕撰。

〔一〕「統」原脱，今據文意補。

〔二〕「千」疑當爲「萬」字之譌，本書他處皆作「萬古同心之學」。

〔三〕「宋」當爲「元」之誤，大德乃元成宗年號，宋無此年號。

編年類

竹書紀年二卷 刊本。○梁沈約附註，明司馬公訂刊。版藏閣中。

漢記三十卷 刊本。○漢荀悦撰并序。

後漢記三十卷 刊本。○晉太守袁宏撰并序。

元經薛氏傳九卷續元經一卷 刊本。○隋王通撰，唐河東薛收傳并序，宋阮逸注。

大唐創業起居注三卷 棉紙紅絲闌鈔本。○唐温大雅著。後有跋云：「國初，華亭映雪老人孫道明代多藏書，此其一種，歲久斷爛，不堪讀，又多譌舛，惜吳中無别本正之。漫録一過，藏諸敝篋以俟。皇山人姚咨，時年六十歲，燈下識。」

資治通鑑音註二百九十四卷通鑑釋文辨誤十二卷 刊本。○宋咸淳旃蒙作噩之歲天台胡三省撰并序，司馬光奉敕編集。

資治通鑑考異三十卷 刊本。○宋司馬光奉敕編集。

稽古録二十卷 刊本。○宋司馬光上進。明餘姚黄珣序。

朱子綱目五十九卷○宋朱子撰。乾道壬辰夏四月甲子自序。

資治通鑑綱目五十九卷 皇明弘治戊午歲書林慎獨齋刊。○卷首載朱子原序，朱子與訥齋趙氏師淵論《綱目》手書，李方子《綱目後序》，王柏《綱目後語》，汪克寬序，徐昭文《考證序》，王幼學《集覽序》，陳濟《集覽正誤序》，揭傒斯《書法序》，尹起莘《發明序》。

資治通鑑綱目五十九卷 明嘉靖歲次甲午春江西按察司重刊。○卷首序跋同前。

資治通鑑外紀十卷目録五卷 刊本。○宋劉恕編集。元豐元年司馬光叙。元祐四年趙友澄等重刊。

大事紀解題十二卷 刊本。〇宋吕祖謙撰。嘉定壬申東陽李大有後序云：「《大事紀》者，史遷表漢事之目也。以事繫年，而列將相名臣於其下，蓋不但存古策書之法而已。特其體統未備，猶有遺憾。是書名襲遷史，體備編年，雖不幸絶筆於征和，而書法可概見。《通釋》，是書之總也。《解題》，是書之傳也。」

通鑑綱目前編十八卷四明陳子桱外紀一卷舉要三卷 刊本。〇元金履祥編，明劉弘毅音釋并刊。門人許謙序云：「是書用《皇極經世曆》、胡氏《皇王大紀》之例，損益折衷。一以《尚書》爲主，下及《詩》、《禮》、《春秋》，旁採舊史、諸子，表年繫事，復加訓釋。斷自唐堯以下，接於《通鑑》之前，勒爲一書。」仁山先生後叙云：「右《通鑑前編》，起帝堯元載甲辰，止周威烈王二十三年戊寅，凡一千九百五十五年。」

通鑑十八卷舉要二卷 刊本。卷首有「禮部官書」圖章。〇元金履祥撰表云：「《通鑑前編》十八卷、《舉要》二卷，官爲鋟梓，裝編成二十册，隨表上進者。」又自序。

帝王紀年一卷附聖政紀一卷禮賢録一卷 刊本。〇元平章白雲翁察罕編，黄用和梓。明景泰六年翰林編修金城黄諫序曰：「予閲舊書，得先子壽柏翁所藏《歷代纂要》，乃元平章白雲翁察罕所編。蓋取《皇極經世書》爲準，一開卷而古今成敗、國家興衰、運祚長短，皆瞭然可見。遂爲《訂正》，自延祐戊午，至洪武戊申，凡若干年，以便考閲。鋟梓以傳，序諸篇首」云。廣平程鉅夫序後。

少微通鑑外紀四卷節要五十六卷 刊本。〇宋江少微著，明正德九年御製序，弘治二年賜進士及第資善大夫東海徐溥序。

資治通鑑節要二十卷 刊本。○宋江少微編，門人劉剡識。

資治通鑑節要續編三十卷 刊本。○不著編纂人姓名。

資治通鑑綱目發明五十九卷 刊本。○元臣尹起莘上進。書後自序。

資治通鑑綱目集覽五十九卷 刊本。○元王幼學編。序云：「編始於大德己亥，迄於延祐戊午，積二十年，七易藁而甫成。」

歷代帝王紀年纂要一卷 刊本。○元平章白雲翁察罕編，明翰林編修金城黄諫訂正并序。皇慶元年程鉅夫序。

歷代史譜二卷 刊本。○元括蒼鄭鎮孫編并序。元薛超吾序云：「此譜上起三皇，下終宋季。其義例本于朱氏，其事實約于諸史，四千年國統離合，一覽可得，誠稽古之要法也。括蒼鄭鎮孫國安，篤志史學，嘗作《直説通略》，姑孰、澧、荆三郡刊行之。又爲《歷代蒙求纂註》，可謂勤矣。」

綱目集覽正誤二卷 刊本。○明毘陵陳濟撰。永樂壬寅自序云：「《資治通鑑》全書二百九十四卷，惟胡三省《音註》優於諸家。第卷帙浩繁，人不易致，故學者多讀《綱目》。王行卿《實覽》，爲《綱目》而作，惜草率欠精，繆戾爲多。輒用他書考正，無慮四百餘條，久而成編，姑遺兒輩習之。」

續資治通鑑綱目二十七卷○明大學士商輅等奉敕纂修并表上，成化十二年御製序。

續資治通鑑綱目廣義十七卷 刊本。○明雲間張時泰著并表上，弘治己酉南城羅玘序。

續資治通鑑六十四卷 刊本。○明中奉大夫山東布政使司臨海王宗沐編。凡例云：「自宋受命，始於建隆庚申，迄於祥興己卯，共三百二十年。元一天下，始於至元庚辰，迄於至正丁未，共八十八年。合遼、金、夏三姓，其興亡治亂有足紀者，不應獨闕，是以編而次之。始於嘉靖乙卯，成於隆慶丁卯，以備全史之要畧」云。

世史正綱三十二卷○明邱瓊山編，林大猷梓。門人費誾後序云：「先生主文公《資治通鑑綱目》、吕成公《大事記》，約爲此編。先生在翰林時已屬筆，及來太學始脱稿。既而陞秩尚書，掌詹事府，入爲國史副總裁。誾因請其稿刻之梓，藏之載道所，付典籍掌焉。」

綱目前編三卷 刊本。○明許誥著。嘉靖丙戌弟許讚序。

人代紀要三十六卷 刊本。○明吴興顧應祥編輯，江陰楊明善校正，庠生倪佩、臧繼葉同校。大埔黄宸校刊，叙殘。

龍飛紀畧八卷 刊本。○明詔安吴樸撰。嘉靖甲辰武夷林希元序云：「初名《聖朝征伐禮樂書》，予易今名，因爲之序。」

元史續編十六卷 刊本。○明永樂癸未會稽胡粹中撰并序。

宋元通鑑一百五十七卷 刊本。○明嘉靖丙寅薛應旂序。

憲章録四十七卷 刊本。○明薛應旂述，平湖陸光宅梓并序。

昭代典則二十八卷 刊本。○明萬曆賜進士太子少保刑部尚書晋江黄光昇編輯，吴郡陸翀之校閲。金陵周曰校刊行。

歷代紀年甲子圖 刊本。○明杭郡李旻撰。自序云：「偶閲《歷代紀年圖》，因取朱子《通鑑綱目》、金吉甫《前編》，參以羣書衆論，折中以《春秋》之法，校其異同，訂其譌缺，頗加更定，寓微意焉。析圖爲卷，十年爲行，題甲以繫干支，列年而别統序。所謂陰陽九七之會，丙丁龜鑑之説，運之延促，時之治亂，求其大凡，如指諸掌。」

古今歷代大統易見録 刊本。○不著撰人名氏。

歷代傳統 鈔本。○不著撰人名氏。

諸史會編大全一百十二卷 刊本。○明東吴金㙔編集。凡例十九條。

綱鑑正史約三十六卷 刊本。○明顧錫疇編纂。崇禎三年郭必昌序。

綱鑑會纂四十六卷 刊本。○明王世貞纂，陳仁錫訂，吕一經校。卷首載歷代帝王傳授之圖、凡例五條、總論一卷。

紀事本末類

通鑑紀事本末四十二卷 刊本。○宋袁樞撰。延祐六年郡文學掾〔二〕宣城陳良弼序。

三朝北盟會編二百五十卷 藍絲闌鈔本。○宋紹熙五年朝散大夫安撫司參議官賜緋魚袋徐夢莘撰并序。

炎徼紀聞四卷 刊本。卷首有「天一閣」、「古司馬氏」二印。○明豫陽田汝成撰。

宋史紀事本末三十卷○明北海馮琦原編，高安陳邦瞻纂輯，句吳徐申、豫章劉曰梧校正，秣陵沈朝陽繙閱。

皇明鴻猷録十六卷 刊本。○明京山高岱編輯并叙。

承天大誌四十卷 刊本。○明嘉靖四十五年吏部尚書徐階、禮部尚書李春芳上進表云：「紀十有二：曰基命紀，曰符瑞紀，曰龍飛紀，曰聖孝紀，曰大狩紀，曰宫殿紀，曰陵寢紀，曰寶謨紀，曰御製紀，曰恩澤紀，曰禮樂紀，曰苑田紀。」

行邊紀聞 刊本。○明嘉靖武林田汝成著。雲間顧名儒校，并序云：「古杭田先生汝成，由進士出官廣右，受寄雄藩。適當思田之變，馳驅兵間，周旋贊畫，凡兩閲歲而後定。迺以耳目之所親，經畫之所具者，以次録之，命曰《行邊紀聞》，是足以宜今而善後矣。夫紀地利，則負險者失其馮；紀宗系，則考世者得其據；紀狡僞，則羈靮之防宜慎；紀禍亂，則彊圉之守當嚴；紀撫臣之建立，則勸懲備；紀羣公之贊議，則衆策舉；紀將士之勘定，則示威遠；紀幅員之寧謐，則爲慮大。觀者不待考圖按籍，而制變防微之策，固已了了於目中矣。」

〔一〕「掾」原誤爲「椽」。今改。

別史類

天祿閣外史八卷 藍絲闌鈔本。○後漢汝南黃憲撰。唐陸贄曰：「《外史》一書，世所罕有。其議論皆經濟之學，王佐之才。或以爲晉初竹林諸賢所作，未可考也。」宋後學韓洎校正。

隆平集二十卷 刊本。卷首有「董氏萬卷堂印」。○宋曾鞏撰。紹興十二年淄國趙伯衛序云：「南豐曾鞏子固爲左史日，嘗撰《隆平集》以進。自太祖至於英宗五朝，分門列傳，凡一百有六年，爲書二十卷。當時號爲審訂，頒付史館，副存於家。雖非正史，亦草創記注之流也。」

史拾六十卷 刊本。○宋紹興眉山蘇轍撰，并序云：「予少好讀《詩》、《春秋》，皆爲集傳。讀太史公書，欲正之，而未暇也。元豐中，終輯二集，刊正古史，得七本紀、十六世家、三十七列傳，功未及究。元祐九年，以少府監分司南京，得續古史之闕。明年三月成，凡六十卷。季子遜侍予紬繹往牒，知予去取之意，舉爲之注，後世可考焉。」明陳子龍鑒，仁和吳宏基箋，鍾禾士校。

古史本紀三十五卷 刊本。○宋蘇轍撰。其自序與前不同。

古史七卷 刊本。○宋蘇轍撰，明陳子龍閱，吳宏基、吳思穆同訂。汪定國序。

通志略五十一卷 刊本。○宋右迪功郎夾漈鄭樵著。其書通黃帝、堯、舜，至于秦、漢之世，分爲五體，凡二十畧。序云：「自《氏族畧》至《昆蟲草木畧》，凡十五畧，出自胸臆，不涉漢唐諸儒議論。其《禮》與

《職官》、《選舉》、《刑法》、《食貨》五畧，雖本前人之典，亦非諸史之文。」明御史少岳陳宗夔校，吴繹刊。

東都事畧一百三十卷 藍絲闌鈔本。○宋王偁撰。卷首載偁進《東都事畧》劄子云：「自建隆至於靖康，一百六十八年，輒擬信史爲本紀、爲世家、爲列傳、爲附録、爲贊論，以發揚之。蓋國都大梁以前故事也。」

契丹國志二十七卷 棉紙鈔本。○不著撰人名氏。

大金國志四册 棉紙鈔本。○不著撰人名氏。

路史四十七卷 刊本。○宋廬陵羅泌編，男苹承命註。篇首自序。

宋史新編二百卷 刊本。○明莆田柯維騏編。泰泉黄佐序云：「宋舊史成於元至正己酉，丞相托克托是非不公。景泰間，翰林學士吉水周公嘗疏於朝，自任筆削，羈於職務，書竟弗成。吾友柯子，以癸未進士筮仕户曹，輒謝病歸，養高林壑。覃思博考，乃能會通三史，以宋爲正，删繁補闕，歷二十寒暑始成，命曰《宋史新編》，示不沿舊也。本紀則正大綱而存孤危，志、表則略細務而舉要領，列傳則崇勳德而誅亂賊，先道學而後吏治。遼、金與夏，皆列外國傳。於是春秋大義，始昭著于萬世。」同邑康太和作後序。

讀史備忘八卷 刊本。四本，缺二本。○明天台范理道濟編集。

續藏書二十七卷 刊本。○明李贄撰，陳仁錫評，新都江紹前校。

函史上編八十二卷下編二十二卷 刊本。○明鄧元錫撰。

皇明啓運録八卷 刊本。○粵濱逸史陳建輯著。始於前元至元辛卯，終於國朝洪武戊寅。嘉靖壬子自序。

皇明通紀四十二卷 刊本。○明陳建輯著。繼自永樂，下逮正德，凡八朝一百二十四年。有自序。

皇明大紀二十八卷 藍絲闌鈔本。○嘉靖丁未閩嶠吳村序。

明成祖文皇帝實録九卷 藍絲闌鈔本。○不著編纂人名氏。

明仁宗昭皇帝實録十卷 藍絲闌鈔本。每卷有「天一閣」、「萬古同心之學」二圖章。○明監修官光禄大夫左柱國太師英國公張輔等奉敕修。宣德五年御製序。

明宣宗章皇帝實録一百十五卷 紅絲闌鈔本。○正統三年御製序。

明英宗睿皇帝實録六十六卷 藍絲闌鈔本。○不著編纂人名氏。

明憲宗純皇帝實録一百九十三卷 烏絲闌鈔本。○弘治四年太師英國公張懋等表進。

明孝宗敬皇帝實録二百二十卷 藍絲闌鈔本。○不著編纂人名氏。

明武宗毅皇帝實録一百九十七卷 藍絲闌鈔本。○嘉靖四年御製序。

明世宗肅皇帝實録○不著編纂人姓氏。

明穆宗莊皇帝實録七十卷 烏絲闌鈔本。○不著編纂人名氏。

皇明實録一册 朱絲闌鈔本。卷首有「天一閣」、「范欽之印」二圖章。○明大學士胡廣等奉敕修。

大明實録二卷 藍絲闌鈔本。○不著編纂人名氏。

皇明帝后紀畧一卷 刊本。○明禮部儀制郎中鄭汝璧恭紀。萬曆己卯推官丁次臣識後。

雜史類

國語二十一卷 刊本。卷面有「天一閣」、「古司馬氏」三圖章。○吳高陵亭侯韋昭解，宋鄭國公宋庠補音，明侍御蜀張一鯤、楚李時成閱，虞部郎豫章郭子章選，東粵周光鎬校。一鯤有序。

國語二十一卷○韋昭解，明閩中葉邦榮刊。

戰國策十卷 刊本。○漢護左都水使者光禄大夫劉向定并叙，曾鞏序。紹興丁卯縉雲鮑彪、魯人耿延禧，泰定乙丑金華吳師道、清源王覺、元至正十五年浚儀陳仁祖、李文叔俱有序。剡川姚宏序後。

貞觀政要十卷 刊本。○唐衛尉少卿兼修國史修文館學士吳兢著并序，庶士戈直集論并叙，前翰林學士資善大夫知制誥同修國史吳澄題辭。至順四年中奉大夫奎章閣大學士郭思貞序。

貞觀政要十卷 刊本。○唐吳兢撰。明成化御製序。

五代史闕文 藍絲闌鈔本。○宋翰林學士王禹偁撰。所紀梁三篇、後唐七篇、漢二篇、周四篇，凡十六篇。

五代史補一卷 藍絲闌鈔本。○宋潯陽陶岳撰。所録梁二十一條、後唐二十條、晋二十一條、漢二十條、周二十三條，凡一百五條。

靖康紀聞一卷 藍絲闌鈔本。○宋武陵丁特起編集。列日書之，起靖康元年十一月二十五日，至明年五月九日。并序。

竊憤録一卷末附南渡録大畧一帙 棉紙藍絲闌鈔本。〇不著撰人名氏。明太學生姑蘇吴岫跋後云：「《南渡》、《竊憤》二録，本一書上下帙，而析爲二書，非是。且宜總名曰《竊憤》，而不必名《南渡》，以與高宗蹕杭事無關耳。然二帝幽縶，亦無侍從，則孰爲屬筆，其始末孰從而知耶？且阿計替爲金監押官，則必非南人，而何其周旋之密耶？疑宣政間士人僞作。」

征南録一卷 鈔本。卷首有「方山」、「吴岫」二圖章，卷末有「姑蘇方山」圖章。〇元至正四年滕元發撰，張雯識。元發初名甫，字元發，以避高魯王諱改字爲名，而字達道，東陽人，謚章敏。

御著大狩龍飛録一卷 刊本。〇明嘉靖十八年趙王厚煜恭刊。

洪武聖政記二卷〇明宋濂撰并序。

永樂聖政記三卷 藍絲闌鈔本。〇明宣德五年光禄大夫左柱國太師英國公張輔表進。

宣宗聖政紀 鈔本。〇不著編纂人名氏。

國初事蹟四卷附國初禮賢録上下二卷〇卷首題「北京刑部左侍郎臣劉辰今將太祖高皇帝國初事蹟開寫進呈」一行。不載撰人名氏。

龍飛紀略八卷 刊本。〇明詔安吴樸撰。嘉靖甲辰武夷林希元序云：「是書吴子華甫紀太祖、成祖創業垂統之事，初名《聖朝征伐禮樂書》，予易今名。所著有《醫齒問難》、《書樂器》、《渡海方程》、《九邊圖本》諸書，又校補《三國志》。」

建文遜國之際月表二卷 刊本。○不著撰人名氏。

革除遺事上下二卷附録一卷 刊本。○明嶺南黄佐編，并序云：「《革除遺事》何以録？懼史之逸之也。楊文懿公嘗請輯建文中事，謂不可滅，則是史既逸之矣。故莆田宋公端儀有《革除録》、清江張公芹有《備遺録》，而散見于諸家傳記者尤多，兹吾懼其散逸，故録之。」

革朝忠遺録二卷 棉紙藍絲闌鈔本。○檇李郁衮編輯，高廪校正。

漢唐秘史二卷 刊本。○明寧王權奉勑編并序。

金文靖前後北征録二卷 鈔本。○明金幼孜撰。前録秦民悦序。後録桑悦序云：「太宗皇帝親征北虜，出師者二。臨江金文靖公實當帷幄之寄，作《北征前後録》。江右大參傲菴舒城秦公既自爲之序，以引其端。復命予申之以言，俾龍泉令嘉興姜君一臣壽梓。」

永樂征番兵令一卷 紅絲闌鈔本。

三朝聖諭一卷 刊本。○正統壬戌楊士奇序。

正統北狩事蹟一卷 刊本。○楊銘自序。

否泰録六册 藍絲闌鈔本。○保齋劉定之編。紀正統北狩及迴鑾時事。《否泰附録》内有李賢《天順日〔二〕録》、《少保于公奏議》十卷，及正統季年、景泰初年奏報。二録彙爲一書，蓋史館所輯，以備纂修實録之用者。

復辟録一卷 藍絲闌鈔本。

虚庵奉使録一卷 ○明李實著。成化丁未古渝江朝宗序。蓋英宗北狩時，先生往復於風塵沙漠中紀行之作也。

燕對録一册 刊本。○不著撰人名氏。

皇朝平吴録三卷 刊本。○不著撰人名氏。

皇明政要三十卷 刊本。○嘉靖五年漢陽戴金序。

皇明政要録二十卷 刊本。○明儲巏編。

國朝謨烈輯遺 刊本。○嘉靖癸丑東吴逸史撰并序。其書取典籍之所載記、耆碩之所傳聞，自洪武以至正德，共十朝，類而編之。

國朝謨烈輯遺二十卷 刊本。無著録名氏。

宸章録一卷 刊本。○明嘉靖五年御製并序，巡按江西監察御史臣儲良材序後。

宸翰録三卷 刊本。○明吏部尚書楊一清謹録。

宸章集録一卷 藍絲闌鈔本。○明嘉靖御製，費宏、石珤、賈詠、楊一清等恭和。

詠春同德詩一卷 刊本。○明嘉靖御製，費宏、石珤、賈詠等恭和。

皇明本紀二卷 藍絲闌鈔本。不著撰人名氏。

明同姓諸王表四冊 刊本。○不著撰人名氏。

明功臣封爵表八卷 刊本。○明鄭汝璧編。

天潢玉牒一卷 藍絲闌鈔本。○不著撰人名氏。

天枝旌孝編一冊 刊本。○明成皋王朱載埦編。

楚昭王行實一卷 刊本。○正統八年弟寧王權序。

明良集一冊 刊本。○明嘉靖十二年癸巳霍韜後序。

交泰録二卷 刊本。○明楊士奇輯并序。龍大有重刊。

后鑒録三卷 刊本。○明嘉靖三山謝蕡序。

今言四卷 刊本。○明海鹽鄭曉撰并序。

三寶征彝集一冊 鈔本。○明永樂丙申歲會稽山〔二〕樵馬歡序云：「永樂十一年癸巳，太宗文皇帝勅命正使太監鄭和〔三〕等統領寶船，往西洋諸番開讀賞賜，余以通譯番書忝備使末。隨其所至，鯨波浩渺，不知其幾千萬里。歷涉諸邦，其天時、氣候、地理、人物，目擊而身履之，然後知《島彝誌》之所著不誣。於是采摭諸國人物之妍媸、壤俗之同異，與夫土産之别、疆域之制，編次成帙，名曰《瀛涯勝覽》。」

平番始末一卷 刊本。○明弘治十六年靈寶許進著，男嗣堇刊。

交黎剿平事略四卷◯明嘉靖南昌張鏊纂。

大獄録二卷◯明嘉靖六年纂。

李克齋平倭事略一卷◯明嘉靖三十年東蘭蔣應奎撰。

院試平苗善後策一卷◯明嘉靖三十一年新安李泉著。

治猺近論一卷 藍絲闌鈔本。◯不著撰人名氏。

撫安東夷紀一卷 刊本。◯明鈞陽馬文升、鳳陽趙輔、長洲祝允明、遼陽賀欽等所著。《興復哈密記》、《西征石城記》、《平夷録》、《東夷記》、《紀行録》、《殲渠記》、《醫閭漫記》，共七條。

安楚録四卷 刊本。◯明萬曆丙辰姪孫泰梁重刊序云：「正德間猺寇犯楚，守臣告齊變，毅皇帝命從叔祖端敏公金以中丞往討之。公出師蕩平，楚用大治，語具《安楚録》中。邇來六十年矣。從弟柱官秘書，手校是録付梓。首勅諭、次奏議、次檄文、次文移。諸若碑叙、若詩詞、若歌頌賦、若啓劄、若封邱遺事。三楚學士大夫迄今猶然誦曰『安我楚者，端敏公也』。」

籌邊一得 藍絲闌鈔本。◯明嘉靖乙亥古松易文著。卷首有左綿高第序，又莆陽林應采後序。

諸邊考議五卷 鈔本。◯嘉靖庚寅馬汝驤撰。

皇明九邊考四卷 刊本。◯明長沙魏焕撰。嘉靖壬寅關中張環序云：「《九邊考》，司馬魏君東洲所集也。一日按治夔郡，因論山西三關事宜，遂出所集本示予。九邊事蹟，燦然畢具，籌邊之良法美意，盡在於此。因請廣其傳，以爲有事於九邊之一助焉。命千户楊元遂書。」

知罪録一卷○明嘉靖三年石龍山人黄綰著。其書葢議當今繼統之事。

平夏録三卷○不著撰人姓氏。

兩廣平蠻録一卷 刊本。

平粤録一卷 刊本。殘。

撫彝節畧一卷 刊本。

籌時要畧一册 刊本。○國朝西陵王芝珍輯，沈宜民校。

〔一〕「日」原作「目」，據《四庫總目》改。

〔二〕「山」原脱，據《鄭和下西洋資料彙編》補。

〔三〕「和」原脱，據《抱經樓藏書志》補。

詔令奏議類

兩漢詔令二十三卷 刊本。○《西漢詔令》十二卷，宋林虙編。《東漢詔令》十一卷，宋樓昉續編。元至正己丑趙郡蘇天爵序云：「是編吾家所藏，及官淛省，與憲使王公議刊行之。向聞於潛洪咨夔亦嘗纂次成書，事著其畧，帝繫之説，惜乎不傳，獨得其《總論》，刊置卷首。又命進士高明輯其目，文學録許益孝正其譌」云。翰林學士洪咨夔撰《總類》云：「自典謨訓誥誓命之書不作，兩漢之制最爲近古。一曰策書，其文曰維某年月日。二曰制書，其文曰制詔三公。三曰詔書，其文曰告某官如故事。四曰誡勅，其文曰有詔勅某官。此其文也。策有制策、詔策、親策，勅有詔勅、璽勅、密勅，書有策書、璽書、手書、權書、赫蹄書，詔有制詔、親詔、密詔、特詔、優詔、中詔、清詔、手筆下詔、遺詔，令有下令、著令、挈令，及令甲、令乙、令丙，諭有口諭、風諭、譙諭。宥罪有赦，訓諸王有誥，召天下兵有羽檄，要誥有誓約，廷拜有贊，以至有報、有賜、有問、有誥文、有手迹、手記、詔記。其曰恩澤詔書、寬大詔書、一切詔書及哀痛之詔，隨事名之，此其目也。策命簡長二尺，短者半之，以篆書。罷免用尺，一木兩行，以隸書。遺單于書牘以尺一寸。選舉、召拜亦書之尺一板。《古今篆隸文體》曰：『鶴頭書與偃波書，俱詔板所用，在漢則謂之尺一簡。』詔書有真草，又有案，案者，寫詔之文，一札十行，細書以賜方國札牒也。孟康曰：『漢初有三璽。』蔡邕《獨斷》曰：『天子六璽，皆白玉螭虎紐。』《輿地志》曰：『漢封詔璽用武都紫泥。』故制詔皆璽封，尚書令印重封。惟赦贖令司徒印，露布州郡。詔記緑綈方底，用御史中丞印。通官文書不著姓，司隸詣尚書封胡降檄，著姓非故事。詔書皂囊，施檢報書緑囊，密詔或衣帶間丹書，藏之石室，策書藏之金匱。此其制也。漢世代言未設官，王言作命，厥意猶古。而討論潤色，亦間有其人。高后令大謁者張澤報單于嫚書。淮南王安善文辭。武帝每爲報書及賜，常召司馬相如視草。光武答北匈奴藁草，司徒掾班彪所上。至永寧中，陳忠謂尚書出納帝命，爲王喉舌，諸郎鮮有雅材，每爲詔文，轉相求訪，且辭多鄙固，遂薦周興爲尚書郎。秦少府吏四人，在殿中主發書，謂之尚書，漢因之，武、昭以後稍重。張安世以善書給事尚書，囊簪筆事。

武帝數十年後，漢始置尚書郎三十六人，主作文書起草，月賜赤管大筆、隃麋墨，此其造命之原也。詔，御史大夫下相國，相國下諸侯王，御史中執法下郡守。制下御史，御史大夫下丞相，丞相下中二千石，二千石下郡太守、諸侯丞相。後漢詔有以《東觀漢記》、《漢名臣奏》等書見於註，其改詔爲制、爲誥，或謂避武后諱。世祖《官王閎子詔》，附見《董賢傳》，曄書逸之。大抵史遷所筆，皆有深意，固文贍而意不逮，曄則文亦不逮乎固矣。咨夔假守龍陽，俗故事簡，因得縱觀三史，裒其所謂詔、制、書、策、令、勅、諭、報、誓、約之成章者，凡若干通，事著其略。每嘗以臆見繫之，爲若干卷，總曰《兩漢詔令》，以補續書之亡，而欲觀漢詔者，當有志於斯文。」

東漢詔令十一卷 刊本。卷首有「天一閣」印。○宋四明樓昉撰并後序，門人范光鋟梓并序。

唐陸宣公制誥十卷 刊本。

御製大誥一册 刊本。○大誥七十四條，明洪武十八年十月朔御製并序，臣劉三吾後序。

大誥續編八十七條 刊本。○明洪武十九年御製，序闕。

大誥武臣三十二卷 刊本。○明洪武二十年纂。嘉靖辛卯臣彝識後。

大誥武臣一卷 刊本。○明洪武二十年御製，序後。

皇明詔勅一册 藍絲闌鈔本。○起洪武元年，至嘉靖十三年止。

皇明詔勅一册 藍絲闌鈔本。○起洪武元年，至嘉靖二十四年止。

皇明詔勅一册 紅絲闌鈔本。○起永樂元年，至正統十四年止。

皇明制書一册。

皇明詔赦五卷 刊本。○起永樂二十二年，至嘉靖二十四年止。

皇明詔令二十一卷 刊本。○起嘉靖二十七年。浙江布政使司校補。濟南黄臣後序。

皇明恩命録四卷 刊本。○不著編纂人名氏。

燕王令旨一篇 紅絲闌鈔本。○不著編輯人名氏。

秦漢疏書十八卷 刊本。○明建德徐紳刊，武昌吴國倫校。嘉靖戊午永豐雙江聶豹序云：「《秦漢書疏》，監察徐君獲是本於三泉林監察之所，讀而悦之，謂是傳宜廣。但斷自漢始而黜秦，備采書疏，而不及詔令。秦治無論也，而文之古不可少。嘗訂是編于前巡撫馬中丞，亦謂監察宜刻，刻宜序，序宜委豹。南康推吴國倫〔一〕。中監察命速予言吉安府黄國卿，刻板藏洞學，使士之進學於洞者獲縱觀焉，率監察意也。計《秦書疏》三卷、《西漢書疏》六卷、《東漢書疏》九卷。監察姓徐名紳，字思行，號五臺，以名進士起家，奉命按江右，兹得代行矣。」

西漢書疏十六卷 刊本。○明弘治乙卯林俊序云：「同年縉雲周君文化副憲湖南間，出尊府封監察御史怡菊公手鈔《兩漢書疏》見示。受而閲之再旬，因正其譌繆，别爲卷，凡十六，刻梓以傳。」

兩漢書疏八卷 刊本。○明弘治十四年江西按察提督學校無錫邵寶序。闕首頁。

陸宣公奏議二十二卷 刊本。○唐陸贄撰。明宣德戊申金寔叙云：「公本吳人，檇李舊有祠堂，歲久就圮。大理卿廬陵胡公元節方以節鎮浙東西諸郡，既作新之。而《文集》、《奏議》，故版漫滅，復命翻刻，以惠後學。」

陸宣公奏議十五卷 刊本。○權德輿註。卷首自叙。

又一册 刊本。○卷首序殘。

又一册 刊本。○有箋註，不著姓名。

范文正公奏議十七卷書牘一卷奏議續集二卷 刊本。○宋范仲淹撰，明南京吏部尚書朱希周、禮部尚書華亭孫承恩、待詔文徵明、主事陸師道同校，僉事孫惟一重校。魏公韓琦序。

政府奏議二卷 刊本。○宋范仲淹撰。目録後有「元統甲戌歲褒世家堂刊」〔二〕篆圖章。元〔三〕元統二年甲戌八世孫范文英識後曰：「先文正公《奏議》十七卷，韓魏公爲序，板不復存。其《政府奏議》二帙，卷中不載，兹得舊本，命工刊成，置於家塾。」

包孝肅奏議十卷 刊本。○宋包拯撰。周瑯識。

忠定公奏議六十八卷又附録九卷 刊本。○宋陳俊卿撰。卷首有續忠定公遺像。清江郭伯寅贊，淳熙丙午朱熹序，明正德林俊跋後。

秦子文諫二卷 刊本。○宋淮海秦觀撰。明嘉靖癸卯東安孟紱序云：「觀字少游，一字太虛，高郵世族。元祐初，軾以賢良方正薦於朝，除太子博士，校正秘書書籍，遷正字，復爲燕國使院編修官。有進策三十篇，論幾三十篇，表〔四〕自進呈及代作者二十篇，皆以文爲諫。予取其近于世用者彙成一帙。」

范忠宣公奏議三卷 刊本。○宋范純仁著，浙江提學副使十六世孫惟一編次，睢陽朱希周、華亭孫承恩、雁門文徵明、顧存仁同校。嚴州知府韓叔陽重刊。嘉靖辛酉浙江布政使司滁上胡松序。

恭獻侍郎兩公奏議一卷 刊本。○宋尚書右丞范純禮短疏二篇，户部侍郎范純粹奏藁十七篇。十六世孫惟一編次并序，吏部尚書睢陽朱希周、禮部尚書華亭孫承恩、待詔雁門文徵明、禮科給事中顧存仁同校。

梅溪奏議二卷 刊本。卷首缺一頁。○宋王十朋撰。劉珙共父序，朱子代作。嘉靖七年戊子朱諫序後。十一年樂清兩溪朱元誥序後曰：「江陵舊刻二十餘卷，今祇四十餘篇，幸所存皆大有裨於世道者。林居無事，乃手録爲一册付梓。」末附《朱子與梅溪書》一卷。

趙莊靖公奏議八卷 刊本。○明趙璜撰，御中歐陽必進、晉江蔡克廉序。翰林院國史編修虔州謝少南後序曰：「司空安福趙莊靖公奏議若干卷，令司馬歐陽約菴公爲加輯訂，刻于蒼梧。」莊靖起弘治間進士。

都憲徐公奏議五卷 刊本。首卷殘缺。○明徐恪主一撰，户部侍郎無錫邵寶編校，正德己巳工部侍郎同邑錢仁夫題後。

東湖西巡奏疏四册 鈔本。○明按察副使吴獻臣撰。正德辛未西蜀劉瑞序。

馬端肅公奏議二卷 刊本。〇明馬文升撰。正德庚辰馬卿序曰：「《馬端肅公奏議集》，凡二十有七卷，山右清戎侍御鈞陽任公所集。兹存二卷，乃巡撫平谷張公所選也。」正德十五年平谷張禬、蜀人張鵬均有序。

户部奏疏二卷 刊本。〇明户部尚書晉陽王瓊撰。正德乙亥自序，己卯兵部侍郎新都楊廷儀序。

余肅敏公奏議三卷 刊本。〇明余子俊撰，嘉靖二年新都楊廷和序。

經理三關奏記二卷 刊本。〇明胡松撰并序，嘉靖三年御製敕。

江西巡撫奏議一卷 棉紙鈔本。〇明右副都陳某嘉靖三年四年奏。

奏議擇稿四卷 刊本。〇明巡撫陝西亹菴王藎撰，嘉靖六年丁亥户部尚書劉璣序。公名藎，字惟忠，别號亹菴。河濱段炅序後。

撫臺奏議四卷 刊本。〇明潘塤撰。係嘉靖七年戊子、八年己丑奉敕巡撫河南疏稿，附以别刻《諫垣奏議》。公字熙臺。山陽胡有恒序後。

山西按功奏議二卷 刊本。〇明桂林夏言撰，嘉靖八年棠陵方豪序，泰和歐陽〔五〕德序。

江西奏議二卷 刊本。〇明江西巡撫唐龍奏，嘉靖八年涇野吕柟序。

吳維右奏議上下二卷 刊本。〇明工部給事中吳江吳巖稿。子邦模刊跋後，嘉靖九年庚寅吏部甬川張邦奇序首，嘉靖十六年丁酉潁川陳策後序。

蠖菴疏稿二卷 刊本。○明蠖菴屈伸撰。嘉靖十二年癸巳上海唐錦序曰：「都諫蠖菴屈公奏疏存稿，凡四十有八篇，其子鴻臚君郕集爲上下二卷，刻而傳之。」

少保林莊敏公奏議八卷 刊本。○明林聰字季聰撰，男泉輯録，孫文祥刊，嘉靖十二年癸巳南昌葉稠序。

郊祀奏議二卷 刊本。○明桂州夏言撰，嘉靖十三年甲午汝南張元孝跋。

總制奏議十卷後缺一卷 刊本。缺卷面三頁。○明總制陝西三邊軍務兵部尚書蘭溪唐龍議，嘉靖十四年三原馬理、嘉靖乙未宜陽王邦瑞序，平凉趙時春序。

小泉林公奏稿一卷奏稿續録一卷 刊本。○明雲南參政林庭㭿撰，直隸知府王儀肅菴、同知黄希雍惕齋梓行，男禮部郎中炫、國子官生煬校，嘉靖十六年吏部侍郎吴郡徐縉序首，丁酉黄希雍跋後。

西臺奏議二卷 刊本。○明交河王重賢撰，嘉定學政桂林王秉鉞、四明范思滇、施道隆同校刊，嘉靖十七年戊戌王秉鉞序。

陝西奏議 刊本。○明張光祖撰，高陵吕柟序。並嘉靖十八年己亥、十九年庚子間，巡按陝西奏議。光祖字德徵，號雙溪，潁川人，嘉靖壬辰進士。嘉靖辛丑禮部侍郎崔銑、翰林苑洛韓邦奇均有序。

晉溪敷奏十四卷 刊本。○明少保王恭撰。茶陵廖希賢序曰：「少保王公由進士起家郎官，歷朝四十餘年。諸所建白竪立，皆具存牒記。在水部則有《漕河圖誌》若干卷，在户部則有《四科十三司條例》若干卷，爲户部尚書有《户部奏議》若干卷，爲三邊總制有《環召新疏》若干卷。正德乙亥迄今庚辰，海内多故，公嚴居守之策，驅内侵之虜，靖宸藩之變，消權黨之憂，天下恃以無恐，此諸奏議可考而知也。然梓不終篇，未及傳布。余入太原，因訪嗣子都事内泉君，蒐輯餘牘，屬太原守江君濬爲梓。通前爲卷凡十四，首畿，次遼、薊，次宣大三關，次陝西、延寧、甘肅，次山東、河南、四川、南畿、兩浙、湖廣，次江西，次閩粤、兩廣、雲貴，又次則清軍、驛傳、馬政，而以雜行類終焉。嗚呼，備矣。」後有嘉靖十九年庚子寧化潘高跋。

史鹿野雲中奏議四卷 刊本。○明大司馬史公鹿野奏，嘉靖十九年大同知府容城王允修叙首，嘉靖壬寅少卿蔣應奎叙後。

胡端敏公奏議十卷 刊本。○明胡世寧撰，黄以賢校，嘉靖十九年庚子顧霑序。胡公諱世寧，字允清，號静菴，謚端敏。

督撫河西奏議六卷 刊本。○明都御史唐澤撫甘肅時稿。嘉靖二十年辛丑桂林李仁序，蒼梧尹志跋後。

南宫奏謝録三卷 刊本。○明嚴嵩撰。嘉靖二十一年壬寅禮部侍郎馬汝驥序。

安邊疏要一卷 刊本。○明嘉靖二十二年癸卯胡松撰。又謝表一道。

張賢田奏稿一卷 鈔本。○明吏部聽選監生張爵撰。嘉靖二十二年癸卯欒天居易鸞跋。

諫垣奏議四卷 刊本。○明户科給事樊深撰。嘉靖二十三年甲辰姚江孫陞序，許應亨跋後。

少保李康惠公奏草十三卷 刊本。〇明李某〔六〕撰。嘉靖二十三年甲辰古黄劉采跋後曰：「侍御少岳陳公持斧粵西，公餘，出《少保李康惠翁奏草》，示藩臬諸僚。蓋公在内臺，日與司諫潙陽周氏、介石尹氏正色立朝，論世尚友，因及明之先民所共摭拾編行者也。」嘉靖甲辰督學餘姚龔輝序首。

桂文襄公奏議八卷 刊本。〇明桂某〔七〕奏。嘉靖二十三年甲辰男輿識後，嘉靖甲辰三水廖珣序首。

歷官表奏〇明嘉靖二十四年乙巳豐城郭希賢序，蘭溪唐龍有後序。

渭涯疏要上下二卷 刊本。〇明兵部主事霍韜疏。嘉靖二十四年乙巳豫章朱拱樋、吴郡黄省曾，戊戌江都葛澗，隆慶己巳豫章陳棟俱有序。

彭給事奏議一册〇明南京吏部給事中彭汝寔撰。嘉靖二十四年乙巳潯陽何貫後序曰：「嘉州四諫各有奏議，初亭程公《西臺稿》先已鋟梓，其安、徐、彭三公稿遺于家，皆未之刻。專祠之請，創于黄溪劉公，成于三石喬公，貫董其事。然立祠以崇賢，因人以考實，舍奏議將焉求之？公乃蒐輯訂正，得若干篇，分爲三册，付貫刻之，板置于祠。」

南宫奏議三十卷 刊本。〇明介溪嚴嵩撰。嘉靖二十四年乙巳禮部尚書南郡張璧、兵部尚書蘭溪唐龍、吏部尚書華亭徐階、詹事府少卿江汝璧俱有序。

蠢遇録〇明吴世忠懋貞撰。嘉靖二十五年丙午邑人黄直後序曰：「西沱先生吴公懋貞，鄉先生也，以《易》游邑庠。弘治己酉試于江西，中第三，爲《易》魁。庚戌試于南宫禮闈，中第六，爲聯魁。再試于大廷，中二甲第九，爲高第。故説者爲吾邑科第自伯宗吳先生三魁之後，又稱先生爲三高云。先生既第進士，即給事内廷，爲近侍，歷吏、户、兵、刑四科。自輯在諫垣前後所存奏稿，不敢以直臣自居，名之曰《蠢遇録》。」

南宫疏署八卷 刊本。○明嘉靖間羣臣所議廟制。嚴嵩彙輯，二十六年丁未序，戊申吏部婺源潘潢、丁未禮郎泰和歐陽德俱有序，僉事府嶺南黄佐序。

馬端肅公奏議十六卷 刊本。○明兵部尚書馬文升撰，同郡魏尚綸編，江都葛洞校。嘉靖二十六年丁未華亭謝應徵序。

翀峯奏議二卷 刊本。○明兵科給事中戴銑撰。姪綬校。豐城楊廉序。銑，婺源舊族，弘治丙辰進士，選翰林庶吉士，改部曹。别號翀峯。嘉靖二十六年丁未男綮有識。

撫臺奏議二卷 刊本。○明虞坡楊公撰。嘉靖二十七年戊申御史檇李包節寓允吾序。

觀風輯署一卷 刊本。○明巡按直隸饒天民撰。嘉靖二十八年己酉山東按察新建魏良貴序。

關中奏議十八卷又一部同 刊本。○明少師邃菴楊一清撰。憲副齊宗道、少參劉世用校刊。嘉靖二十九年庚戌少保王以旂序，巡撫陝西傅鳳翔序，楊守謙序，蒲坂虞坡楊博、苑洛韓邦奇、盧郡劉崙、漁石唐龍均有序，劉世用跋。

經畧疏稿上下二卷 刊本。○明兵部侍郎楊博撰。嘉靖三十二年癸丑豐城雷禮序，户部主事屈諫跋後。

浚川奏議十卷 刊本。○明王廷相撰。嘉靖三十六年丁巳永嘉孫昭後序。

章恭毅公進思録一册 刊本。○明章綸撰。卷首有《氏族實紀》云公本吴姓，中更襲章姓，而重於復。至曾孫廣西參議朝鳳入仕籍，始克承先志，奏歸本宗。嘉靖三十七年戊午并刻是集。

治齋奏議四本順天集一卷南兵集一卷南臺集二卷勘彝集一卷北兵集一卷吏部集二卷 刊本。○明嘉靖四十二年癸亥治齋萬鏜撰并序。

督撫江西奏議四卷 刊本。○明周相撰。嘉靖四十四年乙丑何鏜序。

督撫奏議二卷 刊本。上卷闕。○明鳳陽巡撫唐龍撰。嘉靖庚寅廬陵黄國用跋後，嘉靖四十四年乙丑嘉禾陶儼序後。

南贛督撫奏議五卷 刊本。○明吴堯山撰。嘉靖四十五年丙寅新安汪道昆序。

少保于公奏議十卷 刊本。○明兵部尚書贈少保于謙撰。福清陳仕賢刊。温陽李賓序，監察御史王紳序。

青崖奏議七卷附録敕書三道 刊本。○明王萱撰，邑庠生嗣子道純編。弟嘉靖進士蓂序云：「公以弱冠舉進士，選翰林吉士，初擢刑給，坐忤逆瑾廢。瑾誅，起兵科，歷事孝廟、武廟兩朝，爲諫官，凡四年。其在科與視師在蜀，前後所上百餘疏，集中録其大者。」

守揚疏議四卷 刊本。○明直隸揚州府吳桂芳撰。江都縣知縣麻城周思久刊并後序。

督撫奏稿四卷 刊本。○明中丞徐栻鎮撫江右時稿。江西提學邵夢麟、督同新建縣教諭林元棟、訓導黃約校刊并序。

吏部獻納稿十四條○明吏部尚書楊一清撰。蘭溪唐龍序。

督撫奏疏十六卷 刊本。○明副都御史兼兵部左侍郎劉天和撰。

安南奏議 鈔本。○明嘉靖間毛伯温征安南具奏及議處安南事宜。淮右徐楠題。

秀峯石公奏議上下二卷 刊本。○明石天柱撰。嘉靖楊慎序。

皆山堂稿七卷 刊本。○明吕光洵撰。卷一至卷二爲河南時所奏，卷三至卷七巡撫雲南時所奏。餘姚趙錦序首，弟吕光演序後。

本朝奏疏十二册 棉紙藍絲闌鈔本。○明嘉靖年間題奏事件。不著編書人名姓。

梁儉菴疏義十卷 刊本。○明嘉靖間刊。

少保胡端敏公奏議十二卷 刊本。○明胡世寧撰。顧璘序。庠生黄以賢校。

馬市奏議一册 鈔本。○明兵部尚書趙錦等撰。

御史大夫思質王公奏議二十六卷 刊本。○明王忬撰。隆慶己巳華亭徐階序云：「《御史大夫思質王公奏議》以類分者七，以卷次者二十二，以篇計者三百七十有奇。其子藩參元美、儀制敬美付梓。」

鳳竹先生奏疏稿二卷 刊本。○明徐栻撰。隆慶丁卯錫山王問序。

館省書疏三卷 刊本。○明鄭一鵬抑齋疏，子應麟裒次。隆慶二年林潤序，隆慶戊辰友人希齋柯維祺序首。

閱視三鎮奏議一卷 刊本。○明萬曆元年閱視宣大山西邊務兵部右侍郎兼都察院右僉都御史吳堯山撰。

督撫江西奏議四卷 刊本。○明江西巡撫徐栻撰。萬曆元年永陽邵孟麟序。

臺省疏稿八卷 刊本。○明張元洲撰。萬曆二年王宗沐序。

江右督撫奏議六卷 刊本。○明姑蘇徐栻撰。萬曆二年古閩林烴序。

督撫奏議十四卷附南恒疏議一卷 刊本。○明楚人劉堯誨疑齋撰。萬曆九年辛巳龐尚鵬序首，萬曆壬午廣西提學袁昌祚後序。

芹溪議藁二卷 殘。○明淩某撰，從子東淮校正。莆田歐志學序。

祖孫臺諫奏疏二卷 刊本。○明崑山朱氏撰。

胡莊肅公奏議三卷又續一卷○明胡松撰。

奏對稿 不全。○明太岳張居正撰。

桂洲奏議二十卷又外集二卷○明貴溪夏言撰。

撫虔奏稿三卷 刊本。○明吳興陸穩撰。

雲中撫平奏疏稿三卷 刊本。○明樊繼祖撰。劉汝松序。

羅山奏疏七卷 刊本。○明太師張某撰。

南陵王奏議一册 刊本。○明周府南陵王朱睦㮮撰。

審録疏稿三卷 刊本。○明孫宏試撰。

毛東塘安南疏稿一卷 刊本。○明毛伯温撰。

顧太僕寺奏議一卷 刊本。○明顧存仁撰。

奏謝録三卷 刊本。○明夏言撰。

謝恩疏一卷 刊本。○明鄭曉撰。

伏闕稿 刊本。○明王世貞撰。

章恭毅公奏議一卷 刊本。○首尾殘闕。

敬事草 刊本。殘。○名氏、卷數無查。

肅敏奏議二卷○前後殘闕。名氏無查。

宋名臣奏議一百五十卷 刊本。○宋趙汝愚編。淳祐庚戌眉山史季温序曰：「先正丞相忠定福王趙公，曩嘗編類《國朝名臣奏議》，開端於閩郡，奏書於錦城，亦已上徹乙覽。淳熙至今，踰六十年，蜀舊鋟本已毁。公之孫尚書閤學必愿繩武出鎮，嘗命刊刻，未就。適季温以臬事攝郡，捐金命郡文學朱君繼成之。」

歷代名臣奏議三百五十卷 刊本。○明永樂十四年黄淮、楊士奇等奉敕編。自商〔八〕周迄宋元，分六十六門。

明疏鈔七十卷 刊本。每卷首有「天一閣」、「司馬之章」二圖章。○明萬曆東萊孫旬彙輯并序。

皇明名臣經濟録五十三卷 刊本。○明新安黄訓集。同邑汪雲程校并序。

皇明經濟文録四十一卷 刊本。○明都督僉事鎮守淮安總兵官四明萬表編輯。杭郡貳守曲入繩梓。萬序曰：「《經濟文録》者，國朝經濟之文也。初得徽刻前武選郎中黄君訓所集《名臣經濟録》，録其若干篇。次得前廣西僉事章君檗所藏《九邊十三省録》，録其若干篇。聞此亦黄君所集，殆未刻之半也。并録往歲所輯《漕暇録》又若干篇，亦已成書。近得大名新刻《疏義輯畧》，今督學浙江副使阮公鶚所集，又録其若干篇。合四帙以成。復續采羣集以益之，視初稍備矣。門類則仍黄君之舊而少減，末增兩京、直隸、九邊、十三省。類分三十有一，卷總四十有一，名《經濟文録》」云。

赤城論諫十九卷 刊本。存九卷。○明黄巖謝鐸輯集赤城諸公論諫。宋十人，明六人，爲文六十六。首莆田周瑛序，卷後謝鐸序。

皇明名臣經濟録十八卷 刊本。○明欒城陳九德删次，常熟嚴訥校正。嘉靖乙酉饒天民序。常熟令羅洪壽梓。

名臣邊彊題要十二卷 藍絲闌鈔本。卷首殘缺。〇明成化二年起，嘉靖十七年止，一百六十六條。不著編輯人名氏。

大儒奏議六卷 刊本。 **又一册** 藍印。〇明弘治乙丑江西學政無錫邵寶編。慈溪王德明序後。

奏疏摘録八卷 刊本。〇明尚書長興顧應祥歷任條陳奏疏。自序已殘。

録公摘要七卷 鈔本。〇係摘録《明名臣奏疏》。不著撰人名氏。

〔一〕聶豹序原文作「校刻爲南康推吳國倫」，此删「校刻爲」三字，則不成句矣。

〔二〕此牌記全文爲「元統甲戌褒賢世家歲寒堂刊」。此脱「賢」、「寒」二字，又「歲」字誤植「褒」字上，遂不可讀。

〔三〕「元」原誤作「宋」，今改。

〔四〕原衍一「表」字。今删。

〔五〕「陽」原脱，今補。

〔六〕「李某」當爲「李承勛」。

〔七〕「桂某」當爲「桂萼」。

〔八〕「商」原誤作「商」，今改。

傳記類

素王記事三十三條 刊本。〇明知開封府西蜀王璿公瑾輯録，浙江嚴州府通判太原傅汝楫校。成化二年商輅序云：「《素王紀事》一帙，首世系，次小像，又次降誕之祥、生質之異。又次以歷代封謚，而備録制誥之文；古今廟祀，而詳具禮樂之數，與先賢配從、年譜履歷、闕里山川，靡不悉載。而以紫陽楊奂所述《東遊記》綴焉。宣聖大畧見於此書。」

孔子通記◯明上虞潘孔修著。弘治十四年西蜀劉端序云：「後夫子三百餘歲，司馬遷始爲《世家》。遷以後，代有纂述，若《古史列傳》及《紀年》、《編年》、《聖蹟圖》、《素王紀事》、《孔顔孟三氏志》，其書愈衆，而荒誣夸陋，視遷滋甚。吾友潘君孔修，質經考史，删繁舉要，爲《正紀》，凡三卷。蓋一本考亭朱子所訂《世家》，而遠宗《春秋》之遺法者也。既又述羲農以來傳授正統而舉其要，爲《前紀》一卷。書歷代封祀始末，書七十二弟子從祀諸儒所學，而著其取舍大意，爲《後紀》四卷，而合以《通紀》名焉。」

孔孟聖蹟圖二卷 刊本。◯明戴光修刊。王憲校正，謝秉秀輯。

闕里志十三卷 刊本。◯明徐源修。弘治乙丑李東陽序。

陋巷志八卷 刊本。◯明曹伯良撰。陳鎬序。

顔子二卷 刊本。◯明武進薛應旂輯。嘉靖丙寅吴維岳後跋云：「聖門多賢，孔子獨稱顔子爲好學，亦惟其心受心而無所不悦。故曰『顔子潛心仲尼』。且顔子所好學，程正叔亦已立論矣。先生夙志於是，所以因感而遂輯《顔子》也。先生在慈，嘗改禪寺爲正學書院，祠文元公楊慈湖先生于其中。夫祠慈湖者，亦輯《顔子》意也。併敬識焉。」

曾子誌一卷 棉紙鈔本。○不著撰人名氏。

晏子春秋二卷 刊本。○卷首載劉向進書表。明吴懷保校梓。

魏鄭公諫録六卷 刊本。○唐魏徵撰。明嘉靖丙午吴郡彭年跋後曰：「按《資治通鑑》洎《唐書》列傳載鄭公諫疏十餘事，皆録中所無者。地官華補菴先生校刻此書，命予重校，敬録十條附簡末，另爲一卷，以補前人所遺云。」

金佗續編三十卷 刊本。○宋紹定改元岳珂編，并序云：「先王佩佗綬於鄂，家故有《金佗編》，因先爵以叙遺烈，嘉定戊寅嘗製之檇李矣。而辛巳之褒忠、乙酉之錫謚未續也，珂將奚辭？凡書四種合三十卷，命曰《續編》，蓋合檇李舊刻同爲一編」云。

漢丞相諸葛忠武侯傳一卷 刊本。○宋廣漢張栻〔二〕撰。

二程世家年表二卷 刊本。○明豐城楊廉編并序。

兩程故里志六卷 刊本。○明王官之校。

太師徽國公文公年譜五卷 刊本。○明宣德六年括蒼葉某重刊。邱錫、孫原貞、汪仲魯序，八世孫湛識。

紫陽文公年譜五卷 刊本。○明嘉靖侍御曾佩重刊。李默序云：「世傳李果齋公晦嘗著《紫陽年譜》三卷，魏了翁爲之序。考朱氏今所存譜，非果齋之舊。侍御元山曾君按閩，至建陽，得其書讀之，頗疑冗脱，將重加刊正。以其事謀於默，默咨於先生裔孫河，河指摘譜中舛誤者數事，與余意合。因屬之考訂，一準

《行狀》、《文集》、《語録》所載，删其猥冗，視舊本存者十七。取勉齋《行狀》并國史本傳附録焉。自宋以來褒典，亦彙附于末，與是譜合爲五卷」云。

韓忠獻公遺事一册 刊本。○宋尚書强至輯。

忠獻韓魏王遺事一卷 刊本。○宋强至編次。張士隆重刊。程瑀表後。

种太尉傳一卷 烏絲闌鈔本。○宋河汾散人趙起得君撰。

東坡先生年譜一卷 刊本。○不著撰人名氏。

范文正公年譜 刊本。○宋四明樓鑰編次，五世孫之柔校，十六世惟一重校。明嘉靖二十二年鈞陽任洛序。

道命録十卷 刊本。首卷缺一頁。○宋李心傳秀巖著。嘉熙三年己亥自序，淳祐十一年辛亥新安朱申序，新安程榮秀序，明弘治九年歙汪祚序後。

枚命□一卷○桐廬詹太和甄老譜。

忠獻韓魏王家傳十卷 刊本。○明賜進士監察御史安陽張士隆重刊。

韓忠獻公別録二卷 藍絲闌鈔本。

翊運録二卷 刊本。○明誠意伯劉基誥敕奏祭記録。九世孫瑜刊。

考亭朱氏文獻全譜十册 刊本。○明考亭孫鍾文跋。

朱子實紀十二卷 刊本。闕首四卷。○南京户科給事中戴琡峯先生編次。婺源汪愈序後。

陳芳洲先生年譜一卷 刊本。○門人館陶訓導同邑黄翔述。成化元年男瑛跋。

傅尚書傳一卷 刊本。○明傅珪，清苑人。成化丁未崔銑撰傳。李廷寶刊。

章恭毅公年譜一册 刊本。○明成化南京禮部侍郎樂清章綸大經氏生卒考，子玄應述。弘治己未長沙李東陽序。

南山居士年譜二卷 刊本。○明周季麟撰。正德乙亥湖東費宏序。

甘泉先生年譜言行録六卷 刊本。○明廣東增城湛若水述，門人南海陳謨編輯，武陵蔣信續編，六安潘子嘉校，江都沈珠重修，羅欽賢重校。嘉靖己未門人臨川曾佩序。

陽明先生年譜三卷○明門人錢洪甫編次，後學羅洪先考訂并序。

屠少司馬竹墟年譜○明刑部檢校屠本畯述其父山年譜。

金鐘李氏譜圖四卷 刊本。○明山西按察司僉事李謙撰。禮部尚書賈詠序。

楓山章文懿公年譜二卷 刊本。上卷缺。○明桐城阮鶚撰。嘉靖壬子平凉趙時春、戊午凌江譚大初序後，甲寅子接述後。

楓山先生實紀二卷 刊本。○先生少子接編次。唐龍序。

楊文敏公年譜四卷 刊本。○明太師楊榮譜。嘉靖壬子侍御元山曾佩刊行。晉安龔用卿序。

商文毅公遺行集一册 刊本。○不著撰人名氏。

夏忠靖公遺事一卷〇明夏原吉撰。弘治辛酉馬炳然序。

又一册 刊本。〇不著撰人名氏。

岳集 刊本。〇明徐階編，并序云：「階督學兩浙之三年，從黄山焦子請所輯《武穆祠詩文》而讀之，蓋自宋以下作者數百家，得其正且純者，議論、記叙二十七首，詞、樂府、詩，古今體六十二篇，釐爲六類，而次爲二卷。又取王本傳及其遺事以爲傳類。王前後所被制、詔、誥、劄，稍加删次，以爲制類。類各爲卷，並列議類之前。而王遺文别爲一卷，以附其後，題曰《岳集》」云。

朱仙鎮岳廟集十二卷 刊本。〇明嘉靖大梁李濂輯，并序云：「朱仙鎮在汴城南四十五里，舊有鄂王廟，壁間留題甚多，余編輯之。首《宋史》列傳，次班師本末，次享祀，次論評，又次哀弔，終以昭雪。」

臨海仙巖文信公新祠録二卷 刊本。〇明嘉靖臨海葉炎編次，王梅齡校輯。蔡雲程序云：「仙巖爲吾台名勝之境，聿創新祠[二]者，乃通府太和胡侯濟世圖，祀宋丞相文信公暨從行杜、張、胡、吕四義士。録爲上下二帙，首記文公航海艱危之迹。義士有傳，公牒有稽，祠田有記，儀品有式[三]，并諸縉紳詞篇具載焉。」

關天帝紀四卷 刊本。〇明孫際可、李遵、黄嘉瑜、沈泰灝同輯爲一卷，陸世科、薛士珩、全大霦、張子蘭同輯爲二卷，周應龍、周昌晋、張秉元、陸寶同輯爲三卷，水佳允、張子序、史宗隆、水介同輯爲四卷。李遵序。

漢天師世家一卷 刊本。○格神郎五音都提點正一仙官傅同虚編次，周應瑜校正。

忠烈編十卷 刊本。○忠烈孫公死事本末。明孫堪編。嚴嵩序。

孫忠烈公傳一卷 刊本。○明禮部侍郎崔鐵撰。嘉靖蘭溪唐龍序。嚴序同。

董子故里志六卷 刊本。○明李廷寶撰并序。

釣臺集八卷 刊本。○明嘉靖吴希孟編。南海霍韜序。

晋平西將軍忠義集一卷 刊本。○明汝陽趙繼勳序云：「周孝侯處隕命衛國，抵我朝已千餘年矣。古今揚以翰墨者殊衍，景泰壬申，好義者攟而集之，曰《忠義》，且壽之梓。今又七十餘年，兹集已遺，併刻板亦遺，予搜之民間，得其一帙，特重梓之。」

宋陳少陽先生盡忠録八卷 刊本。○明陳沂撰。

許忠節公録 刊本。○明汪鋐序。

褒賢集二册 刊本。○不著撰人名氏。

懷賢録一卷 藍絲闌鈔本。○明東崑倥侗生沈愚編集并序。是編載先賢劉龍洲先生事迹，併元季諸公所作覆墓詩文。兄沈魯有序。龍洲先生諱過，字改之。

陳恭愍公傳 刊本。○古歙王獻芝撰。附《陳選傳》，田汝成撰。

胡少司馬傳 刊本。○子胡大順述。

章樸菴狀志銘傳一册○公諱拯，字以道，蘭溪人。嘉靖子章靄録。

太傅吕文安公葬録一卷刊本。○明萬曆鋟梓。

余青陽先生忠節附録二卷刊本。○明張毅集。弘治三年徐傑序。

忠勤録五卷刊本。○明文徵明撰，并識云：「參政張公於徵明初無雅故，然嘗蜀人道公平賊事，頗韙之。及是從其子淮得公所記日歷甚詳，因爲詮次如此。」

旌功録五卷刊本。○明程敏政撰。

錢海石褒忠録○不著撰人名氏。

致身録一册刊本。○明東吴史仲彬撰并自序，男晟謹藏。瑯琊焦竑、新安吴懷古、長水譚貞然、浮梁張遂辰重校。

雪夜墓歸記二卷刊本。○明正德間杜遵事。同郡彭年序曰：「懷親杜君，吴郡長洲人，名遵，字守之。少苦食貧，任力致養。年二十而父宗源、母張氏相繼没，營備棺斂，不欲以貧儉其親祖墓位，墓弗克葬，乃累積銖兩，買傍地數弓，手自穿竁，負土成墳。既窆，而覆土尚淺，饔飧弗繼，謀還舍取給。時日暮大雪，行至黄山下，雪益甚，去城之盤門猶二十里。蹊徑滅没，凍餒僵仆。忽簑笠二人，調吴歌，自山巔下，君聞聲哀叫，告以故。二人曰：『吾亦欲入盤門，但隨吾後，當不誤。』二人行甚疾，不獲更交一語，惟匍匐隨歌聲行。久之，望見一橋，歌聲遽絶，人亦莫知所之。時雞鳴辨色，乃身在盤之吴門橋圯上，而城闗啟鑰矣。

二人意鬼神也。後以織縞起家，三子皆隸學官。幼弟達章孺而孤，寄育姊氏，君迎歸，授室析貲。弟没，撫其子，尤有恩義。鄉之士大夫重君行，以懷親稱君。是野史所宜繫書焉者，爲作《雪夜墓歸記》。」

范孝子傳一帙 刊本。○孝子名寅，字運吉，蒙化人。明嘉靖雲南學校馬平、徐養正撰。

崇孝録一卷 刊本。○明四明錢氏懿蹟。裔孫錢鳳來輯録。

敕賜崇孝祠録一卷 刊本。○明朱睦㮮編并識。

古列女傳八卷 刊本。○漢劉向撰，明黄魯曾贊并序。

高士傳十卷 刊本。○晉皇甫謐撰。

伊洛淵源續録六卷 刊本。○宋朱子撰。明成化庚子黄巖謝鐸序。

宋名臣言行録十四卷 刊本。○宋晦庵朱子編并序。

五朝名臣言行録十四卷 刊本。○同上。

名臣言行録前集十卷後集十四卷續集八卷别集十三卷外集十七卷 刊本。卷首皆有「古司馬」、「萬古同心之學」二圖章。○《前集》、《後集》并朱子撰，《續集》、《别集》、《外集》，李幼武補編。

名臣碑傳琬琰集上二十七卷中五十五卷下二十五卷 紅絲闌鈔本。○宋眉州進士杜大珪編。紹興甲寅暮春序云：「自建隆、乾德之肇造，暨建炎、紹興之中天，豐功偉烈，焜燿方册。求之記事之書，未易殫究。雜出於野史見聞者，其事又裂而不全，未足以觀其人之出處本末。因集神道、誌銘、家傳之類，著爲一編，以便後學之有志於前言往行者。」

濂洛風雅七卷 刊本。第四卷有「德輝」二字圖章。○宋邵康節、張横渠、程明道、程伊川、楊龜山、游廣平、尹和靖、李滎陽、張思叔、胡文定、李延平、朱晦庵、吕東萊先生交遊淵源，往來贈答，盡悉收入。仁山金履祥紀録。卷首有《詩派圖》，宋〔四〕元貞丙申唐良瑞原序。明弘治庚申南山潘府重刊序曰：「余友董遵道膺歲薦來京師，以遺稿視余，復圖鋟行於世。適同志彭濟物出守徽郡，遂以是屬焉。」弘治壬戌年李旻有序。

元名臣事畧十五卷 鈔本。○元趙郡蘇伯修紀。至順辛未南鄭王理有叙，天曆己巳冀郡歐陽玄序首。

華氏傳芳集四册 刊本。○元華守方輯。明洪武丁巳王立中序。

唐忠臣録一册 刊本。○新安鄭瑄編集。

考亭淵源録二十四卷 刊本。○明宋端儀初稿，林潤校正。隆慶戊辰武進薛應旂參修，序云：「前廣東提學僉事莆陽宋公端儀嘗編《考亭淵源録》，以未及詳定，自題曰初稿。今御史中丞念堂林公與公同邑，謂是編未竟公之志，示旂删潤。旂觀考亭編《伊洛淵源》，首載濂溪，次及其同時之友、及門之士，乃若龜山、上蔡、廣平，則皆程門高第。《弟子傳》之豫章、講之、武夷，以及延平、籍溪、屏山、白水，而考亭實皆師之。一時若廣漢、金華、金溪、永康、東嘉，皆以學名世，而考亭與之往復切磋，此正淵源所在。而初稿自廣漢、金華之外，咸未之録，余悉爲增入。仍仿濂溪之例，發端於延平，其諸以次書之。」隆慶己巳華亭徐階有序。

古今列女傳三卷 刊本。卷首有「東明山人」、「壬辰進士」之印。

皇朝中州列女傳一卷 刊本。○明朱睦㮮撰。

續高士傳編目十卷 藍絲闌鈔本。○明皇甫涍撰。叙云：「《高士傳》者，晉玄晏先生之所作也。史稱嵇康亦爲之傳贊，而玄晏之書獨顯。至齊，宗測嘗續其書。梁阮孝緒著《高隱傳》，區列三品，雖號詳覈，而與玄晏之意異矣。然四家之言，今亦不傳。往年，涍考求宗系，旁覽闕文，慨然慕之，遂續其書十卷，自晉迄宋，凡九十九人。」

殿閣詞林二十二卷 刊本。○明廖道南撰并叙。

道南書院録五卷 刊本。○明嘉靖乙未臨海金賁亨序云：「嘉靖乙丑，賁亨董閩學事，既作道南書院於會城，以祀龜山、豫章、延平、晦庵四先生。而復推四先生之志，以祀明道，于是閩士相與觀嘆，若向往焉。而愧無以道之也，乃與友黄君偉節萃五先生言行、心法爲兹録，將梓而人授之。稿成，調官江右，未幾謝事。歸乃復與吾友趙君淵、應君大猷訂正，藏以私淑。」鄱陽舒春芳、建安楊應詔、臨安趙淵、福清魏濠俱有序。安成劉佃跋。

潤州先賢事實録六卷 刊本。○明四明姚堂編輯。鄭靈序。

續吴先賢贊十五卷 刊本。卷首有「天一閣」、「古司馬氏」二印。○明沛國劉鳳撰并序。

中州人物志十六卷 刊本。○明朱睦㮮撰。翁大立序云：「宗正西亭先生受聘纂《中州通志》，歷朝人物既撰次以傳，復取國朝一百四十人，仿《世史》，述其生平，各爲論斷。凡十六卷，藏於家。仲氏西園君寓書徵序，余讀之，即予督學中州時與公商訂鄉賢也。公高皇帝七世孫，别號東陂居士，以學行簡爲宗正，早歲講業水竹居之西，學者稱西亭先生。」

明儒傳三卷 鈔本。○不著撰人名氏。其諸儒之傳始於曹端，而終於金鉉，皆有明一代大儒也。

皇朝名臣録贊一卷 刊本。○明成化戊戌莆田彭韶撰，并序云：「此解憲西川，將之廣藩，寓舟東下荆江，因記憶遠近名臣，凡三十人，人爲之贊，且列其誌銘、狀傳大概於後。」

皇朝名臣言行通録十二卷 刊本。○明弘治庚申兵部尚書泰和尹直正言撰。序謂：「近得楊黄門方正所著，凡九卷四十有九人，中援彭司寇鳳儀贊詞三十有一首，方正用心可謂勤矣。第百三十年間，號稱名臣者，奚啻此數人？輒忘固陋，重繕舊稿，補鳳儀所未贊，增方正所未收，以次參附，總六十有九人，釐爲十二卷。吉令寧侯仲升請鋟梓，遂授稿而爲之序。」

皇朝名臣言行録 刊本。○明豐城楊廉撰。嘉靖辛卯海鹽鄭曉跋。

皇朝名臣言行録十四卷 刊本。○嘉靖辛卯海鹽徐咸撰。序云：「我皇明名臣，昉于莆田彭公鳳儀《録贊》。後泰和尹公正言有《通録》，豐城楊公方震有《言行録》，莆田林公從學有《補贊》，述作多矣。而近代名臣未有録之者，咸不自揆，通加搜訪，共得四十有八人，亦爲《言行録》。是皆我英、憲、孝、武四朝之所培植者也。」豐城楊廉有序，臨海王宗沐識後。

明名臣言行録二十四卷 刊本。◯徐咸重纂，鄭曉校。施漸刊。徐序云：「我皇明名臣，豐城楊月湖先生因彭從吾先生之《録》而增益之，且仿朱子《宋名臣録》例，爲《言行録》。咸於近代諸臣，亦嘗纂爲《言行録》，已梓行矣。餘姚魏淺齋都憲巡撫河南，乃併刻爲一册，甚便觀覽。或又謂月湖所録，尚有遺者，而予所録近代諸公之後，亦有可續録者。予雖老，而景仰之心未已也。乃復稽之傳誌，參之野史，質之輿評。月湖《録》原收五十五人，今增一十六人，共七十一人，爲前集。予《近代録》原收四十八人，今增二十五人，共七十三人，爲後集。月湖録諸臣事實有遺者增入之，文字繁蕪者删去之。前後各十二卷，總名爲《皇明名臣言行録》。既成帙，郡推姜君子學見而愛之，囑吾邑丞錫山施君子羽刻之以傳。」

皇朝名臣琬琰録二十四卷 刊本。**又一部同**◯明晉陵徐朝文著。弘治十八年乙丑南海張詡序。

明理學名臣言行録二卷 刊本。◯明嘉靖月湖楊廉撰，并題辭云：「予既仿《宋名臣言行録》爲《皇明名臣言行録》，或謂宋有《道學名臣言行録》，本朝獨可缺乎？于是復得十有五人，蓋舊收《名臣録》四人，今收一十有一人，合之以成，名曰《皇明理學名臣言行録》」云。

名臣列傳一册 紅絲闌鈔本。◯不著撰人名氏。始於《陸參政容傳》，程敏政撰，終於《刑部尚書白昂傳》，李東陽撰。

皇朝名臣言行通録二卷 刊本。殘闕卷下。

皇明名臣言行録新編三十四卷 刊本。○明常熟沈應魁校并序。

忠孝集一卷 刊本。○明何自學編。吴餘慶識。

忠義録一卷 刊本。○明太常寺丞四明袁珙同子尚寶少卿袁忠徹撰。卷首有宋袁忠臣像。正統五年三山鄭珞序曰:「右《忠義録》,尚寶少卿袁公忠徹爲其高祖德祐忠臣之所輯録也。忠臣諱鏞,字天與,宋咸淳辛未進士。丙子宋亡,元兵至鄞,天與死之。其家人驚悼,同日赴水而死者十有七人。郡乘、《宋史》皆未書。永樂初,珙父子既貴,丐縉紳爲文若詩而表章之。乃以諸所述作彙爲一編,題曰《忠義録》,鋟梓以行。」

忠義實紀一册 刊本。○明楊二和著。湛若水序。

表忠記○明崇禎甲申冬,周而沛等焚衿文廟,嚙指血書。四明沈崇埨記其事。

三士録四卷 刊本。○李碧棲編。李濂校刊。

雙忠録二卷 刊本。上卷闕。○明正德間孫、許二公忠烈事。建昌檢校陸煥章、南昌教諭方朝元、學生傅宏戴校正。

二忠傳一卷 刊本。○明東陂居士朱睦㮮撰。

純孝編四卷 刊本。○明朱睦㮮編次。

四明文獻志十卷 刊本。○明郡人李堂編。

吴中往哲記一卷補遺一卷 刊本。○明楊循吉撰,黄魯曾補遺并序。

莆陽文獻十三卷 刊本。○明鄭山齋撰。嘉靖甲申林俊序。

國寶新編一卷 刊本。○明顧璘撰并序。其書録李夢陽以下，或仕或隱，合若干人。叙其名氏、爵里，及其行業，大都爲一卷，名《亡友録》，門人請更曰《國寶新編》。

羣忠録三卷 刊本。○正德十五年唐龍撰。係録宸濠時被刼不屈死者四人事實，并自序。

廣州人物傳二十四卷 刊本。○明黄佐撰。倫以訓序。

紀善録一卷 綿紙藍絲闌鈔本。○明杜璠撰。

善行録 刊本。○明四明張時徹編。叙云：「簿書之隙，獵采史傳，取先哲行誼之高者，萃次成編，名曰《善行録》，凡八卷，二百九十人。」

厚德録四卷 刊本。○明李元綱撰。卷首有明成化十六年序文一篇，佚其名。其《録》有所謂治獄者，首載錢若水治富民殺女子事。有所謂救災者，首載趙清獻公活越州饑民事。又有所謂濟人、愛物、處己、待人者。事事皆足以勸人。衡州守何廷瑞刊行。

三家世典三卷 刊本。○明郭勛集。序殘。

國朝祥符文獻志十七卷 刊本。○明李濂撰并序。

國朝祥符鄉賢傳八卷 刊本。○明李濂撰并序。

碩輔寶鑑要覽四卷 刊本。○明嘉靖乙丑耿定向輯。自序云：「天臺生日與二三弟子員考德之暇，博及載籍，上述虞夏，下逮唐宋，得碩輔凡若干人，各爲贊述，俟宏覽淵識者正焉。」

循良彙編十二卷 刊本。○明桂林李仲撰。景陵魯彭校正。嘉靖己酉余允緒序云：「景陵令静齋李子公餘博古，采歷代循良并聖賢格言，類爲十二卷，名曰《循良彙編》。」

建寧人物傳四卷 刊本。○明李默撰。建陽縣李東光校刊。

兩浙名賢録 刊本。○存卷十一至十六，卷十九至三十。

紹興名宦鄉賢讚一卷 刊本。○明山陰王徑纂并序。

中州名賢文獻表 刊本。○明劉昌撰。序云：「中州，四方之中，嵩嶽在焉。自申甫而下，于漢得賈生，于唐得韓文公，于宋得兩程夫子，於元得文正，皆中州名賢也。懷慶守呂怘以許文正公[五]遺書授昌，遂附之姚文公燧、馬文貞公常、許文忠公有壬、王文定公惲、孛朮魯文靖公翀諸集之僅存者而表章顯之，皆中州名賢，題曰《中州名賢文獻表》。此其内集，復有外集、正集、雜集若干卷。」

新安文獻志一百卷 刊本。○明弘治三年休寧程敏政撰。自序并跋後。

博物策會十七卷 刊本。○明屏石戴璟撰。共一百三十六篇。張對霍侍御屬西安同知高鳳鳴刊。嘉靖戊戌滸西康海德涵序，洪洞對霍山人張治道序，太微山人關中李復初序。

皇明獻實四十卷 刊本。明司馬公題籤。○明袁袠撰。

金華文統十三卷 刊本。○明正德金華府江都趙鶴續輯并序。

甬上耆舊集三十卷 刊本。○皇朝胡文學輯選。李鄴嗣叙傳。

澄清集二卷 刊本。○國朝兩浙紳士頌制府李公寶聚事迹。杜臻序。

旌孝編 刊本。○國朝李宜之撰。

周季珍年譜 刊本。○國朝康熙辛酉尤侗序曰：「滁陽季〔六〕珍周公，以武進士起家，守備粤東，歷任虔贛諸鎮。值寇氛薦急，公率師撲剿，累戰皆第一功。既調湖南，復有永興之捷。璽書褒勞，遂總三晋之兵。特遷漢中鎖鑰重地，蓋巍然驃騎大將軍之列矣。今閲其《年譜》所載，歷歷如在目前。封侯之賞，麟閣之圖，固可翹足而待。」

希聖先生范公小傳 刊本。○國朝嘉興紳士公撰。

【附録】

石湖居士吴船録二卷驂鸞録一卷 藍絲闌鈔本。○宋范成大撰。

東祀録一卷 刊本。○明長沙李東陽撰并序。

招隱十友傳一卷 刊本。○明樊雙巖撰。

七人聯句記一卷 刊本。

周顛仙人傳一卷 刊本。○明太祖高皇帝御製。洪武二十六年歲次癸酉九月從事郎中書舍人詹希原奉敕書丹并篆額，正德十五年歲次庚辰季春天池寺第七代圓喜重刊。

袁柳庄傳一卷 藍絲闌鈔本。○明天順二年里人黄潤玉撰。

徐蘇傳一卷 刊本。○明南昌李廷貴撰。

宋氏傳芳録八卷 刊本。○明潘章校刊。王汶序云：「右《宋氏傳芳録》，乃潛溪先生所被制、誥、敕詩，及公卿大夫贈送文辭，諸門人輯爲六卷。大父博士府君紳時游先生門，謹繕書一册以藏。今年春，四川提督學簽憲金華潘君栗夫走書索此録，將圖入梓。汶遂增輯先生没後行狀、墓誌、祭文諸作，并厥考厥子碑銘，爲第七、第八卷遺之。後世欲知我高皇帝待先生之厚，與先生出處履歷，及世系、生卒歲月之詳，於此考焉。」

張氏至寶集 刊本。○明餘干張瑄撰。序云：「弘治夏五月甲申，余奉敕督屯涖福之古田，有張氏子訴其祖翠屏學士祭田爲人所奪者，敬詢其故而覆之。越三日詣學，其裔孫珏奉《翠屏集》二本以進。讀之，則先學士宋公濂、劉公三吾二大筆序之，心切敬慕。翼日，德慶州儒學分教曾孫淮齎捧我太祖高皇帝賜其祖學士公奉使安南文一道與當時輓詩一卷。余拜稽焚香，伏讀再三，不勝雀躍。謹按：公諱以寧，字志道，號翠屏。以《春秋》登泰定丁卯進士，授黄巖州判官，後改六合尹。元曆告終，隱迹維揚。洪武初，詔起公爲翰林學士，親製誥命錫之，遣使安南。時國王先逝，國人請以詔印封其子，公守禮不可，實封奏聞。聖祖嘉其忠貞，降璽書褒之。及卒於安南驛，訃聞，上切嗟悼，命中書省差驛丞張禄齎文赴安南護柩至廣東省，轉送福建省有司擇地以葬。家小在京者，禮送還鄉，仍賜奉禄，優給三年。一時名士，咸惜其未獲大用而哀輓之。余乃屬滙以玉音在前，輓詩在後，裒成一集，命曰《至寶》，鋟梓以傳。天台楊澤書。」

推恩裕國詩一册 刊本。○明伊藩讀禮之餘，見内史所藏乞貸左券，無慮萬餘金。憮然曰：「予豈屑此以裕國，將捐而弗取，安用券爲？」盡出於庭焚之。王都閫詩詠其事，僉和之，裒爲一帙，題曰《推恩裕國》。陝西布政許諫序，湖廣按察洛陽孫應奎序後。

王氏家乘一卷 刊本。○明嘉靖象山毅齋王渙時霖氏墓誌銘，子王挺撰。

恩遇集一卷 刊本。○明嘉靖學士廖道南撰。

恩綸録二卷 刊本。○明萬曆張學顔刊并識。

四明甬東錢氏族譜一册 刊本。○明萬曆十五世孫錢若賡重修。

孫氏家乘 刊本。○明知寶雞縣孫三傑事迹。崇禎元年刊。

張氏世義録二卷 刊本。○明杞人張廷恩世義事迹，并時人題贈詩文，分二帙。邊憲序。

姜節婦蔣氏遺稿 刊本。○明萬曆六年姜寶序。

貞愍録乙卷 刊本。○明嘉靖南城胡世亨之女全姑，李華之妻。旌表、章奏并傳記、詩辭輯録。金溪王莫撰序。

彤管遺編二十卷 刊本。○明酈琥采集，并序云：「余博閲羣書，得女子工於文翰者四百人，編次成帙，分卷二十。學行並茂置諸首選，文優於行取次列後，學富行穢續爲一集，别以孽妾、文妓終焉。」

姑蘇新刻彤管遺編後集二十卷 刊本。

同年録一卷〇宋紹興十八年晦菴朱先生登狀元王佐榜第五甲第九十人同年録也。明弘治莆中鄭紀識後云：「紹興在宋南渡之初，于今三百有餘年矣。其中科甲之録，不知有幾，而是本獨存于世。狀元不知若而人，而王佐獨見稱于今，殆必有故矣，科甲果足恃耶？兹以欽差巡視學校，侍御王君明仲將梓，以示南畿士子，故著之有志科目者，尚勉圖之。」

宋寶祐四年登科録一册〇文文山先生登是年榜。

同年敦誼録一册 刊本。〇明嘉靖戊戌科。海鹽朱應雲撰并序。

湛甘泉先生同門録二卷〇明嘉靖丁巳門人趙旻撰。

浙江戊子科同年録一卷 刊本。〇明吕鑾、李本，司馬公同年也。

明登科録

洪武一册，建文一册，永樂四册，宣德二册，正統五册，景泰二册，天順三册，成化八册，弘治六册，正德四册，嘉靖二十三册，隆慶三册，萬曆六册。

明會試録

洪武一册，建文一册，永樂一册，宣德二册，正統五册，景泰二册，天順三册，成化八册，弘治六册，正德五册，嘉靖二十一册，隆慶三册，萬曆四册。

順天鄉試録

成化四册，弘治五册，正德四册，嘉靖十八册，隆慶三册，萬曆四册。

浙江鄉試録

永樂一册，天順一册，成化四册，弘治七册，正德五册，嘉靖八册。

江西鄉試録

天順一册，成化三册，弘治三册，正德二册，嘉靖十八册，隆慶二册，萬曆四册。

福建鄉試録

永樂二册，宣德二册，景泰二册，弘治二册。

山東鄉試録

天順一册，成化四册，弘治二册，正德四册，嘉靖十六册，隆慶二册，萬曆五册。

山西鄉試録

天順一册，成化一册，弘治一册，正德四册，嘉靖十册，隆慶二册，萬曆四册。

河南鄉試録

成化四册，正德三册，嘉靖十七册，隆慶二册。

湖廣鄉試録

成化二册，弘治二册，正德二册，嘉靖十二册，隆慶二册，萬曆四册。

廣東鄉試録

正統三册，成化五册，弘治二册，嘉靖十册。

廣西鄉試録

成化一册，弘治一册，正德三册，嘉靖十二册，隆慶二册，萬曆六册。

陝西鄉試録

成化四册，弘治六册，正德四册，嘉靖十四册，隆慶四册，萬曆十册。

河南舉人録一册○洪武起，嘉靖止。

明同年録一册

明吉安進士録一册

武舉録

嘉靖二十三册，隆慶三册，萬曆七册。

陝西鄉試録一卷 刊本。○國朝順治八年。正主考潞公諱光文、副主考梁知先均有序。

四川鄉試録一卷 刊本。○國朝康熙二十三年。

中州題詠集十卷 刊本。○不著撰人名氏。

遺事一册 刊本。○不著撰人名氏。

恩恤録一册 刊本。○不著撰人名氏。

六科仕籍六册 刊本。○不著撰人名氏。

樵川記義一卷 刊本。○國朝漢陽張三異署樵川郡所録義貓事。

〔一〕「栻」原誤作「拭」，據《中國叢書綜録》改。
〔二〕書名及此處「祠」原誤爲「詞」，據《中國古籍善本書目》改。
〔三〕「式」上原空一字，據上文該處當爲「有」字，今補。
〔四〕「宋」當作「元」。
〔五〕「公」字上原爲一空格，今據《中國叢書綜録》補。
〔六〕「季」原誤作「李」，據《中國歷代人物年譜考録》：周球字季珍。

史鈔類

兩漢博聞十二卷 刊本。○明嘉靖戊午黄魯曾重刊本。不著撰人名氏。序文殘。

通鑑總類二十卷 刊本。○宋沈憲敏公撰。嘉定元年樓鑰序，至正十二年周伯琦後序，明成化十六年欽差鎮守雲南御用監太監錢能久重壽梓。黄明善序。

通鑑總類二十卷 刊本。○宋沈憲敏公撰。萬曆乙未吴郡申時行重刻。嘉定元年四明樓鑰原序。

十七史詳節二百七十四卷 刊本。○宋吕祖謙編，明正德戊寅長汀李堅校訂，有序。建陽慎獨齋劉宏毅刊行、序後。

新唐書畧三十五卷 藍絲闌鈔本。○宋成公太史編。郡守趙度支梓。男延年識後云：「先君授學麗澤，患《新唐史》文多，且閲者難，因抹出體要，意存筆削，史法實在焉。太守度支趙公因命鋟木，置之麗澤書院。」

漢雋十卷 刊本。○宋林鉞〔一〕撰。

分類通鑑三卷 刊本。○不著撰人名氏。明顧佐序。

通鑑集要十卷 刊本。○明諸燮編輯，錢受益重校。卷首載潘氏總論。

歷代叙畧一卷 刊本。○明洪武梁寅撰。正統十一年會稽韓陽序云：「《叙畧》一十三篇，及《傳授寶曆歌》一篇，洪武臨江孟敬梁先生撮歷代史書之要，參以己意，而鉤其玄也。肇自伏羲，迄於故元。辭畧而義詳，語簡而事明，深得叙事纂言之體。先君子嘗手録一卷，重加校正，置諸家塾。永樂丁酉命子昌重録付梓。」

標題詳註十九史音義明解十卷 刊本。○明廬陵曾先之編次，臨川陳殷音釋，王逢點校，吴忠音義。成化七年書林熊氏中和堂刊。

歷代志畧四卷 刊本。〇明信陽州知州唐瑶纂集。署學正事黄時校刊。訓導雷同、林鸞同校。嘉靖癸巳自序云：「自司馬氏作八書，歷代掌史事者因之，義各有在。顧簡帙浩博，不能家藏而人閲，用是撮其旨要，會萃成編，庶便初學。首禮樂，次律曆，次天文，次地理，次百官，次食貨，次文藝，次兵刑。若郊祀、輿服，禮類也。五行，天文類也。溝洫，地理類也。選舉，百官類也。故以類相附焉。」

諸史品節四十卷 刊本。〇明吴興陳深編并序。

歷朝捷録二十卷 刊本。〇明顧充編并序。

史鈔二十二卷 刊本。〇明成化李裕撰并自跋。弘治張元禎序。

史鉞二十卷 刊本。〇明洪主晏璧撰并序。高公韶、董偏俱有序。

吴越史十五卷 刊本。〇明陳繼儒輯。仁和何允中序云：「《越絶》、《吴越春秋》二書，誠良史也。吴越事稍見《春秋左氏外傳》。《吴越語》則載二國搆怨，其陰謀秘計，摹寫如畫。至如季札之閎覽，申胥之怨毒，文種之七術，范蠡之三徙，鱄諸之進匕首，夷光之出苧蘿，此又司馬子長所深契。而情事嫋嫋欲絶，二世家可按讀也。雲間陳眉公先生彙爲一史，參考互觀，可以證事之異，窮文之變矣。」

史記鈔一册 藍絲闌鈔本。每本首有「壬辰子大夫印」、「范氏圖書之記」、「甬東范堯卿氏」三圖章。

漢書雋 刊本。存一卷。〇明司馬公諱欽訂。

宋史畧四卷 刊本。〇明梁寅撰，并序云：「偶得《宋編年備要》，蓋仿朱文公《通鑑綱目》而爲之。余因取其事爲《宋史畧》四卷。同邑友宋大寧、金川鄒牧南俱肄業於予，因刻而傳之。」

遼小史一卷 刊本。○吳郡楊循吉撰。姪可梓行。

金小史八卷 刊本。○吳郡楊循吉撰。序云：「金所關中國事至大，故史浩繁，弗便觀覽。于是摘其興滅之大故，旁采他録，屬而書之。歷三載始成，名曰《金小史》。」

元史畧四卷 緜紙朱絲闌鈔本。○明臨江梁寅撰并序。

元史節要二卷 刊本。○明臨江張美和編輯。

讀史歌五卷 刊本。○明賜進士嘉興芹山陳儒撰，戚元輔編輯并序，王學校正。

古今備要史鑑提綱 刊本。○明嚴陵鄭以文撰。自序云：「暇日取古史册，上自三皇，下迄宋元，撰爲歌詩，俾有音律，名爲《史鑑提綱》。授兒童，使歌誦。又取古今君臣事蹟有可議者，作十二論，附之于後，庶一覽知其大槩。」

詩史前編八卷 刊本。○明四明陳大魯撰。陳陟註，并序云：「大父行子升先生，平生耽史籍，恒召諸子，多所講授。先生卒而穎升始爲諸生，爲諸生業，不得專史。歲己丑，讀禮山中，因得博觀載籍。遂取典墳，而下迄於勝國，凡紀傳所載，無論窮顯，罔不詮次其事，綴以風雅。命我諸父兄弟分帙校註，彙爲全書，名曰《詩史》，成先志也。」

〔一〕「鉞」原誤爲「越」，今改。

載記類

吴越春秋傳十卷 刊本。○後漢趙煜撰。徐天祐序。

越絶書十五卷 刊本。○嘉定庚辰丁黼序云：「《隋經籍志》《越絶紀》十六卷，《崇文總目》則十五卷。注司馬遷《史記》者，屢引以爲據。予紹熙壬子遊吴中，得許氏本，譌舛特甚。嘉定壬申令餘杭，又得陳正卿本。乙亥官中都，借本秘閣，以三本互相參考，擇其通者從之，乃粗可讀。遂刻之夔門，以俟來者。」汪綱、都穆俱有後跋。

華陽圖志十二卷 刊本。○晉江源常璩撰。明銅梁張佳胤校正并序。宋嘉泰甲子李坙叔厘序，宋元豐吕大防微仲序，明嘉靖甲子張四維序。凡例五。

南中志一卷 刊本。○晉常璩撰。明嘉靖庚戌吴興顧應祥叙云：「《南中志》爲晉常璩所著，附在《華陽國志》，近世無傳。升庵楊太史謫居滇，以舊所藏本手録見示。諦觀之，其文簡古，其載事雖畧而切實。蓋滇自諸葛孔明平雍闓之後，地已入蜀，晉平蜀遂入晉，所謂南中爲蜀之苑圃是也。是時，蒙氏雖未混六詔，而諸夷酋長各自僭據，或叛或附，雖有郡縣之名，不能盡如中國之制。故所載山川風土，不能詳備。然其沿革大畧，亦可見矣。方今天下一統，九服之外皆同軌，而滇志往往疎漏，舊典蔑存，無所於考故耳。是書其可少乎哉？乃命雲南貳守鍥而傳之。」

江南野史十卷 緜紙藍絲闌鈔本。○宋螺川龍衮撰。

三楚新録一卷 鈔本。○宋周羽翀撰。

南唐書三十卷 刊本。卷首有「萬玉樓」印。○宋崇寧馬令撰。序云：「唐季五代各有史，南唐寖滅，史官高遠悉取史草焚之。徐鉉、湯〔一〕悦奉〔二〕太宗皇帝敕追録所聞，而忘遠取近，率皆疏畧。先祖〔三〕太傅〔四〕，世家金陵，多知南唐故事，旁搜舊史遺文，并集諸朝野之能道其事者。未及撰次，遽捐館舍。今踵先志成之。」

唐餘紀傳十八卷别傳一卷附録一卷 刊本。○明陳霆修并序跋。

南詔事畧二册 刊本。○明趙彦良撰。嘉靖雲南巡撫吴興顧應祥序。

〔一〕〔二〕〔三〕〔四〕「湯」原誤作「滿」，「奉」原誤作「章」，「祖」原誤作「取」，「傅」原誤作「博」，均據《皕宋樓藏書志》改。

時令類

歲華紀麗七卷 烏絲闌緜紙鈔本。○唐昌黎韓鄂撰。

歲時廣記四十一卷 烏絲闌鈔本。○宋廣寒仙裔陳元靚撰。道山居士有序。新安朱鑑序云：「南穎陳君，嘗編《博聞三録》，盛行於世。此書該而不冗，雅而不俚，自當並傳」云。

古今歲時雜詠四十六卷 紅絲闌鈔本。每卷首有「古司馬氏」圖章。○宋紹興丁卯眉山蒲積中輯，并序云：「《歲時雜詠》，宋宣獻公所集也。前世以詩雄者，俱在選中。然本朝如歐陽、蘇、黄，與夫荆公、聖俞、文潛、無已之流，逢時感慨，發爲詞章，端不在古人下。予因隙時，乃取其卷目，而擇今世之詩以附，名之曰《古今歲時雜詠》。」

續編年月集要二册 刊本。○宋〔一〕延祐庚申文江王元福撰并序。

歲時節氣集解一卷 刊本。○明四明洪常撰。正德癸酉男憲識。

氣候集解一卷 刊本。殘。○明李泰撰。

日涉編十五卷 刊本。○明應城陳堦撰，弟坤校。其書雜采故實詩歌，按時令編次，每一月爲一卷。先叙月令、節候，而三十日以次列之，皆以故實居前，詩歌居後。凡例十條。有自序。

四時氣候集解四卷 刊本。○明李某〔二〕撰。姚福序云：「《月令》之疑，古今卒無定論。然以七十二候之文觀之，則亦《堯典》羲和察鳥獸孳尾、希革、毛毨、氄毛之遺意，不害其爲周書也，故今曆家分載於十二月之下。然候中所載昆蟲、鳥獸、草木之名，博雅之士，尚或慊焉。河南李先生嘗爲之註釋，撫軍胡公家子廷燦鏤梓。先生又命門人許子貞再加校正，福爲之序。」

〔一〕「宋」當作「元」。

〔二〕此書撰者爲李泰。

天一閣書目卷二之二　史部二

地理類

三輔黄圖六卷 刊本。○不著撰人名氏。其書裒采秦漢以來宫殿、門闕、樓觀、池苑在關輔者著于篇。東都不與焉。明嘉靖辛卯李經序，華谷嚴濬重刊。

元和郡縣圖志四十卷 緜紙紅絲闌鈔本。○唐李吉甫撰并序。其書起京兆府，盡隴右道，凡四十七鎮，成四十卷。每鎮皆圖在篇首，冠于叙事之前，并目録兩卷，總四十二卷。卷末載程大昌、洪邁、張子顔後序三篇。

寰宇通志二百卷 刊本。

廣輿記二十四卷 刊本。○明陸應陽撰。申時行序。

廣輿記二十四卷 刊本。○明申時行修并序。

皇輿考十卷 刊本。○明嘉靖丁巳張天復撰并序。

明一統志九十卷 明弘治乙丑慎獨齋刊行。○明李賢等奉敕撰。天順五年御製序。卷首有進書表。

大明一統輿圖一卷 刊本。○明朱思齋撰。姚虞序。

大明一統賦四卷 刊本。序殘。○撰人無考。内第二節及二十二節俱已抽燬。

明一統賦補一卷 刊本。○不著撰人名氏。

兩京賦二卷 刊本。○不著撰人名氏。

四都賦一卷 刊本。○明慈溪方詔撰。隆慶戊辰王交跋。

吴郡圖經續記三卷○宋元豐七年朱長文撰并序。元祐元年臨邛常安民後序。明嘉靖戊申三月錢穀刊。

中都志 刊本。○明成化六年郡人柳瑛撰并跋。姑蘇劉昌序，豐城周汝德後序。

重修毘陵志四十卷常州府志續集六卷 刊本。○明成化六年郡人朱昱纂修并序。金溪徐瓊序，郡人王偶[一]序并跋。

雍大記三十六卷 刊本。○明何景明撰，嘉靖壬午段炅編集并序。

嘉靖維揚志三十八卷 刊本。○嘉靖壬寅郡人盛儀撰。胡植、崔桐俱有序。

金陵古今圖考一卷 刊本。○明正德丙子陳沂撰并序。

金陵世紀四卷 藍絲闌鈔本。○明石亭老人陳沂撰。嘉靖丁酉自序。

隨志二卷 刊本。○明顔木撰。

吴興掌故集十七卷 刊本。○明雲間徐獻忠撰并識。

南畿志六十四卷 刊本。○明餘姚聞人詮撰并序，鄞縣陳沂編集并序。

宣府鎮志十卷 刊本。○明王崇猷修。劉健序。

薊州鎮考二册 緜紙藍絲闌鈔本。不著撰人名氏。

南府志三十五卷 刊本。○明御史劉節修并序。

隆慶志十卷 刊本。○明謝庭桂編。

歸德志八卷 刊本。○明李嵩撰。嘉靖癸卯朱家相序。

海門志十卷 刊本。有「天一閣」、「古司馬氏」二印。○明嘉靖丁酉邑人崔桐輯并序。洛陽陳大壯序。

順天府通州志八卷 刊本。○明沈明臣纂。王世貞序。

涿州志十二卷 刊本。○明弘治癸丑張遜修。翰林院陸簡序。

霸州志十卷 刊本。○明嘉靖周復浚修并序。

薊州志十八卷 刊本。○明熊相修。

永平州志十卷 刊本。○明弘治十四年翰林徐穆序。

保定府志二十五卷 刊本。○明知府章律編。商輅序。

清苑縣志六卷 刊本。○明嘉靖戊戌知縣李廷寶修。御史宋璉序。

蠡縣志五卷 刊本。○明知縣李復初修。邑人崔三畏序。

易州志二十卷 刊本。○明戴銑輯并序。

河間府志二十八卷 刊本。○明嘉靖庚子翰林張璧纂并序。

真定府志三十三卷 刊本。○明雷禮修。項廷吉序。

冀州志十卷 刊本。○明郡人張璽輯并序。

趙州志十卷 刊本。○明蔡懋昭修并識。

趙州志八卷 刊本。○明弘治戊午學正陳紀編。御史王鑑之序。

定州志一册 刊本。

廣平府志十六卷 刊本。○明陳棐修。項廷吉序。

威縣志二卷 刊本。○明知縣錢朮修。

清河〔二〕**縣志三卷** 刊本。○明知縣孟仲遴修并序。

磁州志四卷 刊本。○明訓導朱鸞修。周文龍序。

磁州志四卷 刊本。○明正德十四年紀純序，嘉靖癸丑周文龍序，紀文簡後跋。

大名郡志十卷 刊本。○明唐錦編集。韓福序。

長垣縣志九卷 刊本。○明正德丙子庠生劉芳等編。知縣張治道序。

江寧府句容縣志十二卷 刊本。○明弘治丙辰儒學訓導程文纂輯。南京户部郎中周琦序，教諭曾昇後序，邑人王韶後序。

六合縣志八卷 刊本。○明嘉靖癸丑邑人黄紹文纂修。王宗聖序。

高淳縣志四卷 刊本。○明嘉靖癸未知縣劉啟東纂。邢珣、頓鋭均有序，賈宗魯後序。

蘇州府吴縣志五十四卷 刊本。○明崇禎十五年知縣牛若麟纂修并序。邑人徐汧、王心一、李謨、鄭敷教均有序。

長洲縣志十四卷 刊本。○明隆慶五年知縣張德夫修。郡人顧存仁序。

崑山縣志十六卷 刊本。○明嘉靖十七年邑人方鵬纂修并序。

常熟縣志十三卷 刊本。○明嘉靖乙亥邑人鄧韍撰次并後序。知縣馮汝弼叙。

太倉州志十卷 刊本。○明嘉靖戊申知州周鳳岐修并序。州人王積、古郢劉彦心均有序。

太倉州新志八卷 刊本。○明嘉靖五年知州李端新修。長洲祝允明序。

松江府志三十二卷 刊本。○明正德壬申翰林院侍讀學士郡人顧清纂修并序。

上海縣志八卷 刊本。○明弘治十七年邑人唐錦編纂。吴郡王鏊叙，郡人錢福後序。

常州府無錫縣志二十四卷 刊本。○明萬曆甲戌邑人秦梁纂修并序。吴郡嚴訥序，邑人秦夔序。

江陰縣志十五卷 刊本。○明嘉靖戊申邑人張衮纂并序。武進唐順之序，知縣趙錦後序。

鎮江府丹徒縣志四卷 刊本。○明藍田李東目録。蕭山何世學續增并序。

淮安府志十六卷 刊本。○明正德十三年知府薛𧦬纂修。

淮安府志二十卷 刊本。○明萬曆改元冬淮安府知府陳文燭纂修并序。山陽縣學訓導浙東黄九川跋。

海州志十卷 刊本。○明隆慶壬申同知惠安張峯纂修。沔陽陳文燭序，知州仁和鄭復亨跋。

揚州府儀徵縣志十四卷 刊本。○明隆慶元年知縣昆陽申嘉瑞重修并序。蜀郡邊維垣序。

寶應縣志十卷 刊本。○明隆慶三年知縣楚蘄湯一賢輯并序。教諭吳鐸跋。

寶應縣志畧四卷 刊本。○明嘉靖十七年餘姚聞人詮撰。御史楊瞻序并刻，知縣宋佐後序。

泰州新志八卷 刊本。○明嘉靖龍飛儒學學正陳琦修輯。泰州謝源序。

通州志六卷 刊本。○明嘉靖庚寅通州舉人顧磐編考，莆田舉人林穎重修。知州南海鍾汪序，莆田陳待科後跋。

通州志畧十三卷 刊本。○明嘉靖己酉郡人楊行中纂輯并序。知州汪有執後序。

如皐縣志十卷 刊本。○明嘉靖三十九年海陽謝紹祖修輯并跋。嘉靖丙申郡人崔桐舊序，童蒙吉重修序。

徐州府志十二卷 刊本。○明四明王梴編輯并序。

沛縣志十卷 刊本。○明嘉靖二十二年知縣永年王治修，教諭馬偉、訓導黄﨤、泰順張慶暘同編輯。廣平馬偉撰序，張慶暘後序。

宿遷縣志八卷 刊本。○明萬曆五年知縣喻文偉纂修并序。掌宿遷學事何議、司訓劉算均有後序。

邳州志十卷 刊本。○明嘉靖丁酉按察楊輔纂修，知州陳柏校正。均有序。

安慶府志三十二卷 刊本。○明嘉靖辛亥知府李遜纂修并序。郡人齊之鸞序。

安慶府志十六卷 刊本。○明嘉靖元年天水胡纘宗纂修。白沙景暘序，後有王崇慶跋。

徽州府志十二卷 刊本。○明弘治十五年郡守蘭州彭澤纂修。林瀚、汪舜民均有序。

徽州府志二十二卷 刊本。○明嘉靖四十五年郡人汪尚寧纂并序。工部尚書胡松序。

休寧縣志八卷 刊本。○明嘉靖二十七年知縣宋國華纂修并序。

婺源縣志六卷 刊本。○明嘉靖十九年南海璇溪馮炫著。增城湛若水撰序，邑人汪思序，胡容後序。

寧國府志十卷 刊本。○明嘉靖十五年知府任丘黎晨校刊，通判李默編纂。餘姚聞人詮序。

寧國縣志四卷 刊本。○明嘉靖二十八年知縣四明范鎬纂修并序。

涇縣志十卷 刊本。○明嘉靖壬子邑人王廷幹纂修并序。

池州府志九卷 刊本。○明嘉靖二十四年知府王崇纂修并序。推官蘇志仁後序。

銅陵縣志八卷 刊本。○明嘉靖四十二年知縣李士元總裁，教諭沈梅纂修。首列本縣申文、牒文，本學申文。

東流縣志十二卷 刊本。○明萬曆三年邑人汪文纂。知縣陳春序，教諭謝明序，汪文後序，邑人楓坑宋邦輔後序。

太平府志十二卷 刊本。○明嘉靖十年九峯山人鄒璧纂修并序。郡人祝鑾序。

廬州府無爲州志八卷 刊本。○明嘉靖七年知州吳臻修并序。豐城劉善毓序，正德己卯儒學學正閩城洪晅序。

鳳陽府臨淮縣志二卷 刊本。有「哦翠山房」圖章。○明嘉靖甲午邑人楊鴞、顧承芳纂輯。泉州知府鳳陽高越序，浙江金華府推官張翼翔後序。

懷遠縣志二卷 刊本。有「三友堂」印章。○明人編修，不載撰人名氏。

壽州志八卷○明嘉靖二十六年知州栗永禄編次并序。同知蔡繼芳、郡人張沛均有序。

宿州志八卷 刊本。○明嘉靖丁酉德興余鍧重修并引。

泗州志十二卷 刊本。○明正德辛巳山陰汪應軫重修并序。

泗志備遺三卷 刊本。○明嘉靖泗州判官侯廷訓撰并序。唐龍序。

天長縣志七卷 刊本。○明嘉靖庚戌邑人王心編輯。唐臣、戴愬均有序。

潁州志六卷 刊本。○明正德六年同知廬陵劉節編輯。郡人儲珊序并跋。

潁州志二十卷 刊本。○明嘉靖間吕景蒙編次，并序及後跋。

蒙城縣志十二卷 刊本。〇國朝順治乙未知縣田本沛纂修并序。

和州志十七卷 刊本。〇明嘉靖七年知府易鸞修。南京國子監祭酒湛若水序，南京禮部主客司郎中鄒守益序。

廣德州志十卷 刊本。〇明嘉靖丙申知州朱麟裁正，儒學學正鄭乘編輯。鄒守益序，朱麟序，邑人潘潤後序。

建平縣志九卷 刊本。〇明嘉靖辛卯知縣連鑛編修并序。鄒守益序并跋。

江西通志三十七卷 刊本。〇明嘉靖四年布政林庭㭿修。巡撫陳洪謨序。

江西大志七卷 刊本。〇明嘉靖丙辰臬史王宗沐纂并序。

江西省大志七卷 刊本。〇無撰書人名氏。

南昌府豐城縣志十卷 刊本。〇明李貴修并識。

武寧縣志六卷 刊本。〇明晉安徐麟纂修，邑人潘槐同修。嘉靖二十二年陸深序。

寧州志十八卷 刊本。〇明龔暹編并序。

饒州府志四卷 刊本。〇明知府陳策修并序。

浮梁縣志十四卷 刊本。〇明汪宗伊修并序。盧瓊序。

廣信郡志二十卷 刊本。〇明郡人汪俊修并序。

鉛山縣志十二卷 刊本。○無撰書人名氏。

南康府志十卷 刊本。○明陳霖修并序。

九江府志十六卷 刊本。○明楊一清編并序。

德化縣志一册 刊本。○國朝四明范正輅修。

德化縣志十六卷 刊本。○國朝康熙二十六年四明范正輅纂修并序。

德安縣志四卷 刊本。○明臨川曾節編，蒲塘周振校并序。

瑞昌縣志八卷 刊本。○明知縣劉儲編。江一鵬序。

建昌府志十九卷 刊本。○明夏良勝修并序。

新城縣志十三卷 刊本。○明黄文鷟修并序。

撫州府志二十八卷 刊本。○明知府吕傑修并序。

金溪縣志九卷 刊本。○明王蓂撰并序。

宜黄縣志十四卷 刊本。○明黄漳修并序。

東鄉縣志二卷 刊本。○明饒文璧撰并序。

臨江府志十四卷 刊本。○明管大勳修并序。

吉安府志十九卷 刊本。○明王昂編。

永豐縣志四卷 刊本。○明管景修并序。

永寧縣志七卷 緜紙烏絲闌鈔本。○明馬鉦纂。劉敷序。

瑞州府志十四卷 刊本。○明知府鄺璠編并序。楊外雲序。

袁州府志十四卷 刊本。○明嚴嵩修并序。

贛州府志十二卷 刊本。○明郡人董天錫修并序。

雩都縣志二卷 刊本。○明知縣許來學修并序。

瑞金縣志八卷 刊本。○明林有年纂并序。

南安府南康縣志十三卷 刊本。○明劉昭文編并序。

崇義縣志一册 刊本。○明王庭耀修并序。鄭喬序。

浙江通志七十二卷 刊本。○明嘉靖辛酉武進薛應旂纂并序。華亭徐階有序。

杭州府志六十三卷 刊本。○明成化十一年巡撫吴文元纂。仁和夏時正序，布政寧良序。

海寧縣志九卷 刊本。○明嘉靖三十六年知縣蔡完修并序。

餘杭縣志十卷 刊本。○明知縣王介夫纂。錢塘吴鼎序。

嘉興府志三十二卷 刊本。○明知府劉應鈳重修并序，郡人沈堯中編纂。

嘉興府志十八卷 刊本。○國朝康熙二十年袁國梓重修并序。杜臻、吴源起、張天植均有序。

秀水縣志十卷 刊本。○知縣任之鼎修，教諭范正輅編。邑人王庭撰序。

平湖縣志十九卷 刊本。○明嘉靖癸亥知縣程楷、郡人過庭訓、邑人陸澄原同纂。均有序。

湖州府志二十四卷 刊本。○明成化十一年知府勞鉞纂并序。夏時正、彭華均有序。

德清縣志十卷 刊本。○明嘉靖乙酉知縣方日乾修并序。

武康縣志一册 刊本。○明弘治辛酉知縣易綱編集。莆田陳琳序。

武康縣志八卷 刊本。○明弘治辛酉駱文盛修。程嗣功序。

安吉州志八卷 刊本。○明嘉靖丁巳知縣江一麟編。邑人陳良謨序，德清蔡汝南序。

安吉州志十六卷 刊本。○明嘉靖十三年伍餘福纂。增城湛若水序。

寧波府志四十二卷 刊本。○明嘉靖三十九年張時徹纂修并序。郡人聞淵、慈溪葉照均有序。

象山縣志十五卷 刊本。○明嘉靖三十五年知縣毛德京修并序。

定海縣志十三卷 刊本。○明嘉靖四十二年郡人張時徹纂修并序。東蜀劉應箕叙，知縣何愈後序。

紹興府志五十卷 刊本。○明萬曆丙戌郡人張元忭纂修并序。趙錦序。

山陰縣志十二卷 刊本。○明嘉靖癸卯知縣許東望修并序。

會稽縣新志十六卷 刊本。○明萬曆癸酉郡人張元忭修并序。邑人商廷試序。

蕭山縣志六卷 刊本。○明嘉靖丁巳知縣林策編。邑人黄九皐、山陰王畿均有序。

餘姚縣志十七卷 刊本。○明嘉靖乙未邑人楊撫修并序。

嵊縣志十卷 鈔本。○不著撰人名氏。内分歷代沿革至藝文，共三十六門。

新昌縣志十五卷 刊本。○明儒學訓導吳江莫旦纂。

新昌縣志九卷 刊本。○明嘉靖辛卯知縣余宗梁修并序。

新昌縣志十三卷 刊本。○明萬曆七年知縣田琯纂并序。賈應璧、呂光洵、潘晟、李若愚均有序。

台州府臨海縣志二十六卷 刊本。○明嘉靖十八年劉養浩修。邑人蔡潮、仙居應大猷均有序。

黄巖縣志七卷 刊本。○明萬曆己卯知縣袁應祺纂并序。新都汪道昆叙。

太平縣志十卷 刊本。○明萬曆庚辰知縣張廷榜纂修并序。邑人陳宣序。

太平縣志八卷 刊本。○明嘉靖庚子葉良佩纂并序。

金華府志二十卷 刊本。○明成化十六年知府周宗智纂修。淳安商輅序。

蘭溪縣志五卷 刊本。○明弘治癸丑王用檢編。邑人章懋序。

蘭溪縣志五卷 刊本。○明正德庚午知縣王用檢纂。邑人章懋序。

永康縣志八卷 刊本。○明嘉靖壬午葉式修并序。

新修東陽縣志二十二卷 刊本。○國朝康熙十九年香沙趙衍纂。華亭沈荃序。

浦江縣志八卷 刊本。○明知縣毛鳳韶修。

衢州府志十五卷 刊本。○明弘治十六年郡人吾冔編集。長州吴寬序。

嚴州府志二十二卷 刊本。○明弘治六年知府李德恢重修。淳安胡拱辰序，郡人宋旻後序。

嚴州府新志二十五卷 刊本。○明萬曆六年知府楊守仁主修，郡人徐楚纂修并序。胡拱辰舊序。

淳安縣志十七卷 刊本。○明嘉靖三年知縣姚鳴鸞重修。邑人王子言序。

温州府志二十二卷 刊本。○明弘治癸亥郡人王瓚編集并序。知府鄧淮序。

温州府志八卷 刊本。○明嘉靖丁酉邑人張孚敬修并序。

樂清縣志八卷 刊本。○不著撰人名氏。内分建置沿革至詩文，共二十七門。

平陽縣志二十八卷 刊本。○明正德十四年韓文序。

處州府志十八卷 刊本。○明成化二十二年訓導劉宣編。青齊劉珝、華亭夏寅均有序。

八閩通志八十七卷 刊本。○明弘治二年莆田黄仲昭纂修并序。彭韶序。

福州府志四十卷 刊本。○明正德十五年郡人林庭㭿修并序。

福州府志三十六卷 刊本。○明郡人林燫輯。

長樂縣志五卷 刊本。○明嘉靖庚子邑人顔容瑞編并序。

泉州府惠安縣志十三卷 刊本。○明嘉靖庚寅邑人張岳輯并序。林應標序，何彦跋。

安溪縣志八卷 刊本。○明嘉靖壬子林有年纂并序。汪瑀後序。

永春縣志九卷 刊本。○明嘉靖同安林希元輯。林鈇序。

建寧府志二十一卷 刊本。○明嘉靖二十年弋陽汪佃重修并序。范嵩序。

建陽縣志十六卷 刊本。○明弘治十七年知縣馮繼科纂修并序。邑人趙文序。

建陽縣志四卷 刊本。○明弘治十七年邑人趙文修并序。

浦城縣志四卷 刊本。○明教諭胡昱纂修。

政和縣志四卷 刊本。○明永樂甲申知縣黄裳修。劉薦恪序。

松溪縣志十四卷 刊本。○明嘉靖丁酉知縣黄金、教諭廖芝修。均有序。

延平府志十七卷 刊本。○明嘉靖四年郡人鄭慶雲纂并序。林鈇序。

重修延平府志三十四卷 刊本。○明知府易可久纂。

南平縣志十七卷 刊本。○明嘉靖改元壬午劉繼善修輯并序。劉璋、黄仲昭均有序。

將樂縣志十四卷 刊本。○明弘治乙丑劉言修。何士麟序。

沙縣志十卷 刊本。○明嘉靖乙巳葉聯芳輯并序。李邦光序。

尤溪縣志七卷 刊本。○明太素山人田頊輯并後序。知縣李文兖刊并序。

汀州郡志十八卷 刊本。○明嘉靖六年知府邵有道總裁，訓導郡人伍晏編輯并序。劉震序。

武平縣志二卷 刊本。○明嘉靖己未知縣徐甫宰纂。王時槐序。

清流縣志五卷 刊本。○明嘉靖乙巳知縣陳桂芳編集并序。

永定縣志三卷 刊本。○明成化二十年謝弼修并序。

興化府志五十四卷 刊本。○明弘治十六年黄仲昭撰。陳效序。

仙遊縣志八卷 刊本。○明嘉靖戊戌莆陽林有年纂修并後序。林富序。

邵武府志十五卷 刊本。○明嘉靖癸卯陳讓編次。玉山夏浚序。

邵武府志一卷 刊本。○明晉江陳讓撰。高鵁序，知府邢址後序。

光澤縣志八卷 刊本。○明正德十三年鍾華輯。邑人上官祐序。

泰寧縣志四卷 刊本。○明嘉靖十七年教諭凌瀚修。無序跋。

建寧縣志七卷 刊本。○明嘉靖乙巳知縣何孟倫輯。熊汲、王衲均有序。

漳州府志三十四卷 刊本。○明正德癸酉莆田周瑛纂修。姚謨、陳珂均有序。

重修漳州府志三十三卷 刊本。○明萬曆元年知府羅青霄輯并序。

龍溪縣志八卷 刊本。○明嘉靖甲午邑人林魁、李愷同輯。

漳浦縣志十二卷 刊本。○明嘉靖九年周仲修。林魁序。

南靖縣志一册 鈔本。○不著撰人名氏。

長泰縣志一册 鈔本。○不著撰人名氏。

長泰縣志十二卷 刊本。○明嘉靖戊午知縣張傑夫修。王時槐序。

平和縣志七卷 刊本。○明鄭應旂輯。莆見川序。

福寧州志十二卷 刊本。○明嘉靖十七年訓導閔文振纂修。郡人陳襃序。

寧德縣志四卷 刊本。○明嘉靖戊戌浮梁閔文振纂修。邑人陳襃序。

壽寧縣志四卷 刊本。○明嘉靖十八年知縣張鶴年編并序。劉尚平、蔡宗堯均有序。

龍巖州志七卷 刊本。○明嘉靖三十七年知縣楊相纂修。王鳳靈、葉邦榮均有序。

漳平縣志十卷 刊本。○明嘉靖二十八年曾汝檀修。湛若水、盧璧、劉鑄均有序。

湖廣通志二十卷 刊本。○明嘉靖元年山陰薛綱修，東湖吳廷舉續編。

漢陽府志三卷 刊本。○明嘉靖丙午戴金撰，賈應春後序。

安陸府沔陽縣志十八卷 刊本。○明嘉靖十年曾儲撰。童承序。

襄陽府志二十卷 刊本。○明正德丁丑張邦奇序。

光化縣志六卷 刊本。○明正德乙亥曹璘序。

均州志八卷 藍絲闌鈔本。○明謝雍編纂。成化丁酉黨以平序，嘉靖甲寅魏尚純後序。

德安府志十二卷 刊本。○明正德十二年李夢陽序。

應山縣志二卷 刊本。○明嘉靖十九年陳之良撰。顏木序。

黄州府志十卷 刊本。○明弘治庚申傅瀚撰。

蘄水縣志四卷 刊本。○明何瑞纂修。嘉靖丁未胡仲誥序。

羅田縣志八卷 刊本。○明知縣祝珝纂并序。

蘄州志九卷 刊本。○明甘澤纂修。嘉靖八年吴稷序。

荆州府志十二卷 刊本。○明嘉靖十一年王寵懷纂修。吉水何省安序。

宜昌府歸州志八卷 刊本。○明黄鈞纂。李嵩序。

歸州志四卷 刊本。○明嘉靖四十三年鄭喬修并序。

巴東縣志二卷 刊本。○明陳經濟纂輯，何山校正，向文傑采訪。正德七年侯啟忠序。

巴東縣志三卷○明嘉靖辛亥楊培之纂修，許周校刊。姜恩序。

長沙府志六卷 刊本。○明嘉靖十二年徐一鳴撰。新安潘鎰序。

長沙縣志六卷 刊本。○明知縣潘鎰修并序。

茶陵州志二卷 刊本。○明嘉靖四年夏良勝序。

岳州府志十六卷 刊本。○明同知鍾崇文纂修，方啟參訂，胥焯考校。

岳州府志十卷 刊本。○明劉璣編次，顔公輔校正。弘治元年張元禎序。

澧州志六卷 刊本。○明嘉靖壬戌雷逵撰，水之文彙正，李獻陽編輯。曾於冕跋。

慈利縣志十八卷 刊本。○明萬曆元年陳光前纂修并序。

寶慶府志五卷 刊本。○明隆慶元年知府陸柬修并序。段文岳後序。

新化縣志十一卷 刊本。○明邑人佘傑重修，楊如鯨校正。劉軒序。

衡州府志九卷 刊本。○明嘉靖丙申楊佩序。

常德府志二十卷 刊本。○明嘉靖戊戌顧璘序。

永州府志八卷 刊本。○明弘治七年沈鍾撰，知府姚昺修，山陰林華校正。陳銓後序。

永州府新志十七卷 刊本。○明隆慶庚午姚弘謨訂正，史朝富重修，閃應霫校刊。

郴州志二十卷 刊本。○明萬曆丙子胡漢纂修。黄尚明序。

河南通志四十五卷 刊本。○明嘉靖三十五年鄒守愚撰。李濂後序。

開封府杞縣志八卷 刊本。○明嘉靖丙午趙惟恆撰。蔡時雍序。

通許縣志十六卷 刊本。○明嘉靖二十二年邑人韓玉纂。主事李枝序。

尉氏縣志五卷 刊本。○明汪新纂修并序。嘉靖戊申馬錫序。

鄢陵縣志八卷 刊本。○明嘉靖十四年杜柟序。

中牟縣志七卷 刊本。○明正德乙亥韓思忠序。

陽武縣志七卷 刊本。○明嘉靖五年吕柟修并序。

陽武縣志三卷 刊本。○明弘治癸丑張天瑞序。

蘭陽縣志十卷 刊本。○明嘉靖丙午許燧撰。嘉靖乙巳李希程序。

封丘縣志四卷 刊本。○明嘉靖辛丑知縣朱縉修。教諭張堯弼序。

儀封縣志四卷 藍絲闌鈔本。

鄭州志六卷 刊本。○明嘉靖壬子吳三樂序。

鄭州志六卷 刊本。○明王繼洛重修。吳三樂序。

滎陽縣志二卷 藍絲闌鈔本。

汜水縣志二卷 藍絲闌鈔本。○明嘉靖甲寅陳邑言撰。楊惟善跋。

陳州府志四卷 刊本。○明正德癸酉馮相撰。嘉靖丁巳李應霑序。

沈丘縣志一卷 刊本。○明嘉靖庚寅李宗元編并序。

太康縣志十卷 刊本。○明嘉靖三年邑人安都纂。訓導任才鼎序。

扶溝縣志八卷 刊本。○明嘉靖壬子方瑜序。

許州舊志二十卷 刊本。○明李東陽序，弘治癸丑邵寶序。

許州志八卷 刊本。○明弘治癸丑王鉢編。邵寶序，大學士翁貢序。

許州志一卷 刊本。○明嘉靖辛丑張良知序。

臨潁縣志八卷 刊本。○明嘉靖己丑賈詠撰。金棟序。

臨潁縣志八卷 刊本。○明知縣盧鏜修。邑人賈詠序。

襄城縣志八卷 刊本。○明嘉靖辛亥林鸞撰并序。

郾城縣志十二卷 刊本。○明陳璣重修并序。嘉靖甲寅解縉序，洪武戊寅倪俊後序。

長葛縣志六卷 刊本。○明正德丁丑邑人車明玨編。知縣李璇序。

歸德府鹿邑縣志 藍絲闌鈔本。

夏邑縣志八卷 刊本。○明知府李念編并序。

夏邑縣志八卷 刊本。○明嘉靖戊申蔡汝南著。丁鵬程序。

永城縣志六卷 刊本。○明嘉靖甲辰葛守禮序。

虞城縣志二卷 藍絲闌鈔本。○明嘉靖甲寅莊一鶚序。

睢州志二卷 藍絲闌鈔本。○明弘治乙丑李孟暘序。

睢州志九卷 藍絲闌鈔本。○明弘治十八年郡人李孟暘修并序。

柘城縣志十卷 藍絲闌鈔本。○明嘉靖三十六年教諭壽瀌修并序。

彰德府舊志八卷 刊本。○明嘉靖元年崔銑修并序。

彰德府志八卷 刊本。○明蘇則曾校刊。崔銑序。

臨漳縣志十卷 刊本。○明正德丙寅陳文淮撰。陶景芳序。

武安縣志四卷 刊本。○明嘉靖丁未陳璋序。

涉縣志二卷 藍絲闌鈔本。

衛輝府志七卷 刊本。○明嘉靖乙酉張衍慶序。

新鄉縣志六卷 藍絲闌鈔本。○明李錦編輯。正德元年潁川儲珊序。

淇縣志十卷 刊本。○明嘉靖劉伯璋序。

輝縣志十卷 刊本。○明嘉靖六年劉希龍序。

延津縣志一卷 刊本。○明張宗仁校正，唐子順增修。

濬縣志二卷 刊本。○明王璜修并序。

懷慶府志十二卷 刊本。○明正德戊寅何瑭撰。無序跋。

河南郡志四十五卷 刊本。○明嘉靖三十五年鄒守愚撰。李濂後序。

洛陽縣志八卷 刊本。○明路直纂修。嘉靖戊子喬遷序。

偃師縣志二卷 藍絲闌鈔本。○明弘治十七年魏津序，馮伯達後序。

鞏縣志八卷 刊本。○明嘉靖乙卯周泗序。

登封縣志六卷 刊本。○明成化二十一年畢亨述。許誥跋。

陝州靈寶縣志二卷 刊本。◯明嘉靖丙辰王獻芝撰。萬莪跋。

閿鄉縣志十卷 刊本。◯明嘉靖李應奎撰。邵演後序。

盧氏縣志八卷 刊本。◯明陶濬編輯，劉繼重修。喬縉序。

南陽府志十四卷 刊本。◯明嘉靖辛亥葉珠序。

泌陽縣志一卷 刊本。◯明嘉靖乙未趙民質序。

鄧州志十六卷 刊本。◯明嘉靖甲子楊準撰。

鄧州志五卷 刊本。◯明嘉靖丁巳張仙撰。趙輔後序。

裕州志六卷 刊本。◯掌州事南陽府通判定陶虞岡牛孟耕修次。

舞陽縣志十三卷 刊本。◯明張穎纂修并序。嘉靖丙申楊灝後序。

葉縣志四卷 刊本。◯明嘉靖壬寅太常寺卿牛鳳撰。

汝寧府上蔡縣志三十六卷 刊本。◯明嘉靖己丑邑人馬勬纂并序。

確山縣志二卷 刊本。◯明嘉靖丁巳陳耀文纂修。劉大實序，王漸後序。

光州光山縣志九卷 刊本。◯明嘉靖丙辰王家士撰。

光山縣志九卷 刊本。◯明知縣沈紹慶修并序。

固始縣志十卷 刊本。◯明嘉靖壬寅李磐纂修。劉士逵序。

息縣志八卷 刊本。○明嘉靖癸丑知縣邵鳴岐纂修序。

商城縣志八卷 刊本。○明劉繪撰。嘉靖辛亥萬炯序。

汝州志八卷 刊本。○正德元年承天貴編輯。張邦瑞序。

魯山縣志二卷 刊本。○明嘉靖吳三樂撰。茹子嘉後序。

魯山縣志十卷 刊本。○明教諭孫鐸纂修。吳三樂序。

山東通志四十卷 刊本。○明四明陸釴纂并序。

濟南府章丘縣志四卷 刊本。○明楊循吉撰。戴儒序。

鄒平縣志八卷 刊本。○明知縣葉林修輯。

淄川縣志六卷 刊本。○明知縣王琮修并序。

武定州志二卷 刊本。○明知縣劉佃修輯。

兖州府志五十一卷 刊本。○明知府朱泰遊、季勳同編。四明包大爟序。

鄒縣志四卷 刊本。○明訓導謝秉秀編。孟公肇序。

沂州府志四卷 刊本。○明知州何格修并序。

曹州府范縣志八卷 刊本。○明訓導王鐸輯。勞德潤序。

朝城縣志八卷 刊本。○明謝註纂并序。

東昌府博平縣志八卷 刊本。○明知縣胡瑾修并序。
莘縣志十卷 刊本。○明教諭吴宗器修并序。
冠縣志五卷 刊本。○明知縣姚本修。教諭陳以道序。
臨清[三]州志十卷 刊本。○明州人方元焕編。
恩縣志九卷 刊本。○明邑人張季霖纂修。梁貴亨序。
夏津縣志二卷 刊本。○明易時中修輯并序。
高唐縣志七卷 刊本。○明同知江金修并序。
青州府志十八卷 刊本。○明嘉靖乙丑郡人馮[四]惟訥纂。郎中李攀龍序。
臨朐縣志四卷 刊本。○明王家士修并序。
登州府志十卷 刊本。○明嘉靖庚申邑人王言修并序。
海寧州志六卷 刊本。○明李光先修并序。
萊州府志十卷 刊本。○明郡人毛紀修輯并序。
山西通志十七卷 刊本。○明成化甲午胡謐修并序。
山西通志十七卷 刊本。○明成化乙未張棨序。
太原府太原縣志十卷 刊本。○明任亨泰撰。劉大同序。

太原縣志六卷 刊本。○明高汝行纂。張祉序。

平陽府曲沃縣志五卷 刊本。○明知縣劉魯生修并序。

翼城縣志六卷 刊本。○明邑人楊汝澤纂并序。嘉靖戊寅劉岸序。

蒲州志三卷 刊本。○明孝泉王輪編并序。

潞州志十二卷 刊本。○明馬暾修。程敏政序。

大同府志三卷 刊本。○不著撰書人名氏。

渾源州志五卷 刊本。○明知州董錫編修并序。弘治癸丑閻鉦序。

陝西通志四十卷 刊本。○明嘉靖壬寅翰林王邦瑞纂并序。

西安府三原縣志十六卷 刊本。○明朱昱修。王嶼序。

長安縣志三卷 刊本。○明嘉靖辛卯年康海序。進士張敏纂。

渭南縣志四册 刊本。○明南大吉撰并序。

醴泉縣志四卷 刊本。○明訓導夾璋編。邑人劉永吉序。

鳳翔府志八卷 刊本。○明知府王江修并序。郡人王麒序。

漢中府志十卷 刊本。○明知府趙于南修輯并序。

郚陽縣志六卷 刊本。○明知縣李遇春編輯并序。

蘭州志三卷 刊本。○明邑人文志貞修并序。

平凉府固原州志二卷 刊本。○明楊經纂輯。唐龍序。

寧夏府寧夏縣新志八卷 刊本。○明胡汝礪編。王珣序。

重修四川總志六十四卷 刊本。○明嘉靖二十年王元正重編。劉大謨、謝瑜、周復俊均有序。

順慶府蓬州志十卷 刊本。○明正德十三年知府吳德器編。王充棟序，徐泰後序。

營山縣志八卷 刊本。○明萬曆四年知縣王廷稷重修并序。

夔州府志十二卷 刊本。○明正德己巳吳潛重修。馬廷用、劉瑞均有序。

雲陽縣志二卷 刊本。○明知縣楊鸞序，訓導施繼宗序。嘉靖辛丑邑人李覺修并序。

重慶府銅梁縣志四卷 刊本。有「天一閣」、「古司馬氏」二印。○明萬曆元年邑人張佳胤修并序。

眉州青神縣志七卷 刊本。○明嘉靖辛亥余承勛修并序。

嘉定府洪雅縣志五卷 刊本。○明嘉靖戊戌張可述撰次并序。

廣東通志七十卷 刊本。○不著撰人名氏。

廣州府香山縣志八卷 刊本。○明知縣鄧復延編。邑人王佐序。

新會縣志二卷 刊本。○明邑人許炯修并序。

韶州府志十卷 刊本。○明林雲同編并序。

仁化縣志五卷 烏絲闌鈔本。○明胡居安修。

翁源縣志一卷 藍絲闌鈔本。○不著撰人名氏。

英德縣志八卷 刊本。○明嘉靖三十五年知縣諶廷詔纂并序。

南雄府志八卷 刊本。○明知府胡永成修。林雲同序。

惠州府志十六卷 刊本。○明教諭楊宗甫修并序。

潮州府志八卷 刊本。○明郭春震修并序。

大埔縣志九卷 刊本。○明知縣吳思立修。邑人饒相志序。

嘉應州興寧縣志三卷 刊本。○明知縣黄國奎輯并序。

廉州府志六卷 刊本。○明何御修并序。

欽州志九卷 刊本。○明知縣林希元輯并序。

高州府志十六卷 刊本。○明知府歐陽烈修。王佐序。

雷州府志二十二卷 刊本。○明郡人馮彬編。湛若水序。

廣西通志六十卷 刊本。○明嘉靖辛卯巡撫林富纂修并序。

桂林府全州志七卷 刊本。○明楊本仁重修并序。

南寧府志十卷 刊本。○明郭世重修并序。

雲南志四十四卷 刊本。○明正德五年周季鳳編。晁必登序。

曲靖府尋甸縣志二卷 刊本。○明嘉靖庚戌知府王尚用修并序。

貴州通志十二卷 刊本。○明嘉靖二十四年訓導張道編。楊慎序。

貴陽府開州志十卷 刊本。○明王崇慶編集。郡人趙廷瑞序。

思南府志八卷 刊本。○明嘉靖十六年郡人田祈編并序。知府洪月峯、錢唐田汝成均有序。

安化縣志六卷 刊本。○明嘉靖癸卯方清修并序。

鎮遠府志八卷 刊本。○明弘治辛亥劉向陽編輯。周瑛、李文祥均有序。

南籠府普安州志十卷 刊本。○明永樂十六年沈勗修并序。

水經四十卷 刊本。○漢桑欽撰，後魏酈道元注。嘉靖甲午黄省曾序。

六臣注郭氏江賦一卷 刊本。○明嘉靖八年江陰張簡編輯，陳言校正。

治河全書十二卷 刊本。○明潘季馴撰，于慎行序。順治乙亥葉獻章序。

治河總考四卷○河南按察司僉事車璽撰，祥符縣儒學訓導毛憲校閱，山東兖州同知陳銘續編。

兩河經畧一卷○欽差潘季馴等纂修。

治河通考三卷○嘉靖癸巳纂。

漕河撮稿六卷○嘉靖三年纂。

後湖志十卷附歷朝詩文一卷◯明南京右通政豐城楊廉、太常少卿泰和羅欽順校正，臨安萬文彩、南豐李萬實重修。閩中王學漠、滇南郭斗重刊。蘭溪陸鳳儀重修，番禺王道廣重校，南京户科給事中趙宫編次并後記。

潞水客談一卷 刊本。◯明徐給諫撰。萬曆四年東齊朱鴻謨序。

河南管河道事宜一卷 刊本。◯嘉靖二十五年漢南商大節撰。

海防疏一卷◯嘉靖三十四年督察疏稿。

沿海經畧總要一册 鈔本。◯撰人名氏無考。前半係論九邊及黄河各水。已殘。後半尚可讀。

兩浙海防類考四卷 刊本。各卷首有「天一閣」圖章。

余肅敏公經畧邊修二卷 刊本。◯明嘉靖五年古渝張縉序云：「余肅敏公巡撫時刊示者也。歷歲既遠，刊版弗行，人猶思而遵之。予求得善本，命工重刊，以申諭羣屬。《邊修》則計地自清水抵定邊，二千里有奇。計城堡、營砦二十九。計崖寨、墩臺，三百三十有奇。公署、壇廟與夫軍火器械之數，水石、柴塘之設，爲條凡四十有六。邊儲則自分管收放，以至禁約雜行，爲目凡六十有九。」

邊政考十二卷 刊本。◯明嘉靖丁未陝西巡按張雨撰。鞏昌府知府李世芳刊行，教授趙穩校正。

安邊疏要一卷 刊本。◯明嘉靖癸卯胡松奏進。

引邊政考六卷◯明張鐵撰。

東南防守利便一卷 藍絲闌鈔本。○撰人名氏無考。
備邊議一卷 刊本。
三鎮并守議一卷 刊本。○明嘉靖丁未翁萬達撰。
哨守條約二卷 刊本。
九邊圖一卷○明嘉靖甲午禮部祠祭司主事許論撰。
保生管見一卷 刊本。○明馮濯庵撰。嘉靖乙酉胡明善序。
山海經二卷 卷首有「范氏子受」、「崑崙山人」二圖章。○晉郭璞傳。
山海經釋義十八卷 刊本。○晉郭璞傳，王崇慶釋義并序。
泰山志四卷 刊本。○明吳伯朋撰。洪章、沈應龍等序。
衡岳志十九卷 刊本。○明彭簪撰并序。
西岳華山志一册 刊本。○明王處一撰。謝少南序。
北岳編三卷 刊本。○明御史施山序。
太岳志畧五卷 刊本。
太岳太和山志十卷 刊本。○明任自垣撰。有進書表。
龍虎山志四卷 刊本。○明張鐵撰。朱熲序。

茅山志十五卷 刊本。○明張全恩修。徐九思序。

天台勝蹟四卷 刊本。○明潘瑊撰。王爌序。

武夷山志四卷 刊本。○明勞堪重編并序。

金山志四卷 刊本。○明胡經撰并序。

廬山紀事十二卷 刊本。○明嘉靖辛酉廣陵桑喬撰并序。

廬山紀事十卷 卷首有「范光」「文潞公」二印。○明廣陵桑喬子木父纂著，燕山許世昌克長父修輯，會稽范礽祖生父補訂。

京口三山志十卷 刊本。○明張萊撰。正德七年史魯序。

齊雲山志二册 刊本。○不著撰人名氏。

羅浮山志十二卷 刊本。○明嘉靖三十年黃佐序。

雁山志四卷 刊本。○明御史馬儆撰并序。

九華山志六卷 刊本。○明萬曆己卯史元熙撰并序。

西樵志六卷 刊本。○明嘉靖丙午周學心撰。主事沈桂奇序。

隴州吴山志二册 刊本。○明司靈鳳撰。胡纘序。

江南華蓋山志五卷 刊本。○不著撰人名氏。

虎丘山志二册 刊本。○明郡人王賓撰并序。

雲巖史二卷 刊本。○明五經博士江山撰并序。

香泉志四卷 刊本。○明李渭撰。胡松序。

西湖游覽志二十六卷 刊本。○明錢塘田汝成撰。

西湖游覽志餘二十卷 刊本。○同上。

洛陽伽藍記五卷 刊本。○魏撫軍府司馬楊衒之撰。

吴地記一卷 刊本。有「萬古同心之學」、「天一閣主人」二印。○唐陸廣微撰。

雍録十卷 刊本。○宋程大昌撰。康海序。

汴京遺蹟志二十四卷 刊本。○明嘉靖二十五年李濂撰并序。

石鐘山集九卷 刊本。○明武林沈韶撰。成化七年商輅序云:「九江湖口有上下石鐘,直縣治南北。懸巖絶壁,下瞰深潭,奇石突兀,多空中而竅,遇風濤盪激,有聲如鐘,山由是名,蓋《水經》云。宋元豐間,東坡居士還自齊安,嘗乘舟夜泊,親聆石音,援筆記之,磨崖刻之。自是文人才子經行其處,必一寓目,或登山縱觀,留題而去。廣東參議前夏官尚書郎王恕尚忠,世家湖口。未仕時,嘗讀書是山之蘭若。及舉進士,通籍于朝,寤寐鄉山,不能忘情。因命善工繪而爲圖,公餘時一展玩,一時士大夫高其雅趣,題詠甚富。尚忠合古今文若詩,録爲一帙,將鋟之梓,特虛首簡,來徵予序。尚忠試禮闈時,予忝校文,有斯文之好，因其請以復之。」

廬山天池寺集九卷 刊本。○明江西九江府知府馬紀刊行。

九鯉湖集二卷 刊本。○明嘉靖陳君傑輯。黄懋學、柯一龍同刊。莆田陳光華撰序。卷首有引。

山東萊郡海神廟集四卷 刊本。○明嘉靖山東按察憲副貴溪吴道南輯録并序。吉水李中、順德何允魁均有序。

重刻蓬萊集一卷 刊本。○明嘉靖登州知府連江游璉編集，并序云：「登之名蓬萊，舊矣。余初聞蓬萊之海市，亦曰創自好事。逮莅郡，見者屢屢。《海市倡和集》別有刻，《蓬萊集》刻久浸訛缺，且叙記與詩叢錯，而詩又不類今古。今因舊集，分類重刻，使後人欲知海市以珍蓬萊者，稽是集也。」

攝山棲霞寺志三卷 刊本。○明金鑾撰。

雪竇寺志十卷

江東聖濟廟靈蹟碑一卷 刊本。○明正德贛州戴潤明刊。

岳麓書院禹碑一卷 石刻。

岳麓書院禹碑集一卷 刊本。○明宋楫校刊。

岳麓書院志十一卷 刊本。○明舒誥撰并序。

明山書院私志二卷 刊本。○不著撰人名氏。

百泉書院志四卷 刊本。○明吕顒修并識。

恒岳甘泉書院志九卷 刊本。○明周榮朱修。郭應奎序。

白鹿書院志七卷 刊本。○明南康知府張僉嚴重刊。周廣序。

東山志十九卷 刊本。○明萬曆丙子御史胡維新修并序。

天關精舍志十四卷○明吳純撰并序。

清泉小志一册 刊本。○明黎民表修并序。

名山百詠二卷 刊本。○明吳郡徐霖撰序。黄裳跋云：「吾容山之景八，茅山其一也。屬王京，爲地肺；載仙録，爲洞天。裳生也晚，未遊其地，故亦未寫其蹟。璞庵李翁，乃先我而爲之詩。翁地之傑人也歟。」

北京八景圖詩一卷 刊本。○明鄒緝等撰。永樂癸巳胡廣序云：「地志載明昌遺事，有燕京八景，前代士大夫間嘗賦詠，往往見于簡册。聖天子龍飛于兹，肇建北京，爲萬方會同之都，車駕凡再巡狩，文學之臣多列扈從。侍講兼中允鄒緝仲熙獨曰：『昔之八景，偏居一隅，猶且見於歌詠。矧當大一統，文明之運，爲聖天子侍從之臣，以所業而從遊於此。縱觀神京，鬱葱佳麗，山川草木，衣被雲漢之昭回焉，可無賦以播于歌誦？』于是仲熙作詩爲倡。繼賦者祭酒胡儼若思，春坊庶子楊榮勉仁，諭德金善幼孜，侍講曾棨子啟、林環崇璧，修撰梁潛用之、王洪希範、王英時彦、王直行儉，中書舍人王紱孟端、許翰鳴鶴暨廣，凡十三人，得詩一百一十二首。廣兩和仲熙之韻，忝廁名焉。乃寫八景圖，并集諸作寘各圖之後，表爲一卷。」

句餘八景 刊本。○明萬曆甲戌東吳顧存仁序首，并跋後曰：「予少慕句餘邑治，爲虞舜過化名都，入國朝，代生鉅人，恨不一至其地。嘉靖壬辰，私幸竊仕其邦。有龍泉山者，俯瞰大江，坐鎮邑治。予莅政堂署，每見秀壁蒼巖，朝夕萬狀，常在几舄。是歲甲午，衙舍之前，有祕沿一區，並蔕蓮生。明年乙未，連綴名魁，特盛往額，予作《考祥亭記》。同年吕相公入佐政府，創築邑城，南北並峙，中貫大江，金湯險固，海警又安，疆宇人文，焕然一新。吕公伯子調甫以八景標題，歌詠隆平，有治沿、呈祥、萬堞、雙環等諸詠。邑人王郡博者，不遠千里，戾止吴門，首出題句，索予和篇。漫竊效顰，并述始末。」

南滁會景編十二卷 刊本。〇明趙廷瑞著。嘉靖丁酉朱廷立序。

岳陽風土記一卷 藍絲闌緜紙鈔本。〇宋宣德郎監岳州范致明撰。淳熙六年秋八月郡守劉谷堅叙云：「《岳陽風土記》字多漫滅脱誤，漸不可讀。余因加是正，撤舊版而新之。雖然巴陵之名，如所載昇屠巴蛇，積骨爲陵，恐未必然。或謂因太守劉巴得名，尤爲傅會。按《禹貢》『過九江至于東陵』，前輩以今郡爲東陵。然則曷謂之巴陵？豈郡與巴峽東西相望，因以名與？」

東京夢華録十卷 刊本。〇宋孟元老撰。

揚州賦一册附續揚州賦 刊本。〇宋王觀撰。《續揚州賦》，宋陳洪範撰。嘉靖乙巳張桀序。

會稽三賦一卷 刊本。〇宋王十朋撰，明南逢吉注。嘉靖二年南大吉序。

中吴紀聞六卷 刊本。〇宋龔明之撰并序。

桂海虞衡志一卷 藍絲闌鈔本。

夢粱録一册 紅絲闌鈔本。○宋錢塘吴自牧撰。原書二十卷，此明人楊循吉删本也。

武林舊事六卷 刊本。○宋周密撰。

明道雜志一卷 紅絲闌鈔本。○宋張來撰。慶元庚申陳升識云：「右太史張公凡三至黄，詩文載諸郡志多矣。及觀《明道雜志》，紀黄事尤詳，因刻版道院，亦以補郡志之闕。」

帝京景物畧八卷 刊本。○明麻城劉侗、宛平于弈正同撰，遂安方逢年定。

楚紀六十卷○明嘉靖廖道南撰并序。括蒼應檟序。

瓊臺志四十四卷 刊本。○明郡人唐胄撰并序。

廣西志畧一卷 刊本。○不著撰人名氏。

遼東志九卷 刊本。○明陳愷修。董越序。

全遼志六卷 刊本。○明畢恭撰并序。

記古滇説原集一卷 刊本。○明嘉靖己酉沐朝弼撰并序。楊順跋。

滇載記一卷 刊本。○明嘉靖癸卯楊慎撰。姜龍序。

西關圖蹟一册 刊本。○明錢嶫撰并序。

西關志十卷 刊本。○明王士翹撰。歐陽德序。

河西關志一册 刊本。○不著撰人名氏。

山海關志八卷 刊本。○明御史張敉撰并序。

一統程途一卷 ○不著撰人名氏。

錫山遺響十卷 刊本。○明工部主事莫善誠撰。有序云：「先是邑人翟公厚嘗輯之，君謂其未備，再集如左。視翟所輯，減十之二，增十之四，而采選精矣。錫之爲邑，在三吳間，山水清麗豐曠。生其地者，多以文名家，代不乏人。詩，文之一也，其於人也，係才與學，而風化之美惡因之。古有采詩之官，去古既遠，斯意不存，地志所載，率附會假借，無以徵實。兹集詩以氏分，氏以世序。由辭以知其人，而風化亦著，豈非邑之良史哉？」正德庚午季冬朔巡撫貴州地方兼理軍務前總督漕運邑人邵寶序。

浮丘四賦一册 刊本。○明黎陽盧柟撰。

古今遊名山記十七卷 刊本。○明括蒼何振撰。

星槎勝覽四卷 緜紙藍絲闌鈔本。○明正統元年費信撰并序。

西巡紀行稿二卷 刊本。○明嘉靖戊戌崔銑撰并序。

南明紀遊詩一卷 刊本。○明江都李遇元序。嘉靖甲寅臨安知府吳郡章士元後序云：「括蒼黄公南明紀遊之作。」

游溟詩歷二卷 刊本。○國朝謝爲霖撰。馮佩實叙。

紀遊草一卷 刊本。○國朝周球撰并序。

石洞紀遊詩一卷 刊本。○國朝會稽董肇勳自序云：「石洞距城五十里，向有書院，爲郭氏先世所創，以延考亭、東萊諸大儒講學之所。其後，葉水心、陸務觀皆嘗一至，著詩文篇百餘，吳寧以爲美談。今秋偶閱《石洞餘芳》，急索肩輿造其地。郭氏賢文學相與至石洞之下，乃與郭子翰仲、李子紫翔分韻倡酬，裒集得若干首付之梓，以存素志焉。」

溪蠻叢笑一卷 藍絲闌鈔本。○宋朱輔撰。

朝鮮賦一卷 刊本。○明董越撰。吳必顯刊。弘治三年歐陽鵬序。

朝鮮志二卷 烏絲闌鈔本。○不著撰人名氏。

日本考畧一卷 刊本。○明薛俊撰。金陵王文光重刊并序。

殊域周咨録二十四卷 刊本。○明嚴崇簡撰。

〔一〕「僎」原誤作「僎」，據《中國地方志總目提要》、《明清進士題名碑録索引》改。

〔二〕「河」原誤爲「和」，據《中國地方志聯合目録》改。

〔三〕「清」原誤爲「青」，今改。

〔四〕「馮」原誤爲「馬」，今改。

職官類

唐六典六卷 刊本。○唐玄宗明皇帝御撰，集賢院學士上柱國開國公李林甫等奉敕註。宋紹興四年温州學教授張希亮校刊。明正德乙亥王鏊序云：「昔在孝宗詔修《會典》，臣鏊與有職焉。竊念三代之制，莫盛於周。《周禮》聖人之作，未敢遽議。周之後，莫善於唐。唐有《六典》，謂可追而倣之，而世無刻本，間於中祕手録以歸，而議中格，亦會遷官以去，乃藏之篋笥。浙江按察使潼川席君文同不知何自得之，意獨嘉焉，捐俸命工刻之蘇郡，未竟，陞任去，繼任嘉魚李君立卿實成之，以序屬鏊。」

職官分紀五十卷 鈔本。〇宋孫彦同撰。元祐七年祕書省校對黄本舊籍高郵秦觀序云：「職官之前世所著，如《漢官儀》、《魏官儀》、《唐六典》之類。而附見類書中者，如《御覽》、《通典》、《會要》之類，又十餘家。咸平中，華陰楊侃采諸家之書，次爲《職林》十一卷，號稱精博，而斷自五代以前，不及本朝之事。元豐中，富春孫彦同取《職林》廣之，具載新制。又增門目之亡闕，補事實之遺漏，凡五十卷，號《職官分紀》，古今之事備矣。」

憲綱事類二卷 刊本。〇元相國張文忠公撰。

翰林記十卷 藍絲闌鈔本。〇明黄佐撰。

明吏部職掌十册〇無頒行年月。

户部志二十四卷〇龍溪謝彬纂。南海趙鶴隨校刻。

皇帝敕諭禮部一卷

兵部見行事宜一卷

南京兵部營規一卷

南京刑部志四卷〇明郎中龐嵩、主事呂欽纂修。

刑部事宜一卷

諸司職掌三卷〇尚書侍郎之職掌天下官吏選授、勳封、考課之政令。其屬有四，曰選部、司封、司勳、考功。

驗封條例五卷〇明洪武十七年纂。

吏部四司條例八卷 緜紙烏絲格鈔本。〇明洪武三十五年纂。

南廱志十八卷 刊本。〇明景泰七年朝議大夫南京國子祭酒安成吳節撰，序云：「高皇帝龍飛之初，以應天府庠爲國學，與中都國子監相埒。洪武十五年，相地都城之北爲國子監，二學遂革。永樂初，駐蹕金臺，肇建兩京，南北列爲二監，太學遂有定制。然治法本源，實始於南京。景[二]泰初，承旨修理廟學，與諸儒考求明制。凡創建之繇，戒飭之旨，臨幸之儀，與夫籩豆、樂舞之數，師生科目、器服、饌廩、書籍、詩文、制作之懿，咸集録之。臚分爲一十八卷，總題曰《南廱志》。書其槩而序之。」

大理寺志七卷〇嘉靖同安林希元纂。

南京太常寺志十三卷〇明桂林屠楷序。

申明憲綱二卷〇明嘉靖十二年王廷相撰。

分科事宜一卷〇嘉靖十六年纂。

皇明太學志 刊本。〇明嘉靖二十六年郭鎜序云：「聖祖武功定天下，文教興太平。成祖並設北雍。今上登極，兩幸太學，賜之敕諭，尤古今所獨盛。鎜自乙卯春承命來司厥職，因分任官屬，修其殘闕，復其湮微，釐正其居民侵没之跡，紀始末於册，以備重修考據之資。至秋八月，司業王公自南均來履其任，相與議增修之事，公慨然以爲己任。丁巳三月，分任所屬十員各以類編其大畧，總裁筆削，公自任之。乃據南北兩志並考，又搜索於文移、制度之間，未載者增之，已載者酌之。曰典制，曰謨訓，曰禮樂，曰政事，曰人才，分一十二卷。精切明備，聖製之文悉載無遺，甫三越月告成。無何公有南太常之命，編修高公以宫允來代，樂襄其成」云。

六部條例七卷 緜紙鈔本。〇正德十六年纂。

六部事例六册

太僕寺志十六卷〇嘉靖三十年刊。

武選條例一卷

軍政事例〇明侍御史思齋霍公撰。嘉靖壬子浙江按察司薛應旂序。

軍政條例五卷 刊本。〇嘉靖三十一年江西按察司晉江蔡克廉序云：「是書始刊於宣德四年。正統間，數采奏言、事件著令甲，至成化以後文，燦然具矣。嘉靖八年，御史應山傅公來江右，考從宣德迄於正德例文若干首，畀藩司梓行，亦稱《軍政條例》。三十年，御史聯泉孫公復自江右來，又自正德迄今續例若干首，付臬司重梓。」

宗藩〔二〕**條例二卷**〇翰林學士李春芳〔三〕等奏進。

藩府政令二卷 鈔本。

宗藩議一册

軍門節制一卷

憲綱一卷

風憲事宜一卷

憲綱事類一卷

蒼梧軍門志十二卷〇明萬曆己丑括蒼應檟編輯，臨武劉堯誨重修。

吏部職掌八卷〇萬曆二年吏部尚書張瀚序。左侍郎楊巍、右侍郎丁士美重校刊。有嘉靖辛亥孟秋建安李默題語。

申飭學政事宜一卷〇嘉靖四十五年纂。

提督學校一卷

提督條規一卷

運司志四卷

長蘆運司志七卷○明賜進士通議大夫林庭棉撰。

官職會通十四卷 刊本。○明魏莊渠先生撰。太原王道梓行。存卷九、卷十一兩册，餘闕。

大明官制十六卷 刊本。○明禮部尚書張璧序，户部左侍郎葉相序。

官品令三十卷

文武敕劄一卷 鈔本。

提學敕書一册

王憲奏定襲替功次例一卷

官箴一卷 刊本。○宋紫微舍人吕本中著。明成化己丑河東謝廷桂跋云：「成化戊子，予奉表入京，謁大司成邢先生，授吕舍人《官箴》一帙。予歸刻諸郡校。」王倎、邢讓、陸簡皆有序。

百官箴六卷 刊本。○宋許事卿撰。明嘉靖乙未國子監祭酒上海陸深序云：「百官有箴，備於漢。此則宋儒山屋許先生所撰次也。中丞新安潘公方塘撫蜀之明年，重鋟於行臺。深適吏蜀，公命序之。按：山屋名事卿，理宗朝進士及第，家星源許村，蓋公之鄉人也。聞宋亡時，南士有卧一車中五年不言者，心甚偉之，而未知即山屋。今讀其遺文，又知講學於鶴山。魏文靖公得朱子之傳，新安爲文公闕里，則山屋固朱子之鄉人也。平生著甚多，此箴或其集中之一類爾。凡四十有九，而名之曰百。顧其制盡宋官，言多宋事，特一代之書。其有合於今者，則經筵、翰苑、御史之臣，尚書、六部、太常、大理、國監、登聞。攬厥名義，殷鑒存焉。」

風憲忠告御史箴一卷 刊本。〇元至正乙未林泉生序云：「曩聞崇安令鄒從吉甫能以忠信便民，民亦樂其治。予過崇安，會從吉，問所治何先。即出書一卷曰：『某不敏，粗效一官者，此書之力也。』閱之，則相國張文忠爲縣令時所著，采古人嘉言懿行，爲郡縣楷式，命曰《牧民忠告》。予客京師，嘗於臺臣家見所謂《風憲忠告》者，言風紀要務，凡十章，亦公爲御史時所著也。今年予謁閩，海監憲張公出《風憲忠告》，將鋟梓，俾予序之，予得重觀是書。時文忠公之子引來僉閩憲，克濟世德」云。

爲政準則一卷 刊本。〇不著撰人名氏。明洪武十六年介山雲方氏序。

宣宗章皇帝御製官箴一卷 藍絲闌鈔本。卷首有「東明草堂」、「萬古同心之學」二圖章。

牧民心監二卷 刊本。〇明成化十八年朱逢吉、李興校。三山王佐序。

吏學指南八卷 刊本。〇吴郡徐元瑞君祥撰。正德乙卯翠巖堂刊。

壬午功臣爵賞録一卷 藍絲闌鈔本。〇明都穆撰，跋云：「賞賜，國之盛典，禮部主客一司實掌其事。正德壬午秋，穆爲主客郎中，理故牘，得洪武壬午九月爵賞功臣名數。惜其繕寫失次，因畧爲修整，勒成一卷，名之曰《壬午功臣爵賞録》，蓋將以備私家之閲。若夫諸臣事功，則有史氏之筆在焉。」

壬午功賞別録 藍絲闌鈔本。〇明都穆撰，跋云：「穆爲主客郎中之一月，於故牘得洪武功臣受爵賞者三十有三人，既次第之爲録。後二月，復得指揮而下功勞之數，仍爲次第，筆而藏之，名曰《壬午功賞別録》，用補前録之闕。」

牧鑑三卷 刊本。○明徐昱撰。嘉靖乙卯李仲序云：「余自牧楚遷貳閩汀，得《牧鑑》一書。閲之，則郡彦東溪先生所輯録者也。統以治本、治體、應事、接人四類，類各有目，凡三十有五。意倣西山真氏《政經》，體效文公《小學》，鑿鑿乎經政之規也。先生名昱，字子晦，別號東溪。善古文、詩歌，有《偶見録》，以識所得。教士則有《師録》，作宰則有是集，歸田則有《農圃須知》。得於學而徵於言，咸深有益于士民」云。

守令懿範二卷 刊本。○明隆慶己巳蘇郡守蔡國熙永年撰，杜偉校正，管志道纂輯。徐師曾序。

蔣璞山政訓一卷 刊本。○明南雍門人譚秉清類編，濬縣王璜校正。男宗魯刊并序。

〔一〕「景」原脱，今補。

〔二〕「藩」原誤爲「潘」，今改。

〔三〕「芳」原誤爲「坊」，今改。

政書類

杜氏通典二百卷 刊本。○唐京兆杜佑撰并自序。李翰序。明嘉靖十八年方獻夫重刊，連江王德溢、秀水吴鵬同校。

皇宋事實類苑六十三卷 緜紙藍絲闌鈔本。○宋江少虞撰并序。其後序云：「少虞家居，摘諸史、雜記闕於風化者，纂成此編，題曰《皇宋事實類苑》。始於本朝祖宗聖訓，終於風土雜志，總六十三卷。」

建炎以來朝野雜記二十卷 紅絲闌鈔本。〇宋李心傳撰。起丁未迄壬戌，以類相從，凡六百有五事。

謚法四卷 刊本。〇宋蘇洵撰。明張志淳識云：「鄭樵謂：『蘇洵承詔編定《六家謚法》，蓋謂《周公春秋廣謚》，沈約、賀琛、扈蒙之書耳。今傳古謚幾二百言，豈六家之餘，抑蘇氏所據以編定者也。』樵又自定二百十謚，表裏蘇氏之學，今不可見。然此編古謚三十五，上文五十六言，下文三十五言，則固蘇氏編定之書。自可分爲三卷，而總題之曰《蘇氏編定謚法》，且與洵傳所謂《謚法》三卷者亦合矣。大方伯楊公志仁以中間刻字多舛，屬予正之。既爲正數字如左，因并此以復。」

襄陽守城録 刊本。〇宋開禧三年趙萬年撰。

文獻通考三百四十八卷 刊本。〇元馬端臨撰并自序，延祐六年王壽衍表進。至元五年余謙序。明正德十六年劉洪校刊。

明會典一百八十卷 刊本。〇明正德四年重校本。卷端有御製序。

續文獻通考二十二卷 刊本。〇明雲間王圻撰，并識畧云：「文與獻，皆歷朝典章所寄。貴與氏作《通考》，窮搜典籍，以言乎文則備矣。而上下數千年，忠臣、孝子、節義之流，及理學名儒類皆不載，則文詳而獻畧。余故增節義、書院、氏族、六書、謚法、道統、方外、諸夷，以補其後，總名之曰《續文獻通考》。」詳見凡例。

杜氏通典詳節四十二卷 刊本。○不著撰人氏。

杜氏通典詳節一册 殘。

太平經國書二卷 刊本。○宋永嘉鄭伯謙節鄉撰。祥符高叔嗣序云：「予雅好是書，聞人有異本，不憚遠求。同縣人按察司副使田勤甫氏刊《周禮集説》，讀其中往往引《太平經國書》，恨不見其全。他日，翰林學士姚維東氏云有之，以示，叔嗣録藏於家。後十年而刊於山西布政司。」

古今治平畧四十卷 刊本。○明豫章朱健子强父著，弟徽子美父訂，仁和門人何介石公父校。熊人霖序。

莅阼典要四卷 緜紙藍絲闌鈔本。○明邵武太守夏育材撰并表進。黄仲昭序。

康濟譜二十四卷 刊本。○明潘游龍撰，并序云：「龍流寓吴門，覽察時變，每謂長吏不得其人，天下終不可理。閒嘗反覆《二十一史》，摘其兵農、錢穀、禮教、刑法之槩，勒成一書，爲門六，爲卷二十有五。與友人金孝章、黄藴生、朱令古、陸履長互相參定，名曰《康濟譜》，蓋取《南齊》諸傳治縣有譜意也。」

洪武禮制一卷 刊本。○不著撰人名氏。

御製孝慈録一卷 刊本。○是書因洪武七年秋九月貴妃薨，禮官引經皆不合，特詔定制。子爲父母、庶子爲其母，皆斬衰三年，嫡子、衆子爲庶母皆齊衰杖期。使内外有所遵守。詳卷端御製序文。

禮儀定式一册 刊本。○明大學士董倫等奉敕撰。

稽古定制六册 刊本。○明洪武二十九年御製序。

禮儀定式一卷 刊本。○明李源撰。

禮制集要一卷 刊本。○明永樂三年重刊。御製序。

儀制總集一卷

五倫書六十二卷 刊本。○明正統十二年刊行。御製序。

五倫書 刊本。已殘。

明倫大典十二卷 刊本。○明嘉靖六年纂修。

明倫大典二十四卷 刊本。○明大學士楊一清等奉敕纂修。各有後序。凡例五條，首條載是典倣《通鑑》編年，以年繫月，以月繫日，始於正德辛巳三月丙寅，終於嘉靖戊子三月壬申。卷端有嘉靖七年六月御製序文，「欽命之寶」圖章。卷首有「廣運之寶」圖章。

頖宮禮樂疏十卷 刊本。卷首有「項氏子仲」、「少華」二圖章。○明浙西李之藻撰。門人晉江馮時來校，并序云：「吾師水部我存李翁，當守澶淵時，即修復文廟樂舞，選儒童肄習。已乃聞於當事，檄畿內六郡一體遵行。迨移節孟城，晉諸生討論祀典，具金石羽籥如澶淵，又成《頖宮禮樂疏》十卷。首臚前代崇祀故實，暨本朝列祖釐正詔旨，諸如封號述贊、廟貌服章、席嚮灌獻、工歌舞列，迄堂廡配享、從祀位置，提綱分目，搜輯靡遺。而凡禮節、禮物、禮器、樂音、樂律，亦各爲詁、爲圖、爲譜、爲辨。旁及飲射之隸學宮者，皆有圖註，燦若指掌。」

聖駕臨雍録二卷

郊議録一卷○明工部尚書章拯奏上。

郊廟賦五卷○明宣城貢汝成撰并表。

大明新定九廟頌○明楊循吉撰。

釋奠演義一卷○不著撰人名氏。

文華盛記一册 鈔本。○明禮部侍郎嚴嵩序云：「文華爲我朝列聖講學之所，殿之東宫舊設物像，乃命撤去，以伏羲、神農、黄帝、堯、舜、禹、湯、周、孔數聖人，製主設位而祠焉。冬十二月丁丑，惟奉安之期，夜漏四十刻，上親奠告。既上御西室，進羣臣，諭以啟沃交修之旨，咸欣踴感奮。退自南省，恭録聖製祠告之文、祗承之諭，及諸臣陳謝之疏刊爲書，以昭示天下。」

講筵恭紀一卷○明大學士衛周祚、李馮銓、金之俊等恭紀。

新建伯從祀覆議一册

朝勤事例一册

興宫營建圖式一册○明嘉靖間營都宫，經始訖工事，并圖。

秦泉鄉禮一卷○歙邑國子生汪鐸校正。

復古議一卷

敕議一册

宗法一卷 鈔本。

明謚法一册 烏絲闌鈔本。○不著撰人名氏。

中都儲志十卷○河東條巖張良知撰。

户部集議揭帖一卷

工部類處財用一卷

食貨志選三卷 刊本。○明余玉崖撰，楊南野重校。荆門袁鉞梓，并序云：「古有食貨志，兹則選云者，天官玉崖先生搜集古先典制、疏議而參訂之，取以利用於時焉耳。大巡楊南野先生欲廣是書之傳，命鉞壽諸梓。」

督議邊儲條件一卷

浙江海防兵糧疏一册

海倉議一卷

漕船志八卷○明通議大夫山陽潘塤撰，遂寧元山席書編次，歸德後學朱家相增修。

漕船志一卷○遂寧席書編次。

漕運議單一卷 鈔本。

漕運議單一卷○明嘉靖三十七年纂。

布政司議稿三十七卷○明嘉靖三十七年纂。

漕撫奏疏四卷○明潘允端纂。周一經刊。

船政一卷○不著撰人名氏。

船政買木事宜二卷

河南議處課糧稿一卷 烏絲格緜紙鈔本。○不著撰人名氏。

河南派糧告示一卷 鈔本。

派徵税糧則例一卷○明撫州府臨川縣刊。

鄞縣丈量田總一卷

慈溪量實田地文册一卷○明隆慶五年刊。鄮原徐一忠後序。

兩浙南關志六卷○明薛尚遷纂。

北關新志十六卷○明王廷幹修。

荆南榷志十卷○明仁和邵經邦彙次，閩人陳梧增修。

滸墅關志四册○明朱隆禧重修。

兩浙鹺志十四卷○明貴州道監察御史劉仕賢撰并序。

鹽政志十卷○明侍御史朱廷立撰。蘭溪漁石唐龍序。

鹽法志十二卷○不著撰人名氏。内有屈大均序、錢謙益跋，俱已抽燬。

鹽法奏議一卷

河東鹽地録四卷

長蘆鹽法志七卷每卷首有「天一閣」、「古司馬氏」圖章。

廬陽荒政録四卷

滇臺行稿四卷○明大中丞鳳竹徐公泣滇時所條興舉檄文。陳善序。

諭解州畧一卷○撰人名氏未詳。胡大器序謂其師涇野先生所撰輯，以道乎解粱士民者。

教民榜一卷

保甲條約一本

王陽明保甲鄉約法一卷

李克齋督撫經畧八卷○明淮陽兵備道劉景紹編輯并序。楊州推官王楷校刊。歸安茅坤序。

兵部續議條例一卷

防禦條欵一卷

龐公練兵條約一卷

龐公欽依捕盗格例一卷

守城事宜一卷◎明福建巡撫龐某撰。

兵政紀畧一册◎明蔡承升序。

軍令一卷

軍政一卷

申明賞罰一卷 鈔本。

防禦火患事宜一卷

馬政志一卷◎明遂寧陳講撰。其自序云："奉命按治陜西馬政，咨諸故老，咸以舊典湮没，莫可殫述。乃於西京得敝篋敗紙，啟而視之，皆馬政之故也。於是考金牌之制，得茶馬；考靈漳之課，得鹽馬；考鹽苑之司，得牧馬；考騎操之額，得太僕點馬。講於是，重有感焉，三代以下，莫善於唐之坊監，莫不善於宋之保馬。蓋唐牧於官，宋牧於民。牧於官，人存則政舉；牧於民，馬未肥而民已瘠矣。明興，酌古創制，南北太僕之政，因革不同，然未有如陜之制也。牧馬在官而不在民，鹽馬在商而不在官，茶馬在夷而不在中國。僕寺以稽之，憲臣以督之。矩度之宏，綜理之密，豈前代所有哉。"

累朝榜例一册 鈔本。

大明令一卷◯明洪武元年御撰并製序。
律解附例四卷◯明刑部尚書劉惟謙表上。
大明律例三十卷四百三十條◯明刑部尚書劉惟謙等表上。洪武三十年御製序。
大明律一卷◯不著撰人名氏。
大明律二卷◯明洪武三十年御製序。
明律釋義五卷◯明洪武三十年御撰。
律疏附例八卷◯明洪武三十年御製序。
大明律直引五卷◯明洪武三十年御製序。
大明律比例一卷 緜紙烏絲格鈔本。◯不著撰人名氏。
刑統三十卷 烏絲闌鈔本。◯不著撰人名氏。
律解辨疑一卷◯明魏銘撰。
比部招議一册 鈔本。◯天順間纂。
歷年條例九卷 藍絲闌鈔本。◯成化元年纂修。
律條疏議十卷◯成化三年錢塘倪謙序。南京吏民重刊。
成化條例三卷◯不著撰人名氏。

恤刑録二卷◯明弘治十八年孫燧撰。

審録編二卷◯明弘治十八年刑部郎中孫燧撰。

條例便覽七卷 卷首有司馬公「范氏堯卿」、「壬辰進士」二圖章。◯明正德癸酉陳琳序。

讀律瑣言七卷◯明嘉靖丁亥廬州知府汪克用刊。

萬軍門勘處夷情一卷◯明欽差湖貴地方右副都御史萬鏜撰。

張文博招一卷 藍絲闌鈔本。

靖江王招一卷 鈔本。◯明刑部查勘靖江王之軍校趙相違法諸事。

武定侯招一卷 烏絲闌鈔本。

魯府招一卷 藍絲闌鈔本。

比部招議二卷◯明少司寇陳省齋撰。古渝聶賢序。

讞獄稿五卷◯明刑部郎中應檟撰，常州府通判周南校正。聶豹序。

移駁稿五卷◯明王浚川撰。直隸巡按監察御史郭廷冕序。

審録疏畧一册 鈔本。◯明應檟撰。後附《林瓊疏畧》并正統、正德、嘉靖間題奏覆議十餘條。

比部招議類鈔六卷 藍絲闌鈔本。◯明嘉靖十五年唐龍等撰。

讞獄記四卷 刊本。◯明嘉靖十六年何魁撰。

審録廣東書册二卷 刊本。○明嘉靖三十年刑部署郎中事林大章撰。首載敕諭。

審録河南題稿十四卷○明欽差大理評事查絳撰。卷首有嘉靖三十五年敕諭。

恤刑疏草八卷○明欽差刑部署郎中事葛木撰。蘭溪唐龍序，夷門李士允跋。

批駁鈔畧一卷○卷面題「按吳」二字，餘無考。

夏恤刑審録廣東案稿二卷○明隆慶元年山陰宋楷序。

一峯審録八卷○明萬曆四年刑部郎中盧漸撰。首載敕諭。

癉惡續録一卷 朱絲闌鈔本。

刑部纂集事例一卷 鈔本。

法司近題事例一卷 鈔本。

近題事例一卷 鈔本。

省愆録一卷

祇役紀畧三卷○不著撰人名氏。亦無序跋。

西都雜例一卷 藍絲闌鈔本。○不著撰人名氏。亦無序跋。

景王供應事宜一卷

開州政蹟八卷○明李呈祥編集。

廬陽荒政録◯廬州府推官豐城陸夢麟編。

救荒録一册刊本。◯國朝順治八年海道王爾禄濟荒善政。

上諭解義一册刊本。◯國朝福建泉州府德化縣知縣范正輅謹刊。

目録類

崇文總目六十五卷藍絲闌緜紙鈔本。◯宋歐陽修撰。

太平御覽經史圖書綱目四册繭紙藍絲闌鈔本。◯不著撰人名氏。亦不分卷數。

西漢文類目二本藍絲闌鈔本。◯不著撰人名氏。卷内祇載某書若干卷。無序跋。

東漢文類目二卷藍絲闌鈔本。◯同前。

金石例十卷刊本。◯元翰林學士潘昂霄撰，鄱陽楊本編校，廬陵王思明重校。湯植序。楊序云：「《金石例》者，蒼崖先生所述也。凡碑碣之制，始作之本，銘志之式，辭義之要，莫不放古爲準，以其可法於天下後世，故曰例。而其所以爲例者，由先秦、二漢，暨唐宋諸大儒，皆因文之類以爲例。至夫節目之詳，率祖韓愈氏。大書特書不一書，彪分臚列，其亦仿乎《春秋》之例也與？至正四年春，先生之子敏中來爲饒理官，以先生手澤俾本，次第讐校，刻之梓。先生姓潘氏，諱昂霄，字景梁，學者稱之曰蒼崖先生。官至翰林侍讀學士通奉大夫，謚文僖。有《蒼崖類藁》若干卷。」

金石古文十四卷刊本。◯明成都升庵楊慎撰。廣漢豐泉蘇一元校。滇南張昆池梓。嘉靖己亥序曰：「《金石古文》凡十四卷，計百篇，皆漢魏文，先生掇而序之者也。昔歐陽修曾爲通志釋文，以拾逸散，猶未之盡。先生旁搜遠取，極於深山窮谷，古文至此翕然大備，蒐獵之功，富且奇矣。歐陽修讀《漢郙閣頌》，至『醳散關之嶄漯，徒朝陽之平惨』之句，莫知其説。先生類引分解，而義自明備透徹，微先生，竟爲闕典也。」後有自跋。并有「漢無終山陽陳伯天祚玉田」圖章。

金石古文三卷 刊本。缺首二卷。○撰人名氏無查。

金薤琳琅二十卷 刊本。○明吳郡都穆撰。

史評類

史通二十卷 刊本。每卷首有「天一閣」、「古司馬氏」二圖章。唐景龍四年鳳閣舍人彭城劉子玄撰并序。

史通三十卷 刊本。每卷首有「千(二)古同心之學」、「天一閣主人」三印。○明司馬公跋云：「《史通》先刻於蜀，最稱譌繆。陸文裕輒以己意更定，猶未了了。後人更校刻之。沈翰林肩吾取宋刻參對，云此本雖可通，尚多錯繆。蓋後來校者，率意更易，非宋刻，亦時錯繆，外篇尤甚。賴此册與彼所出異途，參酌取中，庶無亥豕。夫古今異文，字畫增損，如万之爲萬、疋之爲匹、粊之爲桀、冦之爲冠、𡨋之爲寇、号之爲號、卆之爲卒、㡬之爲機、誙之爲誣、萨之爲薛、舄之爲象、尒之爲爾、瓩之爲垂、兂之爲差、䎘之爲聘、芑之爲苞、多之爲多、隶之爲秉、乑之爲互、偱之爲循、案之爲按、姉之爲姊、扺之爲抵、㑺之爲儁、竸之爲競、儒之爲傳、坑之爲坑、斗之爲斗、巠之爲巫是也。是本蓋第三刻者。萬曆四年二月，借他本校之，稍有更正，删去諸序，視沈本爲勝。然宋本所具者固闕也，因增正之。更取從子大徹宋刻鈔本檢對，亦有更定。昔人云『校書如掃落葉，逾掃逾有』，信然。」

史通二十卷 刊本。每卷首有「天一閣」、「古司馬氏」二圖章。○同上。明雲間張之象、陸深均有序。

唐鑑二十四卷 刊本。○宋范祖禹撰并表進。弘治十年鼓城呂鏜序云：「宋范太史作《唐鑑》十二卷，加以論斷。呂東萊先生爲之音註，釐爲二十四卷。上自隋末，下迄五代，考摭詳盡，人所傳誦。近世無聞焉。同年徐秋官朝文嘗手校是編，出以示予。予爲刻梓以傳。」

涉史隨筆 刊本。○宋葛洪著，并序云：「比以憂居，取歷代史溫繹以自遣，因擇其可裨廟論之萬一者二十二篇以獻。」

唐宋名賢歷代確論一百卷 刊本。○不著撰人名氏。明錫山錢孟濬刊。弘治十七年長洲吴寬序。其論遠自三皇，近自五季。或論其世，或論其人，或論其事，或專論，或通論。上下數千百年皆具。

小學史斷二卷 刊本。○宋南宫靖一撰并序。明嘉靖二十六年趙瀛刻於嘉禾，并序。

小學史斷二卷 刊本。○同上。嘉靖戊戌四明張木官京兆，偕薊守蔡君刻并識。

丙丁龜鑑十卷 朱絲闌鈔本。○宋淳祐六年柴望著。卷首有表一道，并序。畧云：「當丙午、丁未之厄歲，而又日蝕月旦，臣遍搜諸史，竊以爲是歲爲厄，從古而然。帝王之世，史籍畧而不書。今自秦漢而下數之，至於五代，爲丙午、丁未者，凡二十有一。上下通一千二百六十載，災異變故不可枚舉。獨漢延熹丙午朔日有食，晉太康丙午、丁未朔日有食。災異之來，未有不兆於人爲者。臣故采摭其實，曰《丙丁龜鑑》，釐爲十卷，卷各有事，事各有斷。凡所以致變之因，與消變之由，瞭然在目。總其説而爲之序。」

史義拾遺二卷 刊本。〇元楊鐵崖先生撰，譚德周校。明弘治禮部儀制司平湖陸松序云：「會稽楊鐵崖先生作《史義拾遺》，是編乃先君子程鄉令手録，余同年進士譚君德周來尹秀水，出此參訂，俾予序之。先生名維楨，字廉夫，號抱遺叟，人惟稱鐵崖先生。所著有《太平綱目》四十册，《三史正統論》五千言，《歷代史鉞》三百卷，《春秋大義》、《東維子集》、《君子議》若干卷，《麗則遺音》、《古樂府》、《瓊臺曲》、《洞庭吟》七十卷，藏於鐵崖山。此直其一」云。

學史十三卷 刊本。每卷首有「古司馬氏」印。〇明弘治邵寶撰并序。同邑浦瑾書後。

通鑑博論二卷 刊本。〇明寧王奉敕撰。凡例十七卷(二)。卷首進書表一道。

政監三十二卷 刊本。〇明夏寅著。其書自唐虞迄元，於經則節其要以昭源，于史則刺其長以承委。篇首自序。

世史積疑二卷 刊本。〇明李士實著并序。

尚論編一卷 刊本。〇明崇德范光宙撰。順治戊戌吳心恆序。

史斷一卷 刊本。〇明涵虛子臞仙製，并序云：「予於史氏之書，用心有日。所編者，《天運紹統》、《金縢祕録》、《原始祕書》、《通鑑博論》、《史畧》、《史斷》，皆鑑也。其文浩繁，恐讀史者不能備覽，乃取歷代本末興亡得失之由，撮其捷要而斷之。」

史衡六卷 刊本。〇明維揚陳堯著。嘉靖丙辰自序。

漢代品藻三十卷 刊本。〇明戴璟著。劉勳序。

通鑑品藻三十卷 刊本。〇明嘉靖寧郡石屏戴璟撰。

東水質疑六卷 刊本。〇明鄱陽胡衮撰。門生楊山等校刊。嘉靖甲辰自序云：「衮賦質庸劣，苦無記性，哀毀之餘，舊聞益荒落。西來行李亦草草，未及以文籍史册自隨。諸生以前史往事相質，深愧遺忘，不能答問。思欲轉借考訂，郡少蓄書，迺拾葺舊見，爲論類十篇。特以謝諸生之意，未暇論史事也。」

古今通畧一卷 刊本。〇不著撰人名氏。杭守張縉重梓。序殘。

宋史筆斷十二卷 刊本。卷首有「取法於上」、「朱氏萬卷家藏」二印。〇不著撰人名氏。

【附録】

讀史漫稿 刊本。〇明慈溪陳鯨著。自虞帝迄南宋，上下數千年詩，凡若干首。嘉靖己未弟陳茂義序。

〔一〕「千」疑爲「萬」之誤，天一閣范氏有「萬古同心之學」圖章。

〔二〕「卷」字疑衍，《讀書敏求記校證》但言「凡例十八」。

天一閣書目　子部

儒家類	九十一種六百六十二卷
兵家類	九種五十四卷
法家類	十一種八十三卷
農家類	三種十二卷
醫家類	一百二種六百六十九卷
天文類	十種六十三卷
術數類	六十七種二百八十五卷
藝術類	二十六種一百三十六卷
譜録類	十一種六十二卷
雜家類	一百三十一種一千一百八十四卷
類書類	七十二種六千三百六十三卷

小説類　一百十六種六百二十二卷
釋家類　七十三種五百七十四卷
道家類　二百八十九種二千四百六十七卷
　共計一千零十一種三千二百四十八卷

天一閣書目卷三之一　子部一

儒家類

荀子二十卷 刊本。卷首有「崑崙山人」之印。○周荀況撰，唐楊倞註。

孔叢子三卷 刊本。○陳勝博士孔鮒撰，裔孫孔胤植校。孔尚達等有序。

新語三卷 刊本。○漢陸賈撰。明弘治壬戌錢福序。吴郡都穆記後云：「《新語》三卷，凡十二篇。歲久殘闕，同年李仲陽宰浙之桐鄉，嘗得其本，鋟之於木。」

新語二卷 刊本。○漢陸賈撰。明司馬公諱欽訂，男光禄丞諱大沖校刊并序。

新書十卷 刊本。○漢賈誼撰。明黄寶序云：「昔承乏選部，偶於京國書肆得賈太傅《新書》鈔本若干卷。正德甲戌致政，家居長沙。郡守陸公以誼所著《新書》無傳，檢郡齋故櫝，得版刻數十片。計脱落尚多，余出是本補刻，遂成完書。」

賈太傅新書十卷 刊本。○明柳陽何孟春訂註并序。正德十五年張志淳序，正德己卯周廷用後序。

鹽鐵論十卷 刊本。○漢桓寬撰。明吴郡都穆序云：「《鹽鐵論》十卷，凡六十篇，漢廬江大守丞汝南桓寬次公撰。其書在宋嘗有刊本，歷世既久，寖以失傳。新淦涂君知江陰之明年，親民之暇，手校是書，仍捐俸刻之，使學者獲見古人文字之全。而其究治亂、抑貨利以裨國家之政者，則不但可行之當時，而又可施之後世。此固涂君刻書之意也。涂君名楨，字賓賢，予同年進士。」

新序十卷 刊本。〇漢劉向撰。宋曾鞏序。

説苑二十卷 刊本。〇漢劉向撰。宋曾鞏序。

揚子十卷 刊本。〇漢揚雄撰，唐李軌、柳宗元注。卷端載景祐四年宋咸進書表。

五臣音註法言十卷 刊本。〇漢揚雄撰，唐李軌、柳宗元註，宋咸、吴秘、宋司馬光增註。

揚子法言十卷 刊本。〇明趙大綱集註并序。

申鑒五卷 刊本。〇漢荀悦著。明正德己卯吴郡黄省曾誌，并序云：「荀卿五十遊齊，在襄王時爲老師，被讒適楚，處濁世，著書數萬言，而竟無所施究。逮十三世而有悦，其所遭之時如卿。托疾隱居，至建安初，辟於操府，遷黄門侍郎。時從弟彧適守尚書令，而孔融自山東徵來，以是得同侍講中禁。但政移曹氏，雖有嘉猷，將安用之？悦恐意蘊終不得披露，遂拾漢故、新事，及所欲獻替者，爲《申鑒》五篇以奏。余嘗悲其所遭，而讀其書，間窺其領要，遂爲之註。浹旬而成，共得萬四千餘言，以笥藏之。雖不能無揭竿求海之病，而事可證引者亦畧具矣。若其深詞奥義，譌文脱簡，則俟大方君子覽而正焉。」正德十三年李濂序云：「按《申鑒》作於荀悦氏。悦，儉之子，淑之孫也。年十二能説《春秋》。家甚貧，生值靈帝時，才智識猷，阻而弗行。乃退焉托病，著書以自表見，時人莫之識也。所著有《漢紀》三十篇、《申鑒》五篇、《崇德正論》及諸論數十篇，皆可傳。而《申鑒》久無刻版，余守汭陽，乃刻之郡齋。」嘉靖癸巳張惟恕重梓。

中論二卷 刊本。〇陸友仁記後云：「《中論》二卷，漢司空軍謀祭酒掾屬五官將文學北海徐幹偉長撰。有序文而無名氏。幹，鄴下七子之一人也。建安之間，疾辭人美麗之文不能敷散道教，故著《中論》。辭義典雅，當世嘉之。按《唐志》六卷，今本二卷二十篇。宋大理正山陰石邦哲手校題識。邦哲字熙明，再世藏書。至治二年得之錢塘仇遠氏。」明弘治壬戌黃華卿重刻，進士都穆序。

中論二卷 刊本。〇漢徐幹撰。明杜思重刊并序。

忠經一卷 刊本。〇漢馬融撰并自序，鄭玄注。宋太原王安國後序，顧元緯跋。

曹大姑女誡 刊本。〇漢曹壽妻撰。凡七篇，并自序。

中説十卷 刊本。〇隋王通撰，宋阮逸註并序。

素履子二卷 刊本。〇唐張弧撰，明司馬公訂。

女孝經一卷 刊本。〇唐朝散郎程邈妻鄭氏撰并表進。總一十八章，各爲篇目。

司馬氏書儀八卷 藍絲闌鈔本。〇以冠、昏、喪、祭等儀分卷。

太極圖分解 鈔本。〇泰和羅鶴撰。

二程全書十二卷 刊本。〇明弘治戊午監察御史沁水李瀚重刊并序。是書采程氏家譜、像贊揭於前，取《宋史·程珦傳》及謚議制辭諸文繫於後，凡六十五卷。

張子遺書四卷 藍絲闌鈔本。○宋橫渠張憲公撰(一作明公)。

近思録十四卷 刊本。○宋朱熹、吕祖謙同撰。明弋陽汪偉序云：「《近思録》爲卷十四，爲條六百二十二，惟我文公與成公所銓定。近時刻本既多淆亂，建安葉采有《集註》，代郡楊伯巖有《衍註》，皆未能深有所發明。偉承乏成均，患諸士枝葉繁而本根昧，思有以易之。乃與同寅中允景伯時取是編，考定其條件，正其謬誤，繕寫刻之，以復于舊。刻且半，諸生盧襄偶得宋本，取以相校，良合。時正德己卯歲秋九月既望。」

朱子遺書十册 刊本。

朱子語類大全一百四十卷 刊本。○宋導江黎靖德類編。明成化三山陳煒校刊。安成彭時序云：「文公傳註成言，固已家傳人誦矣。一時門人進而請益，退而各記所聞，如此者殆百餘家。蜀士李道傳始取而刻之爲《語録》，莆田黃士毅又因而類分之曰《語類》。《語録》之外有《續録》、《後録》、《別録》，《語類》之外有《續類》。諸書並行錯出，讀者病焉。最後導江黎靖德參校諸書，去其重複謬誤，因士毅門目以類附焉，名曰《語類大全〔二〕》，凡一百四十卷，版本今不復傳。三山陳君煒，自天順庚辰第進士，爲御史，屢欲訪求善本而不得。成化庚寅，副憲江右，始訪于豫章明祭酒頤菴先生家，得印本，中缺二十餘卷。明年，分巡湖東，又訪于崇仁吴聘君康齋家，得全本，而缺者尚一二。合而校補，遂成全書。謀于憲使巖郡余公，公倡同寅捐俸，并勸部民之好義者出資以相其成。」陳煒、張元禎均有後序。

朱子大全私鈔十二卷 刊本。○明嘉靖臨海王宗沐編次。海寧朱有孚序。

讀書日程二卷 刊本。○宋朱子撰。

經濟文衡二十五卷 刊本。○宋朱子撰，明石淙楊一清編。

小學六卷 明嘉靖福建刊本。○宋朱子撰。

小學章句四卷 刊本。○王雲鳳著。首列朱子題辭。

東萊先生雜説三卷 藍絲闌鈔本。

東萊先生博議十六卷 刊本。

真文忠公讀書丁記重雕二卷 刊本。○明嘉靖十三年婺源潘璜序。

渠陽讀書雜鈔五卷 藍絲闌鈔本。○宋魏鶴山先生撰。

古今考二十卷 鈔本。○宋魏鶴山撰。其自序謂：「西漢諸儒，去古未遠，已不能盡識三代遺制。叔孫通作《漢禮器制度》，其所臆度者，無以名之，則曰『猶今之某物』。孔、賈諸儒疏義，又謂去漢久遠，雖漢法不可考。至晉以後，即名物稱謂、字義音釋，亦鮮有存者，古制益不可考矣。姑即《漢紀》，隨文辨證，作《古今考》」云。紫陽方回萬里續成并序後。

北溪先生字義二卷 刊本。○宋陳淳撰，淳祐丁未門人王稼編次并序。

自警編九卷 刊本。卷首有「東明山人之印」、「萬古同心之學」二圖章。○宋趙善璙撰并自序。林庭棉序，莊一俊後序。

省心詮要一卷 刊本。○宋林逋選。天順六年空谷景隆序云：「正統戊辰冬，杭城方彦和示孤山林和靖先生所著《省心詮要》，覽之，皆治心之樞機也。因入梓以壽其傳。」東溪王清序後。

性理羣書句解二十三卷 刊本。○宋熊節編，熊剛〔二〕大註。

孔子集語二卷 刊本。○宋薛據撰。明司馬公諱欽訂。

履齋示兒編二十三卷 藍絲闌鈔本。○宋廬陵孫奕撰并序。其書立總説、經説、文説、詩説、正誤、雜記、字説，凡七條。

鄭氏家範 刊本。○宋浦江鄭綺撰。明翰林張翥序。

理學類編綱目八卷 刊本。○元至正丙午臨江張九韶撰并序。是書取程、周、張、邵、朱子之書，輯其有關於性理者。分天地、鬼神、人物、性命及辨異端之學，凡五類。前載臨川吴當序文。

日損齋筆記 藍絲闌鈔本。○元黄溍撰。至正甲午宋濂序云：「昔者宋景文公祁嘗著《筆記》一編，以釋俗、考古、雜説析爲三門，而上虞李衎指其瑕疵者七條。近代紫陽方公回亦著《筆記》一百六十餘則，而河南張恒時斥其非。二公素稱該洽，而其所失有如斯者，必若公之此書，然後庶幾無遺憾焉。濂從公遊者最久，既受此編以歸，乃私序卷端。」

諸儒講議二卷 刊本。○明外翰董遵道編。弘治甲子豐城楊廉序。是書集宋元諸儒所講，共六十九篇。首朱子《玉山講文》，次陸象山《白鹿講義》，次吕東萊《春秋講義》，又次則黄勉齋以下諸儒之説，皆朱子之傳派也。戊午臨海孫鋭識後。

諸儒文要八卷 刊本。○第一卷周濂溪、程明道、程伊川、張横渠先生文，第二、第三、第四卷朱晦菴先生文，第五卷陸象山先生文，第六卷張南軒、楊慈湖、陳白沙先生文，第七、第八卷王陽明先生文。不著編輯人名氏。卷末載「武進陳奎鏤版」。

聖學心法四卷 刊本。○永樂七年御撰。

遺言纂要十卷 刊本。○明白沙陳先生撰，門人張詡纂。弘治乙丑序。

要書八卷 刊本。○明王守仁撰，陳龍正纂并序。

則言二卷 刊本。○明王守仁撰。薛侃序。

良知同然録二卷 刊本。○明王守仁撰。

遵道録十卷 刊本。○明湛若水撰并序。

約言十卷 刊本。○西原薛蕙著。嘉靖乙未李宗樞序云：「《約言》何爲者也？亳郡薛西原所作。何作乎？約言正學也。爲天道、爲性情、爲潛龍、爲時習、爲君道、爲學問、爲君子、爲立言、爲春秋，其爲篇也九，其爲致也一。其旨宏，其義正。其該物也廣而不遺，其究理也實而不迂。言約而天下之理備矣，聖人之學闡矣，正矣，上焉。孔氏罕言之妙，無言之藴，蓋亦具乎其中矣。其孰能與于此？夫君子之言道也，獨則相發，同則相因。相發者，其言約以明，相因者，其言煩以襲。是書之作，無勦説、無贅辭、無素隱，約言焉以正學，以發明斯道，其聖人之徒與。」象郡吕景業後序。

約言十卷 刊本。○明湛若水撰。廬陵黄如桂序。

夜行燭書一卷 紅絲闌鈔本。○不著撰人名氏。卷末載「明正統歲次戊辰正月十八吉日鎮守南京太監袁誠書，永遠流傳於世」。

讀書劄記一卷 鈔本。○明河東文清公薛瑄撰。門人莆陽杜華序。

薛文清公要語外篇一册 刊本。○明薛瑄撰。鄭洛跋，吕焕後序。

士翼四卷 刊本。卷首殘闕。○明崔銑撰。張洧識後。

胡梅溪居業録一册 刊本。○明餘干敬齋胡居仁撰。同里陳憲重刊，序後。

交山迂論七卷 藍絲闌鈔本。○明括蒼王廉撰。自序云：「嘗輯先儒論著之不同者而折中之，得若干卷，各論之下附以己斷，名之曰《書海通辨》。讀三禮，日纂其要，疑者疏之，得若干卷，名之曰《三禮纂要》。讀《左氏傳》，玄者鈎之，得若干卷，名之曰《左傳鈎玄》。又嘗於經史平日有疑於衷者，别爲論斷，得若干篇。然其説散見於别集，不能總一，使觀者倦於檢閱。今攟摭《通辨》、《纂要》、《鈎玄》論次之明者，并經史辨論，合之得若干卷。以其論次迂闊，因名之曰《迂論》。」

慎言集訓二卷刊本。○明清江敖英撰。錢塘楊祐跋。

道在編二卷刊本。○明常郡陸奎章撰。

尊聖録一卷刊本。○明通郡陳堯撰并自序。

成均語録十卷刊本。○明國子監丞王維城等編輯。内有錢謙益序，業已抽。

友問集十卷刊本。○明吉陽某撰。浙省督學阮亞峯刊。金陵葛清序。

困知記四卷刊本。○明羅允升整菴撰。黄芳序。

道一編五卷刊本。○明程敏政撰。永豐聶豹序。

性理要删三卷刊本。○明黄洪憲纂，吴文光參，程登對閲，周曰校刊。

女訓一卷○正德戊辰御製序。

聖功圖一册刊本。○明嘉靖十八年禮部尚書霍韜、吏部考功郎鄒守益等奏進，以裨東宫聖學之功。山東布政王應鍾序。

涇野子二卷刊本。○明吕柟撰。嘉靖二十七年戊申門人吕顓序。馬汝彰後序云：「滇左轄定原吕公，乃先生門下士也。一日出《涇野子外編》數卷相示，曰：『此吾師應酬之作，皆至理存焉。吾將校而託諸梓，與内編並傳，子其序之。』余聞先正有言，我朝仕途中，能以理學爲務者，惟薛大理一人。寥寥百年，接文清之心印，闡理學之正宗，非先生其誰望哉。」

訓蒙大意十八卷 刊本。○明孫三錫撰。崇禎癸未成勇序。

童蒙須知一卷 烏絲闌鈔本。○不著撰人名氏。卷端有小序。

教家要畧一册 刊本。○明姚儒撰并自序。

管氏弟子職

程伯子一卷 刊本。

四明薛氏端室録 刊本。○明嘉靖十二世孫薛晨編刻并序。

倫理至言四卷 刊本。○顔章其輯。

弦所李先生語畧一卷 刊本。○莆田李德用著，男多見録。

勤忍百箴考註四卷 刊本。○四明許名奎撰。

敬一録二卷 鈔本。○河陽趙士麟撰，金容梁永淳輯。

明儒論宗 刊本。○毘陵方山薛應旂批點。

徐勿齋先生省身録一册 刊本。○國朝桐鄉錢枋、慈溪王量同校。

聖學入門書一卷 刊本。○國朝陳瑚確庵撰。

省過録一卷 刊本。○國朝康熙元年王芝封撰并序。

慶符堂理學就正言 刊本。○國朝康熙戊午浙西祝文彦撰。蕭山管鳳來序。

海昌會語一册 刊本。○國朝康熙十五年朱爾邁等同集。

武林會語一册 刊本。○不著撰人名氏。

理學辨一卷 鈔本。○國朝康熙二十四年王庭撰。

〔一〕「全」原誤爲「傳」，今改。

〔二〕「剛」原誤作「綱」，據《儀顧堂題跋》、《藝風藏書續記》改。

兵家類

黄帝陰符經集注一册 緜紙藍絲闌鈔本。

黄帝陰符經演一册 刊本。○不著編書人姓名。

風后握奇經一卷 刊本。○漢丞相公孫弘解。

孫子集註十三卷 刊本。○明嘉靖乙卯錫山談愷刊序云：「歐陽文忠公撰四庫書目，言《孫子》註二十餘家，予所見僅此：漢有曹操，唐有杜牧、李筌、陳皥、孟氏、賈林、杜佑，宋有張預、梅堯臣、王晳、何氏諸家。操嘗别爲《新書》，今不傳。而見于《李靖公問答》者，機權應變，實本之《孫子》，其註多隱辭，引而不發。杜牧未嘗用兵，觀其與時宰論兵二書，謂兵柄本出儒術，援古證今，其言足用。陳皥註多指摘杜之謬誤，人各有見，未必爲樊川病。李筌註依《太乙遁甲》，雜引諸史，以證《太乙遁甲》，與今所存書往往不同。

孟氏、賈林、杜佑即唐紀燮所集者。張預取歷代各將用兵制勝，編次爲傳，於《孫子》多所發明。梅堯臣註，文忠公謂其當與三家並傳，晦翁有定論矣。王晳、何氏，皆于觀者有所裨益。此註之所以集也。予奉命督軍虔臺，進武弁及生儒問之，無有知是書者，故授之梓，以廣其傳。」

虎鈐經二十卷 刊本。○宋許洞著并表。自序云：「《虎鈐經》者，將軍之事也。臣素好奇正之變，由是而言之也。自古兵法多矣，然《孫子》之法奥而精，使學者難於曉用。諸家之法膚而淺，或用者喪於師律。又觀李筌所著《太白陰經》，論心術則祕而不言，談陰陽則散淺深、長短，迭爲表裏，酌中之理，誠難得焉。臣今上采孫子、李筌之要，明演其術，下撮天時、人事之變，備舉其占。或而不備，以是觀之，誠非具美。作於己見，或述於古人，名曰《虎鈐經》。然則奇謀詭道，或不合于六經，既爲兵家要用，故必貫穿條縷以備載之。六壬遁甲、星辰日月、風雲氣候、風角鳥情，雖遠于人事，亦不敢遺漏焉。至於宣文設奠，醫藥之用，人馬之相，得有補于軍中者，莫不具載，自爲一家之言。創意于辛丑之初，成文于甲辰之末。其書二百一十篇，分爲二十卷，成于吳郡鳳凰里。」明司馬公諱欽訂。

古今將畧四卷 刊本。○明檇李馮時撰并序。

武經七書六卷 刊本。○明嘉靖崇明恒齋施一德編。

武經七書七卷 刊本。殘。○國朝西陵汪桓訂。

什伍法一卷 刊本。○無頒行年月。

法家類

鄧析子二卷 刊本。○周鄧析撰。《左傳・定公八年》「駟歂爲政，明年殺鄧析，而用其竹刑」，即是書也。睢陽朱夏日南書後。

商子五卷 刊本。○秦商鞅撰。明司馬公校刻。

韓非子三十卷 刊本。○周韓非撰。卷端載韓非子小傳及各家評語。

韓子迂評二十卷 刊本。○明門無子評。元何犿校進本，卷端有至元三年進書表。

疑獄録十卷 刊本。○五代和凝撰，子和𡺸補成，元至元十年楊澄覆校。陳柏序。

洗寃録五卷 刊本。卷首有「天一閣」、「古□司馬氏」三圖章。○宋淳祐丁未提刑宋慈惠父撰。嘉靖丙午東牟王吉序。

風紀集覽四卷 刊本。○明傅漢臣撰并自序。其書分四類：一聽斷，二相檢，三擬議，四發落。

祥刑要覽一卷 刊本。○明正統壬戌左副都御史海虞吴訥撰并序。

王恭毅公駁稿二卷 刊本。○明王槩撰，高銓編并序。

慎刑録四卷 藍絲闌鈔本。○明王士翹撰。自序云：「奉命按粤西，行諸郡邑，録獄囚至人命往往有初檢不明，經五七覆未定者。乃彙《洗寃録》、《風紀集覽》、《明寃節要》、《疑獄集》、《祥刑要覽》諸書，取其最關人命者爲四卷，首二卷檢法，三卷疑獄，四卷法戒存焉。」

〔一〕「古」原誤爲「左」，天一閣有「古司馬氏」印。

農家類

齊民要術十卷 刊本。○後魏高平太守賈思勰撰并自序。其書起自耕桑，終於醯醢，資生之業，靡不畢書。凡九十二篇，分爲十卷。卷首皆列目録，於文雖繁，尋覽甚易。

農書六卷 刊本。○元王禎撰。嘉靖十九年重刊。

救荒本草四卷

醫家類

黄帝素問靈樞經十二卷 刊本。○紹興乙亥錦官史崧序云：「昔黄帝作《内經》十八卷，《靈樞》九卷，《素問》九卷，迺其數焉。世所奉行，惟《素問》耳。僕本庸昧，自髫迄壯，潛心斯道，頗涉其理，輒不自揣，參對諸書，再行校正。家藏舊本《靈樞》九卷，共八十一篇。增修音釋附于卷末，勒爲十二卷。庶使開卷易明，了無差别。」

内經素問十卷 刊本。○明吴梯校正。林億等有進書表。

讀素問鈔三卷 刊本。○不著編書人姓名。卷首載林億進書表。

註解傷寒論四册 刊本。○漢張仲景著，宋成無己註，晉王叔和撰次，明汪通值校正。

仲景大法二卷 刊本。

王氏脈經六卷 刊本。○晉太醫令王叔和撰。宋林億等類次，并序云：「臣等承詔，典校古醫經方書。所校讐中《脈經》一部，乃王叔和之所撰集也。叔和，西晉高平人，性度沉靖，尤好著述。博通經方，精意診處，洞識修養之道。其行事具唐甘伯宗《名醫傳》中。觀其爲書，一本《黄帝内經》，間有疏畧未盡處，輔以扁鵲、仲景、元化之法。其餘奇怪異端不經之説，一切不取。今則考以《素問》、《九墟》、《靈樞》、《太素》、《難經》、《甲乙》，仲景之書，并《千金方》及《翼》説脈之篇以校之，除去重複，補其脱漏。其篇第亦頗爲改易，使以類相從。博士高保衡、尚書屯田郎中孫奇、光禄卿直祕閣林億等謹上。」

脈訣八卷 刊本。○晉王叔和撰，四明張世賢註。

脈訣琮璜附方一卷 鈔本。○晉王叔和著。

巢氏諸病源候總論五十卷 刊本。○隋大業中太醫巢元方等奉詔撰。宋綬序云：「是書會粹羣説，沈研精理，形脈之證，罔不該集。翰林醫官副使趙拱等參校，既終，繕録以獻。」

諸病源候論五十卷 刊本。○隋巢元方撰，明汪濟川校。

孫真人千金要方二册 刊本。○唐孫思邈撰，宋林億校正。

銅人鍼灸經二卷 刊本。○不著撰人名氏。正統八年御製序，嘉靖十三年許紳跋。

錢氏小兒直訣三卷 刊本。○北宋錢乙撰，閻孝忠集，薛鎧校注。

傷寒微旨一卷 鈔本。○宋淇川韓祇和撰，許昌滑壽校。

經史證類本草三十卷 刊本。○宋唐慎微撰，政和六年曹孝忠編。

壽親養老書四册 刊本。○第一卷爲宋陳直撰，第二卷以後乃元大德中泰寧鄒鋐續增，與直書合爲一編。

急救仙方十一卷 緜紙藍絲闌鈔本。○不著撰人名氏，金川徐守真編并序。

脾胃論三卷 刊本。○金東垣老人李杲撰。遺山元好問序殘。

東垣十書十册 刊本。○金東垣山人李杲撰。元好問序。

東垣藥性賦一卷 刊本。○弘治己未徐鐸序。

傷寒直格方六卷 刊本。○金劉完素撰，臨川葛雍編校。

泰定養生主論十六卷 刊本。○元洞虛子王中陽撰。徐繁等有序。

養生主論痰症方法一卷 刊本。○元洞虛子王中陽著。

丹溪朱先生醫案一册 刊本。○元朱震亨撰。

丹溪纂要四卷 刊本。○元朱震亨撰。

丹溪心法三卷 刊本。○元朱震亨撰，楊楚玉類集。程敏政等有序。

活人指掌四卷 刊本。○元吴恕輯，吴文炳增補。

藥方并論四卷 刊本。○元王隱君撰。

外科精義二卷 刊本。○元齊德之纂，馬雲卿校。

薛氏醫案四十册 刊本。○明薛己撰，薛鎧校刊。

薛氏醫録二卷 刊本。○明薛己著。萬曆甲辰李汝華序。

家居醫録二卷 刊本。○明薛己著。范慶等序。

内科摘要二卷 刊本。○明吴郡薛己撰。無序。

外科發揮五卷 刊本。○明薛己撰。張淮等序。

内外摘要二卷 刊本。○明薛己編集。

正體類要二卷 刊本。○明吴郡薛己著。陸師道序。

口齒類要一卷 刊本。○明吴郡薛己著。

本草綱目五十二卷 刊本。○明李時珍輯。張鼎志序。

神農本草經疏五册 鈔本。○明繆希雍撰。

脈學奇經八卷 刊本。○明李時珍撰。自序云：「先考月泉翁著《四珍發明》八卷，皆精詣奥室，淺學未能窺造。珍因撮粹擷華，僭撰此書，以便習讀，爲脈學指南。」

恕齋原病集一册 鈔本。○嘉定唐椿著并序。

原病集八册 刊本。○明吴良彙纂。

裴子言醫三卷 刊本。○明裴一中著并序。

吳梅坡醫經會元一册 刊本。○吳嘉言著。男學易、姪學問、門人韓師文等校刊。

程齋醫鈔撮要五卷 刊本。○明盛端明編纂并序。

醫學綱目三十八卷 刊本。○存卷一至卷七。

醫學集成十二卷 刊本。○不著撰人名氏。

醫學統旨十四卷 刊本。○不著撰人姓名。嘉靖乙未王朝用序。

醫學各種子十卷 刊本。○明錢塘盧復正。

廣嗣全訣二十卷 刊本。○秀水陳文治輯。

完訣一册 刊本。○明丁從堯撰并序。

原機啟微集一册 刊本。○明倪維德撰。

玉機微義十册 刊本。○明徐用誠撰。延平黄焯重刊。

體仁彙編四卷 鈔本。○廬陵彭用光撰。明蔡經序。

國醫宗旨四卷 刊本。○明梁學孟著并序。

八道始終一卷醫印三卷醫驗一卷 刊本。○祝茹穹著。順治庚子金之俊等序。

活人心法二卷 刊本。○明玄洲道人涵虛子編。嘉靖二十九年陝西布政司葛守禮重刊。

醫經小學六卷 刊本。○明劉純撰。
醫學入門七卷 刊本。○明李梴纂并序。
醫學指南四卷 刊本。○不著撰人名氏。
習醫鈐法五卷 刊本。○明陸嶽著并序。費兆元序。
增刻醫便二卷 刊本。○不著撰人名氏。明沈一中序。
傷寒明理續論六卷 刊本。○明陶華著并序。
傷寒症治明條五卷 刊本。○王震編集。
傷暑全書二卷 刊本。○明張鶴騰撰。彭期生叙。
諸症辨疑四卷 鈔本。○不著撰人名氏。
奇效良方二十册 刊本。○明方賢纂并序。
攝生衆妙方十一卷 刊本。○明四明張時徹編。
醫方選要十卷 刊本。○明周文采編輯并序。
醫方考八卷 刊本。○明吴崑著并序。
體仁彙編試效要方六卷 刊本。○明盧陵彭用光〔一〕編。按察使蕭晚校刻。翰林南平游居敬序後。
急救易方四卷 刊本。○吴郡趙季敷編集。成化己亥高崇本序。

袖珍方四卷 刊本。〇不著撰人姓名。

海藏抽奇一卷 鈔本。〇不著撰人名氏。

二神方一卷 鈔本。

易簡經驗方二册 刊本。〇明邵訥輯。李汝華序。

驗方集録一册 鈔本。〇不著撰人姓名。

瘧痢神治方一卷 刊本。〇萬曆己酉沈泰鴻序。

痰火點雪二卷 刊本。〇明龔居中著并序。

外科精要三卷附録一卷 刊本。〇明陳自明編，薛己校註。王詢序。

外科集驗十一卷 藍絲闌鈔本。〇浚儀趙宜真集。吴有壬序。

瘍科選粹一册 鈔本。〇不著撰人姓名。

癘瘍機要二卷 刊本。〇明薛己著。沈啟原序。

治瘰癧症一卷 鈔本。〇卷首載「胡來庭家藏」。

鍼灸聚英四卷 刊本。〇明四明高武撰并序。

保幼大全二十卷 刊本。〇明朱臣編并序。

保赤全書二卷 刊本。〇萬曆丁酉管橘序。

嬰童百問五卷 刊本。○魯伯〔二〕嗣學。嘉靖壬寅嚴嵩序。許讚有進書表。

育嬰編一卷 刊本。○國朝陳卓編。胡文學序。

活幼便覽二卷 刊本。○明劉廷爵輯。吳漳序。

秘傳經驗痘疹治法一册 烏絲闌鈔本。卷首有「羲皇上人」之印。○黄廉述。

痘疹全書十卷 刊本。○明黄廉編并序。

痘疹方論二卷 刊本。○明四明萬邦孚選集。

允産全書六卷 刊本。○明雲間陳繼儒輯。

本草集要三卷 刊本。○慈溪王綸撰。

本草集要八卷 刊本。○明王孚撰。王綸序。

本草權度三卷 刊本。○不著撰人姓名。

本草摘要一卷 刊本。○姚江邵訥輯。晉陵龔道立序。

藥性粗評四卷 刊本。○明許希周編并序。

食品集二卷 刊本。○明吳禄輯。嘉靖丁酉沈察序。

養生大要一卷 刊本。○吳某撰。羅賢序云：「諸物之性，或養生，或傷生，或暖而寒，毒而淫，燥而甘，固皆原於醫祖神農之所嘗製，以傳諸後世。但雜記於百家醫書，難於便覽。錦衣千帥吳君，嘗綜其切要，分爲十門，凡可食之物與相反之性，罔不悉備。予經潁川，君於客邸出是帙，因贅諸末簡。」

傷寒五法四卷 刊本。○國朝石楷撰并叙。

〔一〕「光」原誤爲「先」，今改。

〔二〕「伯」原誤爲「百」，據《善本書室藏書志》改。

天文類

乾坤變異録七卷 藍絲闌鈔本。每卷首有「東明外史」圖章。○唐貞觀七年司天監李淳風纂并序。

革象新書二卷 刊本。○宋趙敬著。明嘉靖戊午四明張淵序云：「司天之學，世鮮其繼矣。《革象》一書，乃趙緣督先生所輯，真通天之奥義也。愚嘗備官留曹，偶得舊帙於敝肆中，命官工重梓以廣其傳。」宋濂、王褘均有序。

天文分野之書二十四卷 刊本。○不著撰人名氏。

天文會元十二册 藍絲闌鈔本。每卷首有「東明外史」、「范氏圖書之記」二圖章。○不著編書人名氏。卷首序云：「堯命羲和揭星鳥、星火、星虚、星昴之象示人，使人知二至、二分，以行四時。不幸而占候之説起，持吉凶惑人，紛紛然務爲妖妄，是以刑綱禁之。謹按：占候之學，起於春秋戰國，其時所謂精於其道者，梓慎裨竈之徒耳。而或中或否，臣之所作，正欲學者識垂象授時之意，而杜絶其妖妄之源。隋丹元子《步天歌》，句中有圖，言下見象，或約或豐，無餘無失，又不言休祥，是深知天者。今之所作，以是爲本。」

紫微斗數一卷 刊本。○不著撰人姓名。

璿璣五星四卷 刊本。○盱江王文獻編著。

曆通要覽一卷 刊本。○錫山王瑛序。

算法大全十卷 刊本。○明吴敬編集。

授時曆算撮要一册 刊本。○明嘉靖丁亥顧應祥編，并序云：「前元王恂、郭守敬所著《授時曆》，則專以測驗爲主，較諸家所撰曆書特爲精密。我朝行之二百餘年，至今無弊。政務之暇，取其節畧大較，録爲一册。」

天元曆理 鈔本。存卷二十一至二十五，餘缺。○國朝嘉水圃臣徐發著。

術數類

潛虛一册 刊本。○宋司馬光撰。明司馬公諱欽訂。

潛虛發微論三卷 刊本。○宋左朝郎監察御史張敦實撰。

皇極經世外篇衍義三卷 刊本。○宋邵伯温撰。咸淳乙丑余學古序。

皇極經世書卦數玄玄集〔一〕藍絲闌鈔本。○宋康節先生傳《連山易》於山林隱德之士，以天一、地二、天三、地四、天五、地六、天七、地八、天九、地十分十等，曰元、會、運、世、歲、月、日、時、分、秒，作《皇極經世書》。自元至時隸之卦，而分、秒行乎八卦之間。有卦、有數，天地人物皆囿於其中。而卦數則窮物之極、物之變。雖鬼神之不測，天地之無窮，亦不能逃焉。玄之又玄，故曰《玄玄集》。

皇極經世祝氏鈐一卷 藍絲闌鈔本。○宋楚東祝泌撰。

天原發微辨正○宋魯齋鮑雲龍著。明天順辛巳歙西鮑氏耕讀書堂刊。凡例云：「魯齋鮑先生雲龍著《天原發微》二十五篇，擬《易大傳》天數二十有五。又散爲八十四條，擬《易》卦八十四爻。可見此書全本于《易》。前元元貞間已刻梓盛行，惜類聚有法，而選擇未精，此《辨正》所以作也。《辨正》大節目如《太極篇》，蔡節齋以無極解易字，又謂易乃太極所自出，魯齋謂易在兩儀、萬化之先。《天樞篇》『馬融指北辰爲太極』等語，《象數篇》以渾淪言太極，以河圖生成數、分陰陽，以河圖四正配四陽卦，主意皆與朱子異。愚于太極、河圖各著總論于下，其餘則隨文見義而辨正之，各見本篇下。按：魯齋、虛谷、戴元表三序所云『太極之判』與『太極渺茫之始』等語，未免猶襲漢唐之失。予于《太極辨正》中已采吳文正之言，以正諸儒之誤，復深求朱子、邵子之説，而剖析于下。」

萬物數一卷 刊本。○紹定壬辰巴蜀王啟真序云：「是數心印出於漢赤脚仙人，不知其名氏。」

數書一卷 鈔本。○不著撰人名氏。

範圍數六卷 刊本。○不著撰書人名氏。

數書探賾四册數書索隱五册數書鉤深三册數書致遠二册 烏絲闌緜紙鈔本。○不著撰人名氏。

靈臺祕苑三卷 鈔本。○北周太史中大夫新野庾季才原撰。

天元玉曆祥異賦七卷 刊本。○不著撰人名氏。

天文祕苑占一卷 烏絲闌鈔本。○不著撰人名氏。

占候祕訣一册 緜紙紅絲闌鈔本。殘。○不著撰人名氏。

宅經二卷

游年定宅書一卷 刊本。○明梁志盛著并序。

陽宅傳心四卷 刊本。○許明輯。康熙癸丑自序。男榮續補。

修方涓吉符一册 刊本。○明屠本畯輯。

符經一卷 殘。

地理雪心賦四卷附諸賢歌訣四卷 刊本。○唐章貢卜則巍著，明新安謝于期、逸士范越鳳註，星沙凝虛谷一清贊甫編集，雲軒余廷甫刊。成化壬寅新安程敏政序。

地理統會大成二十四卷 刊本。○宋賴文俊撰，柯佩編輯。

地理大成十五卷 刊本。殘。○宋采山伯謙賴文俊撰，明月潭山人柯佩編輯。任齋塗澤民序云：「宋布衣賴伯謙撰《催官篇》，新安汪信民既嘗爲之註什。信州陵岡顧子集《天機正傳》，取冠簡端，且復爲補註，梓行久矣。汪註訓詁易讀，而于宗旨無所闡發，顧頗有作用，但原篇詞意勁古，而或有以詞害義者。余暇日偶舉以叩萬年柯山人，乃出其與子材所訂催官、理氣、作用，并後龍步數卷，及其友人梅源胡子鰲所製《羅經祕法》請正。余細閲再過，《羅經法》蓋俗眼所不及睹，而山人所訂前章實一一與愚見符合。乃嘆曰：『是地術之要訣也，盍梓之以廣其傳。』山人諾而受之，敬以付書林陳氏積善刊焉。山人名珮，别號月潭，家世以術精見禮于諸大夫，如四泉楊司空、鴻源戴中丞、晉齋姜學士暨予不敏，皆常用之，有奇驗者。」

地理發微一卷 刊本。○宋蔡發著，謝昌註。姚文灝、朱昱俱有序。弘治六年李傑序云：「宋牧堂蔡先生以儒者而深於地理之術，所著《發微》十六篇，一本景純，而衍其所未備。末言感應之機由於積德，足破野師禍福之説。」

地理發微釋義一卷附問辨十條 刊本。○宋蔡發撰。淳熙二年建安熊大剛序，明弘治壬子鄱陽余祐〔二〕序。

明圖穴情賦□卷 刊本。殘。○宋蔡成禹著。

千金口訣二卷 刊本。○明弘治辛酉文峯堂刊。

地理大全十三卷 刊本。殘。○明江南范越鳳、星沙谷一清贊父同編，建安周雲翔伯、湘中趙至和清甫集。雲軒余廷甫重刊。

地理大全鴻囊經二十二卷 刊本。殘。

新刊千金風水殺法妙訣 刊本。○不著撰人名氏。明弘治辛酉文峯堂刊，正德二年七月十二日校正通行。

地理珍要一册 刊本。○明魯氏撰。嘉靖五年朴翁序云：「魯君，余同年也。所集《地理珍寶》、《樞要》二書，余皆刻之，總名之曰《珍要》。」

地理大全土牛經一册 刊本。殘。○趙清甫輯。

人子須知地理心學統宗 刊本。殘。○徐繼善、繼述同著。

劉氏一粒粟葬法一卷 鈔本。○不著撰人名氏。

地理八山斷一卷 緜紙鈔本。卷首有「東明山人之印」。○不著撰人名氏。

地理樞要四卷 刊本。卷首有「藏書屋」圖章。○不著撰人名氏。

地理分合總論三卷 刊本。○蘭溪宋震撰。章拯、胡僖校。何遷序。

地理天機會元十二册 刊本。○魏天應著。顧乃德序。

地理括要一册 刊本。○明李經綸註釋。張天復序。

地理真機十五卷 刊本。○不著撰人名氏。

地理參贊玄機二卷 刊本。○明張鳴鳳編。王世貞、史起欽均有序。金達、杜詩等校。

地理大成通書三十六卷○明金溪峨山喻晃撰。東沙張其綱序云：「世俗于風水家，皆察其山川形表，而于理氣不相蒙涉，故天星、巒頭宜相經緯也。選擇日期者，皆避其神煞虚謬，而于造化全無補完，故運氣、卦律宜相錯綜也。是書三十六卷，復撰《造命樞要》揭綱首卷，以象三百六十五度四分之一，分十三册，每册三卷，以象三才一歲成數也。名曰《監曆造命大成通書新語》。」

地理正宗集要八卷 刊本。○明馬森集註。萬曆甲戌郭造卿序。

經緯選擇全書一册 緜紙鈔本。○明曾嘉璞撰。岡南牧夫跋後。

青雀集二卷 刊本。○明王穉登撰。王世懋序。

三才一貫地理真機二卷 刊本。○劉陶祁校正，許胃輯。

地理玉鑰三元二卷 刊本。○不著撰人名氏。

地理直説一册 刊本。○不著撰人名氏。四明史起欽序。

地理心法二卷 刊本。○楊芸著，章應成註。郝承紀序。

造福祕訣三卷 刊本。○明吳天洪著。史起欽序。

演禽青囊五卷 刊本。○不著撰人名氏。

天文地理集二卷 刊本。○明四明陸侹編集。劉汝楠序。

靈棋經一卷 刊本。○晉顏幼明、宋何承天註，元陳師凱解。明劉基解，并序云：「昔者聖人作《易》以前，民用《靈棋》象《易》而作者也。《易》道奥而難知，故作《靈棋》以象之。《靈棋》之式，以三爲經，四爲緯。三以上爲天、中爲人、下爲地，上爲君、中爲臣、下爲民。四以一爲少陽，二爲太陽，三爲少陰，四爲老陰。少陽與少陰爲偶，而太陽與老陰爲敵，得偶而悦，得敵而争。其常也，失其道而偶反爲仇，或得其行而敵反爲用。其變也，陽多則道同而相助，陰多則志異而相乖。君子、小人之分，陰陽迭用，體有不同，而名隨之異，變易之道也。《易》之取象，曰車、曰馬、曰天、曰鬼、曰狐之類，推而達之，天下之物莫不包也。曰馬矣而以爲龍，曰水矣而以爲雨，變易之義也，非通天下之賾者不識也。故曰《靈棋》象《易》而作者也，非精于《易》者不能也。余每喜其占之驗，而病解之者不能盡作之旨，故申其意而爲之言。若夫以爲黄石公之授張子房之傳，則史氏無其實，不敢從而傅會之也。」唐李遠、馬震俱有序。

神課金口訣六卷 刊本。○余川遽然子撰并序。

周易占法節要二卷 刊本。○許本清撰并序。

大六壬無惑鈐一册 緜紙鈔本。殘。○不著撰人名氏。

遁甲日用涓吉奇門五總龜三卷 兩卷刊，一卷藍絲闌緜紙鈔。○不著撰人名氏。

遁甲奇書一卷 緜紙鈔本。○不著撰人名氏。

人象大成一册 鈔本。○明袁忠徹序云：「太宗文皇帝在潛邸時，乃遣典膳井泉等，齎楮帛以聘示觀相人之書。諭之曰：『夫三才者，天地人。是天有天文之書，地有地理之書。人禀五常，靈于萬物，古之善相者，亦各有書，當集爲一家，名之曰《人象大成》。爾父袁廷玉，曩受異人之傳，得相人之妙。爾既克紹承家學，當究心是書。今特命爾與内使哈喇帖木，識字人朱秀、沈淳，畫士白皙以類編。』書成録進，爰述聖諭于編端。」

相宗纂要三卷 刊本。○國朝康熙庚申范駷著。沈荃序。

陰陽雜法一册 刊本。○不著撰人名氏。

法源粹旨一卷 刊本。○甬上毛雲鷟、雲鶚著。俱有序。

性齋陰陽總要一卷 刊本。○四明光溪王顯孫編。

記師口訣節文一卷 刊本。○不著撰人名氏。

編集檢擇家傳祕訣一册 藍絲闌鈔本。○不著撰人名氏。

懶仙心印一卷 刊本。有「天一閣」、「東明山人之印」二圖章。○不著撰人名氏。

陰陽備用三元節要一册 刊本。○天黨壺邑王履道纂集。

古今紀夢要覽四卷 刊本。○明鄱陽童軒撰。南郡趙雲龍校。

〔一〕「集」原誤作「傳」，據《善本書室藏書志》改。

〔二〕「祐」原誤爲「祐」，今改。

藝術類

古畫品一卷續畫品一卷筆法記一卷 藍絲闌鈔本。○《古畫品》，南齊謝赫撰。《續畫品》，陳吴興姚最撰。《筆法記》，唐荆浩撰。末附沈括存中《圖畫歌》。

述書賦二卷 烏絲闌鈔本。○唐竇㬋撰，其兄蒙注。嘉靖乙酉楊士雲序云：「竇員外《述書賦》，自周史籀，迄唐乾元之初，評品興喻，猶衛、王也。《書評》而下，亦咸有議。厥兄司業稱其精窮要旨，詳辯秘義，信矣，而唐史不載。時川先生得寫本於升菴先生，梓之，蓋欲與衛、王之論並傳於世云爾。」

歷代名畫記十卷 鈔本。○唐河東張彦遠撰。無序跋。

墨藪一册 藍絲闌鈔本。○唐韋績纂。宋周必大題。

益州名畫録三卷 刊本。○宋江夏黄休復纂。景德三年虞曹員外郎李畋序曰：「益都多名畫，富視他郡。謂唐二帝播越，及諸侯作鎮之秋，是時畫藝之傑者，無處不有。迨淳化甲子，盜發二川，焚刼畧盡，黄氏心鬱久之。故自唐乾元初至皇宋乾德歲，其間圖畫之尤精，取其目所擊者五十八人，品以四格，離爲三卷，命曰《益州名畫録》。」

圖畫見聞志六卷 ○宋郭若虚撰，并序曰：「余大父司徒公喜廉退恬養，自公之暇，惟以詩、書、琴、畫爲適。時與丁晉公、馬正惠蓄書畫，故畫府稱富焉。又好與當世名手甄明體法，講練精微，凡所見聞，悉從實録。昔唐張彦遠嘗著《歷代名畫記》，其間自黄帝時史皇而下，總括畫人姓名，絶筆于永昌元年。厥後，撰集者率多相亂，事既重疊，文亦繁衍。今考諸傳記，參校得失，續自永昌元年，後歷五季，通至本朝熙寧七年，名人藝士，編而次之。並嘗覽諸家畫記，多陳品第。今之作者，互有所長，不復定品。惟筆其可紀之能，可談之事，暨諸家畫説略而未至者，繼以傳記中述畫故事，并本朝事迹。採摭編次，離爲六卷，目之曰《圖畫見聞志》。」

米海嶽畫史〇宋米芾撰并自序。

宣和畫譜二十卷藍絲闌鈔本。〇宋徽宗御撰。大德壬寅延陵吴文貴識云：「《宣和書畫譜》乃當時祕録，未嘗行世。近好古雅德之士始出以資證，往往更相傳寫，訛舛滋甚，余竊病之。暇日博求衆本，與雅士參校，十得八九，遂鋟諸梓，以廣其傳。」

廣川書跋十卷鈔本。〇宋董逌著。紹興丁丑子弅序。

畫繼十卷刊本。缺前四卷。〇宋鄧椿撰。

書苑菁華二十卷鈔本。〇宋錢塘陳思纂次。

書苑菁華撮要一册藍絲闌鈔本。〇不著撰人名氏。

古今書繪寶鑑六卷補遺一卷刊本。〇宋吴興夏文彦士良撰并自序，石村李志遠訂正。夾峯王守中校刊。會稽楊維楨、長山王雄序首。

名畫評三卷〇明大梁劉道醇纂并自序。

畫鑑一卷紅絲闌鈔本。〇明東楚湯載著。序云：「采真子妙于考古，在京師時，與鑒書博士柯君敬仲論畫，遂著此書。用意精到，悉有據依。惜乎尚多疏畧，乃爲删補，編次成帙，名曰《畫鑑》。采真子，載之自號也。」

畫史十三則○不著撰人名氏。凡例十二則。

訪古録一册 烏絲闌鈔本。○不著撰人名氏。其書論法帖、書畫之説居多。

三教同聲一卷 刊本。○明新安張新嘉甫纂集。萬曆壬辰鐵耕道者鄭邦福序曰：「新安張賓桐氏，素精琴理，凡可持誦諷詠之者，悉能被之于絃，以清人耳。余爲比部時，見其《釋談章譜》，按而習之，如入梵宫聞衆僧咒，既心異之。越二年，余以入賀抵都，又見其以《大學清静聖經譜》而按之與前配。吁，亦奇矣。夫賓桐氏欲聯三教以同聲，何其所志之宏也。乃忽獻疑於予曰：『吾儒與道家者流，其習于琴久矣。乃佛氏以音聲、色相爲邪道，則談章之譜得無悖于本旨乎。』予曰：『不然，琴之設，無非禁人之不正以歸于正，此其意旨，原不謬于聖人，况道流乎？人患不達，先王作樂之本耳。達其本，則解處泠然無往。非正性之具，即佛氏之風、水、樹、鳥皆能説法，梵音、潮音皆是妙音，於琴理又何礙也。』賓桐氏遂釋然領悟，乞此語弁之簡端。」

神奇秘譜三卷 刊本。○明寧藩[二]臞仙撰。序云：「琴譜數家所載者，千有餘曲，而傳於世者，不過數十曲耳。不經指授者，恐有訛謬。予昔親受者，三十四曲，刊之以傳後學。其一字一句、一點一畫無有隱諱，名鄙俗者悉更之，以光琴道。」

嘯旨 刊本。○不著撰人名氏。序云：「夫氣激于喉中而濁，謂之言，激于舌而清，謂之嘯。言之濁可以通人事，達性情。嘯之清可以感鬼神，致不死。蓋出其言善，千里應之；出其嘯善，萬靈受職，斯古之學道者哉。君授王母，母授南極真人，真人授廣成子，廣成子授風后，風后授嘯父，嘯父授務光，務光授堯，堯授舜，舜演之爲琴，與禹，自後迺廢。續有晉大行山仙君孫公獲之，迺得道而去，無所授焉。阮嗣宗得少分，其後湮没無聞矣。嘯有十五章句，權輿正畢有十二法，外激、内激、含藏、散越、大沉、小沉、疋叱、五大、五少皆在十五章之内，則嘯之妙音盡矣。」

秋仙遺譜十二卷 刊本。○明褚克明集。嘉靖丁巳徐慰懷序云：「褚君克明性好弈，深知用譜之説。乃集國工之譜，自唐劉積薪及采劉仲甫諸人，莫不悉備。又時出新意，以補古人之不及。因刻之。」

奕悟一册 刊本。○周動編并序。

奕會吟四卷 刊本。○明鄭銘著。鄭棠序。

五木經一卷○唐李翺撰。羅浮外史識後云：「古之言樗蒲者凡八：爲經、爲采名、爲象戲、爲廣象戲格、爲樗蒲格，總是經爲八部，今鄭夾漈之志藝術悉載焉。但初不録作者姓氏，至馬貴與作《經籍考》，迺收《五木經》于子類，稱唐李翺撰，元革註，而署其卷目爲一，復及其圖例云者，今且軼脱不可得而見矣。是卷幸載《李文公集》，其盧、梟、雉、犢之采，備紀帙中。後之癖染劉毅、容寳之好者，當一披豁而嘉賞焉。」

九宫譜二册 刊本。○明蔣孝編并序。

角力記一卷 烏絲闌鈔本。○不著撰人名氏。卷首序曰：「頃于市貨故紙束中得古之雜説，于中一段説角力之戲，且多猥俗。愚居間，遂加潤之以故事，演成斯記。」

〔一〕「藩」上原空一格，臞仙即朱權，朱權封寧王，故此處當爲「寧藩」，今補「寧」字。

譜録類

銅劍贊一卷 鈔本。○晉江淹撰。

宣和博古圖三十卷 刊本。

硯箋三卷 鈔本。○宋嘉定高似孫修撰并序。

墨譜法式三卷 鈔本。○宋趙郡李孝美編次。馬允序。

文房圖贊集○宋嘉熙初元和靖七世孫可山林洪龍撰。序曰：「士之仕皆繇文房始，惟唐韓愈舉潁爲中書，他竟無所聞。今《圖贊》一十八卷，擬以官酬之，俟異日請於朝，罔俾昌黎專美。」

雲林石譜三卷 藍絲闌鈔本。○宋杜綰撰。綰字季揚，號雲林居士，山陰人。是書采石之瑰異，第其流品，載都邑之所出。紹興癸丑闕里孔傳原〔二〕題辭。

泉評茶辨十二卷 刊本。○明虞氏撰。正德己巳虞銓跋後云：「先君素有茶癖，挾書藝游京師，從事禮曹者幾二十年。恒以竹罏自隨，瀹茗于官廨，見賞于館閣，羣公咸以文字褒之。迨讀禮南還，閉門校讐羣籍，取天下之泉宜于茶者評之，茶之合于泉者辯之，手著是編。復于詩壇諸老結爲茗約，凡賡咏所在，罏亦從而試之。累積篇什，彙次成帙，命工梓行。」

膳夫經一卷 紅絲闌鈔本。○楊燁著。

誠齋牡丹譜一卷 藍絲闌鈔本。○不著撰人名氏。

異魚圖贊四卷 刊本。○楊慎撰，范允臨題辭。太守公諱汝梓序云：「明稱著述之最富者，無如蜀楊用修先生。書凡四百餘種，而所存僅十之一二，皆流傳他省，傳于蜀止十餘種而已。家大叔堯卿司馬天一閣中，有先生《異魚圖贊》，予雅愛之。入蜀，得范長白公訂本，索其版，已亡，因以付剞氏。」

藝贊三卷 刊本。○明鄺灝編輯。嘉靖壬辰自序。

〔一〕此處原爲空白，據《鐵琴銅劍樓藏書目録》補。

雜家類

五子書十六卷 ○《鬻子》，周鬻熊撰。宋永徽四年華州鄭縣尉逄行珪註，并序云：「鬻子名熊，楚人，周文王之師也。年九十見文王，王曰：『老矣。』鬻子曰：『使臣捕獸、逐麋，已老矣，使臣坐策國事，尚少焉。』文王師之。著書二十二篇，名曰《鬻子》。遭秦暴亂，書記略盡，《鬻子》雖不遇焚燒，編帙由此殘缺。○《子華子》，晉人程本撰。漢護左都水使者光禄大夫劉向言：「所校讐中《子華子》書，凡二十有四篇，以相校，復重十有四篇，定著十篇。子華子生于晉頃公時，不肯苟容于諸侯，聚徒著書，自號程子。孔子遇諸郟，嘆曰：『天下之賢士也。』簡子欲仕諸朝而不能，將脅之以兵。子華子去而之齊，齊景公不能用，館于晏氏，更題其書曰《子華子》。簡子卒，襄子立，子華子反于晉，時已老矣，遂不復仕以卒。」〇《尹文子》，周尹文撰。山陽仲長氏撰定，并序云：「《尹文子》者，蓋出于周之尹氏。齊靈時居稷下，與宋鈃、彭蒙、田駢同學于公孫龍。公孫龍稱之著書一篇，多所彌綸。余黄初末始到京師，繆熙伯以此書見示。意其玩之，而多脱誤，聊試條次，撰定爲上下篇。」〇《公孫龍子》，趙人公孫龍著。序殘。〇《鶡冠子》，陸佃解，并序云：「韓子曰：『《鶡冠子》十有六篇，文字脱謬，爲之正三十有五字，乙者三，滅者二十有二，註十有二字』云。陸子曰：『鶡冠子，楚人也。居于深山，以鶡爲冠，故曰鶡冠子。』其書自《博選篇》至《武靈王問》凡十有九篇，而退之云十有六篇者，非全書也。今其書雖具在，然文字脱謬不可考者多矣。故爲釋其可知者，而其不可考者輒疑焉。」

五子書八卷 刊本。〇明嘉靖甲辰歐陽清重刊本，并序云：「《五子書》者，《鬻子》十四篇一卷，《子華子》十篇二卷，《鶡冠子》十九篇三卷，《尹文子》二篇，《公孫龍子》六篇，各一卷。故刻在關中，有取而刻之括者，久未及校。予始讀之，爲之改誤若干字，漶漫脱落者補正之，刻迺完好可觀。」

墨子九卷〇宋墨翟撰。

鬼谷子二卷 刊本。

鬼谷子一册 綿紙藍絲闌鈔本。

吕氏春秋二十六卷 刊本。○秦吕不韋撰，漢高誘訓解并序。

淮南鴻烈解二十八卷 刊本。○漢太尉祭酒許慎記上。明弘治辛酉劉績補註，并跋後云：「右《淮南》一書，乃全取《文子》而分析其言，雜以《吕氏春秋》、《莊》、《列》、《鄧析》、《慎子》、《山海經》、《爾雅》諸書，及當時所召賓客之言。故其文駁亂，序事自相舛錯。漢許慎記上，而高誘爲之註。記上猶言標題進呈也，故稱職稱臣。先儒誤以爲慎註，又疑非誘註。按註中不知者云『誘不敏』，則爲誘註明矣。其書雖無足取，然論律吕而存古樂，論躔度而存曆數。天文地形，亦有當留心。舊本殘訛，自誘註時已不能辨。如以『禁苛』爲『奈何』類甚多。暇中據他書補數千字，改正數百字，删去百字。其疑者仍存，難釋者草草書數語釋之。」

人物志三卷 刊本。○魏散騎常侍劉邵撰，凉儒林祭酒劉昞註并序。阮逸序云：「予好閲古書，于史部中得劉邵《人物志》十二篇，極數萬言。其述性品之上下、材質之兼偏，研幽摘微，一貫于道。由魏至宋，歷數百載。其用尚晦，而鮮有知者。是書也，博而暢，辨而不肆，非衆説之流也。予安得不序而傳之？」廣平宋庠記後，明嘉靖己丑顧定芳識後。

天機子一卷○蜀漢諸葛武侯撰并序。

劉子新論十卷 藍絲闌鈔本。○梁通事舍人劉勰著。序殘。

兩同書二卷 刊本。○唐羅隱昭諫撰。明司馬公諱欽訂。

太平兩同書二卷〇唐吴筠撰。

經鉏堂雜志六卷 藍絲闌鈔本。〇宋雪川倪思著。

草木子四卷 刊本。〇元龍泉葉子奇著并序。明鄭善夫叙云：「草木子葉子奇氏，括人。生元季，匿於龍泉之槎溪。所著有《範通元理》、《太玄本旨》各二卷，有詩十六卷，文二十卷，《本草》、《醫書節要》各十卷，《齊東野語》三卷，《草木子》三卷。《草木子》成於洪武戊午幽纍中。稽上下之儀，星纏之軌，陰陽五行生剋之運，海嶽浸漬，戎夷希乏之物，鬼神伸屈之理，草之變，魚蟲之尤，律曆、推步、易衍之大宗，釋老、禮制之書，而之於六籍之要，大歸同焉。《野語》記時事失得，兵荒菑異。《草木子》云者，草記時，木記歲，以況其生而傷乎其言之立也。舊本凡二十八篇，今纂爲八。《野語》凡三卷，今爲二。其七代宗子溥殺青而行之，弁曰《草木子》。」

槖籥子一卷

林子一卷 刊本。〇林兆恩撰。門人黄大本序云：「是書乃諸生各紀所聞，共爲一帙，而先生筆削之，遂編成集。聖道殊途，原無二致，故先之以三教。道外無聖，性外無道，故次之以心性。本立道生，居安資深，故次之以人倫。北辰立樞，聖人合德，故次之以同天。聖人之道，或出或處，故次之以仕道。身隱道晦，爲時所怪，故次之以顛義。離羣索居，佩服不忘，若自叛去，先生之棄，故終之以互鄉。諸生與斯集者，標其名氏，紀其名而不繫以姓者，皆先生之諸季也。爰刻於清源洞之虚白室。」

三教歷代會編要畧九卷 刊本。○明林兆恩著。陳雲桂序，隆慶壬申弟兆誥後跋。所著有《林子》二卷，《醒心集》一卷，《射禮文武協用圖説》一卷，《祭禮著歷代版給圖説》一卷，《崇禮堂條約》一卷，《留客圖説》一紙，《小宴會圖説》一紙，《明經堂條約》一卷，《敬聽念》、《戒勉五詞》各一紙，及《梓録聖訓端毅王公恕》。所注解者復有《義田集》一卷，《社集》一卷，《施棺集》一卷，《助葬集》一卷，《自製壙誌》一卷。諸集刻行，人多燔失，擬復與同門諸友重梓，尚未能也。

空同子一卷 首帙有「堯氏」圖章。○明北郡李夢陽撰。嘉靖辛卯門人聶豹序云：「予讀《空同子》八卷〔一〕，而嘆其爲文之至也。或曰：『空同子文跨一代，隻字流落，輒爲人所傳頌，而子獨以八篇，何哉？』予曰：『文以見道，道以經世，斯其至矣。若空同子者，天假之年，起而究厥施焉，則其所以名世者，文不足道矣。』或曰：『空同子嘗仕也，乃落落爲世所擯，何耶？』予曰：『前乎此者疑于道，猶未也。蓋其英氣太露，常有凌軼古今之意，其不爲世所容有以也。五十以後，則盡悔平生，而并其所謂詞章者，若將爲而不屑矣。是故懲艾深而真見定。八篇之作而豈徒哉？』予故讀而嘆之曰：『此空同子文之至也。』迺刻之郡齋。」

祝子罪知 鈔本。○明祝允明撰。

張子小言 ○明蜀都張愈光著。楊慎序。

百泉子緒論一册 刊本。○明吴郡皇甫汸撰。

古言二卷 刊本。○明海鹽鄭曉撰。嘉靖乙丑自序。

筆籌一册 烏絲闌鈔本。○不著撰人名氏。弘治己酉盱眙陳道識云：「《筆籌》一編，不知作者爲誰。讀之，皆卓然至論，非有學有養折肱世務者不能道也。因梓行之，併附所見于各章後，求正于知言君子云。」

古今注三卷 刊本。○晉崔豹著。

資暇集二卷 紅絲闌鈔本。○唐李匡乂撰。

東觀餘論二卷 烏絲闌鈔本。○宋黄伯思撰。

靖康新雕緗素雜記十卷 藍絲闌鈔本。○宋建安黄朝英撰。

猗覺寮雜記二卷 綿紙藍絲闌鈔本。○宋紫微舍人桐鄉朱翌撰。慶元三年四月九日魏郡公鄱陽洪邁序。

西溪叢話二卷 刊本。○宋姚寬撰，并序云：「嘗讀《新論》云：『若小説家，合叢殘小語以作短書，有可觀之辭。』予以生平父兄、師友相與談説，履歷見聞，疑誤考證，積而漸富，有足采者，因綴輯成編，曰《叢話》。不敢誇于多聞，聊以自怡而已。」

野客叢書三十卷 刊本。○宋慶元改元長洲王楙撰并自序。

漁隱叢話六十卷 紅絲闌鈔本。○宋苕溪吴[二]仔撰。

賓退録十卷 綿紙藍絲闌鈔本。○宋趙與旹撰。

朝野類要一卷 刊本。○宋端平丙申文昌趙升向辰著并序。

中華古今注三卷 刊本。○明國子博士馬縞撰，并序云：「昔崔豹《古今注》，博識雖廣，迨有闕文。洎乎廣初，莫之聞見，今添其注以釋其義。」

丹鉛餘録十七卷 刊本。○明楊慎著，邱文舉集，李世芳、楊富春校録。無序。

丹鉛續録十二卷 刊本。○明楊慎著并序。周復俊校。

丹鉛摘録十七卷 刊本。○明楊慎著。武昌楊儒魯序。

丹鉛總録二十七卷 刊本。○明楊慎著。梁佐校刊并序。

譚苑醍醐九卷 刊本。卷首有「東明山人之印」。○明楊慎撰，并序云：「醍醐者，佛氏借之以喻性也，吾借之以名吾《譚苑》也。夫從乳出酪，從酪出酥，從生酥出熟酥，從熟酥出醍醐，猶之精義以入神，非一蹴之力也。學道其可以忘言乎？語理其可以遺物乎？故儒之學，有約有博，佛之教，有頓有漸。故曰多聞則守之以約，多見則守之以卓。寡聞則無約也，寡見則無卓也。佛之説曰必有實際而後真空，實則攬長河爲酥酪，空則納須彌于芥子。以吾道而瓦合外道，一也；以外道而印證吾道，一也。譚云、苑云，徒説云乎哉。醍云、醐云，徒味云乎哉。」

正楊四卷 刊本。○明陳耀文撰。李蓘序云：「成都楊用修著《丹鉛録》等書，至數十百種。朗陵陳君晦伯間取其誤謬，分疏其下，得一百五十條。悉撮原本，無假辨説，開卷瞭然，固譚藝者之一快也。」

論衡三十卷 刊本。○漢王充著。宋慶曆五年楊文昌後序云：「范氏《東漢》列傳云：『充字仲任。嘗受業太學，師事班彪，博覽而不守章句。家貧無書，嘗遊雒陽市肆，閲所賣書，一見輒能誦憶，遂博通衆流百家之言，著《論衡》八十五篇二十餘萬言。既作之後，中土未有傳者。蔡氏邕入吴會始得之，常祕玩以爲談助，故時人嫌伯喈得異書。或搜求其帳中隱處，果得《論衡》，抱數卷持去。其後王朗〔三〕來守會稽，又得其書，及還許下，時人稱其才進。或曰不見異人當得異書，問之，果以《論衡》之益。繇是遂見傳焉。』流行四方，今殆千載。撰《六帖》者，但摘而爲備用；作《意林》者，止鈔而同諸子。吾鄉好事者，往往自守書櫝爲家寶。然其篇卷脱漏，文字踳駁，魯魚甚衆，亥豕益訛。或首尾顛躓而不聯，或句讀轉易而不紀，是以覽者不能通其讀焉。余幼好聚書，于《論衡》尤多購獲。自一紀中得俗本七，率二十七卷，其一程氏西齋所貯，蓋今起居舍人彭公乘曾所對正者也。又得史館本二，各三十卷，乃庫部郎中李公秉前所校者也。余嘗廢寢食討尋衆本，雖略經修改，尚互有缺遺。意其謄録者誤有推移，校勘者妄加删削，致條綱紊亂，旨趣乖違。倘遂傳行，必差理寔。今所覈數本之內，率以少錯者爲主，然後互質疑謬，沿造本源，譌〔四〕者譯之，散者聚之，亡者追之，俾斷者仍續，闕者復補，惟古今字有通用，稍存之。又爲改正塗注，凡一萬一千二百五十九字。」嘉靖乙未後學吴郡蘇獻可校刊。

風俗通義十卷 刊本。〇漢應劭撰。大〔五〕德丁未李果刻。

封氏聞見記十卷 藍絲闌鈔本。〇唐封演撰。

王氏談録綱目一卷 藍絲闌鈔本。〇宋王原叔撰。約齋山人識。

文昌雜録六卷 藍絲闌鈔本。○宋龐元英撰。自跋稱：「自壬戌五月入省，至乙丑八月罷，每有所聞見，私用編録。官在儀曹，粗記故事。今離爲六卷。」乾道丁亥夏六月編修官衛傳序。

麈史四卷 朱絲闌鈔本。○宋王得臣撰。自序稱所紀凡二百八十四事，自朝廷至州里有可爲法戒者無不載，分四十四門。

夢溪筆談二十六卷 刊本。○宋沈括撰。

補筆談二卷 刊本。○宋沈括撰。

仇池筆記二卷 刊本。○宋蘇軾撰。

珩璜新論一册 藍絲闌鈔本。○宋孔平仲撰。

晁氏客語一卷 烏絲闌鈔本。○宋晁説之撰。

曲洧舊聞十卷 鈔本。有「天一閣」、「東明山人之印」二圖章。○宋朱弁著。卷首司馬公筆志云：「朱弁字少章，新安人，於晦菴爲從父，官直秘閣。建炎丁未使虜，留十七年，既歸而卒。又有《雜書》一卷、《骫骳説》一卷。《骫骳説》者，以續晁无咎《詞話》，而晁書未見。」

嬾真子五卷 藍絲闌鈔本。○宋廣陵馬永卿撰。

春渚紀聞十卷 藍絲闌鈔本。○宋何薳撰。

石林燕語十卷 刊本。每卷首有「范氏圖章之記」、「人生一樂」、「子子孫孫永傳寶之」三圖章。○宋吳縣葉夢得著，建炎二年褒集并序，楊武後序。

避暑録話二卷 刊本。○宋葉夢得撰。

卻掃編三卷 藍絲闌鈔本。○宋徐度撰。

墨莊漫録十卷 藍絲闌鈔本。○宋張邦基編。

寓簡十卷 藍絲闌鈔本。○宋寓山沈作喆撰。

雲麓漫鈔四卷 紅絲闌鈔本。○宋趙彦衛撰。

游宦紀聞十卷 藍絲闌鈔本。○宋鄱陽張世南撰，并序云：「僕自丱角隨侍宦游，便登青天萬里之蜀。及壯，走江湖，無寧歲。紹定改元，適有令原之戚。閉門謝客，進思捉筆紀録，不覺盈軸，以《游宦紀聞》題之。」

老學菴筆記一册 藍絲闌鈔本。○宋山陰陸游撰。

鶴林玉露十六卷 刊本。○宋羅大經著。明商濬校。

張筌翁貴耳集三卷 藍絲闌鈔本。○宋淳熙丙午張端義撰。

吹劍録一卷 藍絲闌鈔本。○宋俞文豹撰。小識云：「此編已刊行，版留書肆，不可復得。因删舊添新，再與《續集》並刊。」

齊東野語二十卷 刊本。○宋周密著，并序云：「余世爲齊人，居歷下，或居華不注之陽。五世祖同州府君而上，種學績文，代有聞人。曾大父扈蹕南來，受高皇帝特知，遍歷三院，徑躋中司。泰、禧之間，大父從屬車，外大父掌帝制，朝野之故，耳聞目接，歲紀日編，可信不誣。先君博極羣書，聞臺閣舊事，每對客語，音吐洪暢，纚纚不得休。坐人傾聳敬嘆，知爲故家文獻也。洊遭多故，遺編鉅帙，悉皆散亡。閒居追念一二于十百，參之史傳諸書，博以近聞脞説，務求〔六〕事之實，不計言之野也。」

困學齋雜録一卷 藍絲闌鈔本。○元鮮于樞撰。

閑居録一卷 藍絲闌鈔本。○元吾邱衍撰。

蟫精雋十六卷 藍絲闌鈔本。○明徐伯齡纂。

讕言長語一卷 刊本。○明曹安著并序。

震澤長語二卷 刊本。○明張鏊撰并序。

南園漫録十卷 刊本。○明張志淳撰。

緑雪亭雜言一卷 刊本。○明清江敖英撰并識。

真珠船八卷 刊本。○明關西胡侍撰。

七修類稿五十一卷 刊本。○明仁和郎瑛仁寶著。分天地、國事、義理、辨正、詩文、事物、奇謔七類。

東巢雜著二卷 藍絲闌鈔本。○不著撰人名氏。

逌旃璅言二卷 刊本。○明蘇祐撰。

濯纓亭筆記十卷 刊本。○明長洲戴冠撰。華察序云：「戴先生爲吾父奉政公師，余少猶及識之。間嘗求其遺文，未得也。頃同年陸給事子餘得其所著《濯纓亭筆記》十卷，手校寄余山中，余爲刻梓。是編舊題《隨筆類記》，故少卿都公元敬爲易今名。蓋濯纓者，先生所自號也。」

孤竹賓談四卷 刊本。○明吉水陳德文撰并序。

湧幢小品三十二卷 刊本。○明朱國楨撰。

焦氏筆乘續集八卷 刊本。○明焦竑撰。

之桐紀事一卷 刊本。○明余漢城著。

元宫詞一卷 刊本。○明人著。序稱：「元于今至爲近代，而宫庭深邃，人罕得而知也。永樂元年，錫賜予家。有一老媪年七十，迺元后乳姆，于宫中事最悉。訪之，一一備陳。故予詩中所詠，皆元宫實事。有史中未載，外間不得而知者。遺之後人，以廣多聞焉。」

兩山墨談十八卷 刊本。○明陳霆撰并識。

洞天清録集十二卷 藍絲闌鈔本。○宋趙希鵠撰并序。

雲烟過眼録一卷 藍絲闌鈔本。○宋周密公謹父撰。

尚論編一卷 刊本。○明王達善撰。正德十六年李昆序云：「司長胡樾岡先生，摘本朝王學士達善先生集中所著《景仰撮書》一篇見示。皆舉摭前人往事而訂論其得失是非，以爲世訓，讀之使人警悟。其世傳《筆籌》，亦先生所爲，其論處己待人、慮事度物，直指曲盡，蓋與此書互發。樾岡篤好此書，題之曰《尚論編》。」

徵吾録二卷 刊本。○海鹽鄭曉著。夏儒刻。明嘉靖丙寅進士鄭履淳序稱：「曉既輯《吾學編》，而事意多有未盡，則又川分條析，爲《今言》三百四十餘首。又即二書撮其大要，究本窮源，列《徵吾録》上下卷，計三十二篇。」

九沙草堂雜言一卷 刊本。○不著撰人名氏。

天游別集二卷○明古黟舒遷訂。自序稱：「始見《筆籌》一册，不知作者何許人。庚子按河東，公署積書千餘卷。披閱之，得《尚論篇》，酷與《筆籌》相似。爰考其實，乃知俱翰林王君之手，而《筆籌》亦獲見其全矣。遂彙爲兩帙，刻而傳之，名曰《天游別集》，蓋取諸王君之別號也。」

迂書一卷 綿紙朱絲闌鈔本。○不著撰人名氏。

枕戈雜言一册 刊本。○不著撰人名氏。

感時論二卷 刊本。○明仲山王問著，門人殷邦靖校，王伯興編集。

霏雪録一册 刊本。○雒陽鎦績孟熙著。

物類相感志十八卷 藍絲闌繭紙鈔本。○宋蘇軾撰。兩府僧統法戒都監宋文太師贊寧編次。分天、地、人、鬼、鳥、獸、草、木、竹、石、蟲、魚、寶器、金玉十四類。

多能鄙事十三卷 刊本。○明誠意伯劉基撰。嘉靖十九年青田縣儒學訓導浮梁魯軒程法序云：「孔子曰：『吾少也賤，故多能鄙事。』是則孔子之謙，而茲録亦從之。大勳伯文成劉公，練達元老也，爲我朝第一流人物。百執事無能抗者，敢以賤目之？矧所編之録，有曰飲食，所以衛性也；有曰服飾，所以華躬也；有曰器用，所以贍日給也；有曰百藥，所以防時虞也；有曰農圃、牧養，則植材之根本；有曰陰陽、占卜與占斷、十神〔七〕之類，則演易之支流。凡若此者，皆切于民生日用之常，不可一闕者，事雖微而繫甚大，苟斥曰鄙，吾豈敢哉。」

便民圖纂十六卷 刊本。○明陳維一編。歐陽鐸序。嘉靖丁亥冬翻刻。吕經序：「原本出三厓歐氏，若托始則任邱鄺廷瑞氏選刻于吳者。」

新增格古要論十三卷 刊本。○明曹昭撰，王佐校增。後附宮殿記。

霞外雜俎一卷 刊本。○明東谷居士敖英序云：「嘉靖丁酉秋，予有蜀臺之役。一日泊舟空舲灘上，以候風色。乃野服登岸眺望，由曲徑窈窕入平林，度石梁，又斗折而行，西數百步，見峭壁攢峯，如屏如玦，中有石潭，水色幽幽，可鑒鬚眉。潭上有石筍駢立，勢欲墮。有泉出石竇，若噴雪花，潺潺落潭中。傍有磐石如席，石傍有古松三株，虬枝奇屈，緑蔭葳蕤。予欣然會心，乃小憩石上，以觀泉流。俄有一翁，曳杖而來，癯然山澤之姿，似有道者。予揖而與之坐，欵語移時，因問：『翁知攝生之要乎？』翁曰：『吾每日只服一劑和氣湯。』又問：『翁居閒處，獨亦觀書否？』翁曰：『吾壯年服膺《九字經》，今耄矣，慚負此經多矣。』又問：『翁于世亦有求乎？』翁曰：『人生空分，機關計較都不濟事，俟命而已，吾何求哉？』已而，蒼然暮色自西山而至，予遂與翁别。翁袖中探此書授予，且告曰：『此鐵脚道人所纂也，敢以爲上客之壽。』予返而登舟，取所授書閲之。翁與余石上所語者，班班在焉。連日三復，愛其言簡易警策，若終身之受用不盡。因命幼兒楷書數通，以寄鄉關親友。」

意林五卷 刊本。○唐扶風馬總撰。

澄懷録一卷 藍絲闌鈔本。○宋周密撰。

經子法語一卷 藍絲闌鈔本。○宋鄱陽洪邁著。

勸善書二十卷 刊本。○明仁孝皇后撰。永樂三年御製序。

歷代臣鑒三十七卷 刊本。○明宣宗皇帝撰。宣德元年四月御製序。

歷代君鑒五十卷 刊本。○明景皇帝撰。景泰四年御製序。

爲善陰隲十卷 刊本。○明永樂十七年御纂并叙。

簡端録十二卷 刊本。○明正德己亥古華山人邵寶撰并序，天台王宗元編次。

灼艾集二卷續集二卷餘集二卷别集二卷 刊本。○明九沙山人萬表撰。云：「灼艾者，以灼艾休暇，日涉諸説，凡有會于心者，輒手録之。」每集各有自跋。

諸子彙函二十六卷 刊本。○明姚希孟集并序。

子彙十二册 明萬曆四年刊本。

諸子纂要大全四卷 刊本。○明黎堯卿纂，張瓛校。正德丁卯孟夏月錦江堂刊。

七子纂要三册 刊本。○明四明進士史起欽纂輯。

六子彙編十二卷 刊本。○《老子》、《莊子》、《揚子》、《列子》、《文中子》合刻。明張位、趙志皐同校刊。黄錫爵序。

七十二子粹言二卷 刊本。○不著編書人姓名。

百家類纂四十卷 刊本。○明隆慶元年慈溪沈津編。明州張時徹序，三衢王之稷、雲間希淳、含山胡來範跋後。凡例云：「是編名《百家類纂》者，總諸子之羣書，以類相從，纂其元而去其疵也。百家異方，言人人殊。不别其類，則其體殺，不纂其元，則其旨雜，均非所以通萬方之畧也。故僭爲訂次，使考古者得有所覽焉。一、漢太史司馬談始著《六家要指》之論，劉歆所奏《七畧》則有諸子畧，班固作《藝文志》以爲『諸子十家，可觀者九』，曰儒、曰道、曰陰陽、曰法、曰名、曰墨、曰縱横、曰雜、曰農、曰小説，此十家也。十家之外，益以兵家、天文、曆譜、五行、醫經、神仙、方技之類，皆删其要以備篇籍。後世書分四部，諸子百家悉列之子，效孟堅體耳。《隋》志經籍則增十四種，《唐》、《宋》志藝文則增十七類，抑何多耶。然中更兵火，名存籍去，隋視漢則亡其五，唐宋視隋則又亡其六七矣。及我朝文淵閣，則又不啻六七而已。兹所編止取儒、道、法、名、墨、縱横、雜、兵八家，以附于班史可觀之列。外諸家則刻之《百家别纂》、《説林雜纂》，不使溷焉。庶博學者知所要歸也。一、劉勰有言：『《七畧》派流，諸子鱗萃。純萃者入矩，踳駁者出規。』言貴精也。隋唐間有沈約、庾仲容《子鈔》，孟儀、薛克建《子林》，盧藏用《要畧》，馬總《意林》，皆子書之粹也。隋以上諸書不存，惟唐馬總《意林》獨行于世。然其所取，或一書數章，或一篇數句，既不盡作者之旨，而撰次無統，類例不明。容齋洪氏曰：『唐世未知尊《孟子》，故《意林》亦列其書而差有不同。他所引書如《胡非子》、《隨巢子》、《纏子》、《王孫子》、《公孫尼子》、《阮子》、《正部》、姚信《士緯》、《殽興》、《通語》、《牟子》、《周生烈子》、《秦菁子》、《梅子》、《任子》、《魏郎子》、《唐滂子》、《鄒子》、孫氏《成敗志》、《蔣子》、《譙子》、《鍾子》、張儼《默記》、裴氏《新書》、袁淮《正書》、袁子《正論》、《蘇子》、《陸子》、張顯《析言》及《于子》、《顧子》、《諸葛子》、《陳子要言》、《符子》諸書，今皆不傳於世，亦有不知其名者矣。』宋猶若是，今可知也。故是編第據海内通行及家藏諸本，悉爲詮綜，攬襭英華，寸善必録。其諸詭于道者，悉棄之。亡書内有片言隻詞當于理者刻之。羣書廣喻，録亦不遺也。學者得是編而讀之，亦足以廣見聞，助發揮，雖不睹全書可矣。一、是編撰列，悉倣漢、隋、唐、宋藝文、經籍志類，而參之以《通考》、《玉海》，考索諸書，畧以世次爲先後，便觀省也。每家之首則有總題，叙原本也。每一字之首則有題辭，詳始末也。其原有題引，足徵一書者，則録原辭。其或有原辭，而考覈欠精，品隲未當者，則節取原詞，附以臆見，並以『按』字發之。務折衷于理道，不敢妄有所短長。一、是編專録諸子，不得混以他集，明類也。或曰韓、柳、歐、蘇，濂、洛、關、閩尤諸子之傑，獨可遺乎？余曰韓、柳、歐、蘇以文鳴，不當偏目之子也。故約《文選》、《文粹》、《文鑑》、《文類》以及我朝《文苑》，刻之《百代文宗》，尚文也。濂、洛、關、閩以道鳴，不敢概同于子也。故約《性理羣書》以及我朝《理學名臣録》，刻之《諸儒理窟》，重道也。體裁不同，觀法亦異，固各有所指歸也。是明類之意也。」

智囊全集十五卷 刊本。○明馮夢龍著。汪淇序。

玉壺冰一卷 刊本。○明吴郡都穆撰。

福壽全書六卷 刊本。○明雲間陳繼儒輯。

廣仁品二十卷 刊本。○明淮南李盤輯。李兆勳序。

義命彙編十二卷 刊本。○明汀州府同知李仲撰輯。長汀縣知縣李應科校正。

義命箴規 刊本。○明吴孟祺撰。

勸世方言一卷 刊本。○明慈溪劉鑽著。嘉靖戊子華亭王良佐序云：「劉子世資采羣書要語，附以己意，著爲《方言》若干篇。其書根柢人倫及日用常行之理，纖悉畢備，隨事直言，不尚文彩。蓋欲使童子婦人皆得通曉，不勞解析，其用意亦勤矣。」

最樂編五卷 刊本。○明高道淳著。魏大中等正并序。

狐白裘十卷 刊本。○博野劉瑶編。

讀書日記一册○不著撰人名氏。

閒居漫讀新得記九卷 烏絲闌鈔本。○四明倪復著。

見山堂雜鈔 烏絲闌鈔本。○不著撰人姓名。卷首有「白鶴山房」、「碧沚書堂」二圖章。

木蘭堂類鈔一册 藍絲闌鈔本。○不著撰人名氏。卷首載宋蔣子正《山房隨筆》，宋沈淑《諧史》。

志雅堂雜鈔 藍絲闌鈔本。○不著撰人名氏。

翰苑叢鈔八册 藍絲闌鈔本。○不著撰人名氏。

雜書九册 刊本。○《詩品》二卷，《本事詩》一卷，《畫品》一卷，《鼎録》一卷，《明道雜志》二卷，《宜齋野乘》一卷，《松牕雜録》一卷，《次柳氏舊聞》一卷，《葆光録》二卷，《洛陽名園記》一卷，《趙飛燕外傳》一卷，《高力士傳》一卷，《開元天寶遺事》一卷，《齊諧記》一卷，《海内十洲記》一卷，《卓異記》一卷，《資暇集》二卷，《集異記》一卷，《幽閑鼓吹》一卷，《小爾雅》一卷，《劉賓客嘉話録》一卷，《嘯音》一卷，《文録》一卷，《雪深偶談》六卷，《松漠記聞》二卷，《別國洞冥記》二卷，《白猿》一卷，《碧霞録》一卷，《芥隱筆記》一卷，《艾子》一卷，《梅妃傳》一卷，《虬髯客傳》一卷，《博異志》一卷，《楊太真外傳》二卷，《山家清事》一卷。

名賢彙語二十二卷 刊本。○明隆慶辛未飛來山人彙編并序。

今獻彙言八册 刊本。○不著撰人名氏。第一卷：《蘿山雜言》、《蒙泉雜言》、《未齋雜言》、《南山素言》、《松窗寤言》、《井觀瑣言》。第二卷：《正學編》、《明斷編》、《比事摘録》。第三卷：《演連珠編》、《擬連珠編》、《瑣語編》、《西軒客談》、《詢芻録》、《讕言編》、《拘虛寤言》、《竹下寤言》。第四卷：《清溪暇筆》、

《桑榆漫志》、《林泉隨筆》、《春雨堂隨筆》。第五卷:《賢識録》、《遵聞録》、《損齋備忘録》、《守溪長語》。第六卷:《雙溪雜記》、《菽園雜記》。第七卷:《平夏録》、《平吳録》、《北平録》、《平定交南録》。第八卷:《撫安東夷記》、《西征石城記》、《興復哈密記》、《平夷録》、《東征記行録》、《江海殲渠記》、《醫閭漫記》。

今賢彙説十册 刊本。〇不著撰人名氏。

欣賞編十卷 刊本。〇吳興茅一相集。徐中行、王蔡序。内分甲集詩法,乙集弈選,丙集繪妙,丁集詞評,戊集曲藻,己集十友,庚集茶譜,辛集色譜,壬集牌譜,癸集修真。

〔一〕「卷」疑爲「篇」字之誤。

〔二〕「吳」字疑爲「胡」字之誤,宋胡仔有《苕溪漁隱叢話》。

〔三〕「朗」原誤爲「郎」,據《後漢書·王充王符仲長統列傳》改。

〔四〕「譌」原誤作「僞」,據《抱經樓藏書志》改。

〔五〕「大」原誤作「太」,今改。

〔六〕「求」字原脱,據《抱經樓藏書志》補。

〔七〕「神」上原空一格,今據《存目叢書》補。

天一閣書目卷三之二　子部二

類書類

藝文類聚一百卷 刊本。○唐歐陽詢撰并序。

北堂書鈔一百七十卷 刊本。○唐虞世南撰。

初學記三十卷 刊本。○唐東海郡開國公徐堅等奉敕撰。宋紹興甲寅建陽縣丞福堂劉本序云：「人生而不學，與無生同，學而不能文，與不學同，能文而不載乎道，與無文同。文之不可以已也如此。是以近世有摘六經、諸子百家之言而記之，凡三十卷。開卷而上下數百年之事皆在其目前，可用以駢四偶六、協律諧吕。爲今人之文，以載古人之道，真學者之初基也。」明嘉靖錫山安國重校刊。錫山秦金序。

標題補注蒙求三本三卷 萬曆改元刊本。○唐李翰撰，宋徐子光補注。明句吴顧起倫補輯，并序云：「翰故趙人也，天寶末擢進士，歷官翰林學士。父華、弟觀並以文學擅名。時謂與韓愈相上下，愈集中亦往往推許翰之文章爲名家。嘗所善張中丞巡，及其死節，傳巡功狀表上之，具載《文藝傳》。叙事鯁峻剴切，讀者竦動，想見其風概。《史畧》别其集三十卷，僅存前編，又漸次寖廢，且内籍坊本舊注庸陋疏淺。余家藏有宋本，乃徐狀元子光所注。其援據典籍，雅正精確，類以篇章，補其闕畧。余園居濠曲，灌藝之暇，爲之耽玩檢訂，佳事儁語，特著標目。復著類編次，庶乎爽語要領，捷于課鑑，非但嘉惠蒙學，抑又裨益《爾雅》。」

事類賦三十卷 刊本。○宋吴淑撰并自序。紹興丙寅邊惇德序。

太平御覽一千卷 刊本。○宋尚書李昉等奉敕編。書分甲、乙、丙、丁、戊、己、庚、辛、壬、癸十部，凡五十四門。李廷允跋後。

海録碎事二十二卷 藍絲闌繭紙鈔本。○宋葉廷〔一〕珪撰。紹興十九年自序云：「予童時嗜書，家本田舍，貧無可讀。曾大父以差法押綱至京師，傾行囊市書數十部以歸。因盡讀之。其後肄業郡學，升貢上庠，登名籍入仕，蓋四十餘年未嘗一日手釋卷帙，雖老不衰。每聞有異書，無不借，借無不讀，讀無不終篇而後止。嘗恨無貲，不能盡傳寫，間作數十大册，擇其可用者手鈔之，名曰《海録》。其文多成片段者爲《海録雜事》，其細碎如竹頭木屑者爲《海録碎事》，其未知故事所出者爲《海録未見事》，其事物興造之原爲《海録事始》，其詩人佳句曾經前人稱道者爲《海録警句圖》，其有事跡著見作詩之由爲《海録本事詩》。獨《碎事》文字最多，初謂之《一四録》，言其自一字至四字，有可取者皆録之，後改爲《碎事》。每讀文字，見可録者，信手録之，未嘗有倫次。閱歲既久，所編猥繁，檢閱非易。紹興十八年秋，得郡泉山，公餘無事，因取而類之，爲門百七十五，爲卷二十有二。雖摘裂章句，破碎大道，要之多新奇事，未經前人文字中用，實可以爲文章佽助。」

歷代制度詳説十一卷 綿紙藍絲闌鈔本。○宋吕祖謙撰。

新刊監本大字册府元龜一千卷 藍絲闌繭紙鈔本。○宋王欽若等奉敕纂。

永嘉八面鋒八卷 刊本。○宋陳傅良著，方逢辰批點。薛應旂、都穆記，張益序。

八面鋒二卷 刊本。卷首有「天一閣」、「古司馬氏」圖章。○同上。明吳人盧雍校勘。姑蘇張益序云：「是書行未久而元運興，竟零落于兵火。偶得高太史季(二)廸館閣本，因録之爲緗帙重刊。舊有止齋序，今亡。」

錦繡萬花谷前集三十二卷後集四十卷續集四十卷 刊本。卷面缺數行。○宋衢人蕭贊元著。淳熙十五年自序云：「凡古人文集、佛老異書，至于百家傳記、醫技、稗官、齊諧、小説、荒録、怪志，聞必求，求必覽焉。久之乃畧有叙，又附之以唐人及國家諸公之詩，編成爲三集，每集析爲四十卷，粲乎有條矣。先是，烏江蕭恭父、河南胡恪聞其大概，爲余命之曰《錦繡萬花谷》，今從其名。」

記纂淵海一百九十五卷 綿紙藍絲闌鈔本。○宋金華潘自牧著。嘉定己巳自序云：「凡爲部二十有二，爲門一千二百四十有六，合二百三十六卷，總八十萬言。」

決科截江網三十二卷 刊本。○不著撰人名氏。明弘治十一年趙淮跋云：「此書余慕之久矣，近得福建版行，如獲拱璧，閲竟日不忍釋手。奈何篇有殘闕，字多舛訛，欲求端本，卒不可得。既而覓於江東王氏之私藏，逐一校正增補，命工重刊。」

全芳備祖七卷 藍絲闌鈔本。○宋陳景沂編集。

羣書考索前集六十六卷續集五十六卷別集二十五卷 刊本。○宋章如愚編輯。正德戊辰鄭京序。

古今合璧事類備要前集六十九卷 刊本。○宋建安謝維新編，并序云：「友人劉兄以類書見囑，且以《合璧事類備要》名。始而天文、地理，次而節序、人物，以至族屬、官職、姓氏之分，儒學、仕進、道釋、技藝之等，與夫吉凶、慶弔、冠婚、喪祭之儀，草木、蟲魚、器用、動什之末，莫不類而得其備，備而得其要。別以標題，配以合璧。」

古今合璧事類備要後集八十一卷續集五十六卷別集九十四卷外集六十二卷 鈔本。**又一部** 刊本。○建安虞載子厚編次。

會館印正古今合璧事類前集六十三卷 刊本。○明弘治戊午重刊。錫山華燧序。

古今源流至論十卷 刊本。○宋林駉撰。

玉海二百卷附辭學指南四卷 刊本。○宋王應麟撰。南京國子監監丞太平戴鏞識云：「右《玉海》凡二百四卷，合五千板，歲久漫漶殘闕，觀者病焉。鏞董修羣籍，次第及是。補遺易腐，新刻總四百三十五板，庶完其舊。」

六帖補二十卷 藍絲闌緜紙鈔本。○宋代郡楊伯嵒彥瞻著。竹呂年序，殘。淳祐甲辰衢州學教諭俞在禮後序。

韻府羣玉十八卷 刊本。○宋陰時夫撰，其弟中夫註。滕賓序。

新編翰墨新書前集七十卷後集三十一卷別集十二卷續集四十二卷 綿紙藍絲闌鈔本。〇進士劉子實茂父著。

文選雙字類要三卷 刊本。〇宋學士蘇易簡著。明嘉靖庚子莆田姚虞序。凡爲門四十，爲類五百。皇甫汸序後。

補侍兒小名録 藍絲闌鈔本。〇宋王銍集。

璧水羣英待問會元選要八十二卷 嘉靖壬辰慎獨齋刊行。〇宋劉達可編集。明正德四年王敕序稱：「是書命章立題，分條析縷，以至綴拾羣言，鋪張宏議。自有書契以來，凡帝王之行事、聖賢之格言、諸子百家之纂紀、名臣碩輔之建明，有關于理學與治道者，舉綱振目，靡不該備。其後版刻殘毀，書亦散落。與諸生華亭沈淮講求是書，而南臺大都憲旅溪朱先生亦以鈔本命淮校之。淮更搜訪，得之姑蘇者三十七卷，維揚者二十八卷，正訛補脱，删複取要，會爲八十二卷，命工鋟梓以傳。」

新編翰墨大全一百十卷 刊本。〇宋劉應李撰。考亭熊禾序云：「省軒劉應李與余講學武夷法源山中者十有二年，所造甚深，此特其游藝之末耳。平磵伯氏爲刊是書，分甲、乙、丙、丁、戊、己、庚、辛、壬、癸十部。」

事文類聚翰墨大全十二卷 刊本。〇宋前鄉貢進士省軒劉應李編。大德三十一年進士考亭熊禾去非父叙。

大學增修聲律資用萬卷菁華前集八十卷 藍絲闌繭紙鈔本。◯不著撰人名氏。

三場文海一百卷 藍絲闌鈔本。首頁有司馬公「東明」二字與「萬古同心之學」六字二圖章。◯宋人編輯，刊時已失其名。慶元己未武夷桂林主人序曰：「友人叔權近得前朝名公編類《三場文海》，始以君德、治道，中以職守、貢舉、食貨、禮樂，終以兵刑、風俗、儒學、度數。上起三皇，下迄五季，比三千五百餘年，治亂興衰之跡，莫不支分派別，用之而不窮，酌之而不匱，是所望于善爲文者。」

新編姓氏遥華韻九十八卷 藍絲闌鈔本。内缺乙集卷五至丙集卷十一。◯宋布衣臨川法景修編并自序。元至大三年庚戌程鉅夫序。其書自甲至癸分十集。

三才廣志一千一百八十四卷 綿紙藍絲闌鈔本。◯不著撰人名氏。

聖宋名賢四六叢珠一百卷 烏絲闌鈔本。◯宋建安葉蕡撰。

四六雕龍八卷 刊本。◯明王世貞選，林世勤註，游日章著。王穉登校。張獻翼叙。

名公新編翰苑啓劄雲錦五册 藍絲闌鈔本。◯不著撰人名氏。

續編錦囊詩對故事四卷 刊本。◯不著撰人名氏。

排韻增廣氏族大全六卷 刊本。◯不著撰人名氏。

古今名喻八卷 刊本。◯明吴仕期撰并序。

經濟類編一百卷 刊本。◯明北海馮琦撰。弟瑗校并序。其書自帝王政治迄道術雜言，分二十三類。

經濟類編六十一卷 藍絲闌綿紙鈔本。○不著撰人名氏。自天文、曆法、儀象，迄草木、禽獸、昆蟲，分八十三門。

姓原珠璣一册 繭紙刊本。○明江陰楊信民著。王直序稱：「信民博洽多聞，嘗爲日照知縣。太宗修《永樂大典》，徵天下文學之士，信民與焉。因得觀中秘書，所見益廣。既老而歸，乃于暇日輯録前人行事之迹，得二千餘條，各附于其姓，而以音韻統之。又分類八十，別著目録，使觀者得因是以求焉。」

物原一册 刊本。○明山陰羅頎著。自序稱：「泛訂羣籍，作爲此書。其類十有八，一曰天原、二曰禮原、三曰名原、四曰樂原、五曰政原、六曰官原、七曰資原、八曰刑原、九曰文原、十曰食原、十一曰衣原、十二曰室原、十三曰地原、十四曰兵原、十五曰技原、十六曰葬原、十七曰器原、十八曰事原。其條二百三十有九，總名之曰《物原》。」

異物彙苑十八卷 烏絲闌縣紙鈔本。○不著撰人名氏。卷首闕三頁。

考古辭宗二十卷 刊本。○明高安況叔祺編。嘉靖壬戌趙釴鼎卿序云：「《考古辭宗》，貴州學憲況大夫所彙次也。大夫好古重文，因《修辭指南》止收《爾雅》、《左腴》、《漢雋》、《書序指南》，而不及《文選雙字類要》。乃與少參徐大夫重纂輯之，合爲一書。」

楮記室十五卷 刊本。卷首有「古司馬氏」圖章。○明潘塤纂。自序云：「予自退閑以來，課畊外惟喜讀書。日日與古人相對，聽其話言，理有契于心，事有感于時，或切于用者，輒命楮生記室録之。積久，累數萬言，遂命生詮次。書成請名。予笑而言曰：『汝之職盡矣，姑借汝名號以寵此書，何如？』遂題其端曰《楮記室》」云。

類雋二十四卷◯明句吴虛舟鄭若庸纂輯。

藝圃萃盤録 刊本。◯明周汝礪選，蔣以忠纂，蔣以化輯。

尚友録十二卷 刊本。◯明廖用賢撰并序。

千家姓一册 刊本。◯明洪武十四年翰林吴沉、典籍劉仲質、吴伯宗同奉敕纂。

漢魏叢書二百五十卷◯明萬曆壬辰東海屠隆纂。

叢書集要二十八卷 刊本。◯明江之棟輯。内郭氏《玄經》十卷，趙氏《璇璣經》一卷，陽明《按索圖》四卷，《佐玄直指圖解》十卷，《三白寶海鈎玄》三卷。

古今説海一百四十二卷 刊本。◯明黄良玉、姚如晦、顧應夫、沈叔明、陸思豫、唐錦同纂。唐錦序。書分四部，凡一百三十五種。

稗海大觀十九册 刊本。◯明商濬校。

增訂羣書備考四卷 刊本。◯明袁黄著。内《九邊圖考》抽燬。

羣書類考二十二卷 刊本。◯明凌瀚著并序。

新編書林摘秀二卷 刊本。◯明長州管簫撰，謝瑞校正。丁丑林符序。

羣珠摘粹一卷 藍絲闌鈔本。○不著撰人名氏。

修辭鑑衡二卷 刊本。○劉起宗編。

詞林摘艷十卷 刊本。○明張禄撰。劉楫序。

經濟文鈔十卷 刊本。司馬公題籤。○明張惟炎輯并序。是書每類以事體先後爲序，人代不論。謂當今要務莫大于宗藩、北虜、河漕三事，故采録尤注意焉。

古學彙纂十卷 刊本。○明周時雍輯并序。方震儒序。

中麓山人拙對二卷 紅絲闌鈔本。○明李開先著并序。

詩對押韻二册 刊本。○明耿純編次并説。

白獺髓一卷 刊本。○明張文仲集。

手鏡摘覽八卷 藍絲闌鈔本。殘。○卷首未鈔序文、目録。著書人名無查。明隆慶辛未方山吴岫卷後跋云：「南峯楊公集百家言爲《奚囊手鏡》，以卷篇繁浩，改訂無常，積五十年而竟不成書，末年括爲《摘覽》八卷。」

圓機活法五十卷 刊本。○亦詞章家之類書，卷首無序文，不知何人所著。

聯新事備詩學大成三十卷 刊本。○明林楨編集。

紀事珠 刊本。○明劉國翰撰并自序。是書分十四門，不著卷數。

押韻釋疑八卷 刊本。○不著撰人名氏。

啓蒙金璧四卷 刊本。○明吳道南撰。

崑玉騰輝一卷 刊本。○明嘉靖吉水彭恒撰。

〔一〕「廷」原作「庭」，據《四庫總目》、《叢書綜録》改。

〔二〕「季」原誤爲「李」，高啓字季迪。

小説類

西京雜記二卷 刊本。○晉丹陽葛洪撰。

西京雜記六卷 刊本。○明吳郡沈與文校刊。

西京雜記六卷 刊本。○明嘉靖壬子孔天胤刊并序。

世説新語八卷 刊本。○宋臨川劉義慶撰，梁劉孝標注，明王世懋批點，凌瀛初校。

世説新語六卷 刊本。○宋劉義慶撰，梁劉孝標注。明嘉靖乙未袁褧序。

世説新語補二十卷 刊本。

因話録六卷 藍絲闌鈔本。○唐趙璘撰。

雲溪友議十二卷 藍絲闌鈔本。○唐范攄撰。

玉泉子聞見真録一册 藍絲闌鈔本。○不著撰人名氏。

雲仙雜記十卷 藍絲闌鈔本。○唐馮贄撰。

三水小牘二卷 刊本。○唐安定皇甫牧撰。嘉靖甲子秦汴序稱：「《三水小牘》一編，乃唐皇甫尊美所撰，蓋其食汾晉時手紀咸通中事也。余嘗録得八則，《古今説海》刻得七則，皆非全書。海虞楊儀部夢羽家藏二卷，似乎已備，及檢《文獻通考》，其卷凡三，今亡一矣。姑先鋟木，以俟同志補焉。」

孫内翰北里志一册 藍絲闌鈔本。○唐翰林學士孫棨撰。

唐摭言十卷 藍絲闌鈔本。○五代王定保撰。

南唐近事三卷 刊本。○宋鄭文寶撰。

賈氏談録一卷 刊本。○宋張洎編，并識云：「庚午歲，予銜命宋都，舍于懷信驛。左補闕賈黄中，丞相魏公之裔也，好古博雅，善于談論，每欵接，嘗益所聞。公館多暇，偶成編綴，凡三十一條。」

洛陽縉紳舊聞記五卷 藍絲闌鈔本。○宋張齊賢集，并序云：「余未應舉前，數十年中，多與洛城縉紳舊老善，爲余説及唐梁已還五代間事，往往褒貶陳迹，理甚明白，使人終日聽之忘倦。退而記之，旋失其本。數十年來，無暇著述。今來營邱，足病累月，終朝無所用心，追思曩昔縉紳所説，及余親所見聞，得二十餘事，因編次之。」

南部新書一册 藍絲闌鈔本。○宋錢易撰。子明逸序云：「先君尚書在章聖朝祥符中，以度支員外郎直集賢院宰開封，得一善事，疏于方册。曠日持久，乃成編軸，命曰《南部新書》，凡三萬五千言。」

儒林公議二卷 藍絲闌鈔本。◎宋田況撰。

涑水紀聞二卷 藍絲闌鈔本。◎宋司馬光撰。

澠水燕談十卷◎宋王闢之著。紹皇（二）二年自序：「《澠水談》者，齊國王闢之將歸澠水之上，治先人舊廬，與田夫牧叟閑燕談説，間接賢士大夫談議，有可取者輒記之。久而得三百六十餘事，私編之爲十卷，蓄之中橐，以爲南畝北窗、倚杖鼓腹之資。澠，齊水之名，其事隨所録得之，故無先後之序。」

歸田録二卷 刊本。◎宋歐陽修撰。

青箱雜記十卷 刊本。◎宋吴處厚著。明商濬校。

後山叢談六卷 紅絲闌鈔本。◎宋彭城陳師道著。

孫公談圃三卷 烏絲闌鈔本。◎宋劉延世撰。皆記問于孫升之語，故名《孫公談圃》。

孔氏談苑綱目五卷 藍絲闌鈔本。◎宋孔平仲撰。

畫墁録一册 藍絲闌鈔本。◎宋張舜民撰。

玉壺清話五卷 藍絲闌鈔本。◎宋餘杭沙門文瑩著。

東軒筆録十五卷 烏絲闌鈔本。◎宋元祐元年臨漢魏泰撰。

侯鯖録四卷 刊本。◎宋趙令畤德麟撰。明頓鋭序。

泊宅編十卷 刊本。○宋方勺撰。洪興祖序云：「泊宅翁學博而志剛，少時謂功名可力取，不肯與世俯仰。晚得一官，益齟齬不合。一日過予於洞汭，出所著《泊宅編》示予。予曰：『此翁筆端游戲三昧耳，胸中不傳之妙，盍爲我道其崖畧？』翁默然無言。予因書以序之。」

鐵圍山蘐談六卷 藍絲闌鈔本。○宋蔡絛撰。

過庭録一册 藍絲闌鈔本。○宋高平范公偁編。

揮麈前録三卷後録十一卷餘話二卷 藍絲闌綿紙鈔本。○宋汝陰王明清編。

玉照新志五卷 藍絲闌鈔本。○宋王明清編自序。

邵氏聞見前録二十卷聞見後録十四卷 綿紙鈔本。明司馬公題籤。○前録宋邵伯温撰，後録邵博撰。博，伯温子，是編蓋續其父書。

北窗炙輠録一卷 藍絲闌鈔本。○宋施德操編。

耆舊續聞十卷 藍絲闌鈔本。○宋陳鵠撰。

癸辛雜識前集一卷後集一卷續集二卷別集二卷 藍絲闌鈔本。○宋周密著，并序云：「坡翁喜客談，其不能者，強之説鬼。或辭無有，則曰：『姑妄言之。』聞者絶倒。余臥病荒閒，率野人疇士，放言善謔、醉談囈語，靡所不有。或獻一時之笑，或起千古之悲。其見紿者固不少，然求一二于千百，當亦有之，暇日萃之成編。癸辛蓋余所居里云。」

二老堂雜志五卷 鈔本。○宋周必大撰。

江鄰幾雜志一卷 藍絲闌鈔本。○宋江休復撰。

碧雞漫志四卷 藍絲闌鈔本。○宋王灼撰。

隨隱漫録五卷 藍絲闌鈔本。○宋陳世崇撰。

清夜録一卷 刊本。○宋余文豹著。

冀越集一卷 刊本。○明豫章熊太古撰并序。

謇齋瑣綴録八卷○明尹謇齋撰，并序云：「予自入仕至歸田，五十餘年來所得于耳目者，不可勝紀。每見楮筆在前，輒録一二，詞無藻繪，事無類次。積久成帙，命之曰《瑣綴》。」

雙槐歲鈔十卷 刊本。○明黄瑜撰并序。

雙溪雜記一卷 綿紙藍絲闌鈔本。○洮汶王晉溪著，并序云：「予所居岩穴，在雙溪之間。怡神養氣之餘，忽有所思，輒録于册，久而成帙。雖不敢自謂盡合道理，然皆紀實無空言者。」

寓圃雜記一卷 刊本。○明長洲王錡著。

復齋日記一卷 刊本。○浙東許浩著。

野記四卷 烏絲格鈔本。卷首有「東明山人」、「甬東范氏家藏圖書」。○明祝允明撰。

前聞記一卷 藍絲闌鈔本。○明祝允明撰。

近峯聞畧八卷 烏絲闌鈔本。○明吳郡皇甫録世庸著。子沖序云：「先君頗好編纘，淹貫經緯，周覽丘墳，一時博文多識之士，識辨而不能窮，起義而不能難焉。然頗好編纘，積二十餘年，得數百千條，授沖爲之編次，命曰：『義本散珠，言因汗漫，吾以識歲月云爾，毋以類繫傷吾本旨。』于是讐其訛謬，删其互同，分爲八卷，闕而不載者蓋十三四云。不以流貫體裁爲別，而以披閱見聞爲次。目曰《近峯聞略》，命梓人鐫諸家篋。」

翦勝野聞一卷 刊本。○明徐禎卿撰。

碧里雜存一册 刊本。○明浙西董穀碩文撰。

孤樹裒談十卷 刊本。○明李默撰。内有楊廉夫《正統辨》、劉定之疏等篇，俱已删去。

孤樹裒談五卷 刊本。○明李默撰。游朴序。

西吳里語四卷 刊本。○明宋雷著并序。

水東日記二十八卷 刊本。○明崑山葉盛録。

墅談六卷 刊本。○明關西胡侍撰。嘉靖丙午喬世寧序云：「余覽濛溪胡子近著《墅談》一書，其體雖不異于小説，乃其事實有可據，足以證往籍、備時事、稽政體、研物理。撫臺獅山柯公命守西安朱君刻之以傳。余以濛溪子窮經修詞三十餘年，詩文若干卷已盛傳于世，是編雖其緒餘，而達識精詣若此，竊懼夫世之弗察者，猥以爲稗官齊諧者類也，故畧著其指意」云。

故事備要四册 烏絲闌鈔本。〇不著撰人名氏。

穆天子傳六卷 刊本。〇晉郭璞註。至正壬子北岳王漸元翰序云：「《穆天子傳》出汲冢，晉荀勗校定爲六卷。有序言其事雖不典，其文甚古，頗可觀覽。予考《書序》稱穆王享國百年耄荒，太史公記穆王賓西王母事，諸傳說所載多合，則此書蓋備記一時之詳，不可厚誣也。南臺都事海岱劉貞庭翰舊藏是書，懼其無傳，暇日稍加讐校訛舛，命金陵學宫重刊，與博雅之士共之。」明司馬公諱欽訂。

穆天子傳六卷 刊本。〇晉郭璞注。宋王漸序。明司馬公諱欽訂。陳德文校刊。

神異經一卷 刊本。〇漢東方朔撰。

十洲記一卷 藍絲闌鈔本。〇漢東方朔撰。

漢武帝内外傳二卷 綿紙藍絲闌鈔本。

王子年拾遺記十卷 刊本。〇蕭綺録，并序云：「《拾遺記》者，晉隴西安陽人王嘉字子年所撰。凡十九卷，二百二十篇，皆爲殘缺。今搜檢殘遺，合爲一部十卷，序而録焉。」

晉干寶搜神記 紅絲闌綿紙鈔本。

杜陽雜編三卷 藍絲闌鈔本。〇唐乾符三年蘇鶚撰，并序云：「予嘗覽王嘉《拾遺記》、郭子横《洞冥記》，及諸家怪異録，謂之虚誕。而復訪問博文强識之士或潛夫輩，頗爲國朝故實。始知天地之内，無所不有，或限諸夷貊、隔于年代。洎貢藝闕下，十不中所司掄選，屢接朝士同人語事，必三復其言，然後題于簡策，藏諸篋笥。暇日閲所記之事，逾數百紙，中有繁鄙者並棄，而復録精實者，編成上中下三卷。自代宗廣德元年癸卯，訖懿宗咸通癸巳，合計有一百一十載。然耳目相接，庶可傳焉，知我者謂稍以補緹緗之遺缺也。今武功縣有杜陽城、杜陽水，予武功人，故以爲名。」

桂苑叢談一卷 藍絲闌鈔本。○唐馮翊子子休撰。

劇談録二卷 藍絲闌鈔本。○唐將仕郎崇文館校書康騈撰。

唐闕史二卷 藍絲闌鈔本。○五代高彦休撰，并序云：「自武德、貞觀而後，吮筆爲小説、小録、補史、稗史、野史、雜録、雜記者多矣。貞觀、大曆以前，捃摭無遺事。大中、咸通而下，或有所以爲誇尚者、資談笑者、垂訓誡者，惜乎不書於方册，輒從而記之。其雅登于太史氏者，不復再録。且其間近屏幃者、涉疑誕者，又删去之，十存二三焉。共五十一篇，分爲上下卷，約以年代次序。尋討經史之暇，時或一覽，猶至味之葅醢也。甲辰年清和月編次。」

甘澤謡一卷 藍絲闌鈔本。○唐袁郊撰。卷首殘缺。

録異記八卷 藍絲闌鈔本。○唐杜光庭撰。

江淮異人録二卷 藍絲闌鈔本。○宋吳淑撰。

青瑣高議二十卷 藍絲闌鈔本。○劉斧撰。資政大夫學士孫副樞序云：「萬物何常不同，亦何常不異。同焉者，人也。異焉者，鬼也。知鬼神之情狀者，聖人也。見鬼神而驚懼者，常人也。吾聖人所不言者，慮後惑之甚也。劉斧秀才自京來謁，出異物事數百篇。予愛其文，嘉其志，勉道百餘字，序其所以。」

五色綫集二卷 刊本。○不著撰人名氏。按《中興館閣書目》稱不知作者。摭百家雜事記之爲類門。

閒窓括異志一册 烏絲闌鈔本。○東湖魯應龍編。

都公譚纂二卷 刊本。有「東明外史」一印。○明陸采編次。

虞初志八册 刊本。○不著撰人名氏。

述異補遺一卷 藍絲闌鈔本。○明李昌齡編。卷末題「嘉靖戊申蜡月既望録于陶齋，汝南袁表志」。

獨異志三卷 藍絲闌鈔本。○明李亢[二]纂。序殘。嘉靖戊申袁表識云：「《廣異》、《稽神》、《宣室》三種，皆從吳方山太學所借得。托羅事拙謄繕，類入《獨異志》，共成一帙，以便披覽，且免散逸之苦。」

汴京勼異記八卷 刊本。○明大梁李濂川父著，并序云：「余既著《汴京遺蹟志》，凡荒唐幻怪之說，悉黜之矣。客有造余者曰：『汴地爲古帝都，人物繁夥。其間神奇詭異之迹，見諸載籍，傳之父老者，弗可勝述，子胡爲不録？』余應之曰：『魯《論》有之，「子不語怪、力、亂、神」。』客曰：『不然，著於《易》、《書》、《詩》、《春秋》者，若日中見斗、載鬼一車、姜嫄之孕、傅巖之夢，豈非神怪之甚哉？苟局于耳目聞見之狹，而遂謂天下無是事，何其固也。』余思其言亦有至理，於是蒐索羣書，以爲《汴京勼異記》。門分類聚，勸善懲惡，雖未能成一家之言，聊足以存邑里之舊聞，助閑居之叢談而已。」

索奇志一卷 刊本。○明顧祖訓編。

艷異編四十五卷 刊本。○不著撰人名氏。

博物志十卷 刊本。○晉司空張華撰，汝南周日用音註。明弘治癸亥劉遜重刊。

會真記一册 刊本。○唐河南元稹撰。東陽郭基校刊。

清異録二卷 烏絲闌鈔本。○宋陶穀撰。

漁樵閑話一卷 刊本。○明朱睦㮮撰。

談諧一卷 藍絲闌鈔本。○陳日華編。

陳眉公秘笈十二册 刊本。○明陳繼儒編。

公餘日録四卷 刊本。○明李尚實著。程宗尹等有序。

談藝録二卷 刊本。○明歸安山泉慎蒙編選。光禄公校正。

塵談録二卷 藍絲闌鈔本。○沈儀著。

蘇談一卷 刊本。○明楊循吉君謙著。

菽園雜記十卷 刊本。○明吳郡陸容著。

科場漫筆三卷 刊本。○明大梁李濂撰。

紀事文華一册 刊本。○明朱寶撰。

藝苑巵言四卷 刊本。○明王世貞著。

翦燈餘話五卷 刊本。〇明李昌祺撰。曾棨、王英、羅汝、劉敬俱有序。

秋林伐山二十卷〇明楊慎著。隆慶六年吴郡凌雲翼刊。

解頤新語八卷 刊本。〇明皇甫汸撰。黄魯曾序。

閒中古今録二卷 藍絲闌鈔本。有「范氏圖書之記」一印圖章。〇明陳頎撰，并序云：「陽武爲開封屬邑，境無山川名勝可以登臨眺望，士惟務舉子業，不樂吟味談嘯。予職在分教，有掌學者以總其要。故日與童冠之生二十餘人點檢課業之外，卒多閒暇，而無所事焉。因録古今之事迹，且凡平昔之覩聞有可以勸懲、有可以憂喜者萃爲一編，名之曰《閒中古今録》，聊以藏諸篋笥。」

閒中古今録一册

漫堂隨筆一卷 藍絲闌鈔本。〇明唐寅撰。卷末有跋云：「吴趨唐省元伯虎遺書中有《漫堂隨筆》一卷，所載多元祐間事，雜以幽冥報應、萼桃神奇。余疑其怪誕，况值歲單雪甚，手凍皴不能運筆，衹摘其涉于倫理者書之。丙辰蠟月下旬皇山人姚咨識。」

東澤綺語一卷 綿紙鈔本。〇明鄱陽張輯撰。

一得卮言二卷 刊本。〇明邵應試撰。

醫貧集一册 刊本。〇檇李孫子麟述。

啄酏言一册 刊本。〇古睦吴明誠著。

還山春事一卷 刊本。○程先貞著。

青溪暇筆一卷 刊本。○金陵姚福撰。

案垢録 刊本。○彬陽何孟春著。

龍江夢餘録四卷 藍絲闌鈔本。○唐錦著。

夢齋筆談二卷 藍絲闌鈔本。○鄭景星撰。

唐小説一卷 鈔本。○彭城劉餗著。

龍木論十卷 刊本。○不著撰人名氏。

懶仙竹林漫録三卷 刊本。○不著撰人名氏。

震澤記聞一卷 藍絲闌鈔本。卷首有「東明草堂范氏看書記」、「七十二峯一吾廬」之印。○不著撰人名氏。

改三寶爲家寶一卷 綿紙藍絲闌鈔本。○不著撰人名氏。

〔一〕「紹皇」當爲「紹聖」，宋無「紹皇」年號。

〔二〕「李亢」原誤爲「李冗」，據《中國叢書綜録》改。

釋家類

大方廣佛華嚴經合論一百二十卷○唐方山長者李通玄撰。

大方廣佛華嚴經一藏要解二卷○宋建炎戊申温陵白蓮寺比邱戒環集。自序謂：「本方山長者疏論，及取清凉國師綱要與論以成斯解。洞究全藏，凡萬八千言。」

華嚴懸談會元記十五卷〇蒼山再光寺比邱普瑞集。

華嚴法界觀通玄記五册〇宋餘杭靈芝蘭若釋元照序，東京夷門山釋廣智大師本嵩集。

大佛頂首楞嚴經十卷〇天竺沙門般剌密帝譯，烏長國沙門彌伽釋迦譯語，菩薩戒弟子前正議大夫同中書門下平章事清河房融筆授。

首楞嚴經玄覽一卷〇四明沙門柏庭善月述。

首楞嚴經會解十卷〇師子林沙門惟則會解。

楞伽阿跋多羅寶經註解四卷 藍絲闌鈔本。〇宋求那跋多羅奉詔譯，明天界善世禪寺釋宗泐演，福講寺釋如玘奉詔同註序。如玘識後云：「今經四卷，凡四品，總名爲佛語心，而無别品之目。魏本十卷，分十八品。唐本七卷，分十品。後東都沙門寶臣註唐本，則取魏之餘八品如次間入，亦成十八品。夫《楞伽》一經，乃諸佛所説心法。佛説此法，今一切菩薩入自心境。則知云佛語心品，明據一經大意而言之。其魏、唐二本，别分品目者，據經之節段而分之，使學者易曉知。文有總别，理無二致也。」翰林學士承旨嘉議大夫知制誥兼修國史兼太子贊善大夫臣金華宋濂題後。

楞伽阿跋多羅寶經四卷〇胥臺沙門正受註。

金剛經一卷〇姚秦三藏法師鳩摩羅什譯。

金剛經論二卷　藍絲闌鈔本。○無著菩薩造，隋南天竺三藏法師達磨笈多譯。
金剛經論三卷　藍絲闌鈔本。○天親菩薩造，元魏三藏法師菩提留支奉詔譯。
金剛經註解一卷　藍絲闌鈔本。○明釋宗泐、釋如玘奉詔同註。
心經一卷○唐三藏法師玄奘[二]奉詔譯。明洪武十一年御製序文。
心經註解一卷　藍絲闌鈔本。○明釋宗泐、釋如玘奉詔同註。
心經集註一卷
大方廣圓覺修多羅了義經二册○唐罽賓沙門佛陀多羅譯。裴休序。
圓覺經畧疏十二卷○唐終南山草堂寺沙門宗密述。
法華經七卷○唐終南山釋道宣序。
妒經解一卷○天竺國沙門般剌密帝譯，烏長國沙門彌伽釋迦譯語，補陀山開士耆闍海解。
大藏一覽集十卷○明寧德優婆塞陳實原編。
六祖大師法寶壇經一卷○永嘉張遜業有功校正。
六祖大師法寶壇經贊一卷○宋明教大師契嵩述。
肇論中吳集解三卷　藍絲闌鈔本。○釋僧肇法師著。宋嘉祐晋水沙門浄源集，招提寺僧慧達序。
弘明集十四卷　藍絲闌鈔本。卷首有「天一閣」、「古司馬氏」二圖章。○梁釋僧祐撰。

廣弘明集六卷 藍絲闌鈔本。○唐終南山釋道宣撰。

甄正論三卷○唐佛授記寺沙門玄嶷撰。

修集止觀坐禪法要一卷 卷首有「天一閣」圖章。○天台山修禪寺沙門智顗述。宋餘杭釋元照序。

心賦一卷○永明寺智覺禪師延壽述。寧遠軍節度使錢惟治序。

宗鏡録撮要一卷○宋盧芥湛後序云：「永明壽禪師《宗鏡録》，文字浩博，學者望涯而返。東嘉曇賁上人百掇一二，名曰《撮要》。」

四家録二卷○宋洪州黄龍山住持傳法沙門惠南編。

原人論 藍絲闌鈔本。○無名氏撰并自序。其文凡四篇。

婺州雙林寺善慧大士録四卷○菩薩戒弟子國子進士樓穎撰。

四明尊者教行録六卷○四明石芝沙門宗曉編。

別行疏一卷○敕太原府大崇福寺沙門澄觀述。

佛祖通載二十二卷○宋嘉興路大中祥符禪寺住持華亭念常集。至正元年虞集序，松江佘山昭慶住持比丘覺岸序。

釋迦如來成道記一卷○唐王勃撰，慧悟大師道誠註。

諸天傳二卷○吳興烏戍釋行霆述。

諸祖歌頌一卷

高僧傳十三卷○梁會稽嘉祥寺沙門慧皎撰。

續高僧傳三十一卷○唐釋道宣撰。

宋高僧傳三十卷 藍絲闌鈔本。○宋左街天寺通慧大師賜紫贊寧、左街相國寺講經論大德賜紫智輪同奉敕撰。

神僧傳八卷○不著撰人名氏。明永樂十五年御製。

林間録□〔二〕卷 刊本。○宋釋惠洪撰。

五燈會元二十卷 每卷首有「天一閣」、「古司馬氏」二圖章。○宋靈隱大川禪師撰，元至正甲辰萬壽永祚禪寺住持翻譯。釋廷俊序云：「宋景德間，吳僧道原作《傳燈録》，真宗詔翰林學士楊億裁正而序之。天聖中，駙馬都尉李遵勗爲《廣燈録》，仁宗御製序。建中靖國元年，佛國白禪師成《續燈録》，徽宗作序。淳熙十年，净慈晦翁明禪師作《聯燈會》，淡齋李泳序之。嘉泰中，雷庵受禪師作《普燈録》，陸游序。斯《五燈》之所由，始與藏典並傳。宋季，靈隱大川禪師濟公以《五燈》爲書浩博，學者罕能通究，迺集學徒作《五燈會元》以惠後學，恩至渥也。會稽開元大沙門業海清公，每慨《五燈會元》板毁，學者于佛祖機語無所攷見。于是罄衣鉢之資，募衆而樂成之。」○明嘉靖重刊。陸光祖序。

宋景德傳燈録三十卷○吳僧道原〔三〕纂。

續録三十六卷○天聖中駙馬都尉李遵勗纂。

廬山寶鑑十卷〇元釋普度編集。
禪宗正脈十卷〇明弘治嘉興釋如巹著。
傳燈要語一卷〇明嘉靖庚申畏齋子序。
師子林天如和尚浄土或問一卷〇小師善遇編。明崇德住山比丘際聲重刊。
歸元直指二卷〇明嘉靖四明延慶講寺傳天台教觀沙門一元宗本序。寧波府副都綱延慶講寺梅川道中重刊。
龍舒浄土文十二卷 刊本。〇王日休撰。吕師説等序。
天如禪師語録十卷 每卷首有「東明山人」、「萬古同心之學」二圖章。〇小師善遇編。元危素序。
普庵語録四卷〇明永樂二十一年御製序文。
禪林寶訓二卷〇東吴沙門浄善重集。
緇門警訓二卷〇明成化甲午嘉禾釋如巹重刊。
禪家六籍十六册〇不著編書人姓名。
住慈明晦二卷〇沙門袾宏撰并註。沈泰鴻序。
治父星朗和尚廣録
曇陽大師傳一卷
釋氏源流二卷〇不著撰人名氏。王勃序并銘。

湘山事狀十二卷◯宋蔣擢撰。知全州軍州事留元長序。

序讚文十篇 藍絲闌鈔本。◯明太宗文皇帝御製。

募緣雜録一卷 刊本。◯四明阿育王寺歷代碑銘記録。

三藏目録四卷 藍絲闌鈔本。◯不著編輯人姓名。

大藏音二卷◯宋宣德郎柳預重刊。

寒山子詩集一卷豐干拾得詩附 刊本。◯宋閭邱允序。

華亭船子和尚機緣詩一卷 刊本。◯宋大觀步松澤叟吕益柔識云：「雲間船子和尚法嗣藥山，飄然一舟，泛於華亭、吳江、朱涇之間，夾山一見悟道。常爲《撥櫂歌》，其播傳人口者纔一二首。益柔於先子遺編中得三十九首，因書以遺風涇海惠卿老，俾鑱之石，以資禪客玩味云。船子事實備見《傳燈》，此不復載。」

釋氏古詩一卷

釋門古詩一卷 紅絲闌鈔本。◯無編選名氏。

釋藻集六卷 刊本。◯明楊慎彙集。鄧繼曾序稱：「是書從佛典《弘明集》、《三教珠英》、《法苑珠林》、《高僧傳》采取而成。所附文人詩，若梁簡文、昭明太子輩，多借禪喻心，詠空激世者。」

龐居士詩一册◯龐藴撰。

〔一〕「奘」原誤作「裝」，今改。

〔一一〕《中國叢書綜録》、《皕宋樓藏書志》等書目著録：「林間録二卷後集一卷。」

〔一二〕「原」原誤爲「源」，據《郡齋讀書志》、《中國叢書綜録》改。

道家類

廣成子解一卷 刊本。○廣成子撰，宋蘇軾解。明司馬公諱欽訂。

陰符經三皇玉訣三卷○其書述黄帝得《陰符經》，問於廣成子及天皇真人，皆稱黄帝問二人答。前有黄帝御製序一首。江浦石淮序。

三皇玉訣三卷心法三卷陰符經註二卷又一卷 藍絲闌鈔本。卷首有「范氏尚友古堂書畫」圖章。○《玉訣》三卷，軒轅黄帝撰并序。《心法》三卷，蜀胥元一註，無序。《陰符經》二卷，金陵道人唐淳註，正大己丑孟倬然序。又一卷，長生子劉處玄註，明范惸序。

黄帝陰符經解一卷○保寧大師蹇昌辰解。

黄帝陰符經註三卷○太玄子侯善淵註并序。

陰符性命集解一卷○明寧王權註。

黄帝九鼎神丹經訣二十卷 藍絲闌鈔本。

水經藥法一卷 藍絲闌鈔本。○軒轅黄帝撰。

宅經龍首玉衡玄女三矯等經六卷 藍絲闌鈔本。

元始説先天道德經註解五卷 烏絲闌鈔本。卷首有「東明」、「古司馬氏」二圖章。○宋李嘉謀註解，明王宗沐批〔一〕點，屠本畯〔二〕録。嘉靖丙寅龍陽山人序云：「此經故宋息齋先生李君嘉謀隨章爲之解，板行西蜀。至寶祐間，天飴子謝公圖南爲序而傳，則蜀本已不存矣。初，公宦游嶺表，即蒐訪此經，乃得于方外一蜀士之手，猶獲至寶。嘉興道士李君可久募工鋟梓以傳。又得所謂《八威龍文》，亦出先天向異人所授者，併刻之，以爲世之全書。」

太上虚皇天尊四十九章經一卷○明邵輔序。

先天玄妙玉女太上聖母資傳仙道一卷 藍絲闌鈔本。

太清玄極至妙神珠玉顆經一卷 藍絲闌鈔本。

太上靈寶女丹經一卷

太上除三尸九蟲保生經一卷

太上太清天童護命妙經一卷 藍絲闌鈔本。○姑射山太玄子侯善淵註并序。

九轉流珠神仙九丹經二卷○太極真人撰。

上洞心丹經訣三卷○太極真人嗣孫述。

太上洞神玄妙白猨真經一卷 藍絲闌鈔本。

太上通玄靈應經一卷 藍絲闌鈔本。

祕藏通玄變化六陰洞微遁甲真經三卷 藍絲闌鈔本。

太古土兑經三卷〇無名氏序。

金碧古文龍虎上經二卷

洞極真經一卷〇不知作者姓名。元魏關朗子明傳次。無名氏序。

黄庭内景玉經二卷 刊本。〇一名《太上琴心文》，一名《大帝金書》，一名《東華玉篇》，見《黄庭内景玉經訣》。又清虚真人訣云：「《内景黄庭經》者，扶桑帝君之金書，錬真之祕言也。」

太上黄庭外景玉經三卷 藍絲闌鈔本。〇梁邱子註解。

黄庭内景五藏六腑圖一卷 藍絲闌鈔本。〇太白山見素女子胡愔撰。

道德經二卷 刊本。〇漢河上公註。

道德真經指歸十三卷 藍絲闌鈔本。〇漢蜀郡嚴遵撰，谷神子註。

道德經四卷 藍絲闌鈔本。〇魏王弼註。政和乙未嵩山晁説之、鄜疇記後。

唐玄宗御製道德真經疏十卷 藍絲闌鈔本。

唐玄宗御製道德真經疏摘録四卷

道德真經廣聖義三十卷 藍絲闌鈔本。〇唐天復元年廣成先生杜光庭述并序。

道德真經玄德纂疏二十卷 藍絲闌鈔本。〇濛陽强思齋纂。杜光庭序。

太上老子道德經二卷 刊本。○無垢子何道全述註。太極左仙公葛玄序。

老子二卷 藍絲闌鈔本。○宋眉山蘇轍註，并後序云：「予年四十有二，謫居筠州。筠雖小州，而多古禪剎，四方遊僧聚焉。有全道者，住黄蘗山，南公之孫也。行高而心通，喜從予遊，嘗與予論道。迨予居筠五年而北歸，全亦化去，迄今二十餘年矣。凡《老子解》，亦時有所刊定，未有不與佛法合者，時人無可與語，思復見全而示之，故書之《老子》之末。」

道德真經取善集十二卷 藍絲闌鈔本。○宋饒陽居士李霖集并序。

道德真經傳四卷 朱絲闌鈔本。○宋吕惠卿傳并序。

道德真經四子古道集解十卷 朱絲闌鈔本。○宋大定十九年己亥古襄冦才質集，并序云：「莊、列、文、庚四子之書，迺老氏之門人所親授。僕昔隨佐，嘗遊京都，得參高道講師，略叩玄關，盡爲空性之説，不能述道之一二。故摭其四子，引其真經，集爲一編，計一十卷，以破雷同之説，因目之曰《四子古道義》。又述《經史疏》十卷，以相爲表裏。」

宋徽宗道德真經解四卷 藍絲闌鈔本。

宋徽宗道德真經解義十卷 朱絲闌鈔本。○宋章安撰并序。

道德真經藏室纂微篇八卷 藍絲闌鈔本。○宋陳景元撰。寶祐戊午楊仲庚序。

道德真經藏室纂微開題科文疏五卷手鈔二卷 藍絲闌鈔本。○太霞老人薛致玄述。浮陽李廷序云：

「太霞真人性純德粹，學問賅通，號爲羽流宗匠。執經講演，垂五十年，可謂升堂覩奥矣。迺于静練之暇，撰成《科文義疏》七卷，《纂微開題》及《總章夾頌》各二卷。書成既久，秘而不出。鳳翔張公大師、美原白公顯道再三懇請，欲鏤版以廣其傳。京兆劉伯英贊而成之，且囑僕爲序。」

道德真經集義十七卷大旨三卷 藍絲闌鈔本。○宋凝遠大師劉維永編集，丁易東校正。

道德經講義十二卷○宋吕和常撰并表進。明宣德七年錢塘周思德序。

道德真經集註十八卷 藍絲闌鈔本。○宋彭耜纂集并序。

道德真經集註釋文一卷又集註雜説二卷○宋彭耜纂集并序。

老子集解二卷又考異一卷 刊本。○宋薛蕙〔三〕著并序。祥符高叔嗣序云：「亳，老子所産也。初老子著書言天道玄虚，自漢以下，莫能遡其本旨。州人薛考功先生始覃思大道之原，究意天人之一。折衷羣言，合于榘度，老子之道，乃粲然大明。書成嘉成〔四〕九年，歲在庚寅之次。」

老子通義二卷 刊本。○明朱得之著。

道德經附註二卷○元四明黄閔玉撰并題詞。

道德真經三解四卷○元鄧錡述并序。

道德真經註四卷 藍絲闌鈔本。○元李榮註。

道德真經註二卷 藍絲闌鈔本。○元林志堅註。

道德真經二卷 藍絲闌鈔本。○明洪武七年御註。

道德經解二卷 刊本。○明薛申註并序。

道德真經集義六卷 藍絲闌鈔本。○明洪武丁卯盱江危大有集并序。

道德真經真解四卷 朱絲闌鈔本。○本來子邵若愚真解。

道德真經全解二卷 藍絲闌鈔本。○亳社時雍逍遥解。

道德經輯解二卷 刊本。○理山居士皇甫濂輯解并序。

道德真經傳四卷 朱絲闌鈔本。○吴郡陸希聲傳并序。

道德真經集解四卷 藍絲闌鈔本。○趙學士集解。

道德真經註疏八卷 藍絲闌鈔本。○吴郡徵士顧歡述。

道德真經註二卷 藍絲闌鈔本。○嗣漢三十九代天師太玄子張嗣成訓頌。

道德真經疏義六卷 藍絲闌鈔本。○趙志堅著。

道德真經新註四卷 藍絲闌鈔本。○李約註。

道德真經衍義手鈔二十卷 藍絲闌鈔本。○五峯清安逸士王守正集。

道德真經義解四卷 藍絲闌鈔本。○息齋道人解。

道德性命前集二卷 刊本。○明涵虚子寧王權注。

道德真經解二卷 藍絲闌鈔本。○無名氏解。

道德真經次二卷附異同字一卷 藍絲闌鈔本。○無名氏撰。

道德性命後集三卷 刊本。○孫宸洪補註。

道德玄經原旨四卷發揮二卷 藍絲闌鈔本。○老子撰，宋杜道堅註。

太上老君説常清静經一卷

清静經四註 藍絲闌鈔本。○瑩蟾子李道純註，太玄子侯善淵註，蜀杜光庭註，混然子王玠道淵纂圖。

太上老君玄道真經註解一卷 藍絲闌鈔本。○合明子隱芝向秀註。

老子説五厨經註一卷 藍絲闌鈔本。○唐肅明觀尹愔註并序。

西昇經集註六卷 藍絲闌鈔本。○華陽韋處玄、句曲徐道邈、冲虚子、□□任真子、李榮、劉仁會註。碧虚子集，并序云：「周之衰也，老氏非伏其身而弗見也，非閉其言而不出也，非藏其智而不發也，時命大謬也。已而厭世去官，將以遯迹。當是時也，關尹望氣，知有博大真人西遊。乃齋莊遮道，邀迎至舍，請問乙密。于是爲著言若干，其微言奥旨，出入五千文之間。紀而成書，名曰《西昇記》。莊子多稱其言，有在于是者，碧虚子聞其風而説之，授遺編于藏室，得註解者凡五家。先校取經之是者，後竄去註經之非者，集成二篇。今作六卷，依舊號曰《老子西昇經》。」

老子顯道經一卷 藍絲闌鈔本。

感應篇集註二卷〇關西單世校梓。

文始經一卷 刊本。〇周關門令尹喜著。元至元二十二年吳興趙孟頫記云：「關令尹喜，周大夫也。老子西遊，喜望見有紫氣浮關，知真人當遇，候物色而迹之，果得老子。老子亦知其奇，爲著書。喜既得老子書，亦自著書九篇，名《關尹子》。今陝州靈寶縣太初觀乃古函谷關候見老子處，終南宗聖宫乃關尹故宅。周穆王修其草樓，改號樓觀，建老子祠，道觀之興實祖于此。老子授經後，西出大散關，復會於成都青羊肆，賜號文始先生，即莊子所謂博大真人也。」

文始真經九卷〇周尹喜著，宋神峯逍遥子牛道淳直解。

文始真經三卷〇宋抱一先生門弟子希微子王夷受。

文始真經言外旨九卷 朱絲闌鈔本。〇宋抱一子陳顯微述。門弟子王夷序。

通玄真經十二卷 藍絲闌鈔本。〇周文子撰，唐默希子註并序。

通玄真經纘義十二卷〇宋杜道堅撰并序。

列子八卷 刊本。〇周列禦寇撰，唐當塗縣丞殷敬順釋文。永始三年張湛註并序。

冲虚至德真經義解六卷 朱絲闌鈔本。〇宋徽宗皇帝御撰。唐天寶元年詔號《列子》爲《冲虚真經》。

冲虚至德真經解二十卷〇宋江遹撰。

冲虚至德真經四解二十卷

南華真經註疏三十五卷○晉郭象註并序，唐西華法師成玄英疏并序，明甬東屠本畯[五]田叔校録。

南華經十卷 刊本。○晉郭象子玄註，唐陸德明音釋。

南華真經義海纂微一百六卷 藍絲闌鈔本。○宋武林道士褚伯秀學。咸淳元年劉震孫序。

莊子諸家註八卷 藍絲闌鈔本。卷首有「天一閣」、「古司馬氏」二圖章。○宋褚伯秀輯。鄱陽湯漢序。

三子口義十四卷 刊本。○元[六]林希逸著。正德戊寅國子司業汪偉跋。嘉靖乙酉江汝璧重刊。後序云：「《老子》、《列子》、《莊子口義》，舊梓書林，蓋勝國時本也，而今弗傳。吾郡侯西潭張公以所藏活字摹本復梓之。公名士鎬，字景周，西潭其號也。」

亢倉子九卷 刊本。○庚桑楚撰，何粲註，黄諫音釋。

洞靈真經二卷○何粲註。是經即《亢倉子》也，唐天寶元年詔號《亢倉子》爲《洞靈真經》。

黄石公素書二卷○魏魯、張商英合註。

黄石公素書集解一卷○明元州道人涵虛子臞仙註并序。涵虛子即寧王權。

列仙傳二卷○漢劉向撰。

援神契一卷 藍絲闌鈔本。○不著撰人名氏。

周易參同契三卷 卷首有「天一閣」、「古司馬氏」二圖章。○東漢魏伯陽撰。

參同契五相類秘要一卷○東漢魏伯陽演。宋盧天驥上進。

悟道真詮三卷〇《參同契》、《諸仙秘要》、《攝生要義》三書合刻，東漢魏伯陽撰。

參同契三卷〇東漢徐景休箋註，并《補塞遺脱》一卷。東漢會稽淳于叔通贊。

金碧五相類參同契三卷 藍絲闌鈔本。〇東漢陰長生註并序。

金丹正理大全周易參同契通真義三卷〇後蜀真一子彭曉撰，紫霞山人涵蟾子編輯。

周易參同契三卷 藍絲闌鈔本。〇宋陳顯微解并序。

周易參同契發揮三卷釋疑三卷〇宋俞琰撰。

周易參同契本義一册 烏絲闌鈔本。〇明周瑛撰并序。

周易參同契三卷 藍絲闌鈔本。〇儲華谷註。

周易參同契集註三卷〇廣陵上陽子註。

太清金液神丹經三卷修丹祕訣一卷〇東漢陰長生撰。

陰真君還丹歌一卷〇宋陳摶註。

陰真君金石五相類一卷

玄門脈訣内照圖一册〇漢華陀撰。

抱朴子内篇二十卷 刊本。〇晉葛洪撰。

抱朴子外篇五十卷 刊本。〇晉葛洪撰。

抱朴子十一篇 藍絲闌鈔本。○晉葛洪撰。

神仙傳十卷○晉葛洪撰。

稚川真人校證術一卷 藍絲闌鈔本。

褚氏遺書一卷○齊褚證編。

真誥十卷○梁陶弘景撰。明王瓚序。

養性延命録二卷 藍絲闌鈔本。○梁華陽陶隱居集，并序云：「余因止觀微暇，聊復披覽《養生要集》。其集乃錢彦、張湛道林之徒，翟平、黄山之輩，咸是好事英奇，志在寶育。或鳩集仙經真人壽考之規，或得采彭鏗老君長齡之術，上自黄農以來，下及魏晉之際，但有益于養生及招損于後患諸本先皆記録。今略取要法，删棄繁蕪，類聚篇題，分爲上下兩卷，卷有三篇，號爲《養性延命録》。」或云此書孫思邈所集。

續仙傳一卷○唐溧水縣令沈汾傳，明黄省曾贊。

坐忘論一卷 朱絲闌鈔本。○唐司馬承禎撰。

天隱子一卷○唐貞一先生司馬承禎撰并序。宋胡璉跋後。

錦身機要二卷○唐毘陵混沌子撰。魯志剛註，并序云：「《錦身機要》之書，乃《採真機要》之梯航也。昔漢之正陽翁傳，于唐之希賢鄧先生相繼，不遇至人則不傳也。稽之自古及今學道之士，知《採真》而不知《錦身》有焉，知《錦身》而不知《採真》有焉，二者兼修者幾何人哉。其毘陵混沌子慕道精誠，存心懇切，是以希賢先生以金丹口訣作成《採真機要》以授之。猶慮乎不知《錦身機要》，則煉己之功不可得也，故又以錦身之事作成絶句三十六首，以按三十六氣候，次之三卷。上之十二首以錦其龍，中之十二首以錦其虎，下之十二首以錦其龍虎交媾之要。以授之所以採真煉己之功，預集授真之道。既授，而復請予以爲註，予於每章之下釋以直指，以成其書。」

宗玄先生文集三卷附玄綱論南統大君内丹九章經 綿紙朱絲闌鈔本。○唐華陰吴筠撰。禮部侍郎權德輿序。筠字貞節。

大丹鉛汞論一卷○唐金竹坡撰。

三洞珠囊十卷 藍絲闌鈔本。○唐王懸河撰。

藥石爾雅一卷 藍絲闌鈔本。○唐梅彪撰并序。

素問六氣玄珠密語十七卷 烏絲闌鈔本。○唐啓玄子述并序。

西山羣仙會真記五卷 藍絲闌鈔本。○唐施肩吾撰并自序，李竦編。

仙苑編珠三卷 藍絲闌鈔本。○後唐王松年撰。

墉城集仙録六卷 藍絲闌鈔本。○蜀杜光庭撰。

神仙感遇傳五卷 藍絲闌鈔本。○蜀杜光庭撰。

廣成集十七卷 藍絲闌鈔本。○蜀杜光庭撰。

和谷子十三篇◯石晉正陽真人鍾離權寂道撰，華陽真逸施肩吾序，宋雲峯散人夏元鼎宗禹編。

金丹詩訣二卷◯唐純陽真人呂巖撰，宋夏元鼎編。

玄帝問道一條純陽先生敲爻歌一章 藍絲闌鈔本。◯明守鉏野叟校正。

藍關記一卷◯唐瑶華帝君韓若雲撰。

鍾呂二先生修真傳道集三卷 藍絲闌鈔本。◯正陽真人鍾離權述，純陽真人呂巖集，華陽真人施肩吾希聖傳。宋宣和元年金門羽客習房子序云：「《真修傳道集》實至人鍾離雲房子口授呂洞賓之文也，華陽真施希聖所傳。論天地、日月、陰陽之根，坎離、玄牡、水火之用。以道爲之軀，煉無爲之質，從凡入聖之門也，以陽煉陰之道也。仙也者，陰盡而純陽，氣結而神住，精鋭洞一而不散，與道同真，是曰金丹。成道入虛，千變萬化，無始無終也。經曰：『陰陽相半則爲人，陽盡陰存則爲鬼。』是以聖人斷慾念，明虛己，體無爲，含真静，皆遠陰境而造陽境〔七〕。入有出無，故名無礙也。斯文不敢自祕，鏤版傳播，以示初學。」

靈寶畢法三卷 藍絲闌鈔本。◯正陽真人鍾離權雲房著，純陽真人呂巖洞賓傳。

化書六卷◯南唐紫霄真人譚景昇撰。明翠虛子鄭常清重刊。弘治甲子賜進士奉政大夫抱犢山人李紳縉序云：「《化書》一册，凡六卷，分道、術、德、仁、食、儉六化，共一百一十篇。其意謂道不足，繼之以術；術不足，繼之以德；德不足，繼之以仁；仁不足，繼之以食；食不足，繼之以儉，亦有補于世教之文也。國初，潛溪先生宋景濂評其文高簡，可亞《關尹子》，其于黄老道德實有所見。是書在天順間代府版行，歲久磨滅，見之者罕。方外友鄭君常清深得是書之旨，恐後人之不及見也，欲翻刻之。謀于定州善士劉達字景亨者，即慨慷捐資，命工壽梓。問以序屬予，故僭述數語爲之引云。」

瓊琯白玉蟾上清集八卷 刊本。○宋葛長庚撰。

海瓊摘稿十卷 刊本。○宋白玉蟾撰。明唐胄序。

金丹大成集註一卷 刊本。○宋蕭廷芝撰。鶴林真逸彭耜、南岡逸叟童應卯俱有序。

雲笈七籤百二十卷附靈驗記二卷 藍絲闌鈔本。○宋張君房撰進并序。

修養雜鈔一卷 朱絲闌鈔本。○宋汪順遠撰。

三洞羣仙録十卷 藍絲闌鈔本。○宋陳葆光撰。

玄學正宗一卷 藍絲闌鈔本。○元林屋洞天石澗真逸俞玉吾著。男仲温識云：「右《易外别傳》，先君子之所著，而附于《周易集説》之後者也。先君子嘗遇隱者，以先天圖指示邵子環中之極玄。故是書所著，發明邵子之學爲多。」

席上腐談二卷 紅絲闌鈔本。○宋俞琰撰。

至命篇二卷 烏絲闌鈔本。○宋王慶升撰，并序云：「謹依師傳《金丹軌則》述爲《至命》之篇，傳之私楮，以淑同志。曰《安爐立鼎》，曰《火候法度》，曰《野戰守城》，曰《沐浴脱胎》。觀之者宜悉心焉。」

雲宫法語二卷 ○汪可孫纂并序。

沖一迂談一卷○宋萬安國撰。

金丹直指一卷 藍絲闌鈔本。○宋永嘉周無所述，并序云：「余著《金丹十六頌》，直言性命之奥，故以『直指』言。余自幼學時，與世異好，慕道既切，訪師益廣。淳祐壬寅年，遇赤城林君自然，以丹法授余，又拉余往拜其師李真人，片言之間，盡得金火返還之要。余迺遍走叢林，請益諸老。繼聞宗陽碧虚方先生得紫陽張真人之傳，已酉仲春，挾《直指》訪之。足始跨門，心已相照，益自信《直指》所言不妄。」

海陵三仙傳一卷 藍絲闌鈔本。○宋通直郎僉書鎮江軍節度判官廳公事賜緋魚袋王禹錫撰。

法藏碎金録十卷○宋光録大夫太子少傅上柱國澶淵晁迴著。明嘉靖丙申裔孫瑮跋後云：「《法藏碎金》凡十卷，遠祖文元公天聖五年退居昭德里而作也。公酷嗜靈笈貝篇，有得輒書，故所述甚富。」

玉髓經十六册○宋國師張洞玄子微秘傳。

玉髓真經二十一卷○門人正一君述。

金丹辨惑一卷○劉太初撰。

疑仙傳三卷 藍絲闌鈔本。○隱夫玉簡撰。

丹房奥論一卷 藍絲闌鈔本。○學仙子程了一著并序。

盧山太平興國宫采訪真君事實八卷○宋葉義問撰。

至游子二卷 刊本。○宋曾慥撰。上卷凡十有三篇，下卷凡十有二篇。明嘉靖丙寅江東姚汝循序。

道樞四十二卷 藍絲闌鈔本。○宋至游子曾慥集。

洞仙傳一册 藍絲闌鈔本。○宋朝奉郎張君房撰進。

玄元十子圖一卷 藍絲闌鈔本。○宋路道通刊。張與材序。

中和集三卷後集三卷○元都梁清庵瑩蟾子李道純元素撰，門人蔡志頤編次。杜道堅序。

清庵瑩蟾子語録六卷 藍絲闌鈔本。○門弟子嘿庵柴元皋、定庵趙道可、實庵苗善時、寧庵鄧德成、蒙庵張應坦、損庵蔡志頤同編。元至元廣蟾子序。

三天易髓一卷 烏絲闌鈔本。○元李道純撰，混然子校正。

道德會元一册 刊本。○元李道純撰。

甘水仙源録十卷 藍絲闌鈔本。○元東門天樂道人李道謙集，并序云：「我重陽祖師于金正隆己卯夏遇真仙于終南山甘河鎮，飲之神水，付以真訣。自是盡斷諸緣，同情萬有。即養浩于劉蔣、南時等處者三年，故得心符至道。東游海濱，度高第，弟子道謙爰從。弱冠寓迹于終南劉蔣之祖庭，迄今甫五十載。每因教事，歷覽多方，既經所見，隨即記録，集爲一書，目之曰《甘水仙源録》，鋟梓以傳。」

鳴鶴餘音二卷○元虞集撰。

大丹直指二卷○元長春演道主教真人丘處機著。

至道玄微一卷○元何南丘真人撰。

大丹靈源元易篇一卷〇元丘祖師撰。

南丹三要一卷〇元陳沖素撰并序。末附《金丹密語》一卷，陶宗儀撰。

羣仙要語一卷〇元董漢醇校正、編集并序。明弘治十七年重刊。馮夔序，翠虚子素庵老人後跋。

武當福地總真集三卷　藍絲闌鈔本。〇元劉道明撰。

七真仙傳一卷　藍絲闌鈔本。〇元彭志祖序云：「《七真仙傳》自河内張邦直爲之張本，北平王粹實增飾之，太原李鼎又從而繼述之，前後歷二十餘稔，始克完備。今翰林諸先生又各爲序引，以冠其篇首。」

三元參贊延壽書五卷〇元李鵬飛編輯，并序云：「僕生甫二周，而生母遷于淮北。壯失所在，哀號奔走淮東西者凡三年。天憫其衷，見母于蘄之羅田。自是歲一涉淮。一日，道出龐居士舊址，遇一道人，緑髮童顔。問姓，曰宫也，問所之，曰採藥。與語移日，清越可喜。同宿焉，道人夜坐達旦。問其齒，九十餘矣。語其所以壽，曰：『子聞三元之説乎？』時匆匆不暇叩。後十年戊辰，試太學，至禮部。少憩飛來峯下，忽復遇其人，貌不減舊，始異之。攜手同飲，固詰所遇。道人曰：『此常理耳。』余稽首請之，曰：『人之壽天元六十，地元六十，人元六十，共一百八十歲。不知戒慎，則日加損焉。精炁不固，則天元之壽減矣。當寶嗇而不知所愛，當禁忌而不知所避。神日以耗，病日以來，而壽日以促矣。其説皆具見於黄帝、岐伯、《素問》、老聃、莊周及名醫書中，其與孔孟無異。子歸以吾説求之，無他術也。』復爲余細析其説，且遺以二圖。余再拜謝畢，復思前之所爲，其可悔者多矣。于是以其説搜諸書，集而成編，以自警也。」

劉宋二子四卷 刊本。○明嘉靖三十五年李濂序云：「《郁離子》，誠意伯青田劉公伯温所著。《龍門子凝道記》，翰林學士承旨浦江宋公景濂所著。開封貳守賓巖何君，二公之鄉人也，乃合而刻之郡齋，徵言爲序。余攷劉、宋二公，生丁元季。劉公筮仕邑丞，鬱鬱不得行其志。未幾，海宇驛騷，當路辟公，參畫戎事，屢有建明。沮而莫用，遂棄官歸隱青田山中，而著是書。曰郁離者，文明之謂也。其書凡十有八章。宋公當元至正間，以薦擢國史編修官，固辭不拜，退而著書小龍門山中。曰凝道者，苟非至德、至道不凝之謂也。其書凡二十有四篇。皇祖龍興，二公並起而輔之。賓巖君以《毛詩》魁南省，其文章志節，真二公鄉人也。刻而傳之，永彰厥美，其亦曠世而相感者乎。」

徐仙真録五卷○明正德辛酉知泉州府同安縣事後學新安朱徽序云：「《徐仙真録》者，洪恩、靈濟二真君之行實也。奉祠之官方文照等彙而集之，麗爲上下之編，凡若干卷。是書舊有刊本，年久漫不可考。適遇鎮國將軍盂城孫公景康，奉命來鎮福唐都閫，居無何，躬謁真君于鰲峯之祖宫，以嚴祀禮。公即取是編讀之，忻躍贊嘆，樂然捐資，期在必刻，以昭靈蹟于不朽。甫庀工，俾予言以識之。予齋沐焚香，披誦連日。則知真君積功累仁、極忠至孝、慕道成仙、利物濟人之真蹟，悉載是編，靡有遺缺，亘萬古而不能泯也。《真録》詳備，已成全書。其端則有前福建布政司鳳陽麻公洎諸文人之序，予不復贅。」

諸經品節十卷○明楊起元註。豫章敖文禎序。

内鍊延壽捷徑秘訣一卷 烏絲闌鈔本。○明何府中著并序。

古仙指南玉書賦一卷 烏絲闌鈔本。○明羅達卿註并序。

金丹節要二卷 藍絲闌鈔本。○明張三丰撰。

浄明忠孝全書一卷○明道録邵以正鋟梓。屬胡濙序云：「是書乃旌陽許真君所輯，旌陽傳之玉真劉先生，再傳于中貢黄先生，至丹扃道人，而是書始行于世。按旌陽許仙翁爲晉有道之士，嘗爲旌陽令，故人以旌陽稱。劉真人宋時建昌世家，玉真其自號也。予閲其書，所以相傳之旨，無非推明浄明之淵微，與忠孝之大道，其與吾儒所謂正心、修身之大旨，殆不少異焉。嗚呼，世之學道術者率用力于修煉之方，以求長生久視，曾不知浄明、忠孝爲修真養性之本，却步求前，豈理也哉。是書之傳，有裨于人也大矣。」洪武戊寅右春坊司直郎曾恕序，嘉靖壬午鄧繼禹後跋。

保身節録一卷○明嘉靖辛卯中嵩子識云：「暇時閲書，偶獲《保身節録》一帙，内收吕真人《道引法》、李僕射《報應信法》，王重陽《金丹訣》，郭璞《妙理賦》。辭明理見，非諸傍門小法，遂鋟梓以與天下共之。」

還丹發祕二卷附録一卷 藍絲闌鈔本。○明嘉靖壬寅三山散人清還子少白鄭允璋著，并序云：「伏念丹經浩瀚，見者每起汪洋之嘆，多有苦其難而中止者，蓋不知文字雖多，而下手口訣只消數言可了也。不揣凡陋，將胸中所得撰成十章，皆據經考證，反復明辨，無復藏掩，俾觀者一目可了全書之旨。一曰煉己之秘，二曰二子時之秘，三曰文武火候之秘，四曰顛倒主賓之祕，五曰乾坤互策之秘，六曰大小沐浴之秘，七曰六候之秘，八曰三世佛之秘，九曰直指神室之秘，十曰通氣保精之秘。尚恐産藥川源、下手法象、工夫次第或有未備，更作《金丹饒舌》四百字，《四戒》二百字，《畫眉序》等詞，《下手口訣》、《兩般作用之辨》各一篇，皆直洩玄機，非漫語也。故僭名其録曰《還丹發秘》云。」

修養要覽二卷◎明邵徵撰并序。

麻姑集十二卷◎明嘉靖癸卯賜進士第知建昌府事朱廷臣輯，并序云：「辛丑春，出補盱郡，凡縉紳祖道者，莫不曰是行也恣收麻姑之勝矣。洎入境，公暇乃攜賓佐出郭四十五六里，林麓紆迴，溪流潺湲。遠眺仙嶼，縹緲雲漢，挽車窮登，周覽無際。乃嘆曰：『真東南佳境也。』于是詔羽士訪遺事，遂有攜二卷以進者，覽之，皆古今英遊之所題詠。珠璣燦爛，金玉鏗鏘，咸足以泄山水之秘，惜夫未久傳也。予乃謀之沖谷陳子曰：『有美弗彰，誠缺典也，盍相與編摩鋟梓以廣其傳？』時陳子暨絜齋李子、澄潭方子同贊曰：『盛舉，可無緩也。』于是攜歸郡齋，命工繕寫。但舊卷多出于羽流之所鈔録，實多亥豕，乃屬陳子殫慮校正，復詢于鄉大夫白窗鄭君，廣搜博採，以足其所未備。首繪之圖，昭其象也；次綴以文，發其蘊也。象昭則形可稽，蘊發則妙可見，蓋有不待親登，而麻姑在吾目中者矣。」

臞仙運化元樞八百六條 卷首有「涵養齋」、「清白傳家」二圖章。◎明涵虛子臞仙撰并序。

救命索一卷 刊本。◎明涵虛子臞仙製，并序云：「凡人修道者，但無夢便是明心，不死便是得道。只此二事，便是實躋聖地工夫。其真奥閫域，備見《神農龍虎古經》，内設詞問答，上下二卷，學者當究之。今録初階築基鍊己之法，以遺學道者，爲救命之索」云。

命宗大乘五字訣内丹節要一卷〇明臞仙著。

紀録類編五卷〇明熊釗編輯。

觀化集一卷〇明粤西朱約佶撰，門人洞泉子校刊。袁福徵序云：「聖天子周恤庶民，爰欽明罰，命部使者分馳諸省，于是福徵有粤西之役。比莅境，官署言暇，迺得晉縉紳先生、學士大夫于庭，相與暢言敷議，大都有雅致，中多稱弄丸公。弄丸公者，遜耳盛名，未克言覯。越翌日，造第請謁，承諭升堂，得見公爲人瀟然玉立。又明日，乃得公所著《觀化集》讀之，始得不言之意，出所聞之外者。間謂予爲知言，下命以序。弄丸公海内皆稱爲雲仙弄丸，則寓意云爾。所著别有詩集。」

金精直指一卷〇明成化十二年武昌唐瓚識後云：「右《金精直指註論》一書，乃吾先祖諱音，字仲節，號拙菴先生，以《書經》領永樂鄉薦，爲教諭，爲教授，陞唐府左長史。丁内艱，起復選曹，承冬官檄往山東推督。公務事竟，方伯以白金四十爲贐，吾祖卻而不受，恐忤其意。乃謁東魯先聖廟，盡以所受充爲蘋藻之獻。究之聖公深嘉吾祖之行，遂以是書見遺。授之于人，歷皆有驗。後吾祖改四川敘州府同知，欲刊勿果。今吾忝令慶雲，捐俸綉梓以廣其傳云。」

延生至寶二卷〇明欒城後學馮相編集，并序云：「日取《悟真篇》、《參同契》、《活人心》、《三元參贊》、《養生雜纂》等諸書混而觀之，然篇帙浩瀚，不能悉記，且無以肆力于舉業。及成化丙午，僥倖鄉舉，人事益繁，遷延至今。弘治己未，忝登甲科，分署之後，頗得平閒。第恨無創始之才，徒取諸書百家之有益于人者，門分而類析之，除繁就簡，萃爲一書。使固志于延生者，覽而行之，其於遐齡之享，未必無毫髮之補也。」

靈劍子一卷 朱絲闌鈔本。〇旌陽許真君述。

靈劍子引道子午記一卷 朱絲闌鈔本。〇同上。

旌陽石函記一卷〇明三一居士邵輔著并序。

陳虛白規中指南二卷〇上清院主野朴山人李景先識云：「《規中指南》一書，乃真放道人虛白子沖素陳仙師所撰。仙師道成于武夷，昇真元化洞天，深憫後學，而作是書。僕得之太和山至虛宫含真黨師，授之于東和希古劉公。講究間，覩書中之句，以正心誠意作中心柱子。其綿綿玄牡，赫赫至神，灝灝玄精，則頓然而有主宰于心口之間。曰《規中指南》，惟真中至静而已矣。」

金丹正理大全四十卷〇上陽真人弟子明素蟾天琮序云：「乙卯夏五，際遇我師紫霄絳宫上陽真人于方壺天中，解襟傾蓋，歡如平生。時以去就匆匆，莫究衷蘊。既而候紫氣追隨黄鶴至交泰别館，叩首上請，盡授所秘。我師駕拯溺之慈航，仗斬邪之慧劍，紹隆丹陽正傳之脉，發泄青城玉祕之文，明前代所未明，説古人所未説。僕懼學徒不察真師之用心，將聖諦玄章作泛常看過，非徒無益而生感，或乃興謗而自棄，因述己所遇而爲之序。」

上清靈寶濟渡大成全書四十卷〇林靈素撰，周思得重修。

武當勝記一卷 藍絲闌鈔本。○龍興路雲麓樵翁羅廷震撰。

攝生要義十篇○河濱丈人著并序。

元神幾釋義一卷 藍絲闌鈔本。○交蘆子註釋并序。

南嶽九真人傳一卷 藍絲闌鈔本。○奉議郎騎都尉賜緋魚袋廖侁譔。

華陽陶隱居傳三卷○薛蘿孺子賈嵩撰。

禄嗣奇談一卷○泰和沖一真君撰。

修真秘録一卷○前商州豐陽縣主簿符度仁纂。

崔公入藥鏡註解一卷○混然子註。

劉子二卷○明李先芳校并序。

劉經二卷○明俞大猷編著。

妙道要畧一卷○真人鄭思遠撰。

丹方鑑要三卷○紫閣山叟獨孤滔撰。

指歸集一卷 藍絲闌鈔本。○高蓋山人吳悟撰。

河圖金丹秘訣一卷 鈔本。○蟾月抱一先生吳道淵撰，愚拙老人王道淵續録。

服氣經訣歌論銘録七卷○桑榆子評。

龍虎還丹訣頌一卷〇淳和子撰，谷神子註。明顧學可序。

修養輯要三卷〇仁所居士集。明嘉靖吴思立序。

還金術二篇 藍絲闌鈔本。〇陶埴撰。

陶公還金術三卷〇明武林三一居士邵輔註并序。

金丹百問一卷〇李光玄述。

心書九章〇趙古蟾真人撰。

南嶽金丹暢旨一卷〇朱陵洞天三茅庵青霞蔣真人撰，金闕選仙舉進士天谷傳，羅浮放鶴野人周應文受。

上天至寶一卷〇秋潭劉真人撰。

紫府奇元金丹正宗一卷〇混成胡真人撰。

晉真人語録一卷 藍絲闌鈔本。

丹陽真人語録一卷 藍絲闌鈔本。〇靈隱子王頤中撰。

無爲清浄長生真人至真語録一卷 藍絲闌鈔本。〇泰和壬戌雙溪虚白道人韓士倩序。

盤山棲雲王真人語録一卷 藍絲闌鈔本。〇門人論志焕編次。

清和真人北游語録四卷〇弟子段志堅編。

玄珠録二卷 藍絲闌鈔本。○王玄覽法師口訣。

混俗頤生録二卷 藍絲闌鈔本。○茅山〔八〕處士劉詞撰。

元陽子五假論一卷 藍絲闌鈔本。

玄珠心鏡註一卷 朱絲闌鈔本。○王屋山樵長孫滋巨澤傳，棲真子王損之章句。

道法宗旨圖衍義二卷 藍絲闌鈔本。○鐵崖鄧柟以正纂圖，元大德己亥養吾章希賢師亮衍義并序。

玄靈備要二卷○沖虚道人靈陽子撰，棲山道人得陽子註，湘江復陽子曹洞清釋。

清虚元規九十五條○無名氏序云：「清虚大帝申見碧撰。大晉金門羽客真人、蓬陽羽客真人、後裔林安静、金安順修創關房於涪山之陽。東華仙翁時有宿緣，廣爲開演玄秘，各授門人數人。題門之額曰『清虚關房』，將齋其心，特令見碧及玉蟾真人爲立元規」云。

抱一函三祕訣一卷 朱絲闌鈔本。○嗣全真正宗金月巖編，嗣全真大癡黄公望傳。

存神固氣論一卷 朱絲闌鈔本。○嗣全真正宗金月巖編，嗣全真大癡黄公望傳。

攝生纂録一卷 朱絲闌鈔本。○嗣全真正宗金月巖編，嗣全真大癡黄公望傳。

養生秘録一卷 朱絲闌鈔本。○嗣全真正宗金月巖編，嗣全真大癡黄公望傳。

谷神賦一卷 藍絲闌鈔本。○天水逸人大信註。

節解補署一卷○孫宸洪著。

大元首測衝錯擹瑩注二卷 藍絲闌鈔本。○襄陵許翰註。

翠虚篇一卷○泥丸陳真人撰。真息子王思誠序。

會真集五卷 藍絲闌鈔本。○超然子王吉甫撰。楊志朴序。

養命機關金丹真訣一卷 朱絲闌鈔本。○不著撰人名氏。

大還丹照鑑一卷 藍絲闌鈔本。○不著撰人名氏。

丸經二卷 藍絲闌鈔本。○不著撰人名氏。後跋云：「予壯遊都邑間，好事者多尚捶丸。攷諸傳記，無聞焉，以爲世俗博弈之餘技耳。近得《丸經》二卷，始自戰國，見諸莊子之書。其文有承式、崇古、决勝、出奇、知幾、知人等章，凡三十有二。措辭簡要，頗類諸子遺書，固非淺陋者之可與同年語也。」

陰丹内篇一卷 藍絲闌鈔本。○不著撰人名氏。

中黄真經二卷調氣經二卷服氣口訣二卷莊周氣訣解一卷 藍絲闌鈔本。○不著撰人名氏。

修真元章一卷 藍絲闌鈔本。○不著撰人名氏。

海客論一卷 藍絲闌鈔本。○不著撰人名氏。

三洞樞機雜説一卷○不著撰人名氏。

啓真集二卷○不著撰人名氏。

玄門入道資糧一卷○不著撰人名氏。鹿園精舍集刊。

按摩法一卷 藍絲闌鈔本。◯不著撰人名氏。

西川青羊宫碑銘 藍絲闌鈔本。◯不著撰人名氏。

自然集一卷◯不著撰人名氏。

天寶還丹了訣圖 藍絲闌鈔本。◯不著撰人名氏。

氣圖一卷◯不著撰人名氏。

玄覽一卷 藍絲闌鈔本。◯不著撰人名氏。

枕中記一卷 藍絲闌鈔本。◯不著撰人名氏。

金石簿五九數訣一卷 鈔本。◯不著撰人名氏。

上清握中訣三卷◯不著撰人名氏。

道藏經十三册 藍絲闌鈔本。◯不著撰人名氏。

道藏目録四卷 藍絲闌鈔本。◯不著撰人名氏。

二篇同卷 藍絲闌鈔本。◯《悟真篇》，魏伯陽撰。《太虚心淵篇》，不著撰人名氏。

二篇同卷◯《太清經斷穀法》、《太上肘後玉經方》，俱霞栖子盧遵元編。

二篇同卷◯《神仙服食靈草菖蒲丸方》、《上清經真丹秘訣》，俱不著撰人名氏。

二篇同卷 藍絲闌鈔本。◯《玄珠歌》，通玄先生撰。《心鏡註》，衡嶽真子註。

二篇同卷 藍絲闌鈔本。◯《太清玉碑子》，晉葛稚川述。《懸解録》，漢劉泓述。

二篇同卷 藍絲闌鈔本。◯《靈草歌》、《種芝草法》，俱白雲仙人著。

二篇同卷 藍絲闌鈔本。◯《太丹記》，魏伯陽撰。《丹房須知》，高蓋山人自然子吴焕述。

二篇同卷◯《純陽真人沁園春丹詞註解》，不著註家姓名。《青天歌註釋》，林屋山人全陽子撰。

二篇同卷◯《金石簿五九數訣》、《上清九真中經内訣》，俱不著撰人名氏。

二經同卷◯《太上洞房内經註》，不著撰人名氏。《陰真君還丹歌註》，周真人撰。

二經同卷 藍絲闌鈔本。◯《太上老君玄妙枕中内德神咒經》、《黄庭遁甲緣身經》。

三篇同卷 藍絲闌鈔本。◯《陶真人内丹賦》、《擒玄賦》、《金丹賦》，大道弟子馬涖昭註。

三經同卷◯《紫庭内秘訣修行法》，不著撰人名氏。《太上老君大存思圖註訣》、《進延壽赤書表》，唐裴鉉上。

三經同卷◯《太上大通經》，都梁參學清庵瑩蟾子李道純註。《太上赤文洞古經》，龜山長筌子註。《无上赤文洞古真經》，李道純註。

仙家四書

修真十書 藍絲闌鈔本。◯《鍾呂二先生修真傳道集》三卷，《修真捷徑》七卷，《純陽真人呂巖洞濱集》二卷，《雜著指玄》八卷，《瓊琯白玉蟾上清集》八卷，《盤山棲雲大師語録》一卷，《張平叔悟真篇集註》五卷，

《白先生玉隆集》六卷，《黄庭經》一卷，《金丹大成》五卷。

洞元記傳 朱絲闌鈔本。◯《洞天福地嶽瀆名山記》一卷，唐廣成先生杜光庭撰。《梅仙觀記》一卷，仙壇觀道士楊志遠撰。《金華赤松山志》一卷，松山羽士竹泉倪守約撰。《仙都志》二卷，玉虛住山少微陳性定撰。《天台山志》一卷，龍瑞觀禹山人撰。《陽明洞天圖經》一卷，宋翰林學士李宗鶚撰。《四明洞天丹山圖詠》一卷，唐木玄虛撰，賀知章註。《南嶽總勝集》一卷，不著撰人名氏。

〔一〕「批」原誤爲「枇」，今改。

〔二〕「畯」上原脱「本」字，今補。

〔三〕疑「宋」爲「明」字之誤，《中國叢書綜録》著録該書爲明薛蕙撰。「蕙」原誤爲「惠」，據《中國叢書綜録》、《抱經樓藏書志》改。

〔四〕「嘉成」二字疑誤，宋無此年號。

〔五〕「畯」字上原脱「本」字，今補。

〔六〕《中國叢書綜録》等書目皆著録林希逸爲宋人。

〔七〕「境」原誤作「晶」，今改。

〔八〕「山」原誤作「土」，今改。

天一閣書目　集部

楚辭類　七種九十九卷
別集類　三百六十五種四千六百二十四卷
總集類　三百十一種五千七百十五卷
雜著類　三十四種二百八十四卷
詩文評類　四十一種三百八十三卷
詞曲類　六十八種四百六十五卷
補遺　三十八種二百七十六卷
范氏著作　十六種五十九卷
共計八百八十種一萬一千五百四十五卷

天一閣書目卷四之一　集部一

楚辭類

楚辭十七卷 刊本。○漢劉向編集，王逸章句，明後學西蜀高第、吴郡黄省曾校正。

楚辭十七卷 刊本。○明正德戊寅王鏊重刊。序云：「《楚辭》十七卷，漢中壘校尉劉向編集，校書郎王逸章句。逸之註，訓詁爲詳。朱子始疏以《詩》之六義，援據博，義理精，誠有非逸所及者。然余之懵也，若《天問》、《招魂》，譎怪奇澁，讀之多未曉析。及得是編，恍然有開於余心。則逸也，豈可無一日之長哉。」

楚詞十七卷 刊本。○漢劉向編集，王逸章句。明王世貞序云：「梓《楚詞》十七卷。其前十五卷，爲漢中壘校尉劉向編集。尊屈原《離騷》爲經，而以原别撰《九歌》等章，及宋玉、景差、賈誼、淮南、東方、嚴忌、王褒諸子，凡有推佐原意而循其調者爲傳。十六卷則中壘所撰《九嘆》，以自見其意。前後皆王逸通故，爲章句。最後卷，則逸所撰《九思》，以附於中壘者。吾友豫章宗人用晦，得宋《楚詞》善本以梓，而見屬爲序。」

洪興祖補註楚辭十七卷 刊本。○序殘闕。

楚辭集註離騷五卷續離騷三卷又後語六卷辨證二卷 刊本。○宋慶元己未朱子集註。

篆文楚騷五卷 藍絲闌鈔本。○明正德庚辰長沙熊宇撰并序。

楚騷協韻十卷 刊本。○明甬東田叔屠本畯撰。四明沈九疇序云:「《楚騷》上述皇王,旁羅近代,比物連類,銓綜三才。其於聲韻,當不詭於先王矣。後世讀不復諧,遂以槩之楚聲。且夫童歌里曲,猶或沿方;雄文麗藻,取會風雅。假令闡六義之文,仍南方之陋,其何以争光日月,檃詞賦之祖也?屠田叔氏博取韻書,裁衷經訓,務求諧暢。積有歲年,遂成《協韻》十卷,其用心亦勤矣。後之讀《騷》者,其以田叔氏爲南車也。」吴郡黄姬水亦有序。

别集類

謝靈運詩集二卷 刊本。○吴郡黄省曾編次。序稱:「學士大夫傳誦者,止昭明所集。予南遊會稽,偶見舊寫本。又得登游之詩,自《永嘉緑嶂山》以下十三首,皆世所未覩。乃合舊新,併及樂府,録爲二卷,詩凡六十九首。」

謝宣城集五卷 刊本。○晉謝朓撰,明任丘藜晨校刊。正德辛未康海序云:「《宣城集》舊十卷。宋以後,止傳其詩賦五卷。其五卷者,皆常時雜文,不如詩,故不傳也。劉侯知武功之二年,一日來滸西别業,見《宣城集》,嘆而刻之。劉侯名紹,字繼先,濮人。」嘉靖丁酉任邱藜晨跋後。

東遊小稿一卷 刊本。○晉謝東山撰。

阮嗣宗詩集一卷 刊本。○晉阮籍撰。正德八年北郡李夢陽序云：「鍾參軍曰：『嗣宗《咏懷》之作，洋洋乎會於《風》《雅》，使人忘其鄙近。』斯爲不佞矣。顏延年註，今莫可考見。今以故所鈔籍《咏懷詩》八十篇刊諸此，訛缺姑仍之，俟知者校焉。」天水胡纘宗校，正德十五年并跋。嘉靖二年關中夏亨重刊。

何水部詩集一卷○梁尚書水部郎何遜著。東海王僧孺集其文爲八卷。明正德丁丑雲間張紘刊，并跋曰：「何詩舊與陰偕刻。余謂二家體裁各出，不當比而同之。爰獨取是集，芟其繁蕪，録刻寘郎署。中有闕誤則因之，而不敢益。」

唐太宗文皇帝集一卷 刊本。司馬公題籤。内第二、第三、第十、第十一、第十二，共五版鈔補。○明淮海朱應辰訂梓。北江聞人詮[一]序。吴郡都穆跋云：「《唐文皇帝集》舊四十卷，世不傳。宋直齋陳氏本三卷，昔人謂雜以他人之文，頗多譌謬。而今亦不復見。此本，近得之邊太常廷實。按《館閣書目》有《文皇詩》一卷，凡六十九首。今以詩攷之，正符是數。但其中《春臺望》乃明皇詩，《餞中侍郎來濟》乃宋之問詩，當是後人誤入，殆非《館閣》之舊矣。」

王子安集四卷 刊本。○唐王勃撰。

盈川集五卷 刊本。○唐楊炯撰，永嘉張遜業校正，并序云：「炯，華陰人。幼博學聰慧，揮文宏富。平生著作，惟存是帙，三十卷者，惜未見之。其自評：『吾愧在盧前，恥居王後。』張説以其文思如懸河注水，酌之不竭，既優於盧，亦不減王。恥居王後，信然；愧在盧前，謙也。」

盧照鄰集二卷 刊本。○明張遜業校正，并序云：「照鄰字昇之，幽州范陽人。歲十餘，就義方之教於曹獻王。善屬文，拜典籤鄧王府職，王嘗以相如期之。后因底疾，再拜新都尉。疾作，竟不能任。得方士玄明膏餌之，處太白山中。遇父喪，嘔丹，疾益甚。徙居陽翟具茨山，預爲墓，掩其所著《釋疾》、《五悲》等作。曁沉涸攣廢，不堪其苦，與親屬執別，遂投潁水而死，時年四十。《文集》二十卷、《幽憂子》三卷，今無可稽。是集足以傳其概云。」

杜審言集二卷 刊本。○宋乾道庚寅楊萬里序稱：「襄陽杜審言字必簡，嘗爲吉州司户。今户曹趙君彦清，旁蒐遠摭，得其詩四十三首，將刻棗以傳好事，且以爲户廳之寶玉大弓，屬余集之。余觀必簡之詩，若『牽絲紫蔓長』，即其孫甫『水行牽風翠帶長』之句也；若『鶴子洩童衣』，即『儒衣山鳥怪』之句也；若『雲陰送晚雷』，即『雷聲忽送千峯雨』之句也；若『風光新柳報，晏賞落花催』，即『星霜玄鳥變，身世白駒催』之句也。余不知祖孫之相似其有意乎，抑亦偶然乎。如『往來花不發，新舊雪仍殘』，如『日氣抱殘虹』，如『愁思看春不當春，明年春色倍還人』，如『飛花攪獨愁』，皆佳句也。三世之後，莫之與京，宜哉。」

杜工部詩集二十卷附文集二卷 刊本。○明嘉靖丙申玉几山人校刊。寶元二年翰林學士王洙序云：「《杜集》初六十卷，今秘府舊藏。通人家所有，稱大小集者，皆亡逸之餘，人自編摭，非當時第序矣。蒐裒中外書，凡九十九卷，除其重複，定取千四百有五篇，凡古詩三百九十有九，近體千有六。起太平時，終湖南所作。視居行之次與歲時爲先後，分十八卷。又别録賦草、雜著二十九篇，爲二卷，合二十卷。意茲未可謂盡，他日有得，尚圖益諸。」又有王安石序，胡宗愈序，蔡夢弼跋。

杜工部詩八卷 刊本。○明嘉靖五年關中許宗魯編并序。

杜詩集註二十卷 刊本。○宋須溪劉會孟評點。明嘉靖九年陳沂序。

杜詩集註二十卷 刊本。○須溪先生劉會孟評點。明靖江王府刊行。

杜工部七言律詩二册 刊本。○元虞集註。明楊士奇序。劉須溪批點杜詩二十二卷後增趙東山類選一卷虞伯生註一卷。羅履泰序云：「舊見《後村詩話》中，評王、楊、盧、駱，證以杜詩，頗有貶數子意，嘗疑後村誤認杜詩爲貶語。一日，須溪談此，先生因出所批本示僕曰：『吾意正如此。』時《興觀集》未出也，惟末章僕有欲請者，客至而罷。每自恨賦遠遊、病索居，望先生之廬，有不能卒業之愧。今《興觀集》行，不載此，每念復見先生所示本，不可得。族孫祥翁得其本以示僕，視《六絶句》批語，則昔所見也。其舅氏彭鏡溪又銓摘舊註，不失去取，刻之以便覽者。」東川黎堯卿跋云：「杜少陵詩，舊註坌冗，探公心曲者尠。頃居秣陵，得劉須溪批本。續見趙東山五言批評，又復明備不揣。并虞伯生七言註，統三子合爲一編，以便檢閲。其闕解，質以全集補之。」湘江盧綸後序。

集千家註批點杜工部詩集一部 刊本。○宋劉辰翁編。元大德癸卯盧陵劉將孫序云：「先君子須溪先生，每浩嘆學詩者各自爲宗，無能讀杜詩者。高楚芳類粹刻之，復删舊註無稽者、泛溢者，特存精確必不可無者，求爲序以傳。是本浄其繁蕪，可以使讀者得於神，而批評標極，足使靈悟，固《草堂集》之郭象本矣。楚芳于是集，用力勤，去取當，校正審，賢他本草草，藉吾家名以欺者甚遠。相之者，吾門劉郁云。」

元書杜陵詩律一卷 宋紙烏絲闌鈔本。卷首有「尚寶少卿袁氏忠徹」、「范氏圖書之記」、「范子受氏」三印。卷末有「静思齋」、「崑崙山人」二印。○是編元至治浦城楊載仲弘氏得之工部九世孫杜舉，杜舉得之甫門人吳成、鄒遂、王恭。爲篇四十有三，爲格五十有一。仲弘以授鄒縣孟惟誠。孟因參校增註，復取《仲弘集》中律詩數篇，附刻于後。以見法不難守而詩可傳世爲不誣也。楊載自有序其詩五首。京兆杜本跋，孟惟誠有序并識後，又莆人鄭初題并序。

杜律演義二卷 刊本。○元張性撰。序殘闕。

杜律測旨二册 刊本。○明趙大綱撰。

杜詩單註十卷 刊本。○明陳明輯。洪武壬戌古剡單復自序云：「初讀杜子詩，茫然莫知其旨意。註釋者雖衆，率多著其用事之出處耳。或有指其立言之意者，又復穿鑿傅會。作詩之旨意，卒莫能白，深竊疑焉。于是，屏去諸家註，止取杜子詩，反覆諷詠，似畧見大意，亦未昭晰。既又得范德機氏《分段批抹杜詩》，觀之，恍若有得，向所謂莫知而可疑者，始釋然矣。暇日輒取杜子長短古律詩，讀每篇，必先考其出處之歲月、地理、時事，以著詩史之實録。次乃虛心玩味，以《三百篇》賦、比、興例，分節段，以詳其作詩命意之由，及遺辭用事之故。且於承接、轉換、照應處，略爲之説。其諸家註釋之當者取之，而删其穿鑿附會者，庶以發杜子作詩之旨意。積久成帙，題曰《讀杜愚得》，蓋取『愚者千慮，必有一得』耳，非欲多上人也。」

讀杜詩愚得十八卷 刊本。◯明古剡單復撰。自序與《杜詩單註》同。

杜詩選註七卷 刊本。◯臨川董益輯。叙稱：「平生最嗜讀，然觀舊註，如魯訔之編年，黄鶴之分類，劉會孟之評論，雖頗詳悉，病其附會穿鑿，徒牽合引據，而於作者之情性畧無見焉。遂校勘諸本，略加删補，必求以著明作者之初意。分門歸類，共爲七卷，庶於初學之士或少助焉。」

杜律二註二册 刊本。◯明嘉靖丁未章美中序云：「讀杜者容有以文害詞，以詞害意，而于少陵作詩之本旨，多或昧之。惟伯生、子常二註，最爲詳明，支分句解，挈旨探原，宛然朱子釋詩家法。故不讀杜，不可與言詩，不考二註，不可以讀杜。偶閲關中舊本，虞、趙二註類爲一篇，而中州文獻地，未有是刻。方與牧伯蓮塘崔君議改梓之，而郟令賓暘熊子，慨然捐俸舉之。刻成書此，以識歲月。」

杜詩類集二册 刊本。◯明閩人姚鳴鳳集。戴金序稱：「是編姚侍御、李父臺、史少雲分門析句，撮其警語，類萃成帙。」

杜詩長古註解一册 刊本。◯明謝省注。弘治壬子王弼序云：「此弼鄉先進桃溪先生所注杜詩長古若干首，蓋始得之興化郡庠程司訓懷佐，而并屬之莆田邑庠程教授應韶，相與正其訛舛，而梓行焉。杜詩之註，至千百家，若近代虞紹菴註杜律，實用文公註三百篇法，先訓詁而後章旨，蓋他家所不及。今先生之註，又用虞法，而益精以覈者也。先生以進士歷官兵部，出爲寶慶守三年，遂以老請，于是居隱桃溪者二十年。其在官、在鄉，所以嘉惠生民，儀式後學者，具有典則，此益其餘事云。」

杜詩長古註解二册 刊本。〇明謝省註解并序。所註係長古詩一百四十二首。

集千家註杜工部詩集二十卷文集二卷 刊本。〇明嘉靖丙申明易山人校刊。

杜律鈔二卷 刊本。〇明無錫邵寶鈔，姚九功校。

杜詩五七言律註解五卷 刊本。〇國朝梁溪顧宸修遠氏著，觀陽李贊元望石氏閲，同里黄家舒漢臣氏評。均有序。

杜詩分類全集五卷 刊本。〇國朝中州張縉彦垣公、古燕谷應泰霖蒼輯定，海鹽高士、錢塘汪淇較閲。西陵亮明齋主人識云：「杜工部詩，凡箋疏丹黄，多屬蠡測，甚至矯誣穿鑿，幾没作者本意。兹集恪遵古本，依題分類，不尚詮釋，繡梓精工，校訂詳確，庶幾工部真色常存天地間，識者自辨。」

分類補註李太白詩集二十五卷 刊本。〇唐李白撰，春陵楊齊賢集註，章貢蕭士贇補註。至元辛卯蕭士贇序例云：「唐詩大家數李、杜爲稱首。古今註詩者，號千家，註李詩者，曾不一二見，非詩家一欠事歟？僕自弱冠知誦李太白詩，時習舉子業，雖好之，未暇究也。厥後，乃得專意於此，間趨庭以求聞所未聞，或從師以蘄解所未解。真思遐想，章究其意之所寓；旁搜遠引，句考其字之所原。若夫義之顯者，槩不贅演，或疑其贋作，則移置卷末，以俟具眼者自擇焉，此其例也。一日，得巴陵李粹甫家藏左緜所刊春陵楊君齊賢子見註本讀之，惜其博而不能約，至取唐廣德以後事，及宋儒紀録詩詞爲祖。甚而併杜註内僞作蘇東坡箋事已經益守郭知遠删去者，亦引用焉。因取其本，類此者爲之節文，釋其善者存之，註所未盡者，以予所知附其後，混爲一註。全集有八篇子見本無註，此則併取註之，標其目曰《分類補註李太白集》。」

李翰林詩類編十二卷 刊本。○明長安田瀾序。咸寧徐明府刊。

分類補註李太白詩文集三十卷 刊本。○明嘉靖癸卯吴人郭雲鵬重刊。春陵楊齊賢集註，章貢蕭士贇補註。雲鵬後跋。卷首並載唐寶應元年當塗令李陽冰序，咸平元年職方員外樂史序，李華撰墓誌銘，貞元六年當塗令顧遊秦建碣，劉全白撰記，宋熙寧元年常山宋敏求後序，南豐曾鞏後序。其二十六卷後無註，係郭雲鵬採于别集編入者。

李翰林分類八卷附賦一卷 刊本。○明廣陵李齊芳、姪茂年、茂材分類，同里潘應詔、舒度、馮春同閲。俱有序，茂材跋後。

唐翰林李白詩類編十二卷 刊本。○明延平推官華亭楊樞刻。跋後云：「延平刻李詩成，闕文斷簡，未之或正也。乙巳仲秋，雙華柯翁來旬劍水，首覽茲集，慨然曰：『疇昔夢見非此也耶？』遂手校定之。先是，公按楚，夢謫仙授之詩，且屬以刻集入閩，而茲刻僅完，若有冥會而懸待之者，斯亦奇矣。」

孟浩然集四卷 刊本。唐孟浩然撰。

孟浩然集二卷 刊本。○劉辰翁評點。正德甲子黎堯卿序。

浩然詩三卷 刊本。○唐孟浩然著。天寶四年，宣城王士源集其詩，别爲十類，分上中下三卷，序而梓之。九載，沛國郡公韋滔增其條目，宋盧陵劉辰翁評點。明句吴顧道洪校刊。凡例云：「余家藏浩然詩凡三種：一宋刻本；一元刻本，即劉須溪評點者；一國朝吴下刻本。集覽考訂多異同，因以宋本近古，依之爲準則，互有字異句異者，有前後倒置者，有通篇不同者，並於宋本内註：元本作某，今本作某，或二本作某。字句亦如之。隨所詳悉，復照須溪批點增入以備觀。恐於此彙集而不詳考焉，則愈久而愈多舛錯矣。一、元本劉須溪批點者，卷數與宋本相同，編次互有同異，類分標目，凡十條，曰：遊覽、贈答、旅行、送别、宴樂、懷思、田園、美人、時節、拾遺，共二百三十三首，多於宋本二十三首。卷末須溪别有詩評二條，今併入外編詩話類。一、今本即盛唐十二家之一，詩以體編，分爲四卷，共二百六十三首。元本多於宋本二十三首，今本又多於元本三十首，共多於宋本五十三首，另立《補遺》。又採《國秀集》内《張子容詩》一首，《文苑英華》内《白雲先生迴歌》一首，皆諸本所不載者，名爲《拾遺》，與《補遺》共爲一卷。一、浩然才名逸望，冠絶古今，惜其事文皆散見羣集，爰立外編，首録《文藝》、《文苑》本傳，次《襄陽耆舊傳》，繼而序箋、像贊、跋、雜文四篇，又歷代名人懷贈等詩二十六首，復搜採逸典、詩話等二十八條，萃成一帙，附於集後。」

王摩詰集六卷 刊本。○唐王維撰。

王摩詰集十卷 刊本。〇唐王維著，弟王縉奉詔編輯表上。

類箋王右丞詩集十卷文集四卷 刊本。〇唐王摩詰著，尚書王縉表上，代宗手敕平章事劉煦撰。宋歐陽修撰《世系表》，尚書宋祁撰《文藝》，略云：「王維字摩詰。九歲知屬辭，與弟縉齊名。資性孝友。開元擢進士，調大樂丞，坐累爲濟州司倉參軍。張九齡執政，擢右拾遺，歷監察御史。母喪，毀幾不生。服除，累遷給事中。玄宗回鑾，下遷太子中允，久之，遷中庶子，三遷尚書右丞。縉爲蜀州刺史，未還，維自表己有五短，縉五長，願歸所任官，放田里，使縉得還京師。上元初卒，年六十一。縉在鳳翔，作書與別，又遺親故書數幅，停筆而化。兄弟皆篤志奉佛，食不葷，衣不文彩。別墅在輞川，與裴迪游其中，賦詩相酬爲樂。喪妻不娶，孤居三十年。寶應中，代宗語縉曰：『朕嘗於諸王座聞維樂章，今傳幾何？』遣中人王承華往收。縉裒集數十百篇上之。」明嘉靖二十四年顧起經首題小引。

王右丞集十冊〇唐河東王維撰。明嘉靖二十四年武陵顧伯子刊。卷首載王縉進右丞集表，并新舊《唐書》列傳、年譜。

岑嘉州詩八卷 刊本。〇唐嘉州刺史岑參著。明正德庚辰漢嘉安磐序云：「岑詩，晁子止云『十卷』，陳止〔二〕齋云『八卷』，高廷又云『十卷』，然皆不著若干篇。州舊有刻本七卷。近見別本亦止七卷。首卷至百篇，六卷、七卷僅八九篇，多寡不倫。茲集收舊本《無題》、《關門》、《古興》等詩三十五篇，其誤入岑羲《應制詩》削去之，凡八卷，二百七十一篇。黎侍御乾德屬嘉州守謝元良刻置郡齋。」

韋蘇州集十卷 刊本。○唐韋應物著。嘉祐元年太原王欽臣序稱：「《韋蘇州集》十卷，綴叙猥并，非舊次矣。今取諸本校定，仍所部居，去其雜厠，分十五總類，合五百七十一篇，題曰《韋蘇州集》。舊或云《古風集》，號《澧上西齋吟稿》者又數卷，可以繕寫。」

韋江州集十卷 刊本。○唐韋應物撰。計賦一首，古今詩一百六十首。宋嘉祐間王欽臣編定。拾遺八首，熙寧後增入，舊本另爲卷，今附末卷之後。而序、傳、跋尾別爲一卷。明户部郎晉陵華雲視榷九江，謂：「韋公嘗刺是州。命子復初校刻之，參考新舊善本頗多，自謂精覈，無復訛脱。韋官止蘇州，曰江州者，以集所由刻也。」

劉隨州詩十一卷 刊本。○唐劉長卿著。集題隨州，以其爲隨州刺史也。明西蜀李士修知隨，求其集重刻之。弘治庚申隨陽宗彝序首，餘姚韓明、近湖沈寶跋後。

劉隨州集十一卷 刊本。○唐劉長卿撰，明弘治戊午餘姚韓明校。

劉賓客外集十卷○唐劉禹錫撰。

賈浪仙集七卷 刊本。○唐長江尉賈島著。

孟東野集十卷 刊本。○唐孟郊撰。常山宋敏求後序云：「東野詩，世傳汴吴鏤本五卷，一百二十四篇。周安惠本十卷，三百三十五篇。別卷本五卷，三百四十篇。蜀人蹇濬用退之贈郊句，纂《咸池集》二卷，一百八十篇。自餘不爲編帙，雜録之，家家自異。今總括遺逸，摘去重複若體制不類者，得五百一十一篇。鼇別樂府、感興、詠懷、游適、居處、行役、寄贈、懷寄、酬答、送別、咏詩、雜題、哀傷、聯句十四種，又以贊書二系于後，合十卷。嗣有所得，當次第益諸。十聯句見昌黎集，章章于時，此不著云。」

孟東野詩集十卷 刊本。○唐山南節度參謀大理評事武康孟郊著。明嘉靖丙辰武康知縣無錫秦禾重刊。序稱：「諸家編帙東野詩，互有異同。宋學士敏求摘去重複及體制不類者，得五百十一首，彙爲十卷。東野，武康産也。宋景定間，武康令國德成用宋本刻之。曩得其集于都氏，因其宋刻而寶之。癸丑冬，承乏令武康，繙閱邑志，國令無聞焉，豈宋季[三]師旅方興忽不及録歟？爰令杭士趙伯觀正其舛訛，而重鋟諸梓，并録國材原序，及宋敏求序。」

錢考功集七卷 刊本。○唐考功郎中錢起撰。明嘉靖間少華山人羅龍淵編校、跋後。新安王寅序。

二皇甫詩集二卷 刊本。○唐皇甫冉、皇甫曾撰。明正德戊寅劉潤之重刊。王廷相序云：「唐大曆中以詩名者，有錢起、盧綸等十人，當時以才子目之。然劉長卿、二皇甫亦爲同時，其才格當不在十子之下，而不得與其列，何哉？同寅劉潤之工于唐人之作，政暇取大曆十子詩校正，命梓以傳後，取皇甫諸君之詩續之。嗚呼，君之意可以識矣。」卷後楊慎有序。

松陵集十卷 刊本。○唐陸龜蒙著。皮日休序云：「咸通十年，大司諫清河公出牧於吳，日休爲部從事。居一月，有進士陸龜蒙字魯望者，以其業見造。凡數編。近代稱温飛卿、李義山，以陸生參之，烏知其孰爲之後先也。予以詞誘之，復之不移刻。凡一年，爲往體各九十三首，今體各一百九十三首，雜體各三十八首，聯句、問答十有八篇在其外，合之凡六百五十八首。南陽廣文潤卿、隴西侍御德師，或旅泊之際，善其所爲，皆以詞致，其詞之不多，去之速也。大司諫清和公有作，或命之和，亦著焉。其餘則吳中名士，又得三十首。除詩外，有序十九首，總録之，得十通。生既編其詞，請于序。松江，吳之望也，别名曰松陵，請目之曰《松陵集》。」

雲臺編一部〇唐都官郎中鄭谷著。其自序稱：「游舉場凡十六年，著述近千餘首，自可者無幾。登第後，孜孜忘倦，甚于始學。乾寧初，上幸三峯，朝謁多暇，寓止雲臺道舍，因以所記或得章句綴于牋毫，或得于故侯屋壁，或聞于江左近儒。或祇省一聯，或不知落句，遂拾墜補遺，編成三百首，分爲上中下三卷，目之爲《雲臺編》，所不能自負初心，非敢矜于作者。」又嘉靖乙未袁郡嚴嵩《刻雲臺編序》曰：「都官郎中鄭谷集，予往得之吳中故少傅王文恪公。二本録自祕閣，予假以歸，手自讐校，正其譌缺三之一，刻之以補是州文獻之闕遺云。」

郎士元詩集三卷 刊本。〇唐諫院拾遺中山郎士元著，明正德十年河中劉成德校增，并序云：「士元字君胄，中山人。登天寶十五年進士。與考功郎中錢起仲文友善。與盧綸、耿緯、崔洞、李端、韓翃、司空曙、吉中孚、夏侯審皆以能詩名，號大曆十才子。昔人評云：『前有沈、宋，後有錢、郎。』」

薛許昌詩集十卷 綿紙藍絲闌鈔本。〇唐薛能撰。張咏序稱：「薛能詩千餘篇，少得全本。咸平癸卯，移自咸鎬，再涖三川，同列各出薛集，僅將十本。五言、七言，二韻至一百韻，凡得四百四十八篇。爰命通理太常博士王好古，太子中允乞伏矩，節度推官韋宿從長參校，依舊本例，編爲十卷。」

曹祠部詩集二卷 刊本。◯唐曹鄴撰。嘉靖庚子句容楊沔序。

竇氏聯珠集一卷 烏絲闌鈔本。◯唐竇常著。序稱：「聯珠之義，蓋取一家之言以偕列郎署，法五星，如聯珠。星，郎星也。詩凡一百首。故國子祭酒致仕贈太子少保諱常字仲行，詩并傳。常，扶風平陵人，有文十八卷。」

鮑溶詩集一卷 藍絲闌鈔本。◯唐鮑溶撰。

李長吉詩集◯唐隴西李賀著。前有杜牧序。弘治壬戌劉淮後序云：「賀年七歲，以長短製鳴，爲韓昌黎輩奇重。舉進士。生二十七年死，此爲少時作。」

白氏長慶集七十一卷 刊本。◯唐白居易撰，明馬元校刊。卷首載宋祁撰《新唐書》本傳，李商隱撰墓碑銘，陶穀撰《龍門重修白樂天影堂記》。

晦菴朱文公詩集十卷 刊本。◯新安程壕校輯。詩録於《大全集》中及别集、他書所載而不重出者，咸輯焉。編次以詞賦、箴銘、琴操居首，次古體詩，次律詩，次排律，次絶句，而雜體、樂府又其次也，是以不拘其所作年月之先後。其考異悉遵《大全集》中，但移置本句之下，以便玩讀。及校對他善本，有差訛者正之，有事不同而理條貫者增註考異其下，並不敢以己意附焉。其原本有缺者，求諸善本，得者補之，不得者仍舊缺之。

寇忠愍公詩集三卷 刊本。首頁有「范氏」及「東明山人」、「壬辰進士」、「范氏圖書記」四圖章。○宋萊國公寇準著。明弘治庚申平川王承裕序。卷首有孫汴敕撰《旌忠碑》文，王次翁《新開寇公詩集序》文，范雍忠《愍公詩集序》文，丁理行贈謚誥文。卷末有隆興改元長樂辛斆後序曰：「萊公，人皆知其名，而或不知其有詩，勳業揜之也。太原范伯純始收拾編録，分爲三卷。宣和間，王公次翁取舊集刊版以傳。近時春陵守陽惇，亦即舊版重加刊治，未幾而字多漫滅。斆適兹承乏，復校正鳩工一新云。」

山谷黃先生詩集内集二十卷外集十七卷○宋黃庭堅著。明南昌陳沛、陳沾承其父陳鳳岐之志重校刊。弘治丙辰張元禎序曰：「寧，南昌屬縣，先生其縣人。縣閭右有陳鳳岐者，圖刻先生詩文，未得斯集而卒。今提學黃未齋仲昭家故所有者，示其沛、沾二子，躍然跽請賜刻，以彰先正久晦之遺文，以終先人之志。刻既，沛來謁，序以歸之。」其内集二十卷，天社任淵註。外集十七卷，青神史容註。

朱張倡酬詩一卷 刊本。○明祝完序云：「《朱張倡酬詩》，傳之當時，副在名山，舊矣。數百年來，學士大夫侈爲盛事，固古今一嘉會也。歲久版刻浸湮，幾不可讀，且編次無序，雜寘各卷，殊非二先生一時倡酬之義。偶過東明范公，談及嶽山諸勝，因出家藏善本示余。乃一一考訂，得南軒先生五十有九首，視南軒序記，缺者尚多，豈當時傳者之遺邪？抑林檡之所作，未見録于集中邪？今即所存者，特表而出之，題曰《朱張倡酬詩》。以次分別，人所易曉。固有一展卷，而二先生之遺蹟風韻，宛然在目，不徒以供遊觀者之一快也。」

唐子西集七卷 刊本。○宋唐庚著。宣和四年鄭總太玉序，弟庚有序，温陵吕柴義德修序。嘉靖三年金獻民跋云：「子西，蜀之眉山人，與二蘇相後先。以詩文鳴于宋，而位不通顯。嘗倅綿州，州之山水如雪峯院、富樂山、越王樓曁諸勝，槩足跡所至，怡情寄興，皆有題詠。平生著述甚多，歷世綿遠，卷帙散失，所存者特千百中十一耳。正德辛巳承乏南京，偶獲鈔本詩若干篇于主事高君第，遂托金壇尹任君佃鋟梓，與學者共之。第字公次，今爲南京吏部郎中。佃字相虞，今爲監察御史。皆予同鄉人。」

雞肋集七十卷 藍絲闌鈔本。○宋晁補之著。紹興七年從弟謙之序稱：「從兄无咎，平日著述甚富，元祐末在館閣時，嘗自製其序，宣和以前莫傳。今所得者，古賦、騷辭四十有三，律、古詩六百三十有三，表、啓、雜文、史評六百九十有三。捐館舍逮今二十八年，始得編次爲七十卷，刊于建陽。」

具茨集六卷 晁氏寶文堂刊本。○宋濇淵晁沖之著。紹興十一年陵陽俞汝礪序稱：「曩遊都城，與晁用道爲同門生。後三十六年，識其子公武于涪陵。又二年，見子于武信，因與之善，初不知其用道子也。一日來謁，曰：『先公平日多所論著，自丙午之亂，埃滅散亡，今所存者，特歌三百許篇。涪陵太守孫仁宅既爲鑱諸忠州酆都觀，窅然林水之間矣。敢匄一言以發之。』出其家譜牒，乃知其先君名沖之字叔用者，世所謂具茨先生者也。予于是聳然曰：『是必吾用道也耶。第今字用叔爲小異耳。』而追懷平昔周旋之舊，蓋自京師之别，絶不相聞，今乃幸與其子游，又獲觀其所論著，爲之慨嘆者久之。于是乎書。」

石屏詩集十卷 刊本。○宋黄巖戴敏著。浚儀趙汝談序云：「式之與蹈中弟齊年，而又俱善爲詩。式之謂蹈中有高鑒，盡出其平生所作，使之擇焉。得百餘首，此編是也。余讀竟，見式之才果清放，弟識亦精到，皆非朽拙所能逮者。然式之老益窮，奔走衣食四方，未得歸休，而蹈中則下世矣。自古文士往往困躓，其稍幸稱遂者，天輒不假之年，蓋存没俱可哀也。余暇復論詩哉，姑命録藏而歸其本式之且題其後，以致予歎惜云。」別有序跋十餘篇，係樓鑰諸人所作。

四景詩集四卷 藍絲闌鈔本。◯宋劉辰翁著。内春景七十二首，夏景二十五首，秋景四十四首，冬景十六首。

宛陵集六十卷附録一卷 刊本。◯宋梅聖俞著。前無序。後有正統己未盧陵楊士奇序曰：「右宋都官員外郎宣城梅氏《宛陵集》六十卷，今宣城太守袁旭廷輔所重刻也。袁君表章先賢，風勵多士，修都官之坟，率學諸生行展謁之禮。訪都官之後，始得此編，遂刻以傳。聖俞平生所著又有《唐載》二十六卷，《詩小傳》二十卷，注《孫子》十三篇，又嘗編修《唐書》，此亦宣之人所當知也。」

西湖百詠二卷 刊本。◯宋咸祐壬申董嗣杲撰，并序稱：「生長兹地，與山水爲忘年交。凡足跡所到，命爲題，賦以唐律，幾二十餘年，僅逮百首。然皆目得意寓，叙實模寫，非但如楊、郭二子披圖按志想像高唐而已。」

林和靖集四卷 刊本。◯宋隱士林逋著。諸孫大年掇集其詩，請太常博士梅堯臣序而刊之。明正德丁丑户部主事西蜀韓士英、當塗喻智相繼督課至杭，屬士人沈行蒐輯考訂。并續以名賢題跋，及近世士大夫謁墓弔輓之詞，萃爲一卷。復得遺像冠于卷端。刑部尚書錢塘洪鐘序。

黄詩内篇十四卷 刊本。○明嘉靖癸巳成都蔣芝序曰：「宋之詩以蘇、黄盛，故黄詩多傳。傳其詩集者，有任淵氏、洪炎氏、王子飛氏、黄螢氏，凡四家。建中靖國以後，山谷將命其平生著作曰内、外篇。分寧後人查子學夫得蜀本，出而不私，用山谷初意正名是集，以成四家所未就，又以濂溪詩冠之，可謂有見乎此者矣。詩在元祐戊辰後者曰《退聽堂録》，在太平者録數篇，在德平者半之。建炎戊申，洪炎氏撰次刻本。又自鄂道潭衡以後盡得之，蓋斷自退聽堂始，亦既入史館後也。視全集纔十之三。要之四家親炙詩教，凡所編會，於是乎爲精要，得是篇而全集可畧矣。夫全集多真贋龐贅，至《精華録》則復恨太簡，内篇其庶矣乎。用托之梓氏以傳，悉如查子。存考証四條，字校句正。爲詩七百一十二首，卷十四。續二太常謚議史傳、周公議謚别傳。」

比紅兒詩集一册 鈔本。○宋鄜州羅虬著，臨漳黄預集，桐廬方愨註。政和六年黄預序稱：「羅虬惑于紅兒，既殺之，且追其寃，作絶句詩百篇，借古人以比其艷，其用心顧不謬哉。然覽其詩，訪其事實，雜出諸史氏傳記，若稗官小説，傍曲取引，上下數千載，間有據依，其聞見亦已博矣。初得此集，讀之，頗患不能盡記其事，桐廬方愨性夫請哀所聞以爲之註，而屬余題其後。」

方是閑居士小藁二卷 ○宋劉學箕撰。嘉定丁丑自序稱：「游季仙來山中相訪，索余詩文不寘口，辭拒不能，爲檢尋舊倡和，揭出一百首，新作七十一首，雜著二十七首，詞四十一首，集成兩編，以酧其雅志。」至正二十二年歲在辛丑暮春從玄孫張後序云：「右《方是閑居士小藁》二集，從高祖種春公所述，鏤版因燬于兵，遂失其本，近偶得于邑士家，遂復録梓。」

文公感興詩一卷刊本。○元新安後學胡炳文編。序稱：「子朱子感興詩，明道統，斥異端，正人心，黜末學。六百三十字中，凡天地萬物之理、聖賢萬古之心、今古萬事之變關焉。始言一理，中散爲萬事，末復合爲一理，與《中庸》合。朱子分《中庸》作五節，詩凡五起伏。由此十家之註，以會朱子之意，未必不爲升高行遠之一助云。時泰定甲子十月望日。」

澗谷精選陸放翁詩集十卷刊本。○宋陸游撰，元羅椅選。大德辛丑羅慤序云：「『揀著吟人苦心處，吟時較易揀時難。』大父澗上翁《題趙慶御手寫唐絶句》結語也。揀詩之難，尚矣。人謂刪後無詩，非果無性情也，特有刪手爾。族孫壽可，以翁所選放翁陸先生詩刻本。撫卷圭復，涕淚盈睫。悲夫，善和詩卷存者僅十一於千百，而家藏膏馥，蓋流潤人間實多。有能思叔敖而繡諸梓，真亢宗事也。」

放翁律詩鈔四卷刊本。○宋陸游撰，明正德庚辰江陰朱承爵選。序云：「放翁嘗從范石湖辟入蜀，故其詩號《劍南集》。集中諸體皆備，惟律尤爲和平粹美，如『百年浮世幾人樂，一雨虚齋三日涼』、『畫樓酒旆滴殘雨，緑樹鶯聲催暮春』概可想見，而晦翁亦善稱之。余嘗編讀其集，録七言律得三百首有奇，離爲四卷，因名曰《放翁律詩鈔》，未敢曰選摘也。」

西園汪康範詩集一卷刊本。○宋處士汪晫撰。元至正己丑張純仁叙，明弘治乙丑瀛川章端序，南峯方契舜贊像。嘉靖辛丑裔孫珪跋云：「按先生養静環谷山中，卒老以死，再傳得我杏山先生，表見於朝。今之去先世也，四百有餘歲，而名寔尚新，賴有斯集在。歲辛丑，叔父中邱先生自宦邸發來校刊。復于弟珏處，獲先生遺像，命圖爲小影，刻之册中。因遍出家藏圖書，凡先世爲名賢所稱述者，採而附于篇末，曰《附録外集》，其先世所自著者曰《附録内集》，合爲一帙。」

朱淑真詩集八卷 刊本。〇宋朱淑真撰，錢塘鄭元佐注。宋通判平江軍事魏仲恭名其詩爲《斷腸集》，且序云：「淑真早歲不幸，父母失審，不能擇伉儷，乃嫁爲市井民家妻。一生抑鬱不得志，故詩中多有憂愁怨恨之語，每臨風對月，觸目傷懷，皆寓于詩，而以寫其胸中不平之氣。竟無知音，悒悒抱恨而終，固負此生矣。其死也不能葬骨于地下，如青塚之可弔，并其詩爲其父母一火焚之，今所傳者百不一存，是重不幸也夫。臨安王唐佐别有傳。」

正心詩集七卷 刊本。〇元[四]宗藩楚王著。不署名。正德十有四年己卯西蜀劉武臣希召序首。正心書院係元帝御賜堂名，後遂以正心自號，因名其集云。

望雲集五卷 刊本。〇元淮南郭奎著。新安趙汸序。金華宋濂序稱：「奎字子章。嘗從青陽先生學治經，而性猶嗜詩。未[五]幾戈甲搶攘，一親與弟昆咸亡，子章隻影飄零，於江湖險阻備嘗，悉假詩以寫之，通名其集曰《望雲》，望雲思親也。」卷末永樂二年吴廷桓後序。

雲林詩集六卷 刊本。〇元貢奎著。弘治庚戌天台范吉序云：「《雲林詩集》者，禮部尚書玩齋貢先生之父文靖所作。公名奎，字仲章，仕元爲集賢直學士，没贈翰林學士，追封廣陵侯，謚文靖。所著有《聽雪齋記》、《青山漫吟》、《倦遊集》、《豫章稿》、《上元新録》、《南州紀行》等卷。永樂間，以采書收諸祕府，遂大其傳，惟此《雲林詩集》僅藏于家，而亦未全也。曾孫選部正郎元禮君世其業，乃蒐諸元大家集中，更得律詩若干篇，手録成帙，用刊諸梓，以永其傳」云。洪熙元年陳嵦序。

居竹軒詩集四卷 刊本。○元成原常著，京兆郜肅校，中山劉欽編。至正間河東張翥、臨川危素、吴中鄒奕序，郜肅亦有序。

傅與礪詩集八卷 刊本。○元傅若金撰，任丘宋應祥點校，弟若川編刊。天曆二年四月范椁序稱：「新喻傅汝礪，妙年工詩，自古今體、五七言皆僅僅焉力追古人，有惟恐不及意。間云：『余所著，編曰《牛鐸音》者，讀之連日不厭，聞其音而樂焉。』」元統三年七月揭傒斯序稱：「傅君初字汝礪。余以天下同其姓字者衆也，而易之曰與礪，且以『與』與『汝』聲相近，而便于改稱也。」至正辛巳六月虞集序。

月屋樵吟四卷 刊本。○元天台黄庚著。成化十三年維揚張泰序稱：「余弟頤在翰林，嘗寄天台黄庚星甫所爲《月屋樵吟》一帙，惟律數首，其才贍，其氣昌，其音律聲響若晚唐人，因愛之。後數年，頤得其全集，云得于同寅謝鳴治侍講。取而讀之，益知其刻意于詩，殆所謂欲進而不遇者，非耶？余既美其用心，而惜其時之勿遭，因校正其譌，命刊于西塾以傳焉。其詩有一二不全者，恐其猶有遺失，俟後得而續之。」太原周經跋後。

梅花百詠一卷 刊本。○元馮子振、釋明本倡和詩。

蟻術詩選八卷 刊本。○元雲間邵復孺著，明新都汪稷校。

遯世遺音一册 刊本。○元黄堅爲著。洪武十二年自序云：「予幼有志于學，長不試于用，乃得肥遯邱園，流憩泉石，不能已于言，而一寓于詠歌。數年間，積盈簡，欲棄不忍，于是采而輯之，猶多散失，所謂存什一于千百，名曰《遯世遺音》。」弘治戊午華亭錢福，宣德丁未永嘉黄淮，宣德八年建安楊榮、南郡楊溥，正統元年胡儼、魏驥均有序。

薩天錫詩集一册 刊本。○元薩都剌著。嘉靖十五年蒲坂張邦教序稱：「元薩天錫詩，舊無刻本。成化間，刑曹郎關中趙君蘭獲鈔本于仁和沈文進氏。後擢兖守，刊置郡齋，藩參玉田劉君子鍾爲之序，歲久板刓毁。弘治癸亥，鴈門李君舉守東昌，念天錫爲鄉先達，不可使其集泯没無聞，乃重繡諸梓。兹又閲三十餘禩，其中脱落數板，遂命工雕補，字畫膠漫者，並加洗剔，而其集復完，俾還之郡。天錫名都剌，元進士，山西人，履歷見《中秋壽母詩自叙》。以詩名，勝國時著作甚富，此特其選云。」

溪園集十卷 刊本。○元周启撰。附周榘、周道、周廸三集。景泰四年泰和王直序云：「《溪園集》者，周先生公明所作也。先生卒三十年，其孫常州府太守源始編類其詩文爲十卷，而以曾叔祖台州同知仲芳、尊父處士時立、叔父修撰時簡之作附焉，總名之曰《溪園》，鋟梓以傳。」

聞過齋集八卷 藍絲闌鈔本。○元吴海撰。洪武戊寅永嘉徐宗起序稱：「是集藏于門人王偁家，友人胡伯寧氏同知鹽運于閩，見而喜之，將與建寧郡守芮君志文，率好義之士，爲鋟諸梓，以廣其傳。」

陳剛中詩集三卷 刊本。〇元臨海陳孚撰。洪武壬午錢塘皇甫暕序云：「天台陳剛中，世胄尊顯，代有聞人。當元之初，被召入京，繼授某官，與某官奉使安南。觀其與國主陳日燇往返諸書，開諭周至，若禹鼎始鑄，莫可遁其情也。又自其家以至于京，自京以至于安南，道途往返，紀行諸詩，山川、草木、蟲魚以至人物，怪異之狀，靡不具載。又若圖經前陳，險易遠近，按之可悉數也。然所作詩文，大篇短章雖爲時賢推重，間嘗采而載之他集，迨今幾及百年，而全帙則未之見。浙江布政司參政順德趙公，按部之暇，詢及其家而得是編，懼久而湮没，鋟梓以行。誠闡揚潛德之深意也。」又平湖沈琮識云：「余家藏陳先生剛中《觀光藁》、《交州藁》、《玉堂藁》三卷并附録，是爲洪武壬午浙江布政司版，今不多見，天順庚辰余知廣州得録本，校定一二譌字，加書《元史》列傳于首，繡梓以傳。」

静修先生遺詩六卷 刊本。〇元劉因著。

周此山先生詩集四卷 刊本。〇元元統二年歐陽玄序云：「括蒼周君此山先生，初以四明袁文靖公薦，選預館職。君雅志沖抱，垂成而歸，乃得肆力于詞章，所謂樂府歌行、大篇小章歌、古律近製，衆體畢具，往往多可誦之句。頃國子生葉敬常攜其編，詣予評之。予愛其無險勁之辭，而有深長之味；無輕靡之習，而有春容之風。益信其爲温然有德之士」云。

斗南老人詩集四卷 藍絲闌鈔本。〇元教授胡虛白撰，教授周冕編次。

張蜕菴詩一册 刊本。○元張仲舉著，衡山釋大杍編集。豫章釋蒲菴序云：「河東仲舉張公，以詩自任，五十餘年，造語命意，一字未嘗苟作。至正丙午春，其方外友廬陵北山杍禪師以公手稿選次而刊行之。徵言爲序。」

遺山先生詩集二十卷 刊本。○元元好問著。段成己序稱：「曹君益甫謂余：『昔與元遺山爲東曹同舍郎，未嘗一日不言詩。北渡而後，詩學日興，而遺山之名日重。間遣人即其家盡得所有律詩，凡千二百八十首，又續采所遺八十二首，將刻梓以傳。』未及而益甫殁，于後四年子覞刻成求序，因摭實以題其端云。」

倪雲林先生詩六卷 刊本。○元倪瓚著，荊溪蹇曦朝陽編集。同郡卞榮、荊南蹇曦序後，天順四年雲間錢溥序首。

伯生詩續編三卷 綿紙朱絲闌鈔本。○元虞集撰。

龜巢摘藁三卷 刊本。○元毗陵謝應芳撰。洪武十二年余詮序稱：「先生門人王著集先生之詩鋟諸梓，先生摘其詩之什一與之，凡若干卷，名《龜巢摘藁》。別有《辨惑》四卷行于世，皆發先儒所未發。先生名應芳，字子蘭，號龜巢老人，故名其集爲《龜巢藁》云。」

西湖竹枝詞一卷 鈔本。○至正八年楊維楨序云：「予閒居西湖者七八年，與茆山外史張貞居、苕溪郯九成輩爲倡和交。水光山色，浸沉胸次，洗一時尊俎粉黛之習，于是乎有竹枝詞之聲。好事流布，南北名人韻事屬和者，無慮百家，並録存之。」

任狀元遺稿二卷 刊本。○明任某〔六〕著。正德辛未江東陳鎬後序云：「右長短五七言詩，計六十一首，乃洪武戊辰狀元任先生遺稿也。先生由翰林修撰任詹事府，官至吏部尚書，嘗奉使交南。此稿皆是時所作，惜其家稿散逸，僅存止此。而末路大節與其家所傳口語文字殊不相類，俟徐爲考訂，以遺諸孫云。」御史慈溪顧英有序。張琮編輯，曹璘校正。

滄洲詩集一册 鈔本。○明陳某撰。

擬古詩七十首 刊本。○明吴郡王世貞著。吴興徐中行刻。自序稱：「自李都尉而下至休上人，凡二十九，自蘇屬國至韋左司，凡四十一。其《古別離》一章，請俟異日爲《後十九首》，故不更擬。」

感樓詩一卷 刊本。○明吴中賀甫著。弘治四年吴人楊循吉序。

運甓漫稿七卷 刊本。○明江南布政廬陵李禎著。正統元年西昌陳循、金陵李時勉序。江浦張瑄校，姑蘇鄭鋼編。鋼後序稱：「吉郡守江浦張侯得全稿於先生之子定，手加校正，命鋼編次鋟梓。定感侯之德，請序諸後」云。

緑筠軒吟帙二卷 刊本。○明潘國親王西屏道人著。萬曆改元南京禮部尚書澤郡裴宇序曰：「王少敏穎，父憲王素耽玄微家言，廣蒐經史。所作有《西園吟卷》、《清和聯倡》、《潞安百詠》諸集，藏于家塾。宇昔奉命册封過潞，憲王以製詩賜。今王纘承先緒，不羈塵務，猶長諷詠，著《緑筠軒吟帙》若干。更善廸諸嗣，皆彬彬閑於禮義。兹王嗣儲德輿，偕保定王德軒緘書幣，介言叙其實，將世守爲邦家之範」云。

含春堂稿二册◯明恭穆獻皇帝御撰。弘治十三年庚辛自序稱「大明興國純一道人」。嘉靖五年吏部尚書費宏序云：「獻皇帝以成化二十三年册封。尋出閣，學于西館，即鋭志經史。微而太極、陰陽、五行，顯而日月星辰、山岳河海，下至花卉果蓏、鳥獸蟲魚、宫室器用，莫不因事即物，摹寫成詩，於是有含春之集。及分藩之國，孝宗以懿親，隆友愛之誼，所賜倍于他藩。獻皇帝感而不忘，乃因賜立題，因題命語，長篇短章，體裁不一，而皆發乎天真，于是有紀恩之什。至於途次歷覽，居藩感遇，與夫書堂雜咏、《續騷吟》等篇，皆附焉。在昔輔臣彙次入梓，獻皇帝有序有跋。我皇上幾餘捧誦，庀工重刻，親序其端。」

張碧溪詩集六卷 刊本。◯明慈溪布衣張鈇著。正德丙子翰林編修雲間陸深序後，又書跋。卷末附鐃歌鼓吹曲十二章，皆王守仁擒勦寧王、平定江西事。其子瀾稱所作詩文甚富，兹僅得詩文一十五卷成編。瀾子堯年乙未登科，補金壇，始克以詩集版布，遺草尚繁，俟後日續刊。

邊華泉集八卷 刊本。◯明南京户部尚書歷城邊貢著，郡人劉天民彙次，門人閻在邦校勘。卷末附神道碑，濮陽李廷相撰。公諱貢，字廷實，别號華泉。

林榕江先生詩集十卷文集二十卷 刊本。◯明御史閩中林炫著。嘉靖戊申子世璧刊。其别所撰著，如《皇明名臣言行集録》、《困知記箋》、《巵言餘録》，凡若干卷，藏家塾未梓。

東山集二卷 刊本。◯明兵部尚書劉大夏著。正德辛巳東湖吴廷舉序。詩凡三百三十一首。

見素詩集十四卷 刊本。○明右都御史莆田林浚著。石淙楊一清、北郡李夢陽序。正德己卯無錫邵寶後序云：「先生夙好吟咏，大篇短章，傳播海内。初以秋官郎言事左遷，久而長憲湖南，以疾歸。越數年，起佐南臺。未幾，廵視江西。又數年，起靖蜀寇，功成乃老。今年七十，而望繫乎天下益重。其間四十年，所至有詩，其時與地皆可考。集凡十四卷，刻于公伯子達。同年東莞彭君美中、西蜀高君公次、少傅邃菴楊公既爲之序，而公之甥太倉知州黄君廷宣，復屬寶數言于後。其文若干卷，别有刻者，兹不著。」

海右唱和集二卷 刊本。○明濟南李攀龍、許邦才著。上卷李詩，下卷許詩。東陂〔七〕睦㮨序，邦才有自序。

嘉靖集一册○明空同山人李夢陽撰。集内無序文、目録。乃元年、二年、三年所作詩。首頁有「堯鼎」二字圖章。

楊東里詩集三卷 刊本。○明少師廬陵楊士奇撰。正統元年江陵楊溥爲之序。

謝子象詩十五卷 刊本。○明金陵謝承舉著。初名璿，字子象，夢神授其名，遂改焉。八歲善詩，十舉不第，退耕國門之南，自號野全。又以美鬚髯，行九，人稱爲「髯九」。所著有《采亳録》、《東村稿》、《西遊録》、《在客稿》、《日得録》、《廣陵雜録》、《湘中漫録》，總若干首。子少南，以進士官刑郎，删刻其詩十五卷于京師，皆斷自三十年後諸稿。視少南所葺，僅十之三，視所藏遺稿僅十之一。嘉靖癸卯西蜀張湖序，同里陳鳳、許穀爲後序。

泰泉集十卷 刊本。○明翰林侍讀嶺南黄佐著。門人青霞李時行尹潮之嘉興，攜詩刻之。嘉靖壬寅平湖屠應埈、莆田林雲同，武進薛應旂俱有序。末有李時行後序。

青蘿館詩集六卷 刊本。○明吳興徐中行著。門人新都汪時元刻。隆慶辛未吳郡俞允文序，六水陳有守、新都汪道昆俱有序。

轂音集四卷○明吳興王良樞著。自序稱：「自髫丱習舉子業，積三十年，屢試弗就，乃與二三物外友，放情聲律以寄意興，固未可與言詩也。去年春，謁選歸，兒姪庠生文炳、文炯、文耀，曾輯余舊稿，得若干首，請刻。今竊禄嶺表，追從兒輩之請，附以《入廣稿》十七首云。」

瑞鶴堂近稿十卷 刊本。○卷首序曰：「匡南朱君近所爲詩也。」卷内不署名字、官爵〔八〕。前序兩首，明嘉靖癸亥蜀人陳宗虞、豫章余曰德撰。

拘墟集五卷 刊本。○明鄞人陳沂著。嘉靖壬辰古齊谷蘭宗引曰：「《拘墟集》，陳石亭先生之詩也。取莊生井蛙之見以自喻，謙詞也。梓行東昌。義興任子之妻，與先生之子之妻，兄弟也，爲重刻，屬余簡其端。先生之詩，太史許公評品詳矣。」東郡許成序，門人廣揚陳儒跋後。

沁南稿二卷 刊本。○明建業胡汝嘉撰。萬曆三年汴上陸檡序稱：「太史秋宇先生胡公懋禮，毓秀中崧，蜚聲白下，兼總羣材，命令當世。歲甲戌，以少参分守覃懷，意與景會，輒成著作，釐爲二卷，題曰《沁南稿》。」

濠梁集一册高齋集一册 刊本。○明同知宣州事濮上李先芳著。萬曆丁丑巴郡蹇達序稱：「濠梁，故莊生所習遊。敬亭山、疊嶂樓，皆宣州勝蹟。先生宦遊其地，一切感遇悉見乎詩，各得若干卷，曰《濠梁集》。《高齋集》則所自名，於莊、謝兩先哲惓惓焉。若先生《全集》及《山房詩選》，則少保朱公及皇甫子循氏序之詳矣。」《高齋集》，滄洲梅守德序。

傳響集十二卷 刊本。○明松陵崔瀓著。翰林侍講四明吳惠、林屋山人蔡羽序，練溪凌震後序。後附同邑史鑑墓志銘，汝泰哀詞，名公手簡如沈石田周、李少卿應楨、王黄門徽、周院判庚、史西村鑑、楊儀部循吉、祝進士允明、朱鶴岑存理、汝太守泰、趙刑部寬，并名公贈言十四首，會合聯句五首，又有東橋顧璘、長洲文徵明、林屋蔡羽、荆山楊均、練溪凌震、周山顧聞、南濠楊循吉題詞。其子碩書後云：「先君性孝友，嗜古力學，能爲詩，尤工書，又善繪事。嘗修族譜，建祠堂，築曾大父以下生壙，樂與名人交談道藝。乃年僅二十九歲以卒。史先生志墓曰：『將斯文之運未復耶？然豈獨崔氏一門之不幸哉！可惜也已。』先君暇日和唐詩，并自作，凡若干首，碩手録而彙次之，質諸名人，皆曰有唐人風，遂刻之。」

三州集三卷 刊本。○明司勳郎中雲南僉副安定皇甫汸著。嘗謫黄州、澶州、括蒼州，集名《三州》，紀宦跡也。舊雕《禪栖》、《寓楚》、《還山》、《江行》、《新語》，諸版悉毀，三稿幸無恙。長子懋嘗攜之黄州令校《黄詩》，次琳攜之澶州令校《澶詩》，季穀攜之括令校《括詩》，勒爲三卷。瑯琊王世貞序稱：「先生爲虞部有《虞部集》，爲司勳有《司勳集》，中歲依白下釋氏居有《禪栖集》，憲滇有《南中集》，歸有《還山集》，謫居爲《三州集》」云。

南中集二卷 刊本。○同前。自序稱：「刻《三州集》成，季子榖出《南中稿》請刻，遂復登梓。」

公餘漫稿五卷 刊本。○明兵部尚書陝西總督河中王崇古著。隆慶二年陝西布政北海馮惟訥序稱：「公以草檄餘暇，輯平生所著詩篇，自爲西曹以至敭歷中外，投贈紀行與夫憫時諷喻之作，大都備具。」陝藩如皋孫應鰲、陝泉雲間莫如忠俱有序。

聶泉崖詩鈔稿一册 刊本。○明禮部永豐聶静撰。嘉靖辛未門人廬陵劉芙刊。歷下李于鱗稱其古體高遠，與曹、劉、王、謝、陶、韋齊驅，五七言沉著醖藉，伯仲王、孟、沈、宋、高、岑之間。吳中顧季狂深以爲知言。

崑崙集八卷 刊本。○明燕人張詩〔九〕著。吳方九序。童漢臣、許應元、王椿同校刊。王椿序稱：「崑崙張山人有詩名，尤工綴文，别有文集行于世。」

燕市集二卷 刊本。○明太原王穉登撰。自稱甲子、丁卯，兩至京師，掇拾詩文，釐爲二卷，皆感故相國袁公之知也。名其集曰《燕市》，取築臺市駿意。

胡蒙溪詩集四卷文集十一卷續集六卷 刊本。○明鴻臚卿關西胡侍著。侍弱冠舉進士，與晉陽何中舍、譙郡薛考功齊名，以鴻臚亞諫議免歸。著有詩文，嘉靖二十五年梓版以行，其朝章野紀、他集數種已並傳于世。雍張才、西京許宗魯、東郡吳孟祺、河汾孔天胤俱有序。

夢澤集十七卷 刊本。○明吏科給事中黄岡王廷陳撰。子衡峯刊。嘉靖辛亥古黄吕韶序。華亭楊樞跋，謂其詩文宏而則，奇而不僻，足以叔季何李、衙官高曹。

海樵律詩二卷 ○明九臯陳鶴著。四明章檗與之友，携其詩之廣右，託郎寧太守王修齋刻之跋後。嘉靖辛亥朗寧陳大綸序稱：「集中諸作，五言多類王、孟，七言多類岑、劉，其全帙不讓何李四大家」云。

張禺山戊己吟三卷 刊本。○明禺山張含著，升菴楊慎批點。卷首嘉靖二十八年楊升菴題詞，卷末有吟卷附作詩一册。

何燕泉詩集四卷 刊本。○明少宰彬陽何孟春著，同郡周南輯。全湘蔣文化刊。嘉靖丙寅後跋，隆慶丁卯仁山劉穩序。

亹爰子詩集二卷 刊本。○明知廣德州事仁和江暉著。卷後附録廣德童謡二首，建平吕盛《去思記》一首。

允菴先生詩集六卷 刊本。○明翰林張逵著，子翊元編。信豐俞獻可校并序。其詩家食時爲《初稿》卷一，成進士改庶吉士爲《翰苑稿》卷二，給事黄門爲《諫垣稿》卷三，落職丞吴江爲《南遷稿》卷四，謫戍遼海與得罪諸臣遊有《義樂集》卷五，摘其聯句若干種附卷六。

少嶽山人詩集四卷 刊本。○明檇李項元淇撰，弟元汴校。仲弟篤壽序，萬曆乙亥安定皇甫汸序，卷末季弟元汴跋。

遊梁集一册 刊本。○明嘉靖甲寅閩中陳全之奉使至梁，周藩一樓朱勤烒梓其所著詩文，並邀御史南紀曹忭爲之序。

海岱集○明秋梁張鐸著。嘉靖甲辰有事岱宗，東巡海上，既返，得詩若干首。卷首白世卿、李開元，卷末楊溥均有序。

滄洲集十卷 刊本。首頁有「吴岫書籍」四字圖章。○明翰林修撰太倉張泰撰。弘治庚戌長沙李東陽稱其能文而尤工於詩，使與高季廸同時同地，與相馳逐，殆未知税駕之所云。

谷少岱歲稿一册○明東郡谷繼宗撰。嘉靖辛卯傅漢臣序，夾谷孫光輝跋。

陳山人小集一册 刊本。○明古越陳鶴著，歙人方廷璽校刻。四川湯紹恩序稱：「會稽名家，若謝康樂如初發芙蓉，賀狂客如空中樓閣。虞學士之五絶，陸放翁之三逸，斯皆裒然爲一代稱首。晚得海樵陳子所著小集，自樂府古風以至排律絶句諸體之集，蓋會四子之長而進取之者也。鶴字鳴野，越東高士。」嘉靖甲午杭郡方九叙、寶山李釜跋後。

守株子詩稿二卷 刊本。○明雲間沈愷著。門生朱煦、朱焕編次并序。

龍田漫稿三卷 刊本。○明吴興宣世言著。崑山張環序稱：「龍田初作，頗宗六朝，故藻思俊逸。近法盛唐，天然秀穎，不煩痕削。又忠義感激，精切過人。其感遇諸詩，興寄益遠。樂府諸體，詞鋒姿媚，哀怨深長，尤得風人之旨。」

青藜閣初稿三卷 刊本。内缺第一卷。○明檇李戚元佐撰。門人胡日新跋。

雪舟詩集六卷 刊本。○明賈某著。廣陵桑喬序稱：「《雪舟詩》留臺賈君之遺稿也，其子箕山子刻而藏諸家。雪舟久司兵柄而兼事文業。承州人士輯其詩得五七言律及古體詩若干首。」東郡張相、潤州吕高俱有序。

穀原詩集八卷 刊本。○明濮陽蘇祐著。嘉靖戊午同郡龔秉德序稱：「舜翁宦跡所歷，悉有歌詠。初按諸省有《三巡集》，司校豫章有《江西集》，參晉有《山西集》，巡撫有《畿内集》，總督有《塞下集》。雖各有刻本，類皆涣散，難以彙觀。予合而壽梓於襄陽公署，分爲八卷，名曰《穀原詩集》」云。

穀原詩續集一卷○同上。

翔鴻集一册 刊本。○明張之象著。國子司業朱大韶序。

題橋集一册 刊本。○同上。自序稱：「養疾齋居，因次第相如之事，各綴以詠賦。」卷首有朱邦憲序文。

避暑集二卷 刊本。○同上。同邑董傳策序稱：「余戍朗寧，君又以《避暑集》問序於予。君世居龍華，頃徙家舊西湖之上。西湖本名谷水，在郡西南里許。又有隱仙巷，杏花村，五色泉，四賢祠，唳鶴、涵碧等亭古蹟，郡志所稱第一幽勝者也。伏暑之月，君與朋舊觴詠于斯，得詩若干首，因以名集。」

玩易堂詩六册 刊本。○明楊育秀撰。徐光啓序。

長鋏齋稿七卷 刊本。○明馮遷撰。潘恩序云：「《長鋏齋稿》者，上海馮君子喬所著也。子喬負隱居之行，居然瓠落，嗇于逢時，類古齊客馮驩遺有一劍蒯緱耳，且又同姓，迺以『長鋏』名齋，因以名其集稿云。子喬名遷。父雪竹先生以韻人聞于時。理光林樾，授徒勤誨，一意尋繹夫詩。父子陸沉闤闠之區，性逸雲霄之上，作詩取材漢魏，效法盛唐。雪竹之詮辭俊逸，氣格清新，庶幾入室。子喬採掇菁英，鋪張平實，可謂升堂。叔氏子潛亦能嗣音步武。説者評雪竹之韻，猶宋蘇明允之父，子喬伯仲，則子瞻之流亞也，厥有旨哉。國初楊廉夫、孫大雅游寓著聲，袁〔一〇〕海叟、顧孔文風詩振譽。弘正嘉靖以來，益多作者，近如邦憲肆力古文，時稱巨擘焉，與子喬諸君倡和賡載。夫進德修業，資佽友朋，振古如茲，故予序子喬詩，並録時賢，表章美盛，期以拭目將來，且示後之尚論者有所考焉。」

邊華泉集八卷 刊本。○明尚書邊貢撰，劉天民彙次并後序，門人閻在邦校勘。

海叟集二卷 刊本。○明雲間袁凱著。正德元年李夢陽序。

白嶽遊藁一卷 刊本。○明沈明臣與吳守淮唱和之作。嘉靖癸亥王寅序云：「辛酉冬，予遊武林，館於瑞石山麓。四明沈嘉則來訪，識面契合，即與定交。往來湖山，歡逾夙締。每談必曰：『君家白嶽黃山，余夢寐久矣。今得君，有地主矣，余將畢此願也。』臨別各賦詩一章，予有『白嶽黃山問路程』之句。癸亥夏，嘉則以問安胡司馬來新都，過予王潭，把臂大笑曰：『白嶽黃山之願，今可畢也。』以訪吳原柏，過南溪。原柏聞嘉則有此願，即從往白嶽，旬日淹留，盡窮峯壑巖洞之勝而歸。乃持書招予過南溪，嘉則出白嶽所賦詩評之，原柏所和半焉。嘉則曰：『予將勒詩持歸東海之上，誇予社中諸子，君其序之。』予曰：『君社中諸子，若張孺穀君、從子箕仲，予友也。貪珠者聞珠而欣于沈浦，嗜獵者聞獵而豔于入林。予知二子白嶽之興勃然，不必問路程于予，蓋以君此詩爲前旌矣。』」

雷氏白雪樓詩集三卷 刊本。○明舒州雷鳴春著。隆慶辛未朱宙楨序稱：「古舒雷公肇元擅賦詠才，不爲近世聲偶，其格調高雅，傳於詞林。曩官西曹，因題其集曰《白雪樓》，志所自也。余過南陽，公守是郡，唐藩宗正紹齋君刻斯集成，辱命爲序。」

和李杜詩十三卷 刊本。○明張楷著。自識云：「景泰間，余和李翰林古樂府二百五十餘篇，杜少陵律詩二百五十首。既脱稿，天順己卯調官南臺。海虞劉以則來京，求其母孺人墓誌，因出示之。以則請爲余繡梓以傳，遂與之歸。鋟刻既畢，以書來報，并書此以弁其端。」

朱陽仲詩選五卷 刊本。○明朱陽仲甫著。嘉靖三十二年川北崔官刻并序云：「侍御黄公西野出其友朱陽仲甫詩見示。予讀之，七言古有初唐風骨，五言選則知學魏晉者，五七言又似中唐以後人作，其近代詩人乎？侍御云：『陽仲死未三十，詩僅存三之一。』嗟夫，豐才嗇壽，造化叵測，或精華之發太早耶？詩凡三百二十二篇，選去五十五篇，今存二百六十七篇，共五卷。予刻之蒼洱間。」黄中、王養端、王時儉均有序。

雙溪詩集八卷 刊本。○明杭淮著。弟洵重刊。嘉靖乙未晉江王慎中序，林東海跋。

嘉南集三卷附一卷 刊本。○明舒繆著。自序稱：「余涉仕以來，出入艱危者屢矣。癸卯歲，又渡浙沂，服官長沙。會時暑雨方滋，觸冒連旬，甫及息肩，而病且作，旋復告歸。舟中伏枕，聊檢前後所作，集爲此編，題曰《嘉南》，蓋竊慕屈子嘉南州之意也。」

陳后岡詩集一卷 刊本。○明陳束著。吳郡皇甫汸序稱：「嘉靖庚子，余友陳子約之以憲職督學於梁，即捐館淇上，歸櫬越中。太史唐子應德、祠郎熊子叔抑不遠數千里，漬絮酒以入甬，望繐帳而出涕，撫藐孤于素室，搜遺稿于名山，而後相與别去。余方依廬未果，從邁嘗遺之詩，悲焉亡何。唐子删定其所爲詩若干卷，就荆令某登梓，而以序屬余。因占爲叙，并系詩于末簡。」

澤秀集七卷 朱氏竹素齋刊本。○明無錫顧起綸著，同邑王問、李文麟、成都楊慎、長洲皇甫汸評選，錢唐洪梗編次。嘉靖丙寅錢塘田汝成叙稱：「顧子玄言，無錫世家，穎悟絶倫。八歲誦詩讀書，背碑覆局。十七善屬文，詞賦如流水。爲世父少保禮部尚書滎僖公所鍾愛。故其優游宦邸，調笑公卿，則多紀盛攬勝之作。薄游羈役，慷慨呻吟，則多寓言述志之作。金馬碧雞，鬼門海角，則多宣風懷土之作。宴集丘園，從容酬酢，則多臨高興矚、贈别詠歸、訪古悲時、停雲嘆逝之作。凡斯之體，各以彙聚，具載其《玄言》、《昆明》、《勾漏》、《訕藻》、《舊林》諸集，暨感遇有編，知非有歷。猶以爲詩不易作，亦不可徒作也。選其諸集中犁然當心者，僅存什一，别之爲集。舉似楊太史用修，號之《澤秀》，取其所鍾皆靈澤之秀也。」卷首有高應冕集評一篇。暨《玄言齋舊叙》一篇，楊慎撰。《昆明集舊序》二篇，其一楊慎撰，其二皇甫汸撰。《訕藻集舊叙》一篇，陳鴻撰。《書勾漏集舊叙》一篇，李文麟撰。《感知編舊叙》一篇，自題。《舊林集舊序》一篇，自題。男祖源校梓。

甘泉子古詩選五卷 刊本。○明湛若水撰，門人謝錫命、何鴻、周榮朱同編選。謝有後序。後附門生沈桂奇啓。

遊蜀吟稿二卷 刊本。○明劉某撰。嘉靖丙申中川陳講序稱：「《遊蜀吟稿》有賦、有古詩、有近體，凡二卷，迺函山劉子之所作也。函山負齊魯之望，少工于詩，未昌也。迨爲選部郎，以言事黜壽州，屢遷迺副蜀臬。函山曰：『金蹕奥區，天下山水之宗，天地之至文麗焉。天與兹行，其有意以肆吾文乎？』于是歷梁宋之郊，覽周秦之都，陟鳳嶺，跨劍閣，六旬而莅蜀。行部所至，覽勝以摛思，睇景以載咏，遂成巨帙。」嘉靖丁酉咸寧司馬泰有序。

吴中二集合璧集五卷青藍集四卷 刊本。○明王寵、黄魯曾、王守、蔡羽撰。黄魯曾序云：「惟林屋山人爲魯曾前俊，博達秦漢文賦，而加有巧思逸致，所以詩篇華溢海内。惜其困頓棘試，不以科甲超軼士羣。晚遇渭涯先生，爲知音，其詩亦未閲而評之。魯曾是以精選，愼鋟諸梓，與王氏守、寵二子之言並傳之。末附鄙詞。非宋儒所謂推援，亦非文中子之所妄擬類也。命之曰《吴中二集》，所以表吴人之可進于古之作者焉耳。」

白沙詩教解十五卷 麗澤書院刊本。○明陳獻章著，門人湛若水輯解。隆慶改元丁卯長洲王庭序稱：

「先生嘗著《詩教》一册，其門人甘泉先生爲之解。曰《詩教》者，蓋先生之教寓于詩，而非教人以詩也。非教人以詩，而詩學在其中也。郡博東魯李環洲先生特刻是集于學宫，非深于白沙之教，何能如是。」隆慶改元吳郡顧存仁序，東吳王問臣序。嘉靖四年湛若水序，沈庭訓重寫。又自序一篇，周恭先書字。海岱李苘重刊，隆慶丁卯并識。姑蘇管志道跋。

河汾集八卷 刊本。○明薛瑄著，孫禔編次，閻禹錫校正，有序。謝庭桂重校。成化五年序稱：「《河汾詩》一帙，先生孫刑部主事禔之所彙萃，門人國子監丞閻君禹錫讐校。凡八卷，一千一百三十首。」

怡齋詩集三卷 刊本。○明藩王成煒著。嘉靖戊戌何瑭序。

梅初詩集 刊本。○明湖南蒲圻魏觀著，曾孫銘編次，泰和尹直、楊導同校。卷首載洪武三年誥命，古濠沐璘撰像贊，成化元年南陽李賢序，又有金華蘇伯衡《梅初亭記》，安成彭時《蒲山牧昌集序》，泰和楊導《梅初詩集叙》。卷末有成化元年曾孫銘後識。

望雲集五卷 刊本。○元郭奎撰。嘉靖辛卯吴廷翰序稱：「集五卷，爲五言古詩者三十七，爲詞歌曲者十三，爲七言律者百有九，排律七雜詩四十四。淮南郭君子章之所作也。舊名《望雲》，版刻于廬，今巢邑亦有之。歲久字多磨滅，間取稍正之，付括守吴君亞甫校刊。」新安趙汸、金華宋濂均有序。

謝孔昭詩集一册 藍絲闌鈔本。○明吳門謝孔昭著。永樂癸未朱逢吉序稱得之其友王均塾中，因爲之序。後有汝南周傳、浚儀張肯序。

大復集三十七卷 刊本。○明何景明撰。嘉靖三年蘭溪唐龍序稱：「康德涵、張時濟皆何子之友也。何子既歿，張子收其遺稿，訪康子于滸西之野，而共揚搉之，凡得若干首。時關中執事君子，咸興嘉樂之懷，乃刻而傳之。」嘉靖十年王廷相序，嘉靖三年康海序，嘉靖乙卯濂渠鄒察跋。其傳、行狀暨墓誌銘，喬世等撰。

舜原和唐七老詩一卷 刊本。○明御史蒲坂楊瞻著。自序稱：「『胡、吉、劉、鄭、盧、張六賢，皆多壽，余亦次焉。于東都敝居履道坊，爲尚齒之會。七老相顧既醉，且静而思之，此會希有，因各賦七言六韻詩一章以紀之，或傳諸好事者。時唐會昌五年三月二十四日。樂天云。』余與方山劉公成德、少參楊津景公瀾、太守懷德裴公鼐、柱史龍谷劉公一中、大尹竹門劉公一正、大參小川荀公汝憲，使作河中七老社，適小川以唐七老詩示。感今仰昔，余遂各次之，初不計石之混玉也。」嘉靖己酉婿王崇雅跋，萬曆元年孫俊民跋。俊士、俊彦、俊卿、俊臣同校。

瓊瑰録二卷 刊本。○明湘源蔣冕著。嘉靖壬午李璧序云：「少傅敬所先生湘源蔣公官翰林時，於其舅氏陳君以照之歸滇也，嘗賦詩送之。厥後，都相位，復作詩九首以寄。念母之深，待舅之厚，于是乎可攷。璧官臨安，過通海，訪諸陳氏，得是詩而讀之，重其類乎古之道，謹爲次録。名曰《瓊瑰》，蓋取《渭陽》卒章之義。併以當時同官諸公所贈詩文附焉。」

少泉詩集十卷 刊本。司馬公題籤。并「古司馬氏」之印章。○明京山王格著。嘉靖己亥崔銑序，辛丑顧璘序。

沈詩粹選六卷 刊本。有「天一閣」印。○明沈愷著，吳下皇甫汸選。序稱：「雲間沈鳳峰大夫謝秩山棲，暇日取所撰述，合詩與文，彙次成集。凡若干卷，幾萬餘言，題曰《環溪》，志所居也，余爲序而傳矣。然雜著相錯，繁蕪未翦，活版紕繆，剞劂欠精。因將詩嚴選而重梓，以布藝苑。總得樂府四十二首，五言古詩七十六首，七言古詩九首，五言律詩一百首，排律二首，七言律詩一百首，絶句一百五首，勒爲六卷，題曰《沈詩粹選》。」

吳兵部集一卷 刊本。○明舒州吳檄著。嘉靖十七年西蜀蔣芝序。

自泉元諭詩一卷 藍絲闌鈔本。○明張獻翼著。

王彭衙集 刊本。○明王謳著。嘉靖乙未九峻陳嘉言後跋云：「王子，關中人，名謳，字舜夫，別號彭衙山人。正德丁丑進士，爲冬官主事，改秋官員外郎，轉山西按察司僉事。所向以文章飭吏事，傑然爲當時所重。踰三年，以疾歸而亡，春秋才三十有六也。嘉言素善王子，而愛其詩，因於乃兄青門子求所遺稿，得一十二册。攜以入楚，請于漢東子體別之(二)而託范守欽刊諸木云。」

蘇門集八卷 刊本。○明河南高叔嗣著并自序。別有陳束序。

西菴集十卷 刊本。○明孫蕡著。弘治十六年吳郡張習序云：「洪武間，西菴孫先生於詩觸口成章，宛若夙搆，不費思而意味自足。迨今百有餘年，往往播誦其一二於人口，又嘗見於《正音選粹》等篇。然其平日所作甚富，其全則未之見。習承乏廣之提學，徧求士夫家，尤以未獲爲慊。兹引老歸，檢舊篋得《西菴集》一帙，固未可遽謂之全，然有樂府、歌行、五七言古律絶，諸體稍備。大理寺正陳公以道過吴，取覽而悦之，委吴郡太守林公思紹圖欲印行。二公皆先生鄉人，故知之深而好之篤。林公仍屬習校其亥豕，釐爲十卷，俾序諸首。先生諱賁，字仲衍，西菴其别號，廣東南海人。官翰林典籍，奉使秦、晉、楚、蜀之境，改經歷，左遷魯之平原簿，後又戍遼陽以終云。」崑山顧恂題後。

卞郎中詩集六卷 刊本。〇明卞華伯著，門生吴綎編刊。寧良序稱：「華伯自進士歷官户部郎中，居京二十年，朝騎甫歸櫪，持牘者輒擁限，日應百篇，風揮雨灑，故詩名動天下。及讀豫而還，山邀水請，燕求越購，筆髠硯皾，而詩益奇。以其自號蘭堂，故江湖之上觀『蘭堂』署者，詩未誦而心先醉焉。蘭堂詩各體凡若干首，其門生無錫吴以榮謀爲繡梓，儒士徐延齡預爲校正之，以予同年，欲得數語」云。

括菴先生詩集 刊本。〇明四明錢瓚廷佑著，男峯輯，孫鳳來次。隆慶己巳蜀富順宋豫卿序云：「余曩爲水部時，曾與憲使錢桐陽公同事于徐，聞其上世多顯者云。越五年，余守東昌。又二年，龍溟君來判郡事，蓋桐陽公之姪也。因叩其世系。曰：『先祖括菴先生七子，先君鹿山公行二，從父桐陽公行六。祖官憲副，七子獨桐陽公躡其芳，先君雖能文，勿售。』余心識之。今夏會余有覇州兵備之命，龍溟君出其祖括菴先生所爲詩一帙，示余曰：『此先祖精神心術之所存，先君志欲鋟梓未就，乃桐陽公刻之永豐，又多遺漏。今旁蒐得若干首，視舊稍增矣。將重刻之以成先君之志，闡吾祖之幽光，而補永豐本之所未備也。願得一言以弁諸首簡。』遂序而歸之。」

唐西州存詩五卷 刊本。○明户部左侍郎瓊山唐胄平侯著。嘉靖辛亥泰泉黄佐序。

泊菴詩集二卷 刊本。○卷首尾無序跋。有少峯識云：「泊菴姓梁，名潛，江右人。洪武永樂時，仕至某官。五世孫梁號定齋，由舉人監官辰州府通判，惠我此集，上下二本，詩有可觀，存之。」

在野集一卷 刊本。○明天順甲子雲間袁凱景文著，同郡張璞校選，朱應祥評點。正德丙寅重刊，江東矩菴陳鎬跋後。張璞序云：「《在野集》，吾松袁先生所著詩。先生國初以科發身，拜監察御史。得癲疾告歸，終老田野，集因以名。集中詩百二十有六篇，嘗得吾友朱岐鳳評點。先生之詩，校選手録一畢，深嘆舊無刻本，使先生詩道鬱堙，遺吾松之愧。適吾故人楊瑛氏之仲子傅，聞而慨然請於父，刻之。遂序于先生集端。先生别號海叟。」

半洲詩集七卷○明蔡經著。莆田王鳳靈序云：「明興百六十年，聲詩駿盛，作者蓋數十家，吾閩稱鄭少谷氏。今大司馬半洲蔡公，其甥也。詩法多從外氏，而實宏厥聲。始令嘉禾，有南行之稿。以大中丞撫齊魯，有東巡之稿。乃今總制百粤，又有蒼梧之稿。桂山馮子彙而次之，概稱《半洲集》」云。别有黄臣、王納言、劉天民、張鵬、李義壯、林瓊等序，馮承芳引。

甘泉先生兩都風詠四卷 刊本。○明湛若水著。李禖序云：「禖自嘉靖乙酉拜教成均，先生以理學訓俗，而文藝後焉。然絃歌不輟，詩教以行，初得所著《樵風》讀之，此外恨不盡見。歲甲午，先生秩宗留都，禖亦備員于兹，再承色笑。間以詩法爲請，先生手示一編，題曰《兩都風詠》，蓋遊宦南北，隨事倡酬，後

《樵風》而作者。請鍥棗以廣其傳，先生不可。適同寅沈君復齋按吴，攜本以去。吴令朱子敬之，先生鄉人也，遂付梓人。屬祺序諸簡首，述其刻之之由如此。」

何氏集三十七卷 刊本。○明信陽何大復著。嘉靖十年王廷相序云：「《大復集》，辭賦三卷，四言古詩一卷，樂府二卷，使集三卷，家集五卷，京集七卷，秦集一卷，内篇一卷，外篇四卷，通二十六卷，别論若干卷，刻在潞州。斯集棗行久矣，尚未有序，其甥王朝良屬余序之。」

雁蕩山樵詩集十五卷 刊本。○明廣東布政東甌吴玄應撰，福建僉事孫吴朝鳳輯，閩游居敬校。序稱：「曼亭諱玄應，字順德。初襲章姓，至南岡君疏復吴姓。東甌樂清人。成化乙未進士，授南京禮科給事，歷湖廣少參，陝西大參，至方伯，正德初年卒。其父爲尚書恭毅公綸，在景泰年間有奇節，而公屢陳論諫，有乃考風，其猷烈載志乘。晚又號雁蕩山樵，故以名集。」

與泉先生詩集二卷 刊本。○明徐淵著。嘉靖庚申門生張淵序。

鷗汀漁嘯集六卷 刊本。○明涿鹿頓鋭著，同郡楊瀹校。嘉靖三十四年河中裴紳、江南清吏司信陽岳東升皆有序。鄒察序後曰：「涿鹿鷗汀頓公負雋才，登進士，官地曹。以疾乞身，隱於懷玉臯湖之間。足跡罕入城市，故能肆力典籍，得三百篇之遺響。其所著《鷗汀集》暨别集，已經屏城、鶴峯二太史先生刻行于世。兹《漁嘯集》二卷，我范溪焦先生隆尚鄉德，復繡之梓，余爲僭言云。」

黄矩洲詩集八卷草堂續稿二卷 刊本。○明南海黄衷著。會稽徐九臯、青蘿山人王漸逵、族子學準俱有序。嘉靖二十一年瓊臺鍾芳仲實首序。公字鐵橋，别號矩洲，官少司馬。

麗澤録二十四卷 刊本。○明李夢陽撰。吴世良序。

遊嵩集一卷 刊本。○明喬宇、薛蕙倡和詩。鎦天民序云：「昔司馬公謝政居濟洛時，詣夏縣展墓，同范景仁過韓城，抵登封，憩極下浣，登嵩頂，入崇福宫，由轘轅道出龍門，遊廣愛、奉先諸寺，上華嚴、千佛巖，涉伊水，至香山，凡所經過，多有篇什。歷閲傳記所載，每恨不獲。生與同時，而勤執鞭之役。今年秋九月，太宰白巖喬公歸自京口，道出亳州，乃拉亳人薛君君采同遊嵩山，山遊凡五日，三塗、二室諸景畢歷。倡和詩凡得若干首。既幸同時，又素辱公教，且與君采爲同年契厚，適以攝篆汳泉，不獲從遊，慨歎若何。時公有詩見憶，得非以彼林霏巘月泉瀑墟煙，筆硯之下，少走一爲指顧，亦登眺之缺耶？」

田兵部集六卷 朱絲闌鈔本。○不著撰人名氏。集中有贈嚴介翁暨謝四溟詩，知爲嘉隆間人。

介立詩集六卷 刊本。○不著撰人名氏。中有贈文待詔徵明暨湛甘泉詩，知係嘉靖間人。

翰林詩選四卷 刊本。○明金陵黄欒著并自序。

關遊稿一卷 刊本。○明張大儀著。嘉靖丁酉許宗魯〔一二〕序云：「黄門張子使關中，著《關遊稿》，邠守許子刻之，傳寄許子。其詩始自華山，終於僊隱，篇什富矣。若夫集句之作，彙萃衆美，組繪成章，尤難能者。」後有吴本固序。

春雨軒詩集十卷 刊本。○明鄱陽劉某撰。卷首有玄虚羽人危素等序，汝南周象初後序。

京寓稿一册龜城寓稿一册〇明四明倪珣著。萬曆己卯自序云：「在京凡首尾七閲祀，羈身仕禄，率多適意寫情之作，存之敝笥，芮友輩爲余刻。龜城鄙作，因并索此刻之。别有丙寅進京，癸酉出京，路作四十五首，亦附刻其後。」

熊士選集一册刊本。〇明熊卓著，司馬公校刊。正德七年李夢陽序云：「熊士選者，豐城曲江人也。名卓，字士選。弘治丙辰進士，除平湖知縣，後擢監察御史。劉瑾矯詔黜歸者四十有八人，士選及余與焉。踰年起，余官江西，過豐城，訪其人于曲江之濱，亡矣。乃收輯其遺詩可讀者六十篇録之，俾藏于家。」

溪南游詩三卷刊本。〇明吴國倫著。

竹廬詩集一册刊本。〇明吴璉著。嘉靖九年鄱陽胡韶序。

甬東雜詠一卷刊本。〇明吕兑著。姜子羔、孫鏊同校。萬曆甲申邵陛序。

端居集一卷刊本。〇明楊祐著。嘉靖壬辰蔣芝跋云：「右《端居集》，爲詩歌詞凡若干首，爲同年錢塘丹泉子舊著。」

均奕詩集一册刊本。〇明郭鳳儀撰。李春芳序云：「同年玄池郭子，暇出其大人桐岡公所爲《均弈集》以示，讀之藹然王、孟風韻，所謂反諸理情以求自得者，斯集出而風雅暢矣。公名鳳儀，字舜符，桐岡其號，登嘉靖丙戌進士，今爲黄州郡守云。」

清江二家詩選二册 刊本。○《鷺沙詩集》二卷，明孫偉撰。《心遠堂詩草》二卷，明敖英撰。

默菴詩集一册 刊本。○明曹義撰。曹安序云：「滇臬僉憲句容曹公，以其叔父吏部尚書子宜公《默菴詩藁》示余，俾校編而序其所以。且曰：『此吾叔父所著，非一朝一夕之故。吾弟中書舍人恒欲鋟梓以傳，而不果者。』予因閱而論之，古詩多效陳伯玉、韋應物，平淡閑雅，得風雅翼中意。長短歌行，間出奇句，亦不失温、李風。五七言近體絶句思致清遠，出入高達夫、劉文房、張文昌諸公機軸間。非探風雅之意以唐人爲宗而用功之到者，能之耶？姑蘇陳先生嗣初爲翰林、五經博士時，予少聞閣老以下，多以詩文質之。今觀此稿有《題張真人枯木竹石》絶句：『一聲霖靂墮天星，驚起潛蛟出海溟。烟雨滿林秋漠漠，竟從何處弔湘靈。』公手批云：『博士陳先生看，恐非唐人意，更休效此體。』是則公詩之宗唐夙有定見。公諱義，子宜其字，默菴其號，故集因以名之。僉憲名景，字廷彰，繇名進士拜監察御史，轉僉閩滇臬。中書諱冕，字廷端，並仕鴻臚，屢遷典制中祕。今昔皆以文學鳴于時，謂非本公之教也歟？因併著之，俾人知其所自。」

虚巖山集六卷 刊本。○明周詩撰。嘉靖乙巳孔天胤序，畧云：「山人歸吴門，自浙歸也，歸有送將别離欸也。初，山人送友來至浙江，望見山水，憺而忘歸，盡歷九秋，日展游眺，每發一詞，輒歸隱逸之宗，有諧麗則之義。時鹿園南衡，先得其《弔鄂》一篇：『將軍埋骨處，過客式英風。北伐生前烈，南枝死後忠。山河戎馬異，涕淚古今同。凄斷封丘草，蒼蒼落照中。』余與龍巖少嵋同觀，以爲絶唱。遂訪山人而識之。

山人亦賦五言以見志焉，乃『山人戒霜寒，理迴棹言從。』舊林別我新契，故登山臨水，送而將歸矣。送詩共若干首，一抽離緒，並寫兹情。山人姓周氏，名詩，字以言，姑蘇人也。遁栖虚巖之下，故號虚巖。」又有皇甫沖序，皇甫汸跋。

在澗集九卷 刊本。○明句吴顧可久著。嘉靖辛亥晉江王慎中序。

静齋詩集六卷 刊本。○明莆田黄約仲著。裔孫獻可志畧云：「公諱約仲，號静齋。少博學工詩，聲調祖初唐。永樂初年，召天下文學之士寔史館校諸書，公時以庠士被命入京修《大典》。書成，文皇御西角門，親試《天馬歌》、《上林曉鶯》二詩，擢第一。遂官翰林典籍，遷檢討。在翰苑二十年，以親老疏求近地教職，便禄養。乃諭允除汀州府教授，尋卒于官。其詩文、書法多傳于後，惜散落不一，家庭所掇拾，又或多失真。丙申秋始采閲之，去其重複，僅得六十餘篇，録刻之。」

顧東橋息園存稿十四卷 刊本。○明姑蘇顧璘著。嘉靖戊戌漢陽同知洛陽陳大壯序。

新刊賢己集四卷○明石臺山人慈溪李士元著。門人館陶王無逸、王無違校。嘉靖辛亥自序于後。

玉芝樓稿二卷 刊本。○明通郡于野曹大同子貞著。卷末附贈言詩十三首，并文二篇，一林懋舉撰，一黄士觀撰。

陳芳洲集三卷 刊本。○明大學士陳循著。卷首有像，楊士奇贊。有成化七年復舊職誥文并自序。正德二年嗣孫陳馥序曰：「先少保芳洲公被誣謫戍，每于風晨月夕，摘取古人所製詩句，集成短什，凡若干首，彙以成編。叔父無逸先生係以年譜并頌辭，刊行于世。惜遭回禄，爰命工重刊，俾後之子若孫得有所考云。」

黎陽王太傅詩選一册〇明王某〔一三〕著。正德戊辰秦下楊儀宗德行部至濬，摭遺稿，屬山東大參石侯刻之郡齋，并爲之序。

重刻松雨軒集二卷 刊本。〇明平仲微著。嘉靖庚子邑人陳霆序稱：「《松雨軒集》，凡若干卷，鄉先生平仲微氏詩也。仲微仕國初，既而謫戍滇海。黔國憐其才，請俾脱籍，禮之賓館者十餘年，晚以校職歸老。正首《牖下集》初刻于滇南，世遠地阻，傳者益寡，其裔孫重刻以傳。原集皆詩，兹裒拾殘賸，附以記、賦。」

何仲默集十卷 刊本。〇明何大復著。嘉靖三年蘭溪唐龍序。西安門人費㮣、李文華、种雲漢、張三畏校刻。武功友生康海序稱：「仲默所著數萬言，可以上薄屈、宋、董、賈，有相如、子長之風。顧世無知之者，獨曰：『何子有詩人之遺意。』厥覵淺矣，仲默豈特工于詩者。十六年秋，仲默既卒。又三年，次第其文爲若干卷。首賦，次詩，次文，皆隨體區裁，因製列卷，題曰《何仲默集》，録存家笥。仲默，予别有傳記，兹不載。」

定齋先生詩集二卷 刊本。〇明鄞邑王應鵬天宇著。嘉靖庚申同郡印巖王鈁序稱：「定齋先生殁二十年，其婿陸和叔氏畢業南榮雍，攜其遺詩三百六十首，見于予而刻之。予與和叔中表也，而人亦曰予知先生者，請爲之序。」婿陸潡序後。

巢睫集四卷 刊本。卷面有「四明范氏家藏」六字圖章，又有一圖章。○明曾棨撰。成化七年辛卯繁昌吳琛序云：「先生名棨，字子啓。吉之永豐人。永樂二年狀元及第，文皇帝簡進士二十八人就文淵閣，盡出中祕書，俾進所業，先生其首也。遂晝夜淬礪，文與學俱進。文皇召試，先生迅筆，千百言立就，以是深見獎重，遂名聞天下。所作碑銘、序記、表傳、詩賦，流布遠邇。先生謝世後，其全集惜未之見，僅存《巢睫集》一帙，約詩二百餘首，湖臬僉事廬陵陳方正觀得而繡梓。未幾方物故，版隨散失。近者長清張公大振來湖掌憲，乃以舊本繕寫，命翻刻之。」

戴氏詩集二卷 刊本。○明戴冠著。嘉靖己亥陽州任良幹序稱：「公出大復之門，妙契宗旨。故其形諸聲歌，播諸吟咏，機軸自别于衆。其稿散逸，賴仲子川克振先聲，僅存十之一二。余嘗刻大復遺稿三卷，兹以戴集分爲二帙，歸川授梓，捐俸以助其不逮，著之家塾，與大復稿並顯于世云。公名冠，字仲鶡，别號邃谷。登正德戊辰進士，官至提學副使，素履悉于碑誌、傳畧。」

甘白先生詩集六卷 刊本。○明張適著。永樂元年朱逢吉序。

江臯集六卷又附遺稿一卷 刊本。○明雲間馮淮會東著。同郡徐獻忠序曰：「《江臯集》者，上海唐子世具、顧子汝修、喬子啓仁、朱子邦憲所刻雪竹馮山人詩也。山人名淮，字會東，華亭曹涇里人。平生晦跡林樾，自高其志，于世一無所慕，而獨究于詩。有子曰遷，修詞立行，山人以是無内外慮。其詩多自得之意，不蹈陳跡，而寫撰情景，多驚人語。所藏稿千餘篇，四子删采僅此六卷。別有《武夷》、《荆溪》諸稿已刻，不在此數。」

東田漫稿六卷 刊本。○明東田馬中錫著，沙溪孫緒評。筆山文三畏校并序後曰：「家君同年進士友東田馬公，以文章氣節負海内重名，三畏每讀公詩文，輒加敬賞焉。厥嗣監生詩言〔一四〕，近持公遺稿七卷，及我淩川兄書，委三畏校正鋟梓，以永厥傳。向之心師言，于是爲有終。世行沙溪、端溪二公序之詳矣。聊述刻書之意，以紀歲月云。」前有同邑孫緒、開州王崇慶序。

憑几集五卷又續集二卷 刊本。○明東橋居士顧璘著。自序曰：「丁酉秋八月，余發武昌行臺，南歷諸郡殆遍。至明年戊戌夏四月始返。蓋八閱月，在車之日幾半，凡行七千餘里。所乘帷〔一五〕車，前有一横版，下爲抽匱，藏書二三策，筆硯亦具，日憑而誦，若几焉。山川映發于目，時序變易于前，情感事觸，悲喜百狀，率口占爲詩詞，將以寓懷消日，不求體調，所謂猶賢乎已者也。止輒筆之，不覺成帙，題曰《憑几集》，凡楚所得亦附焉。」

西巡稿三卷○明楊美益著。嘉靖三十六年東泉鄭本立序稱「乙卯奉命按陝西所作」。

青霞選稿一册 刊本。○明嶺南李時行少偕著。嘉靖癸卯錢塘田汝成序，閩中洪朝踐後，嘉靖壬寅長洲文徵明序首。

山中集四卷 刊本。○明顧璘著。嘉靖十七年鄞邑陳束序。

東白草堂集四卷〇明顧存仁著。隆慶丁卯王世貞序，黄姬水跋後。嘉靖乙丑皇甫汸題辭云：「東白顧給舍示余詩集二編：一曰《使蜀》，志役也，一曰《居庸》，志寓也。君之作大都昉于少陵，故《杜甫草堂》、《子雲書院》、《武祠》、《昭墓》全似《劍外》、《巴西》、《蜀郡》、《夔府》諸篇。居庸雖地隣邊塞，而境接畿輔，故《昌平》、《八達》、《望陵》、《出塞》，則似《秦州》諸篇矣。計戊戌之去丙申，纔兩歲月耳，詩頓超上乘，窮而後工，信非虚語也。」

剪綵集二卷〇明雲間張之象玄超著。嘉靖己酉華亭何良俊序。

原筮齋後集二卷 刊本。〇明仲山王問著。嘉靖癸丑潘符序云：「《原筮齋後集》者，前若干卷皆宦遊時作，後若干卷則歸來時作也。先生簡命之廣臬，年正强仕，筮《易》得甘節，亟浩然歸耕于九里涇闢山寶界。每于養志課書之暇，肆情游眺，當其意得，縱筆縷縷不少休。或時趺坐，噤不出一語，人莫得而測也。古人居閒，每多日録。今觀是編，慮泊而思遠，事核而理真，凡一草一木，一蟲一禽，感物興懷，胥于斯焉發之，殆于日録同旨，謂之詩止也亦宜。」

鳳巢小鳴稿四卷 刊本。〇明劉敔著。正德丙子尹南序云：「乙亥春，永福令致菴劉先生奏最京師。先是，天官欲擢先生賓州。夏五月，卒于歸途。其子充録拾途次之詩，凡若干卷，名曰《北上稿》。又明年，其仲子魁繕寫成稿，辱書及余，俾引其端。」

駱兩溪遺集一卷又一部二卷 刊本。〇明武康駱文盛著，德清蔡汝楠子木評，閩漳浦王健于行校。蔡序稱：「公名文盛，字質甫。官翰林編修。公所爲詩，沖淡爾雅，辭句整秀。惟其真寫情素，故得如其爲人，第取譽廉，故詩不强吟，吟亦不多。汝楠攜公集來官江西，守饒州。王君健舊令武康，最爲知公，得集刻而傳之。」

外方録六卷 刊本。〇明薛應旂著。嘉靖丙午南昌鍾崇武後序曰：「吾師外方先生，嘗欲周遊五岳，以窮奇盡變，而未遂所懷。以嵩山爲五岳之中，伊洛經流，道源所屬，尤注意焉。書古文謂嵩爲外方，故人稱『外方先生』云。先生多著述，詩録其一也。先生常州武進人，少爲郡學諸生，即以學行名南輔。再蹶秋闈，薦入太學。藏修游息，遂興於詩，是爲《諸生稿》第一。及魁南宮，成進士，觀政退食，杜門游藝，是爲《進士稿》第二。既出宰慈溪，訟庭多暇，觀風觸景，感發長言，是爲《慈溪稿》第三。尋以疾請教江州，多士朋來，菁莪樂育。應聘入閩，掄材采藻，是爲《江州稿》第四。量移留都考部，吏事希簡，脩然清署，秦淮山水，適助名賢，是爲《考功稿》第五。廹奉命考課，公忠涖事，罔恤嫌怨，昌猜遭斥，詠歌自如，是爲《南還稿》第六。其諸文章亦多類此，俟他日盡出以紀厥成。」

篆楊名父早朝詩一卷附正文一卷 刊本。〇明高唐王岱翁篆，嘉靖壬戌自序云：「書法惟鳥跡入神域，而後周籀、秦篆爲獨盛，然依稀軌踪，古意猶存。自是名家輩出，寖失古法，久爲識者之惜。予忝宗室，讀書之餘，樂觀篆書，有志未逮。與弟齊東王同侍嚴親膝下，命習篆書，且曰：『早朝詩有忠君之意，楊柳塘又我朝名臣，凡書必早朝詩。』數年來，因暇日漫書一部，鋟梓以示予府子孫爲家教。敝帚千金，實不時見。篆不時用，亦不自厭，况宗室爲無用之人，篆書爲今時不急之學，以無用之人習不急之學，不亦宜乎。」

雨軒外集八卷 刊本。○明僧陸溥洽撰。卷首載敕諭及御祭文，又廬陵楊士奇等塔銘。《敕賜鳳嶺講寺記》，廬陵周忱等撰文。宣德九年羊城陳璉序。

石田詩選十卷 刊本。○明沈周著，華珵編選。弘治庚申吴寛序云：「桐城沈氏自緐菴徵士已有詩名于江南，二子貞吉、恒吉繼之，至吾友啓南，名大播，不特江之南也。其子鴻雲欲得予序其《石田稿》。啓南詩餘，發爲圖繪，妙逼古人，或謂揜其詩名，而卒不能揜也。」

使金陵稿一卷 刊本。○明濮陽李先芳著，自序稱：「歲孟春，大司農以邊需告匱請于朝，將使江省諸郡徵發焉。余乃被命，有留都之役。距兩都相值幾千里，時方春煦，百物蕃蔚，翁㘸燕趙、魯衛之墟，桑柘徧野谷，鳥聞關如簧，足延耳目。于是弔獲麟于西郊，問商鼎于穀熟，探塗山之禹跡，詢楚漢之故事，渡江望鍾阜、臨石頭，恭謁陵寢。始竣乃事，行李所貯，古今各體凡四十有二首，踵《北山》之義云爾。」同郡蘇澹有序。

咏物新題詩一卷 刊本。○明瞿佑著，自序稱：「少日見謝宗可咏物詩，愛之。因效其體，亦擬百篇，其已咏，不重出也。才疏語拙，不可追配前人，藏之家塾，以資吟覽。」正統丁卯陳信秋鴻跋。

窺豹集一册 刊本。○明錫山過時霽撰。天順五年談經序稱：「過君時霽，宗徐王郡馬之後。貲富好禮，性敏勤學，而尤喜吟咏，集類成編，目之曰《窺豹》。」有華嶽《題窺豹集詩》附後，其《圜扉倡和詩叙》，同邑張九方撰。

静芳亭摘稿八卷 刊本。○明陳洪謨撰。吳興顧應祥序稱：「《静芳亭稿》若干卷，爲今少司馬高吾陳先生所著，其門人判常德府事聶君璜輯而刻之以傳。」

田深甫詩集二卷 刊本。○明田汝耕撰。嘉靖癸亥陸東序云：「吾邑田深甫詩六卷若干篇，蓋深甫殁後，其子龍見輩所掇遺稿也。賈户部子薦攜之都下，余與翰林李子田共詮之，得一百四十四篇，定爲二卷刻之。」

和唐詩十卷 刊本。○明張昇著。門人楊一清序稱：「南城伯厓先生張公，作詩務學唐，得其肯綮。嘗取近代所編《唐詩鼓吹》七言律詩，次第屬和之。隨題步韻，以當時之故實，發今日之性情。久之，彙得五百八十七首，藏于家。先生既捐館舍，其伯子今浙江左布政使張君元錫將入梓以傳，屬余序。昔襄城楊士弘選編《唐音》，李、杜、韓詩皆不録，君子嘉其有識，以三大家詩有難以選而求也。先生所和，自盛唐至晚唐各有取，而前三家闕焉，其亦士弘之見與？」

壽梅集二卷 刊本。○明上海朱元振著。嘉靖甲寅長洲文徵明序稱：「君爲清修積學之士，得所著《壽梅集》于其諸孫察卿，詩才百篇，真鳴盛之作也。惜罹鬱攸，遺草燼滅，察卿與其父福州公子文再世搜訪，僅僅得此。」

虚舟集五卷 刊本。○明王偁著。弘治六年冬桑悦民懌序云：「閩之三山世英王先生，初爲名進士，入翰林爲庶吉士，授地官主事，擢副郎，出守袁州。以學行文章，發爲政事。其豈弟有循吏之風，凝重得大臣之體。公暇，尤留心文事，慨鄉之先達王君孟揚以文名當世，因翻刻其《虚舟集》以傳。孟陽父友石山人仕元爲總管，國朝死節。先生并刻其詩，亦屬予爲之序。」永樂丁亥盧陵解縉序後。

士齋詩集三卷 刊本。○明女史鄒氏著。嘉靖三年婿鉛山費宏序云：「士齋姓鄒氏，爲贈翰林編修國子丞未軒濮公之配，以其子編修和仲貴封孺人。少聰慧，其父贈御史郡博益軒先生教之《列女傳》諸書，速解冥契。而又博覽子史，以含咀其菁華，形諸吟咏。見者無不奇之，以爲是無愧于能言之士矣，因以『士齋』稱之。然孺人未嘗苟作，惟未軒公及和仲之嘗所往來厚善有託而求焉者，乃時作一篇應之，其稿亦多棄不録。宏以爲請，則曰：『筆札非吾職也，是特纂組之彌文，烹飪之餘味耳，何足以傳諸人人耶？』比太平守傅侯希準，奉其母太夫人就養郡齋，以東山、愛日十題懇孺人賦之。侯以爲能寫純孝之誠，歎曰：『郡有班姑、謝娘，可使之泯没而無傳耶？』命其諸孫太學生訓録稿閲之，爲繡諸梓。」

〔一〕「詮」原誤爲「泠」，今改。
〔二〕「止」疑當爲「直」字之誤。陳振孫《直齋書録解題》著録「《岑嘉州集》八卷。」
〔三〕「季」原誤爲「李」，今改。
〔四〕「元」當爲「明」之誤。

〔五〕「未」原誤爲「朱」，今改。
〔六〕據《明清進士題名碑録》洪武戊辰進士爲任亨泰。
〔七〕「陂」原誤爲「坡」，今改。
〔八〕據《千頃堂書目》、《中國古籍善本書目》，是集作者朱拱樋，字匡南。
〔九〕「詩」原誤爲「時」，據《中國叢書綜録》改。
〔一〇〕「袁」原誤作「表」，今改。
〔一一〕「之」原誤作「子」，據《國立中央圖書館善本序跋集録》改。
〔一二〕「許宗魯」原誤爲「許魯宗」，今改。
〔一三〕據《中國古籍善本書目》是書作者爲王越。
〔一四〕「詩言」當作「師言」，此條下文及《四庫全書總目》、《善本書室藏書志》皆作「師言」。
〔一五〕「帷」原誤作「惟」，據臺北央圖《善本序跋集録》改正。

天一閣書目卷四之二　集部二

別集類

育齋先生詩集十七卷 刊本。○明户部員外郎卞榮紹輯，翰林院學士錢溥校正。弘治乙亥禮部侍郎汪楷序云：「大學士淮南育齋高公，起進士，入翰林，聲名日以流布，竟陟臺閣，深受主知。當景泰間，號多事。公侃侃立朝，一時士大夫倚以爲重。公既以文章功業名世，然恆歉然不與人争能，所爲歌詩，温厚和平，有長者之風；明白簡易，有大人之度。平生風采德器概可想見。公殁幾三十年，傳稿散失。高平李侯紱貳揚政務之暇，得遺稿于公姻婭郭羽、門生陸碩輩，僅二十餘卷，慨然欲入梓以傳。求余敘諸首簡。公致位少保兼太子太傅工部尚書東閣大學士，育齋其别號云。」

讀史漫稿一卷 刊本。○明慈溪陳鯨著。自虞帝以迄南宋，上下數千年，詩凡若干首。嘉靖己未弟陳茂義序。

雲石先生詩集三卷 刊本。○明檇李沈謐著。萬曆乙亥吳郡皇甫汸序。

東樂軒詩集六卷 刊本。○皇明管理府事弋陽端惠王醍齋著。翰林院侍講胡經序。

滄溟先生集三十二卷 刊本。○明濟南李攀龍于鱗撰。

南明紀遊詩集一卷 刊本。○明黄中撰。沈宏、周復俊、繆宗周、葉瑞、楊僎、章士元俱有和詩。李遇元序云：「柱史西野黄公按滇之明年，東巡至臨安。事既竣，乃從分守芹溪沈公、兵憲虹泉蔣公之請，載遊南明洞天。因命名奮藻，次韻賡和者若干篇什。郡伯鄧山章侯輩，彙集成帙，屬元序而刻之。」

后溪詩稿一卷 刊本。○明劉世偉著。前川毛效直序。

東塘集十卷 刊本。○明毛伯温著。童承敘序稱：「明興，作者接武。正德間李、何繼倡，雅頌復振，朝英國秀，嗣響有唐。若東塘先生毛公，亦其一也。公篇翰播流，人以爲寶。嘉靖戊辰，晉大司馬，攝臺長。己亥，兼攝宫賓，奉命征南。瀕行，乃裒舊草，屬敘校輯。敘受而卒業。蓋憲章翰林、工部，而祖述拾遺者也，是可以傳矣。」唐龍、杜柟俱有序，王儀、陳一德、葉稠後序。

菊菴集十二卷 刊本。○明毛伯温序稱：其祖太守公遺稿，偕弟伯淵備録，凡詩與文悉以體類，丐友周朝陽校正付梓。

清風亭稿八卷 刊本。○明童士昂著，李澄編集，劉珝、張弼評，俞澤重評。慈溪張楷序稱童黄門詩類玉川云。陶元素、項麒俱有序，張弼跋後。

清音閣集十卷 刊本。○明顧大典著并自序。張獻翼、皇甫汸、周光鎬、張鳴鳳、王穉登、龍宗武、周天球俱有序。

自適詩集十二卷末附尋樂詩文贈輓一卷 刊本。○明謝表、謝章撰。豐熙序稱：「自適謝先生與其昆尋樂先生皆號豪吟。晚與香雪坡、樗軒二王、徐梅江、章終慕、傅藥欄、袁德隣諸英結社，以詩共娛。初有前後集，先生殁後，册乃逸。其曾孫贈御史表庠士章，蒐輯斷稿，得若干什。今玄孫汝儀僉閩臬，校刻漳臺，附以尋樂殘稿，總十三卷。」林魁、陳璟俱有後序。

東里詩集三卷 刊本。○明楊士奇著。楊溥序。

遊襄陽名山詩一卷 刊本。○明顧聖之撰。汪道崑序。聖之，吴人，字季狂。

定軒集十六卷 鈔本。○明黄孔昭撰。前五卷皆詩，六卷爲唐縣稿，七卷爲江西、湖北稿，八卷爲鄧州稿，九卷爲池州稿，以下皆文稿。其十六卷則附載御祭文及各官祭文，并誌狀、輓章、序文暨哀詞等篇。

紈綺集一卷 刊本。○明張獻〔一〕翼撰。徐縻序稱：「張子幼于，題其綺歲所作曰《紈綺集》。」

大谷集二卷 刊本。○明洛陽温新著。王邦瑞序云：「洛陽大谷温子既卒，其二子栗甫、純甫收所遺詩若干篇，鋟木以傳。大谷平生著作，不務蓄稿，此特其什一耳。初，予髫年與大谷同遊郡庠，見其天資過人，超詣穎悟，方攻舉業，即雅好聲律。每情景所觸，意到成章，往往有驚人語。一時宿儒長者，咸推讓之曰：『温氏子能詩。』而大谷才名遂著洛陽。未幾登正德丙子鄉試第二，自是累蹶南宫，而篤信之志不衰，愈益窮力探討，究于上乘。迨嘉靖戊戌舉進士，爲大行，爲主事，而大谷之詩遂流布京師。二子圖爲不朽，謂非善繼其志乎？大谷爲指揮同知，嫡子以登第，令其子如玉襲，即栗甫也。仲子如璋即純甫，領己西鄉薦。有弟曰中谷子，亦魁鄉舉，爲襄陽同知，素與大谷齊名。中谷之子曰如春，登癸丑進士，今爲清豐令。蓋父子兄弟五人而四登科第。栗甫雖承祖職，亦文雅能詩。」

蝸濡集一卷 刊本。○明四明謝瑾著。成化十三年會稽魏瀚序稱：「《蝸濡集》，前廣西按察使四明謝公庭蘭所著，僉憲俞公汝霖屬序而刻之。集以『蝸濡』名，取蘇文忠公《咏蝸》『腥涎不滿腹，聊足以自濡』之意，蓋公自謙之謂也。」

舜澤江西詩一卷 刊本。○明濮陽蘇祐撰。曾孔化序。

泰泉集十卷 刊本。○明黃佐撰。薛應旂序。佐嶺南人。地有泰泉山，因以爲號。

柳溪遺稿十卷 刊本。○明錢如畿著。男元鼎編并識。

雲松詩畧八卷 石城儒學著書亭刊本。○明魏偁著，蕭贇摘編。序稱：「先生號雲松，石城儒學。所著文幾數百篇，詩餘三千首。贛郡節推張公瓛行部石城，欲召工繡梓，先生力辭。贇乃據名人標識其尤者摘鈔一二首，多不過三四十首，名曰《雲松詩畧》，持示翰林泰和歐陽鵬加之評點。復增鈔近作得意者二三十首，并摘頌、操、詞賦之類，每體二三首，分爲八卷。」

仲山詩選九卷 刊本。○明王問著，殷邦靖校選，鄭伯興編輯。嘉靖癸丑潘符序。

流憇集二册 刊本。○明上虞朱朋來著。謝讜序云：「余聞詩之善者，其遠也若杳杳青冥，萬仞胡際，翔鴻恣翮，廓然雲外。其近也若兒童恒語，里巷晤談，不煩推釋，意又了了。其真也若寄身萬里，奉詢高堂，直陳情臆，不事綺裁。其質也若德門淑媛，一任天姿，粉黛不加，素以爲絢。其清也若長空秋霽，纖翳不留，皎月流輝，澄淵千頃。其和也如上苑東風，紅披芳樹，喈喈黄鳥，對語遲陽。其喜也若適逢嘉會，人事愜衷，萬舞在庭，歈謳競發。其凄也若寥村古墓，向夕獨行，蕭蕭白楊，怨風暗襲。其壯也若幽并健將，忿執銛鋋，迅驅出敵，萬虜俱靡。其妍也若迴逕幽臺，時花數叢，依依摇裊，掩映蒼翠。其快也若古石在巘，巉巖硉矹，豹踞鴟蹲，瞻目成愕。其變也若風行水上，雲浮太虚，澎湃輪囷，倏忽萬狀。今天下以詩名者多矣，執是以擬，罕有全能，約山氏殆庶幾乎？吾舉約山詩一二言之。觀其《訪馬武舉》云：『應聞出塞曲，莫與雪兒歌。』其遠何如？其《樓上女》云：『期子終啣芳，可以慰衷曲。』其質何如？其《訪滇僊》云：『鹿呦神在畫，雲臥翠分衣。』其清何如？其《棄婦》云：『如彼風前塵，飄泊無停轄。』其凄何如？其《東關篇》云：『一射千山净腥血，萬里遼河清且洌。』其壯何如？其《賞菊》云：『佳趣不嫌春事去，清歌還許故人來。』其變何如？餘可概見。故其意緒雋永，而音律爽愷，不落塵套，信吾越中正聲士也。歲多成集，余遴其尤者以傳。」

蘇許公詩集五卷 刊本。○明蘇頲著。正德壬申劉紹序。

入楚吟一卷 刊本。○明張紘撰。自稱乙未之歲判武昌，自是年冬十月抵任，至明年丙申冬十一月部糧歸南京。一歲間，得五言古、律詩若干首，七言古、律詩若干首，六言絶句若干首，長短句若干首。成都百潭蔣子題曰《南湖入楚吟》。

餘冬序録十三册 刊本。○明何孟春撰，自序稱：「少而仕宦，俸足自資，雖鞅掌王務，然未必無三餘之隙。而性顧慵惰，比當開卷，輒悵然止。嘉靖甲申，因言事調官南部，幹局稍間，乃理舊稿。乙酉冬閏，既萃有成帙。又明年，得養病歸山林，益多長晷。明年，乃命兒子仲方，取舊稿而編輯之，歲亦適丁戊子冬閏。夫予之爲學，猶是閏爾。怳成六十餘卷，以歲陽爲序，遂題曰《餘冬序録》。」

浮湘稿四卷 刊本。○顧璘撰。蔡羽序。

草堂集○明張含序稱子蔡子著。

漸齋詩草二卷 刊本。○明趙漢撰。許卿相序。

豫章既白詩稿四卷 刊本。○明遂安吴世良編輯。

空同詩選四卷 刊本。○明楊慎選。

白石山人詩選二册 刊本。○明蔡汝楠著。趙維垣識。

汝震詩集六卷 刊本。○明四明山人吴鐀著。萬曆甲戌汝南張九一序曰：「山人枕四明面蓴湖，營室斗許，覆之以茅，自稱山人。幼習博士業，治《易》，著得《履》之初九，繇曰『幽人貞吉』。自是，維舟嚴陵灘，又登蘇門，徘徊久之。遂學爲詩，詩工。已而爲畫，畫又工」云。

朱射坡詩選二卷 刊本。○明沛國朱曰藩著。嘉靖乙卯升菴楊慎序稱：「維揚朱子射坡，以掞藻相契。近以其《池上編》二帙寄評。擇其愜心而必傳者七十四首。至邛州，北川陸公珍而刻之。」末有「嘉靖丙辰春三癸亭重雕」圖印。

帆前集一册 隆慶戊辰朱家舊雨軒刊。○明勾章沈明臣著，雲間馮遷校。朱察卿序。沛國朱大英跋云：「山人固四明人，聞賀監風，稱『四明狂客』，又慕兩相如，稱『沈相如』。從海上朱邦憲遊，且十年矣。邇多遠行，行必有集，若《蒯侯》、《丁艾》諸種，傳且久矣。今年秋，邦憲有茂陵之渴，山人聞之，千里命駕。方其行，集里中社友而别焉。有『帆前秋草即天涯』之句，真名言也。故是行所著，稱《帆前集》。維航郡城，出以相示，恍如行丹楓白水間。今山人落帆春申，與邦憲賡倡，集益增鉅。獨念歲行盡矣，山人一整歸裝，吴會白雲、山陰夜雪，孰不在山人帆前？而我輩與邦憲之懷山人，亦與之俱遥矣。山人其無忘扁舟之興乎。因書《帆前集》後。」

蒯緱集二卷 刊本。○明勾章沈明臣著。嘉靖丙寅自序曰：「馮先生遊齊，甚貧，只一劍蒯緱。余遊吴、楚、閩、粵間，王敬美解劍佩我，蒼頭用菅索穿之，懸之車馬前行。甚矣，余之似馮先生也。劍外書一束，硯一枚，陳元、毛穎隨之。山川雲物，接目興思，輒以韻語記之。踰時滿橐矣，彙而成帙，遂以蒯緱題云。」

崆峒集二十一卷 刊本。○明李夢陽著。

匡南詩集四卷 刊本。○明豫章朱拱樋著，柳溪余弼選。嘉靖己酉雙羅山人曾可耕序稱：「匡南以天潢之英，好古樂善，希河間、東平之雅。而高文麗藻，則騁劉更生、陳思王之儔而尚之。」

旂峰詩十卷 刊本。〇明晉安林春澤著，泰和陳昌續編，廬陵吴炳校。門人棠邑常梓。

三軒詩集 刊本。〇明左都督總兵雲南定邊武襄伯沐昂著《素軒詩》十二卷，錦衣副千户沐僖著《敬軒詩》四卷，右都督總兵雲南沐璘著《繼軒詩》十二卷，裔孫黔國公沐崑重刊。嘉靖三年滇撫黄巖王啓序曰：「沐氏起自昭靖，武襄佐太祖、太宗，繼世上公。所謂三軒者，則素軒、敬軒、繼軒也，各有詩行于世。頃者，故黔國公諱崑重梓未就，厥嗣篤菴字世貞始成厥志，今襲黔國。篤菴又能益武而文。予叨撫滇南，得與篤菴朝夕聚，而獲覩其所爲《三軒集》者，顧不幸與？」又有燕泉何孟春序，武林平紞後序。

白沙先生詩集十卷 刊本。〇明古岡陳獻章公甫著。弘治甲子知望江縣事郡人沈灝重刊。丙辰門人嘉魚李承箕序曰：「石翁先生詩曰：『從前欲洗安排障，萬古詩文看日星。』其本乎？曰：『一笑功名卑管晏，六經仁義沛江河。』其用乎？曰：『時當可出寧須我，道不虛行只在人。』其出處乎？先生之詩如此，所謂吟咏性情而不累者。成都同知吴君獻臣廷舉録先生詩，自成化甲辰至弘治乙卯正月，得詩六百八篇刻之，而以序屬。先生之詩，詎待序傳？而獻臣好尚之正、用心之勤，亦可見矣。」

劉文恭公詩集六卷 刊本。〇明少詹事長洲劉鉉著。鉉由京闈鄉解，授中書舍人，與修三朝實録，累陞翰林侍講，國子祭酒，轉少詹事，卒于官。《一統志》稱其學行淳篤，教人以不欺爲本，善古文，尤工于詩。所著有《假菴集》六十卷。嘉靖己酉玄孫畿誌曰：「高祖文恭公全集，曾祖憲副公嘗求序于胡文定公，刻閩中。原稿掌于憲副後人，珍襲之過，未之得見。乃蒐採數十年，僅得是詩三百餘首，體别類聚，均爲六卷。缺誤頗多，因就正于華陽皇甫子，而折衷于衡山文太史。先以登梓，俟獲全集，續梓行世。其行實載在史志、銘傳，散見于諸家之所紀録者，合爲一册，以冠諸首，俾誦言者得以考德。」卷首郡人文徵明序，延陵吴寬原序，卷尾皇甫冲、從曾孫鳳、從玄孫璞後序。

嘉靖集八卷 刊本。○明關中太微山人張治道著，門生中南李汝蘭校。西陂劉儲秀序稱：「嘉靖辛卯，《太微詩集》若干卷，巡撫劉松石命工刊。對山康翰林稱其上薄風騷，下追漢魏。越庚子，郡伯魏少穎續刻後集，檢討王渼陂序，俱傳海内矣。今歲壬子，方伯孔文谷又索其近作入梓。」卷首文谷孔天胤、海虞張鐸并太微自序。卷首附《耽詩論》一首。

張太微詩集十二卷後集四卷 刊本。○明刑部主事關中張治道著。前十二卷康海序，後四卷王九思序，又有西陂劉儲秀合刻總序冠首。

缶鳴集十二卷 刊本。○明户部侍郎姑蘇高啓著，後學周立重編。洪武三年吴郡謝徽序曰：「季廸詩甚多，有《吹臺集》、《缶鳴集》、《江館集》、《鳳臺集》，凡詩幾二千首。今年冬，季廸取舊所集詩，益加删改，彙萃爲一，總題曰《缶鳴集》。自樂府、歌行而下，至五、七諸體，得詩九百餘首，皆其精選。然特以今年庚戌冬而止，及後有作，當别自爲集。」

白洲詩集三卷 刊本。○明右都御史豫章李士實[三]著。

西菴詩集十卷 刊本。卷首有「天一閣」、「古司馬氏」二圖章。○明翰林典籍南海孫蕡著。弘治十六年吴郡張習校，并序稱：「先生字仲衍，西菴其別號，廣東南海人。官翰林典籍，奉使秦、晉、楚、蜀之境。改經歷，左遷魯之平原簿，後又戍遼陽以終。」末有崑山顧恂跋。

沈石田詩稿三卷 刊本。○明長洲布衣沈周著。弘治壬戌蘇撫安城彭禮彦命有司删訂其詩付梓。

東岱山房詩録○明尚寶少卿濮陽李先芳著。自序稱：「與郢中高伯宗、潭陽馬應圖、廬陵宋望之、江陵張叔大、吴下王元美，皆海内大家，相品騭之。世本魯人，卜家岱宗之西，山房在焉，因以名其詩」云。又同郡蘇祐序其擬古樂府。

李古廉詩集十一卷 刊本。○明國子祭酒安成李時敏著。景泰七年門生吴節、四明姚堂刊。弋陽李奎序。

白雪樓詩集十二卷 刊本。○明歷下李攀龍著。于鱗歸閩中，結樓鮑山。鮑山，故管鮑論交地也。楚人魏裳以尊酒過從，和歌樓上，乃名樓曰「白雪」，并索其全集以序，同其門人汪時元刻之。歷城李邦才序。尾附王世貞《贈時元詩》二章，并新都汪時元識。

禺山律選一卷 刊本。○明滇中張含著，蜀楊慎評選，滇中邵惟、中吴華雲校。

楊升菴詩五卷○明蜀人楊慎著。書用六行，字俱行草。

南中集七卷 綿紙刊本。卷首有「司馬東明」、「萬古同心之學」二圖章。○明蜀人楊慎著。皆謫居滇南所作。少嵋譚某重刊。嘉靖二十四年河汾孔天胤序。原刻有薛蕙、王廷表、張含三序，仍之。

南中續集四卷 綿紙刊本。全用行書。◯同上。嘉靖庚戌永昌張含序，又遁菴王廷表序。

鄭少白詩集五卷 刊本。◯明閩中鄭允璋著。嘉靖甲午楚朱廷立、曾娗，錢塘楊祐、蔴城毛鳳韶序。前蜀湯紹恩、滇劉綸、同郡柯榮仁書後。

東滙詩集十卷 刊本。◯明通政武林呂希周著。嘉靖丙寅男中書舍人端甫編，門人太保東湖陸炳、禮科給事陳邦修校。吏部侍郎汝湖謝丕序。

太白山人漫稿二卷 刊本。◯明關西孫太復著。正德戊寅晉安鄭善夫序。

元湖春詠集二卷 刊本。◯明汝南劉繪著。嘉靖三十七年戊午門人方顯後序。

樊氏集六卷 刊本。◯明信陽樊鵬著。汾陽孔天胤刻。卷一《信陽集》，卷二《安州集》，卷三《北都集》，卷四《中都集》，卷五《南都集》，卷六《關中集》，統名之曰《樊氏集》。嘉靖十五年丙申滸西康海序。

義溪世稿十二卷◯明閩人知定海縣事陳朝錠裒集其祖父四世之作。正德庚辰莆陽黄鞏序，稱其友李貞夫爲選其尤精者，得若干首，總爲一編，命以是名。

復初山人和陶詩◯明謝承祐著。嘉靖壬寅門人詔安盧彦序。

施璉川詩集八卷 刊本。◯明吳興施峻著，吳人俞策書，楚人温厚刻。刑部尚書長興顧應祥序，嘉靖丙辰華亭徐獻忠、上黨李敏德、武進楊鐸序，卷末烏程張永明書後。

桂洲集二十四卷 刊本。◯明大學士貴溪夏言撰。杭州通判羅尚監刻。河南監察御史江陵曹某序首。

山東監察御史華陰陽九澤序稱：「公奏議文章，毋慮數百卷。閩人袁子達摘其古、律二體若干篇，請公梓之。公授錢塘田汝成爲之分門條次，使讀者因類而求之。題曰《桂洲詩集》者，從公别號也。」

子威先生淡思集十六卷 刊本。○明長州劉鳳子威著。卷首自序。

王巖潭詩集八卷 刊本。○明涇川王廷幹著。嘉靖乙卯曾廸跋。

湖湘初集一册 刊本。○明四明管大勳著。萬曆癸未祝完序稱：「慕翁管公，自翰林給事舍人歷郡守，督學所在，著作膾炙人口。如《剡溪漫語》等帙，皆揚芳摛藻，沖淡和平，海内士罔不歛衽避席。今奉璽書巡省湖南，兼董學政，甫及三載。每歲一週，凡旌節之往來，道里之經宿，隨所感觸，形之歌咏，遂成篇帙，題曰《湖湘初集》，集凡若干言。」

漣漪亭稿十卷 刊本。○明古瀛樊深著。方塘子鍾鑑序稱：「西田樊公，瀛人也。自燕至吳，僅二載，凡山川風土、人情物態，有感于心，無不發于詩。積之既久，乃自書其篇曰《漣漪亭稿》。蓋漣漪亭者，公之别舍扁題也。」

南北二鳴編六卷 刊本。○明李攀龍、王世貞著。張獻翼校刻，并序云：「夫北有李君鳳鳴于歷下，南有王君龍躍于吳中，并有奇節，千載人也。予少授書中郎，投刺北海。憶昔長者之遊，隆以國士之顧，王君爲舉首。王君每爲予談天下士，必曰李君其人，雙金合璧，猗歟盛哉。七子中如吳邵武、徐汝寧争爲二君不朽計，皆各自成帙，未萃一時唱和之美。予輒銓次爲一，非徒便睎同好，且以並傳異代，寧特延平合劍而已哉。」

西楂集一册◯明楊某撰。伍偉序稱：「二檀楊先生以嘉靖丙戌冬奉命督木西川。自出朝以歷吳越、荆楚、上下三巴之地，每有所感，輒發諸聲。《詩》曰：『夙夜匪懈。』所以事乎其君也。公曰：『恩私何以報？』公之忠，猶山甫也。《詩》曰：『説于桑田。』所以憂乎其民也。公曰：『停車問農事。』公之仁，猶文公也。《菁莪》有詩，《客至》有咏，其情同也。《卷阿》有雅，《釣臺》有懷，其趣一也。噫，公其深于《詩》者哉。」

還山詩一卷刊本。◯明安定皇甫沖[二]撰。弟皇甫汸序。

西署集四卷刊本。◯明歐大任撰。吳郡王世懋序云：「歐先生楨伯，嶺南人。嶺南故多嫺于文辭，而歐先生爲最。爲文學掌故。故事，歷郡國即止，不復遷。歐先生所歷皆上考，遂破選入格，爲國學掌故。居久之，將選入中秘，弗果已，遂遷爲廷尉。平所成帙，若《浮淮》諸集，紘誦海内。而及是則稱《西署》云。廷尉署與比部鱗比而西，故皆得稱西署。」萬曆癸未安陸劉紹恤有序。

薛詩拾遺一卷藍絲闌鈔本。◯明西原薛蕙著。河汾孔天胤序云：「薛先生自考功郎中請告，閉户著書，垂十九載而亡。然其道極厎于元，故其書多微言精義，時人莫能測也。先生亦罕出示人，故既歿而其書罕傳。今所傳者裁《老子集解》、《約言》及《考功集》而已。予往在大梁，使人弔先生於墓，求書其家，不得。得遺詩若干於朱灌甫所。至淛多暇，刻存往懿，謂之拾遺。」

東岱山房詩録二卷刊本。◯明濮陽李先芳著，自序稱：「古樂府之不講久矣。余非知音者，但自家食時，頗事漢魏張本。下逮六朝、盛唐數子，或假題命意，或探旨屬詞。諸凡口不容言，情不自達，托以寫之。非故剽擬前人，聊用適志耳矣。近代名公，取古人行事，註議斜韻，類成斷案，亦名樂府。余極知不能，乃所願姑舍是焉。」同郡蘇祐、萬安、朱衡均有序。

西征集二卷 刊本。○明王世美著，西蜀王三錫校，盧整序。

王文安公詩集五卷文集六卷 刊本。○明王英撰，男祐編集。成化元年安成吳節序。

候蟲鳴一卷 刊本。○明石溪嚴怡著，鶴田蔡圻選。嘉靖戊戌二月自序。

石陽山人病詩一卷 刊本。○明政和令陳德文撰。嘉靖十八年自序云：「己亥夏仲居，冒暑寒蒸汗屏邪，既乃爲瘧。乾坤病榻，四無侶鄰。仰思元化運行，縝觀品彙生遂，惟此骨肉塊然不飛。彼四大形骸，蜉蝣蚤暮，不能出神離智，飄舉于寰區。顧乃懷禄殉名，糾纏乎章綬，百年之内，所獲幾何。七尺之軀，爲勞滋甚，嗟夫。故每居閒抱疾，節慨追歡，逖想往今，輒成于邑。秋田甫刈，三徑之松竹猶存；梓里未遥，二仲之風流可想。薄陳古韻，漫寫幽情，時一嘯歌，愴焉興感。蓋待秋風鱸鱠，而賦歸去來矣。恐草堂勒遺，逋客增愧，預梨此册，投之北山。使孔德璋輩見之，殆一解顔，而海鹽縣令亦亡譏君子也。」嘉靖庚子二月門人張杞重刊之觀北山中，并序其後。

兩溪詩集四卷 刊本。○明安城劉球撰，子鉞釪類編。同邑吳節序。

艱征集一卷 藍絲闌鈔本。○明張含著。楊慎跋云：「昔盧子諒、傅長虞咸製《艱征賦》，予讀而慨之，傷二子之不遇也。乃茲禺山張子愈光，固今之子諒、長虞也。文章既同，困躓過之。丙申歲冬，北上紀行，取二子賦名名其詩集，予讀之而重慨焉。」嘉靖丁酉湯世賢序。

東墅詩集二卷 刊本。○明周述著，男錞編。陳璉序云：「公名述，字崇述，別號東墅，與從弟孟簡同登永樂甲申進士第。太宗文皇帝御批其廷試策云：『文足以達義，詞足以達理。』兄弟齊名，今古罕比，罔俾二蘇，專美前世。與孟簡同入翰林，俱爲編修，縉紳榮之。大駕巡狩北京時，仁宗爲東宮監國，選公輔之。後隨侍至北京，陞左春坊左諭德兼翰林院侍讀階奉政大夫修正庶尹，修國史。賜誥褒崇及乎親。東宮即位，入侍經筵進講。有以感動淵衷，賞賜優渥，寵眷益隆。爰自擢科，久居侍從，經事四朝，受知列聖，在廷諸公莫不推重。所作歌詩，衆體畢備，其詞醇而雅，其聲和而平，非刻意雕琢以爲奇者比。冢嗣錞由國子生，今爲廣州府通判。取公平昔所作，編鉅帙，以公別號名之曰《東墅詩集》。求予爲序，遂書此于首簡云。」

蚓竅集五卷 刊本。○明管時敏撰。洪武三十一年吳勤序云：「雲間管公字時敏，竹間其別號也。蚤歲讀書三泖之上，師事廉夫楊先生，爲高弟。壯年仕爲楚府紀善。其詩風格高古，五言樂府有漢魏體，五、七言律詩多出盛唐。晚年由紀善陞秩長史。其忠誠愛國之心，一于詩歌發之。集中詩凡數百篇，嘗名其集曰《蚓竅》，蓋取韓子石鼎聯句之語而名之，公之謙德也。」

和唐詩正音二十八卷 刊本。○明張楷撰。建安楊榮序。

天目山齋歲編二十四卷刊本。○明柳州張翀序，稱霽寰吳公讀書天目山，日所吟咏唱和諸作。

屠長卿集八卷刊本。○明屠隆撰并序。

山藏集六卷刊本。○明大梁李士允著。南郡曹忭序稱：「士允學詩于空同先生，空同嘗語人曰：『繼吾名者，此子也。』有《五子詠》。其《咏空同詩》曰：『英聲滿人寰，俗調非所諧。』其《至治堂集詠詩》曰：『吹萬本物情，得一會神理。』嗚呼，深哉！」

陸子野集○明三浦陸郊著，滇池張文柱編。隆慶辛未吳郡周復俊序云：「雲間馮子潛以詩遨吳、粤間，眎予子野陸先生詩。思擬刻之，未果也。庚午季冬，先生元允伯生不遠百里，惠顧于婁上，出先生全集，比子潛所授僅增數篇，且授簡屬序以傳。伯生乃稱曰：『人子論譔先烈，非故欲以少爲貴也。吾父治命：「爾他時刻吾詩，毋得慁我。我見唐世名家，惟一二三十篇止矣，而流傳亡窮。多無益也。」』比屬纊時，呼伯生歌王摩詰詩，賞嘆不置。語無他及，意必有冥契者焉。」

鈐山堂詩選七卷刊本。○明嘉靖壬辰大庾劉節序云：「鈐山堂何？宗伯嚴公里居也。集何？公製也。録公製、表公里居何？重公也。」

浮槎稿十二卷刊本。○明潘滋著。黄廷言跋，周思兼序。

虎泉詩選四卷刊本。○明施經撰。豐坊序稱：「虎泉子以昭信校尉舉武魁，爲人廉恪愷弟，孝于母，友于弟。輯和其姻旅，禮上弗阿，待下以恩信。樂與賢士遊，表裏瑩豁，終始弗渝。當無事時，與吾輩談經權文，敏悟洞詣。爲詩慕騷雅，漢、魏、晉、唐名家，得其體裁。其書亦有晉、唐之法，以是縉紳之士翕然稱之。每立戰功，輒辭賞薦，有魯連子之風。其詩南宫生顧思叔爲銓定，參戎晏以吾刻之，屬予爲序。」

田間次集一卷 刊本。○明濟南劉天民撰。姑蘇顧璘序。

山齋吟稿三卷 刊本。○明鄭岳撰。師山馬明衡序云：「如川鄭君泓，手録其尊府山齋公詩百八十餘篇，蓋二山石莊所評選者。公著述甚富，其文别自有集，詩亦有全集」云。

鳴盛集四卷 刊本。○明林鴻著。洪武庚申廬陵劉嵩序稱：「林員外子羽詩，始窺陳拾遺之閫奥，而駸駸乎開元之盛風。若殷璠所論神來、氣來、情來者，莫不兼備。雖其天資卓絶，心會神融，然亦國家氣運之盛馴致然也，謹題其集曰鳴盛，爲之序」云。倪桓、邵銅均有序。

北屏詩稿二卷 刊本。○明傅某撰。

竹坡吟嘯集三卷附録題贈一卷 刊本。○明方珙撰。李勝校刊。弘治十二年男純識云：「先考竹坡府君有《吟嘯集》三卷，嘗授從兄寅，曰：『且慎藏之，以畀吾兒。』先考殁逾五載，兄盡付不肖，并致所授之命。純拜捧手澤，且讀且悲。旁徵較閲，請序于少司寇曾公。時升大尹，曾君碩卿向以家務倥偬，未獲鋟梓。又二十年，純叨荷恩命，官拜麻陽，得伸愚志。復請序于大司成羅先生明仲，始謀就工。以今年四月乙巳之吉，仍模先君像贊、銘文、輓章，附録名公題贈、哀輓詩詞，粹次梓刻，共托不朽。」泰和羅璟、曾翬、曾琮俱有序。

汀西詩集六卷 刊本。○明趙珏著。嘉靖戊戌陸粲序云：「長洲趙氏，自故雲居翁以醫名，至是五世矣。今汀西隱君益能紹其家學，出爲人眂疾，往往著奇效，三吴之人造其廬而請者日相屬焉。然隱君不屑以方術自命，獨刻意爲詩，累至數十百篇，卒與其醫名并傳而不相掩也。頃手自裒録爲一集，屬其弟前昌樂令振之以視予。予受而讀之，竊愛其清婉和平，有自得之趣，曰：『是亦足以傳矣。』隱君名珏，字明璧，汀西蓋所自號。集因以名，凡若干卷。」

白石詩稿六卷 刊本。○明林魁著。孫裕等校刊。

三山集四卷 刊本。○明顧大典著。陳維府跋云：「吴越、燕薊之間，山川風物之勝，古今賦者多矣。其最稱善者，燕則靖節之于荆軻，吴則太白之于鳳臺，越則元稹之于州宅。自三子者，著在篇籍，傑然增南北之勝。有能繼其響而匹之者乎？先生産于吴，釋褐於燕，宦遊于吾越，所至眺臨讌適，輒抽毫掞藻，故有家山、燕山、稽山詩，名曰《三山集》。句餘詩社愛而刻之。先生授府校，俾綴言于末簡。先生既工詩，兼善書、繪，稱三絶。薦紳先生曰今之鄭虔」云。陳塏等有序跋。

逸窩詩集七卷 刊本。○明彭孔堅著。弘治丁巳自序。

有本亭集八卷 刊本。○明梁佐著。李仲僎序云：「滇南心泉梁公奉命整敕漳南，憲節按部，感懷咏物，有詩數章。僎辱屬吏末，得受而讀焉。于《山行述事》，見憂世軫民之仁。於《郵亭咏果》，見明發懷思之孝。於《聞報識喜》，見愛君體國之心。於《揚明功德》，見景行思齊之義。渢渢乎其中聲矣，夫豈雕刻綺麗，而侈諸聲歌者哉？因而請益，公遂出《有本亭集》，若詩、賦、歌行，凡八卷。請梓既專，始獲首肯。刻成遂謹識之。」

王南郭詩集五卷 刊本。〇明王存敬著。林俊序云：「成化間，刑部屬稱小翰林。王南郭存敬，自起進士，宰溧陽，由郎署出守吾莆。詩才吏治，并稱卓絶。公族人僉憲朝器，梓其粹以行，方石菴爲題其署。予披讀已，書語其子進士坊。」

西玄詩集一卷 刊本。〇明馬汝驥撰。胡纘序。

韓汝慶詩集四卷附録墓志一卷五泉傳一卷 刊本。〇明韓邦靖撰。康海序云：「汝慶諱邦靖，朝邑人也。與其兄汝節同舉正德戊辰進士。予與鄠杜王敬夫納交焉。後十餘年，汝慶以山西參議卒于家。汝節彙其詩文若干卷，藏之家笥。予恐讀是集者，愛其詞而不逆其志，徒以區區詞章之末視汝慶。故以是序諸篇，屬臨潼趙伯氏刻而傳焉。」卷末樗杜王九思撰墓誌。嘉靖七年兄邦彦、邦奇傳序。康對山撰傳，王九思贊，海東荀汝安跋後。

韓五泉先生集〇同上。此部係重刊。前有涓南劉鳳池序，後有嘉靖庚子石遷高、歸德朱家相識。

秉燭堂詩選二册 刊本。〇明陳所有著。陳文燭序云：「余友費民益謂陳彦充善晉人書。及讀《押歌詩選》、《淘沙文選》，乃門人荆學憲擇而取之，十才一二，可稱三長云。彦充有高才，令合浦，仕宦不達，輒投劾以歸。一日，遣才秀、才嘉燕謁予，謂予神交，俾訂序焉。彦充名所有，號四樓逸叟，家壺公山下。」

姑蘇雜詠一册 刊本。◯明高啓著。洪武四年自序云：「吴爲古名都，其山水人物之勝，見於劉、白、皮、陸諸公之所賦者衆矣。余爲郡人，暇日蒐奇訪異於荒墟邃谷之中。雖行躅殆盡，而紀詠之作多所闕焉。及歸自京師，屏居松江之渚，閉門獨坐，無以自遣。偶得郡志閲之，觀其所載山川、臺榭、園池、祠墓之處，余向嘗得於烟雲草莾之間，爲之躊躕而瞻眺，皆歷歷在目。因其地想其人，采其盛衰興廢之故，不能無所感焉。遂采其著者，各賦詩詠之，不忍棄去，萃次成帙，名曰《姑蘇雜詠》，今古諸體凡一百二十二篇」云。殷輅校刊。

撫上郡集一卷 刊本。◯明周金撰。自序云：「嘉靖元祀冬十有二月，余奉命撫延綏，越明年春三月始至任。又七閲月而西巡，是爲秋九月七日也。陟歷城堡二十有一，爲日三十有五，而得詩之數如之。山川險阻、烽火震驚、霜雪馮陵之苦，悉于是乎見，匪直遣客抱耳。既歸書之，并録所嘗取作，用紀歲月。詞之工拙，固弗計也。」

南覽集一卷 刊本。◯明嘉靖乙未門生趙維序稱：「東洲夫子以己丑歲載視楚學，出所製《南覽録》見示，因録而刻之。」

恒軒集 刊本。◯明山陰韓經本常著，男韓陽編次。廬陵楊士奇序。

吴興絶唱二卷續集二卷 刊本。◯明邱吉大祐編并序。

紀恩詩集七卷 刊本。◯明弘治壬戌興王純一道人撰并序。嘉靖五年御製序。

清時行樂一卷 刊本。○明劉效祖撰，并引云：「萬曆壬午，我皇上御極十載矣。九宇豐裕，四塞謐寧。都人謂兹太平之像，百年僅見。我皇上達孝尊親，乃遵故事，于西内起鰲山，以奉兩宫聖母懽。效祖不佞，竊伏林野，翹望宫牆。雖未知其嘉樂之詳，而耳所接聞，心所億度，恭撰俚言二十絶，題曰《清時行樂》，鏤之以布遠邇。於戲，華封有祝，康衢有謡，皆古人愛國忠君，情不容已。竊于斯二者，願學步焉。」

西湖遊咏一卷 刊本。○明黄魯曾、田汝成同撰。

臞仙詩譜一册 刊本。○明寧藩[四]涵虚子著。

題贈録十六卷既白詩集五卷○明江藩編。前十六卷皆諸臣題贈之作，後五卷則既白自製詩也。

空同精華集三卷又兩册 刊本。○明北郡李夢陽著。嘉靖甲寅考功司豐坊編并引。沈明臣序云：「是集得之李賓父生寅，屠田叔本畯刻以傳。」又有嘉靖倪珣亦有序，略。

空同集二十一卷 刊本。卷首有「天一閣」、「古司馬氏」二圖章。○明李夢陽撰。

豐對樓詩選四十卷 刊本。○明甬上沈明臣撰，從子沈九疇選。

喙鳴詩集十八卷 刊本。○明四明沈一貫撰。

宋學士集十卷 刊本。○明洪武庚戌揭浤序云：「余聞景濂之名，蓋二十年矣，近始會于金陵。挹其光儀，聆其論説，已有以慰夫平昔向慕之心。及觀其《潛溪新集》，浩乎其博，淵乎其深，蔚乎其色，鏗乎其聲。讀之累日，不知神之駭而心之醉也。然此特應制代言，紀功銘德之作。若平日所著，則有前、後、續、別四集，已盛行于世，及流傳于海外，學者又當兼取而博習之可也。」

秀林亭詩一卷 刊本。○臨清處士王廷璧家園倡和詩。明成化臨清劉瀊輯録，蜀人周洪謨序。

温泉詩一首高嶢十二景詩十二首 刊本。○明成郡楊慎著。

岳遊漫稿一卷 刊本。○明吴郡皇甫汸子循氏撰并序。

吕季子甬東雜詠一卷 刊本。○明萬曆姚江吕兑著并序。同邑邵陞六有序。

陽羨諸遊藁一卷 刊本。○明王世貞撰。張獻翼題詞。

湖山倡和二卷 刊本。○明正德會稽雪湖馮蘭、木齋〔五〕謝遷撰并序。

越吟一卷 刊本。○明萬曆鄞人包大炣著并識。

金子有集一卷 刊本。○明嘉靖江寧金大章著。同里陳風、許穀均有序。何世守校刊，并識云：「子有，金陵聞人也。未遇而卒，人共惜之。同鄉與槐、玉泉、石城三先生刻其遺詩百篇。守得而詠，泆焉不忍釋卷，乃命工重刻，用廣其傳。」

升菴南中集五卷 刊本。卷首有「四明范氏圖書記」。○明李夢陽著，升菴楊慎批選。

鄭少谷詩十三卷附録一卷 刊本。○明閩人鄭善夫撰，楚汪文盛編。

鈐山堂詩鈔二卷 刊本。○明嚴嵩撰。趙文華序。

貝葉齋稿四卷 刊本。○明盱眙李言恭著。吴郡王世懋序。

高太史大全集十八卷 刊本。○明高啟季廸著，徐庸編。洪武庚戌王禕序云：「高季廸詩十八卷，凡爲樂府、五七言、近、古體九百三十七首。季廸，吳中人。名啟，季廸，字也。頃承詔與余同修《元史》，尋入內府教胄子，授翰林國史編修。」

古直存稿一卷 刊本。○明王佐撰。謝鐸序云：「內閣大學士西涯李公舊爲作古直傳所存詩，得六十三首。與諸公倡和、贈答者又四十九首。類而録之，爲四卷。福建參政龐元化取而刻之。」

西清閣詩草一卷 刊本。○明鄞人楊承鯤撰。

素軒吟稿十一卷 刊本。○明太監傅倫著。嘉靖五年郭維藩序。

玩鹿亭稿二卷 刊本。○明萬表著。

龍石詩集八卷文集六卷 刊本。○明聊城許成名著。嘉靖癸亥蘇祐序云：「聊城龍石許公歿且一紀，詩文未傳于世。公季子鵾，余子婿也。于兄弟子姓處，搜羅延訪，通得詩文若干首。公少有雋逸才，稱郡中。壯歲舉進士，出身第一。讀中秘書，歷春坊學士、司成，以至宗伯，蓋終其身竹素園中。過目朗誦，援筆立就，宜綴累陳編，蹈襲夙軌。乃今觀諸撰述，清新俊逸，健拔謹嚴。如芙蓉浸江，晴霞散綺。又如武庫振刷，隊仗森整。何其幽秀端凝若是耶，殆所謂漸近自然者矣。公染翰，初學右將軍，後沈酣松雪而小變之，飛動雄偉。今光嶽樓及北城園石刻甚爲時髦鑒賞，獨恨瑋製未能盡收，然已足以陋管絃而嘯鸞鳳矣。」

李山人詩集◎鄞縣李寅賓父著。萬曆壬午西蜀濟寰楊芳序稱：「賓父爲詩，義取適志，總歸自然。使人諷之必盡其致，而不詭于性情。蓋望而知其爲隱淪之士，風雅之宗矣。賓父兄有孝行，太僕亦高士，與余善。余故知其厓略，且得序其詩如此。」又有桃花客卿屠隆序。

白齋先生詩集◎明四明張琦君玉著，玉峯朱嶔編次、批點。正德癸酉莆田林俊序。末又有自跋。

薛西原集二卷◎明嘉靖十四年秦中李宗樞序。

四溟全集七卷◎明謝榛著。

四溟詩集一册◎同上。并序。

道山集六卷刊本。◎明鄭棠撰。

黃葉村莊詩集五卷刊本。◎國朝吳之振撰。

留餘堂詩一卷刊本。◎國朝陳宗禹著。

竹坨文類二十六卷刊本。◎國朝朱彝尊撰。

笠翁一家言四册刊本。◎國朝李漁撰。康熙戊午丁澎序。

志壑堂集十二卷刊本。◎國朝唐夢賚撰。康熙二十年方孝標、李呈祥、葛世振、姜宸英俱有序。

杲堂詩鈔六卷刊本。◎國朝甬上李鄴嗣撰。康熙戊午徐鳳垣序。

清引亭稿一册刊本。◎國朝徐發撰。宋德宜序。

柳州倡和詩 鈔本。○國朝周珽、周振藻編。

寓樓七言絶句一百首○國朝會稽董肇勳著。

南山集一卷 刊本。○國朝李微京六十壽詩。

憶梅吟三十首○國朝南園陳菁幼木父著。同里余懷序。

自課堂文集一卷詩集一卷 刊本。○國朝武鄉程康莊崑崙著。古夔李長祥、無錫黄傳祖、新城王士禛、黄岡杜濬同選。康熙五年合肥龔鼎孳序云：「武鄉程崑崙，大司空孫也。司空先代名臣，崑崙爲其佳子弟。少年時，蜚聲京雒，頡頏上流。其古文辭，蒼深崛奥，直抉柳州、介甫之神。詩歌堅古深樸，上逼浣花翁。詩餘琢字鍊句，周、秦、章、陸，遂兼其勝。舟次廣陵，夜讀崑崙全集，倚檣題數語寄之。」

己未新咏一卷 刊本。○國朝吴三錫著。康熙十八年王庭序。

崖舫詩一卷 刊本。○國朝汪舟著。程守序。

玄覽堂詩鈔四卷 刊本。○雲間潘恩子仁著。

青城山人詩集一册 刊本。○吴門王汝玉撰。

荆溪倡和一卷 刊本。○崑山俞允文次。

江門别言一卷 刊本。○玉山程應魁序云：「豫章諸君贈友之作，匡南公哀而付梓。至癸酉秋别余入楚者，亦并刻焉。」

東巡雜詠一卷刊本。○銅梁張佳胤著。

王彭衙詩稿一册鈔本。○其集始戊寅，終丙戌。

藏春詩集一册刊本。○商梃撰，馬偉校。至元丁亥閻復序。

介立詩六卷刊本。○不著撰人名氏。

李江才詩集三卷藍絲闌鈔本。○李洞著。

静安八詠一卷○吳興錢鼒述。

袁文榮公詩集八卷

千里面談一卷○不著撰人名氏。

文谷漁嬉稿一卷刊本。○不著撰人名氏。

文谷漁嬉稿二卷刊本。○甲子、乙丑兩集。

羅山詩稿三卷○不著撰人名氏。

北屏詩稿二卷刊本。○不著撰人名氏。

無名詩稿一卷○不著撰人名氏。

釋氏古詩一册鈔本。○前後無序跋。卷面一長圖書刻「吳郡西崦朱淑英書畫印」十字，一大方圖書刻「楊氏家藏」四字，一中方圖書刻「曹許衣冠」四字。卷末一小長圖書刻「西崦」二字，一方圖書刻「山窩林界」四字，又小行書「沛國朱曰藩借録一過」，下有小圖書二方。

山曉和尚嘯堂集二卷〇不著撰人名氏。

徙倚軒詩集一卷〇不著撰人名氏。門生任近臣校梓。

趙太史詩鈔二卷〇不著撰人名氏。

芝山梅約倡和詩一册〇不著撰人名氏。

新刻古杭雜記詩集四卷〇不著撰人名氏。

班孟堅集一册 綿紙藍絲闌鈔本。〇後漢班固撰。

蔡中郎集六卷〇漢蔡邕撰。明無錫俞憲成校訂，任城楊賢校刊。

曹子建集十卷 刊本。〇魏曹植撰。明吴郡徐伯虬刊。序稱：「集中五言詩及賦、表等作，是爲建安之冠。按：景初中，植著凡百餘篇，隋爲三十卷。今卷止十，詩文反溢而近二百篇。郭子萬程雅好是集，遂姑存之，刊布以傳焉。」

張平子集一册

陶靖節集十卷附録四首 刊本。〇晉陶潛著。明嘉靖丙午武進蔣孝跋曰：「彭澤、柴桑、栗里皆屬九江。始，先生出處大節，浮沉兹土者，凡若干年。昔人論『取善當尚友千古』，况居先生之鄉哉？孝視榷潯陽，嘗攷求先生《靖節集》。渢渢乎上規騷雅，則宛然見先生焉。先生之學，已得其大，如《形神影》、《贈答》諸篇，皆聖門性與天道微旨，漢魏文章之士不逮也。士有尚友之志，而居先生之鄉，誦其詩，讀其書，以知其人。斯集之新，可但已乎？集共十卷，諸體各爲一類。」

陶集十卷 刊本。○晉陶潛撰。卷首載梁昭明太子著《淵明傳》暨各家總論。

嵇中散文集十卷 刊本。○晉嵇康撰。

昭明太子集五卷 朱絲闌鈔本。○卷首載梁簡文帝、劉孝綽序，并簡文帝上昭明太子别傳等表，蕭子範求撰《昭明太子集序》。明成都楊慎、周滿、東吳周復俊、皇甫汸校刊。

庾開府集六卷 刊本。有「吳下馬相陸宗華寫刻」圖章。○梁庾信著。信字子山，南陽新野人。父肩吾爲梁太子中庶子，管書記。信爲鈔撰。父子在東宫，與東海徐陵才並綺艷，故世號爲『徐庾體』。沛國朱曰藩序稱：「予家故有鈔本庾信詩二卷，卷次無序，字畫舛脱。因取是本校讐。本内諸樂章，則考之《隋書·音樂志》、郭茂倩《樂府詩集》等書。五七言諸詩，則考之《藝文類聚》、《初學記》、《文苑英華》等書。凡增入詩十二首，非信詩删去二首，釐爲六卷。取《後周書》信本傳置諸首，題曰『庾開府詩集』。按：《隋》、《唐藝文志》載信集二十卷，《文獻通考》陳氏則曰：『信在陽都，有集四十卷。及江陵，又有三卷。皆兵火不存。今集止入魏以來所作。』乃知予家所有，直魏以後詩耳。姑校讐如此。」

陰常侍集一卷何水部集三卷 刊本。○梁陰鏗、何遜撰。陰集載小傳一篇，何集載《南史》傳一篇。吳郡韓椿繕寫。後有黄伯思跋。

陶隱居集二卷 刊本。○梁陶弘景撰，隴西傅霄編，潁川陳柟校。江總序。

陶貞白先生文集二卷 刊本。○梁陶弘景著。江夏黄注序云：「曩予寓吴興，得鈔本《陶弘景集》一卷。卷次無序，且篇章殘脱，字畫譌謬，蓋姑蘇五嶽山人黄省曾氏所編輯者。山人博綜羣籍，力追古雅，是編或出其手，而未詳訂云。辛亥春，學耕于邑西郊之懷穀山莊，偶憶弘景《尋山誌》，取是本觀焉，因爲之校讐。本内論、書、啟、解官表及梁武帝往覆詔答，則考之《南史》、《藝文志》、《文獻通考》等書。其餘詩文、序傳、碑碣諸篇，則考之《藝文類聚》、《初學記》、《文苑英華》等書。凡增入文二篇，竄補字二百五十有奇。其不可考者，姑仍其舊。釐爲二卷，可繕寫。取《梁史》弘景本傳置諸首，題曰《陶貞白集》，質友人九河俞子三校之。復增入《梁元帝碑文》，沈約《與弘景書》二篇，付贛郡蕭氏刻梓。按《梁史》載弘景所著《學苑》百卷，《孝經》、《論語集註》、《帝代年曆》、《本草集註》、《効驗方》、《肘後百一方》、《古今州郡記》、《圖像集要》及《玉匱記》、《七曜新舊術疏》、《占候合丹法式》，皆秘密而不傳。今集止有《本草序》、《肘後方序》，餘皆不可見。恐人間尚有藏者，姑校其所見如此。弘景，茂陵人。圓通謙謹，雖位望隆重，而方外之志終身不忘。是故其言有足取者。又有《答武帝問》：『山中何所有，嶺上多白雲。只可自怡悦，不堪持贈君。』《題壁》云：『夷甫任散誕，平叔坐論空。』皆可取。」

楊盈川集十卷附録一卷 刊本。○唐華陰楊炯撰。明龍游童珮子鳴詮次，序云：「唐盈川令贈著作郎華陰楊炯，有詩文二十卷。世遠遺逸，流傳者僅詩一卷。余竊生侯州民之後，每見侯文章于他書，輒自手録，凡得若干篇。久之，恐復散漫，因爲詮次成帙，仍其舊題，曰《楊盈川集》云。因請郡守高淳韓公刻之以行。今集十卷，本傳、雜文别爲一卷。」

駱丞集二卷 刊本。○明〔六〕駱賓王撰。

唐丞相曲江張先生文集二十卷 刊本。○唐張九齡撰。明成化九年邱濬序稱：「童稚時，嘗得韶郡所刻《金鑑録》讀之，灼知其僞，有志求公全集。自來京師，游太學，入官翰林，每遇藏書家，輒訪求之。竟不可得。蓋餘二十年矣。歲己丑，始得公《曲江集》于館閣羣書中，手自鈔録。太守毘陵蘇君韡、同知莆田方君新謂：『公此集乃韶之文獻，請留刻郡齋。』是以不揣愚陋，頓首僭書。」

高常侍集十卷 刊本。○唐高適撰。

宋之問集二卷 刊本。

陸魯望文集八卷 朱絲闌鈔本。○唐陸龜蒙撰。元符庚辰郫人樊開序稱：「龜蒙字魯望，三吳人。所著有《吳興實録》四十卷，《松陵集》十卷，《笠澤叢書》八十餘篇。自謂江湖散人，號天隨子、甫里先生。贈左補闕。本朝宋景文公重修《唐書》，仍列于《隱逸傳》。今蜀中惟《松陵集》盛行，《笠澤叢書》未有。是書家藏久矣，愚謂貯之篋笥，以私一人之觀覽，不若鏤版而傳諸好事。庶斯文之不墜，而魯望之名復振，亦儒者之用心也。」

羅昭諫集十卷 棉紙烏絲闌鈔本。○唐羅隱撰。司馬公題籤。卷面有「天一閣」圖章。

韓文四十卷柳文四十五卷 刊本。○明新會莫如重校。嘉靖丙辰王林序云：「韓文刻本既多，舛誤棼出。晦菴朱先生又特著爲《考異》，力加是正。而柳文後有誤者，則沈氏晦爲校定焉。今閩、吳二本，皆循朱、宋所校。惜其又不能無誤也。寧國本，前侍御可齋游君所刻，兹二十年矣。讐覈頗精，稱善本。摹行既廣，輒已劘昧。沙濱莫君由翰林爲御史，出按南畿。寧國朱守自充以爲言，乃重加校正，用不墜前蹟」云。原本韓文係門人李漢編，柳文係劉禹錫編，均載原序。

柳文四十五卷内外集二卷 刊本。○唐劉禹錫編次并序。

柳文四十三卷 刊本。○唐柳宗元撰，劉禹錫編，童宗説音註。

劉賓客文集三十卷 綿紙藍絲闌鈔本。○唐劉禹錫撰。

浣花集十卷 藍絲闌鈔本。○唐韋莊著。朱承爵記云：「韋莊字端己，見素之孫。唐昭宗乾寧元年進士，授校書郎。王建開僞蜀，莊時在華州駕前，遷起居舍人，後爲蜀相卒。所著有《浣花集》，其弟藹嘗爲作序，今不存，故缺之。既刻其集，又考得遺詩二篇，附後作補遺」云。

李文饒文集二十卷別集十卷外集四卷 刊本。○唐衛國公贊皇李德裕著。文集二十卷，署曰《會昌一品制集》，鄭亞序。外集四卷，自署爲《窮愁志》。宋紹興己卯建安邵某守袁州，合刻之，序其後。

沈下賢文集十二卷 綿紙藍絲闌鈔本。○唐沈亞之撰。卷首有序一篇，不著姓名。其序稱：「亞之，吳興人。元和十年登進士第，歷辟藩府。嘗游韓愈門。李賀許其『工爲情語，有窈窕之思。』其後杜牧、李商隱俱有擬沈下賢詩，則當時聲稱甚盛。而存於今者，既不盡世之所有，復舛錯訛謬，脱文漏句十二三。頃得善本，再加校覆，皆得其正。惜其藏於篋笥，不得與好學之士共其玩繹，因命工刻鏤，以廣其傳。」

呂衡州文集十卷 綿紙烏絲闌鈔本。○唐呂温撰。劉禹錫序。

行周文集十卷 刊本。○唐歐陽詹著。序缺。

李元賓文集三卷附録唐詩紀事所載詩三首 藍絲闌鈔本。○唐隴西李觀著。韓愈撰墓誌。大順元年陸希聲序。明嘉靖壬子嘉興周元宇重校序。

顔魯公文集十五卷 刊本。○明錫山安國刊。嘉靖癸未楊一清序稱：「公之文初輯于宋人沈氏，劉原父序之。劉元剛氏又續爲蒐輯，刻之以傳。今版不存，學者罕得而見。散見于金石者，千百之一二耳。近錫山安國民泰得傳録舊本，乃重梓之。」

莆陽黄御史集四册 鈔本。○唐黄滔撰。首篇洪邁撰序文，今闕。淳熙三年廬陵楊萬里序云：「余在中都，于官書及士大夫家，見唐人詩集，略及二百餘家，自謂不貧矣。逮歸耕南溪之上，永豐明府莆陽黄君沃，又遺余以其祖御史公文集，其詩尤奇，蓋余在中都時所未見也。永豐君自言此集久逸，其父考功始得之，僅數卷而已。其後，永豐又得詩文五卷于呂夏卿之家，得逸詩于翁承贊之家，得銘、碣于浮屠、老子之宫。當御史公之時，豈自知其詩文之傳不傳哉。二百年間，幾乎泯矣，而復傳于二百年之後。然則士之所立，顧其可傳與否耳。不傳奚慼，復傳奚欣。而永豐君能力求其祖之詩文于二百年之前，其可尚也夫。内翰洪公叙引，載二百八十有五篇，續增《雪峯》、《報恩》二碑，而逸《御試》一詩，今并詩文五篇補入，共二百九十一篇，詳見裔孫方子後跋。」

晦菴文鈔六卷後集四卷 刊本。○宋朱子著。明海虞吴訥選編。嘉靖庚子潁川張光祖會集，序稱：「海虞吴氏鈔於宣德之初，安陽崔氏鈔於嘉靖之中，兹集合前後爲十卷。有賦、有詞、有操、有銘、有箴、有表、有書、有序、有記、有説、有跋、有碑、有贊、有雜著、有墓表與碣、與誌，綜其目於篇端，録其全於卷内。皆吴崔二公之所選編者。」

又**晦菴文鈔六卷** 刊本。○宋朱子著。

濂溪集六卷○宋周先生敦〔七〕頤著。紹定元年萍鄉胡安之叔器序後。有跋云：「編是集者，周子世孫倫也。正之者，郡博左子序也。刻之者，郡貳黄子敏才也。跋之者，新寧林山。是歲乙未秋七月戊辰也。」

龜山先生集十六卷 刊本。○宋將樂楊時著。咸淳己巳丁應奎序。明弘治辛丑新安程敏政序稱：「《龜山文集》三十五卷，館閣有鈔本。其有得於心者，爲十六卷，將樂知縣江東李熙跋後。將樂舊有先生書院，在龜山下。熙嘗疏請崇鄉祀，録恤其後。是編與縣簿司訓庠生捐金復梓。」

陸象山粹言六卷 刊本。○宋撫州金溪陸先生子静，居貴溪之象山，學者尊爲象山先生。明嘉靖癸丑臨海王宗沐既刻《朱子大全》，私鈔而稍論次朱、陸之異同，更録象山書文、語録、論學者，釐爲六卷。冠以慈湖、陽明二序刻焉。備觀先生之書，更合之于朱子，得其所以同，辨其所以異，則知道無不合，言有各指，而猥指之爲俗與禪可乎。

渭南文集五十二卷 刊本。○宋陸游著。正德癸酉新安汪大章序畧云：「余少讀《宋史》至《陸放翁傳》，識其爲山陰人。正德壬申，以巡行之便，迺得登龍山，瞻禹穴，而式翁之故址。癸酉之春，與省元張君直尚論前輩遺事，又得翁所著《渭南文集》，迺知考亭與之，西山論之，不我誣也。顧本多訛闕，附以手録，至不能字。因憶史稱翁長於詩，而集未之備。再求善本，雖紹興亦不可多得。迺屬諸郡守梁君喬，倡其寮屬，廣之於時。同知屈詮，通判王翰、李昇，推官杜盛，知縣張焕、黄國泰，僉以爲是不可没者。而余適更蒞浙西。又三月，省元以書報曰：『放翁遺集，郡齋正訛補闕，梓而行之，與吾黨之士共矣。』因序其簡端。」正德八年上杭梁喬序後。

慈湖先生遺書十八卷 刊本。○宋楊簡撰。

張乖崖文集十二卷 烏絲闌鈔本。○宋張詠著。郭森卿序云：「故禮部尚書忠定張公，以直道事太宗、真宗，雖不登相位，而眷倚特隆。天下誦其事業，而鮮有知其文者。森卿初至邑，會舊歸三山陳侯樸授一編書，乃公遺文，欲刊之縣齋而未果，屬使成之。歌詩有古樂府風氣，律句得唐人體。若聲賦之作，又其傑然雄偉者，因揭以冠編首。或者以《小英歌》等不類公作，然其詞艷而不流，政自不害，爲宋廣平《梅花賦》耳。語録舊傳有三卷，今采摭傳記，僅爲一卷，以附焉。遺事所載未備，輒以所聞增廣。又于石刻中增收詩八篇。好事者有爲公年譜，亦加删次，别爲一卷。舊本得之通城楊君津家，凡十卷。今爲十二卷，其會萃訂證，寔屬之尉曹孫君惟寅，而使學生存中參焉。外有韓魏公所作《神道碑》，内翰王公《送公宰崇陽序》，李巽巖《詞堂記》，項平庵《北峯亭記》，其文皆知公之深者，爰並録之。」

王黄州小畜集三十卷 綿紙監絲闌鈔本。司馬公題籤。有「天一閣」并「東明山人之印」二圖章。○宋王禹偁撰。紹興丁卯歷陽沈虞卿校刊，并識云：「内翰王公以文章道義，被遇太宗皇帝，偶坐事左遷。咸平初，來於齊安。在郡政化孚洽，容與暇景，作樓無齋、睡足軒以玩意。邦人爲繪像立祠，東坡居士嘗親拜其下。歷歲滋久，音徽渺然，良可太息。平生撰著極富，有手編文集三十卷，名曰《小畜集》。得之者珍祕不傳，以故人多未見。虞卿假守于此，追訪舊址，躊躇增慨，想見其人，思欲以次興葺，且先其大者。因以家笥所藏《小畜集》八本，更加點勘，鳩工鏤版，以廣其傳。」

石湖文集三十四卷 綿紙藍絲闌鈔本。○宋范成大撰。

勉齋文集四十卷 綿紙藍絲闌絲本。○宋黄幹撰。

唐子西集二卷 刊本。○宋宣德四年唐庚纂并序。

重編趙清獻公文集十卷 刊本。○宋趙抃著。明嘉靖元年衢州知府莆田林有年序稱：「余忝守三衢，始至，謁公祠而修之，復祀公於郡齋之北。治理之暇，取公集而閲之。年久簡篇失次，字畫脱落，讀者病焉。遂謀之同寅陸君仁傑、曾君天叙、楊君時明，囑江山尹吴亞甫考訂編補而新之。托姓名于不朽，庸非幸歟？爰書于集之末，以告後之欲知公者。」卷首有宋景定天台陳仁玉序。至治首元蒙古晉人僧家奴鈞元卿、明成化馬嵬閣鐸各有序。

又一册 重刊本。○明嘉靖壬戌宜興楊準有序。

歐陽文忠公全集一部居士集五十卷外集二十五卷易童子問三卷外制集三卷内制集八卷表奏書啟四六集七卷奏議集十八卷雜著述十九卷集古録跋尾十卷書簡十卷又附録五卷 刊本。○宋歐陽修撰。周必大序云：「《文忠公集》，自汴京、江浙、閩、蜀皆有之。前輩嘗言公作文揭之壁間，朝夕改定。今觀手寫《秋聲賦》，凡數本，劉原父手帖，亦至再三，而用字往往不同，故别本尤多。後世傳録既廣，又或以意輕改，殆至訛謬不可讀。廬陵所刊，抑又甚焉，卷帙叢脞，畧無統紀，私竊病之。久欲訂正，而患寡陋未能也。會郡人孫謙益老于儒學，刻意斯文。承直郎丁朝佐，博覽羣書，尤詳考證。于是偏蒐舊本，傍采先賢文集，與鄉貢進士曾三異等，互加編校。起紹熙辛亥春，迄慶元丙辰夏，成一百五十三卷，别爲附録五卷，可繕寫模印。惟《居士集》經公決擇，篇目素定。而參校衆本，有增損其辭至百字者，有移易後章爲前章者，皆已附注其下。如《正統論》、《吉州學記》、《瀧岡阡表》，又迥然不同，則收寘外集，自餘去取因革，麤有依據。或不必存而存之，各爲之説，列于卷末，以釋後人之惑。第首尾浩博，隨得隨刊，歲月差互，標注抵牾，所不能免，其視舊本，則有間矣。既以補鄉邦之闕，亦使學者據舊鑒新，思公所以增損移易。則雖與公生不同時，殆將如升堂避席，親承指授，或因是稍悟爲文之法，此區區之本意也。」又蘇軾序。紹興十六孫謙益校正，三年丁朝佐校正，四年曾三異校正，五年胡柯校正。慶元元年葛潨、王伯芻、朱岑、胡柄等覆校，二年曾焕、胡焕、劉龑、羅泌等又覆校。均附存。

廬陵歐陽先生文集六十四卷 宋刊本。

東坡集十六卷 刊本。○明萬曆庚子焦竑序云：「古今之文，至東坡先生，無餘能矣。獨其簡帙浩繁，部分叢雜，故先生之文，學者未盡讀。即讀而弗知其味，猶弗讀也。卓吾先生乃詮擇什一，并爲點定。向余于中祕見蘇集，不減十餘種，手自排纂爲一編，未成。頃王太史取見行全集與外集，類次之以傳，屬余以卓翁本先付梓人。學者讀此而有得，因以讀先生之全書，斯無負于兩先生耳。」

蘇文忠公文集四十卷奏議十五卷外制集三卷内制集十卷後集二十卷續集十二卷 刊本。○宋蘇軾著。成化四年李紹序云：「古今文章作者非一人，其以之名天下者，惟唐昌黎韓氏、河東柳氏、宋廬陵歐陽氏、眉山二蘇氏及南豐曾氏、臨川王氏七大家而已。然韓、柳、曾、王之全集，自李漢、劉禹錫、趙汝礪、危素之所編次，皆已傳刻，至今盛行于世。歐陽文惟歐所自選《居士集》，大蘇文惟吕東萊所編《文選》，與前數家並行，然僅十中之一二。求其全集，則宋時刻本雖存，而藏于内閣。仁廟亦嘗命工翻刻，而歐集止以賜二三大臣，蘇集以工未畢而上升遐矣。故二集之傳于世也獨少。海虞程侯自刑部郎來守郡，謂：『歐，吉人。吉學古文者，以歐爲之宗師也。嘗求歐公大全集刻之郡黌，以幸教吉之人矣。』既以文忠蘇公學于歐者，又其全集世所未有，復遍求之。得宋時曹訓所刻舊本，及仁廟所刻未完新本，重加校閲，仍依舊本卷帙。舊本無而新本有者，則爲續集，并刻之，以與歐集並傳于世。既成，教授王君克修索予序。按公文全集，初有杭、蜀、吉本及建安麻沙諸本行世，歲久不復全，兹幸彙爲一集，傳刻于世。使吾郡九邑之士得而觀之，皆知學古，而去浮靡之習。四方郡邑之廣，以至遐裔，亦必因以流布，而皆有以沾其賸馥。則侯之有功于蘇文，豈不亦大且遠乎？予故樂而爲之序。」

蘇文忠公全集四十卷 刊本。○宋蘇軾著。明成化四年郡人李紹重刊。嘉靖十三年江西布政司重刊。南豐縣教諭繆宗道校正。後集二十卷、奏議十五卷、内制十卷、樂語一卷、外制三卷、應詔十卷、續集十二卷。

蘇文忠公文四十卷 刊本。○卷首載《宋史》本傳。

欒城集五十卷後集二十四卷三集十卷 藍絲闌鈔本。○宋蘇轍著。淳熙己亥曾孫詡識云：「太史文定欒城公集，刊行于時者，如建安本頗多缺謬，其在麻沙者尤甚，蜀本舛亦不免。今以家藏舊本，前、後并第三集，合爲八十四卷，皆曾祖自編類者。謹校讐數過，鋟版于筠之帑」云。《議論》一首並載。後集自序云：「余少以文字爲樂，元祐六年，年五十有三，始以空疎備位政府，自是無述作之暇。顧前後所作至多，不忍棄去。乃裒而集之，得五十卷，題曰《欒城集》。九年，出守臨汝，自汝徙筠，自筠徙雷，自雷徙循，凡七年。元符三年，蒙恩比歸，寓居潁州。至崇寧五年，前後十五年，憂患侵尋，所作寡矣。然亦班班可見。復類而編之，以爲後集，凡二十四卷。」三集自序云：「崇寧四年，余年六十有七，編近所爲文，得二十四卷，目之曰《欒城後集》。又五年，當政和元年，復收拾遺稿，以類相從，謂之《欒城第三集》。方昔少年，沉酣文字之間，習氣所薰，老而不能已。既以自喜，亦以自笑。今益以老矣，餘日無幾，方其未死，將復有所爲。故逐類輒空其後，以俟後日附益之云爾。」淳熙六年鄧光序。

范文正公集一册 刊本。○宋蘇軾序稱：「公在天聖中居太夫人憂，已有天下致太平之意，故爲萬言書，以遺宰相，天下傳誦。至用爲將，擢爲執政，考其平生所爲，無出此書者。今其集二十卷，爲詩、賦二百六十八，爲文一百六十五。其于仁義、禮樂、忠信、孝悌，蓋如飢渴之於飲食，欲須臾忘而不可得。如火之熱，如水之濕，蓋其天性有不得不然者。雖弄翰戲語，率然而作，必歸于此，故天下信其誠。」

臨川先生文集一百卷 刊本。○宋荆國公王安石撰。明豫章黄次山季岑氏序。

蔡端明文集二十四卷 藍絲闌鈔本。○宋蔡君謨撰。永嘉王十朋序稱：「國朝四葉，文章尤盛。歐陽文忠公、徂徠先生石守道、河南尹公陟魯、莆陽蔡公君謨，皆所謂傑然者。文忠之文，追配韓子。其剛氣所激，尤見于《責高司諫書》。徂徠之氣，則見于《慶曆聖德頌》。陟魯則見于《願與范文正公同貶之書》。君謨則見于《四賢一不肖詩》。四君乃同出仁祖治平醇厚之世，何其盛歟。興化守鍾離君松、傅君自得，訪故家，得其善本。教授蔣君雝手校之，鋟版郡庠。得古、律詩三百七十首，奏議六十四首，雜文五百八十四首，而以《四賢一不肖詩》置諸卷首，與參議之切直舊所不載者悉編之，比他集爲最全。」

徂徠文集二十卷 鈔本。卷首有「天一閣」、「古司馬氏」、「四明范氏圖書記」三圖章。○宋徂徠石介守道著。卷末有歐陽文忠公撰墓志銘并《讀徂徠集》文一篇。又《重讀徂徠集》文一篇，云：「我欲哭石子，夜開徂徠編。

開編未及讀，涕泗已漣漣。勉盡三四章，收淚切忻懽。切切善惡戒，丁寧仁義言。如聞子談論，疑子立我前。乃知長在世，誰謂已沉泉。昔也人事乖，相從常苦難。今而每思子，開卷子在顔。我欲貴子文，刻以金玉聯。金可鑠而銷，玉可碎非堅。不若書以紙，六經皆紙傳。但當書百本，傳百以爲千。或落于四夷，或藏在深山。待彼〔八〕謗焰熄，放〔九〕此光芒懸。人生一世中，長短無百年。無窮在其後，萬世在其先。年長多幾何，年短未足憐。惟彼不可朽，名聲文行然。讒誣不須辨，亦止百年間。百年後來者，憎愛不相緣。公議然後出，自然見媸妍。孔孟困一生，毁逐遭百端。後世苟不公，至今無聖〔一〇〕賢。所以忠義士，恃此死不難。當子病方革，謗辭正騰喧。衆人皆欲殺，聖主獨保全。已埋猶〔一一〕不信，僅免斲其棺。此事古未有，每思輒長嘆。我欲犯衆怒，爲子記此冤。下紓冥冥忿，仰叫昭昭天。書于蒼翠石，立彼崔〔一二〕嵬巔。詢求子世家，恨子兒女頑。經歲不見報，有辭未能詮。忽開子遺文，使我心已寬。子道自能久，吾言豈須鐫。」

止齋先生文集五十二卷附録一卷刊本。〇宋陳傅良著。嘉定曹叔遠序稱：「裒次遺稿，斷自梅潭丁亥之後。凡爲歌辭、古律詩、内外制、奏狀、劄子、表、啟、書、序、記、雜著、祭文、墓誌、行狀，總五十二卷。即先生燕坐之齋，以爲集名。若成書，則有《讀書譜》二卷、《春秋後傳》十二卷、《左氏章旨》三十卷、《周禮進說》三卷、《進讀藝祖皇帝實録》一卷。未脱稿則有《詩訓義》、《周漢以來兵制》、《皇朝大〔一三〕事記》、《皇朝百官公卿拜罷譜》、《皇朝財賦兵防秩官志稿》。别自爲編，附志其目。先生名傅良，字君舉。世系、歷官具見于神道碑、墓誌銘、行狀」云。明王瓚序，林長繁後跋。

北溪先生文集五十卷又外集一卷 刊本。○宋陳淳字安卿著。至元改元漳州學教授宓軒王環翁舜玉父序稱：「集五十卷，淳祐戊申，郡倅薛公季良鋟梓龍江書院。歲久佚壞。乙亥暮春，幕賓本齋高公文移有司，力請壽梓。於是太守張公是其説，推理烏古孫公贊其謀，遂以庠廩贏奇，委學録黄元淵之三山墨莊鏤刻。而黄又勉齋先生之裔，故其奉承惟謹，不三月而集事。環翁備員教席，命序其事。」

王廣陵文集二十二卷 藍絲闌鈔本。○宋王令撰，外孫吴説編次。卷首有王安石撰墓誌銘，并劉發撰傳。

范賢良文集二十二卷 刊本。缺一册。○宋范浚撰。屠維大淵獻之歲，後學章懋跋云：「進士唐君尚虞之治蘭溪也，用儒飾吏，善於其職，聲稱翕然。乃于莅政之餘，閲地志，訪遺書。于是，香溪先生范公之後曰永昌者，出其家藏之集二十有二卷，蓋先生從子右吏蒙齋之所類也。爰命授梓以惠學者，而俾懋識諸其末。」

黄四如先生集 刊本。○宋黄仲元著。洪武八年金華宋濂序稱：「先生居莆陽，唐御史滔之十一代孫。世爲儒家。其父績，師事瓜山潘公柄、復齋陳公密二公，實考亭朱子、勉齋黄公之高弟子也。先生擢咸淳辛未進士第，陸公秀夫極器之。累官，皆辭不就。宋既改物，歸隱山林。四方有受學者，爲敷繹濂、洛、關、閩之緒，而開導之爲三，務以理勝。門人武夷詹清子，類次六經四書講義爲六卷刊之。先生之子汀州路總管府知事梓，又分記、序、墓銘、字訓之屬爲五卷而刊之。身後遺文尚多，其曾孫鄉貢進士至，又裒集爲十卷。先生黄氏，諱仲元，字善甫。改名淵，字天叟，號韻鄉老人」云。嘉靖壬寅裔孫廷宣識後。

黄四如文藁四卷 刊本。○宋莆田黄仲元著。元至治三祀前進士傅定保序。

周益國文忠公文集三百卷 紅絲闌鈔本。○宋少傅益國公周必大撰。開禧丙寅嗣子周綸輯，并識云：「先生丞相文集二百卷，初與父友免解進士曾無疑三異纂集校正。篇帙既定，又得免解進士許志伯淩、鄉貢士彭清卿叔爰、羅次召克宣，相與覆校，鋟木以傳。惟日記自紹興戊寅訖嘉泰甲子，紀録頗詳，而書藁尤多，皆未遑盡刻。」

劉後村先生大全集一百九十六卷 綿紙藍絲闌鈔本。

唫囈語一册 鈔本。此係未刻以前原本。明成化癸卯吴郡張習刊于嶺南。缺卷末自製墓誌一首，多鄧光薦序文一篇。○宋吴郡宋無子虚著。蓋宋末遺老，不自署真名。卷首有至元李玉序稱：「《唫囈語》者，寐叟詩也。叟自云：『懵騰鄉人好寐與吟。吟則寐，寐則吟。吟作唫囈，聲似夢，不覺如醒未醒，不知吟耶寐耶，寐而吟耶，唫以寐也。』或問叟姓名，則曰：『吾寐吾寐，據梧而瞑。』鄉里稱寐叟云。」末有自著墓誌銘。

唫囈集一册 刊本。○宋吴郡子虚著。元中統三十一年甲午盧陵鄧光薦中父序稱：「吴逸士宋子虚，生景定間。未弱冠時，已廢科舉，故惟詩是學。其人淵嘿似不能言，其詩則超邁有不可掩者。嘗觀其所著《翠寒》諸作，又出其《唫囈集》畀余序。子虚名無，唫囈名集者，取列禦寇所謂『寐聲』，亦謙辭也。有《自題》一則。至元柔兆困敦歲子月長至日，書于商丘之通元亭。」後有成化癸卯後學張習識，嘉靖丙戌合陽東山趙章跋。

北山小集八卷附行狀一卷 鈔本。○宋程俱撰，施介夫編。葉夢得序。

勿齋文集二卷 鈔本。○宋楊至質撰。

晞髮集一卷○宋謝翶著。明弘治十四年海陵儲巏序云：「《晞髮集》，有宋遺民謝翶臯羽著。翶之出處志行，其友方鳳、吴謙有狀、有志，太史宋公暨諸先輩有傳。翶書殆百卷，此集蓋其一也。丞相文公嘗署以職，及丞相死于燕，翶徬徨山澤，長往不返，懷賢憤世，鬱憂之意，一吐于詞，卒窮以死。翶真丞相之客也。此集巏鈔于建安楊晉叔。會馮御史執之按部至海陵，巏出而閲之，作而嘆曰：『翶之樂府諸體，似李賀、張籍，近體出入郊、島間，古文則直溯柳柳州之脈。其行潔，其志廉，有沉湘蹈海之風，是宜傳也。』洒篋之至揚，告唐運使文載。運使曰：『此余雅慕其人而未見其文者。』遂相與刻之，而屬巏爲之引。」郴陽馮允中跋後。

丁鶴年集三卷 刊本。○宋武昌孝子丁鶴年著。門人四明戴稷、戴習，修江向誠、向信道〔一四〕校，方外曇鍠同編次。正統二年蕭山魏驥，至正甲午金華戴良、虎邱澹居老人至仁俱有序。四明烏斯道撰傳稱：「孝子，西域人。性狷介。窮經博史，尤工于詩。自其祖阿老丁公入中夏，世爲顯官。」

山谷别集二卷 刊本。○宋黄庭堅撰，青神史季温注。

熊豫章家集七卷 藍絲闌鈔本。○宋豫章熊朋來撰。鄉生樂安鄒良刊，錫山安國重刊。

劉公是集○宋劉敞撰。

漫唐文集四卷刊本。○宋寶謨閣學士金壇劉宰著。明正德辛巳果州任佃序稱：「戊寅，承乏兹邑大學，靳戒翁先生云：『昔自祕閣得宋先生劉漫唐文集，潤之人物，在是將廣，使後人緣是有所矜式。』因退與同年王君汝陳合謀梓之。舊傳有文集三十卷、語録十卷，皆不復見。此特其前集爾。」前有宋淳祐二年王遂序并小像，及安成王節贊。後有同邑王臯重刊跋。

二妙集八卷刊本。○金段克己、段成己著。元臨川吴澂序云：「河東二段先生，伯氏諱克己，字復之，人稱遯菴先生。在金以進士貢，金亡，餘二十年而卒，終身不仕。仲氏諱成己，字誠之，人稱菊軒先生。在金登進士第，主宜陽簿，年過八袠，至元間乃卒。雖被提舉學校官之命，亦不復仕。遯翁之孫輔，由應奉翰林，敭歷臺閣，今以天官侍郎知選舉。解后于京師，出其家藏《二妙集》以示。一覽如覩靖節，三復不置。昔之耆彦嘗評二翁謂：『復之磊落不凡，誠之謹厚化服，摹寫蓋得其真。』予亦云然。」元泰定四年丁卯翰林學士資德大夫知蜀郡虞集撰《世德碑銘》。後嗣段輔識後。明成化辛丑中州賈定誌于絳郡之樂只堂。

剡源文集三十卷刊本。卷首有「天一閣」、「萬古同心之學」圖章。○元戴表元著。洪武四年明宋濂序，周汝礪有引。萬曆戴洵序云：「《剡源集》，宋景濂學士爲司業時，嘗序而刻之太學。已泯没。既而友人周羽可好其文，極力訪輯，頗得其全，而多所訛脱。余嘗從借得，手鈔之，日夕覽味，始知前輩爲文，其命意搆辭必有準繩。每欲刻之以程後進，而未能也。邇以承乏來典南太學事，因求宋公所刻遺版，而無有矣。乃稍加校訂，命工鋟梓，以完太學之舊。」

臨川吴文正公集四十二卷 刊本。〇元吴澄撰。卷首載《元史》列傳、揭傒斯撰神道碑暨年譜、行狀、明宣德十年《從祀孔廟議》。

丹崖集十卷 藍絲闌鈔本。〇元唐肅撰。臨川危素序。

桂隱集一卷 鈔本。〇元劉詵撰。至正元年廬陵歐陽玄序。

趙東山文集九卷詩集二卷 烏絲闌鈔本。〇元休寧趙汸撰。

許魯齋全書七卷 刊本。〇元許衡著，河内郝綰玉卿編集，懷慶何瑭粹夫校正，關西高傑冠吴刊行。祭酒耶律公撰行實。公名衡，字仲平，懷慶河内人。金大安己巳生于河南新鄭寓舍。壬辰北渡，隱居大名，遷居于衛。甲寅，京兆宣撫使廉公奉潛藩命來徵。乙卯，授京兆提學，辭不受。中統後，凡五應召北上，皆辭。至元十八年三月薨，年七十三。皇慶二年，詔與宋儒周、程、張、邵、司馬、朱、張、吕九人，從祀夫子廟庭。

書林外傳七卷 刊本。殘。〇元四明袁彦章著。至正四年臨川危素序已殘缺。正統三年戊午同郡後學陳敬宗序云：「菊村袁先生《書林外藁》若干卷，五七言律、絶句若干首，老氣健辭，雄壯典雅，不雕不琢，出於自然，誠一代傑作，不可多得。先生學通五經，仕元之盛，直欲追踪乎古之人也。國朝永樂初，令子廷玉以翊運功授太常寺丞，歿贈少卿。廷珪由紀善陞禮科給事。孫忠徹繼爲尚寶少卿。功業烜赫，皆以詩名于時。又以見先生家學之有傳，而繼述之不乏也。先生鄞人，諱士元，字彦章，菊村其別號也。」

御製文集二十卷 刊本。○明太祖高皇帝文。嘉靖己丑劉臬序云：「奉命出按雲南，從黔國公臣沐紹勛得其先世所藏鈔本。伏而讀之，仰而嘆曰：『大哉，郁郁乎，淵乎，廣乎！並經而垂憲，不可以有加矣。寰宇之内，宜家傳而人誦之也。』因屬提學按察副使臣唐胄校正，簡郡學弟子書以入刻，俾天下萬世知我聖祖之文與天爲一云。」

于肅愍公集九卷 大梁書院刊本。○明于謙撰。嘉靖丁亥新喻簡霄序，四明王應鵬後序。

王氏家藏集四十一卷又慎言集十三卷雅述二卷内臺集九卷 刊本。每卷首有「天一閣」、「東明山人之印」二圖章。○明兵部尚書浚川王廷相著。首卷起至四十一卷，俱詩、古文。門人鄖紳、湯紹恩、余承業校正，蘭溪唐龍、潁川杜柟子、門下士上黨栗應宏序。《慎言》十三卷，嚴衛孔子之道，不敢雜以異説之意。姑蘇顧璘、瓊臺黄芳序，岱林張一厚、成都焦維章跋後。《雅述》二卷，自序云：「述其中正經常足以治世者。」安陽崔銑序首，新安謝鎰、濟南周居岐跋後。《内臺集》九卷，嘉靖十八年沁陽門人張鵬序曰：「録浚川公與名公鉅卿歲壬辰後往來辨答、贈送之作，刻之東省。見公之所以經濟天下者，有具也。」洪洞李復初序。

東石類藁十卷 刊本。○明清吏司郎中金溪王冥著。嘉靖八年乙丑臨川吴華序稱：「王君時禎類録其平生之言，而以別號志焉者也。南城傅君宗會梓行之。」

東石續集九卷 刊本。○同上。婿金溪黄文龍編次。臨川章衮序。

東石近藁十卷 刊本。○同上。嘉靖壬子同郡徐良傅序稱:「先生少與伯子青崖齊名,士林推爲宋氏郊、祁,蘇氏軾、轍。既成進士,歷刑、禮曹官。先生以青崖蚤世,父潼川公將老,而成乞終養以歸視,終不復出。就家拜浙江提學副使,不赴。屢用言者薦,亦不起。杜門掃軌,日與經籍相酬酢。所著有《類藁》,先已梓行,吴太守石亭章督學介菴序之。自嘉靖丙午迄今,兹爲近藁,則先生子婿黄文龍維中所次,且欲梓之,與前二藁並傳」云。

少華山人文集十三卷後集十卷續集六卷 刊本。○明僉都御史西京許宗魯著。鄠杜王九思序稱:「大中丞揭陽翁公、貴池柯公並巡撫關中,獲覩全编,檄屬部雕梓。」并有門人漢汭胡彦、關中胡侍雍、長安王鶴等序。

羅一峯先生文集十四卷 刊本。○明永豐羅倫著。有弘治癸丑石齋陳獻章所撰《一峯先生傳》。正德十六年有詔制并像贊。嘉靖己酉羅洪先、聶豹俱有序。

陸子餘集八卷 刊本。○明工科給事中吴郡陸粲著。吕光洵序云:「往歲遊姑蘇,得見陸貞山先生,與論古今文學異同之旨,出示文若詩若干篇,洵受而藏之。今先生之子延枝將盡刻先生所著以傳,屬洵爲之序。」

梓溪文集十卷 刊本。○明舒芬著。嘉靖十三年海隅〔一五〕黄佐序。

唐荆川文集十二卷 刊本。○明唐順之著。詩目下自註：「此下係翰林時作。」

重刻校正唐荆川文集十二卷○嘉靖己酉晉江遵巖居士王慎中序稱：「無錫安君如、石子介慕君之學，得其所爲詩文，彙而刻之。」卷末有「是集因無錫版差訛太多，乃唐公親自增削校正無差者。三衢葉寶山堂」大圖章。毗陵陳奎鏤版。

白華樓藏稿九卷○明歸安茅坤著，邑人姚翼編。隆慶元年臨海王宗沐序。

白華樓續稿四卷 刊本。○同上。與汪南明書曰：「家刻十一卷，續稿詩文七卷。續稿，日所酬答，而侍兒輩日以活字版翻印者也。故首尾無次，亦多舛訛，倘賜塗抹箋教之，幸甚。」

湯臨川問棘堂郵草十卷 刊本。○明臨川湯顯祖著。萬曆六年謝廷諒序稱：「所述有《十三經存註》、《讀二十一史畧》。而前後火，所藏書、著作殆盡。獨《易》、《詩》、《書》、《論語》、《孝經》、《爾雅》、《孟子》、《左氏》、《後漢》、《三國志》、《南、北史》、《舊唐書》、《五代史》數十卷，在友人饒崙伯宗、陽以善吉甫處幸存。而君性豪畧，恐亦不能續全之矣。爲是刻其丁丑以來詩賦，或有所附，題曰《郵草》，所傳答四方，馳示余者也。君名顯祖，字義少。」

陳兩湖文集一卷 綿紙鈔本。○明陳昌積著。

陽羨稿一卷 刊本。○明王世貞著。

逸老堂淨稿二十卷 刊本。○明謝省著。弘治庚戌南昌張元禎序云：「逸老，寶慶太守謝公歸休之自號。茲其平日之所作也。逸老名省，字世修，台之黄巖人。自甲戌進士，歷主事員外郎于兵部。陟守寶慶，甫一考即歸，年纔五十四。族子侍講鳴治輯成兹集，其傳也無疑，于是乎序之。時弘治庚戌端陽日，逸老壽已七十有一矣。」

胡仲子文集十卷 綿紙藍絲闌鈔本。○明胡翰著。宋濂序。序多脱字。

汳臺集二卷 刊本。○明陳鳳梧撰。嘉靖甲申崔銑序。

王陽明先生别録十卷 刊本。○明王守仁著。

弇州山人四部稿一百八十卷○明吴郡王世貞元美撰。

東郭先生文集九卷 刊本。○明刑部侍郎鄒某著。卷首門生海陵林春序，嘉靖十七年婺源洪垣後序。

程篁墩文粹二十五卷 刊本。○明禮部尚書新安程敏政撰。正德元年三山林瀚序。有弘治十二年授禮部右侍郎誥敕，有小像及太原周經贊、北海沈東之傳，大庾張九逵小識。弘治乙丑門人婺源戴銑後序云：「文二十五卷，族子曾所摘録，銑爲詮次。始嘗自輯爲《篁墩稿》、《篁墩續稿》、《篁墩三稿》、《行素稿》。復合諸稿而一之，增爲卷百有四十，總名之曰《篁墩先生文集》。但卷帙繁多，艱於傳録，弘治癸亥大庾張先生拔其粹刻之。」

泉齋勿藥集十四卷 刊本。○明户部左侍郎無錫邵寶撰。

林心泉集十卷 刊本。○明廣西布政閩人林懋舉著，侯官王應鍾選，子東榮刻。姑蘇門生黄門跋云：

「公諸疏牘所論列，皆國家大計。如條邊務、陳江防、糾官邪、登雋良、議酌省，才猷敏練，以忠赤自許。至其古風、歌行，有漢魏體。五七言律，宛似元和人句。記、序温純爾雅，可愛可傳。顧公所重者奏疏，此又其緒餘耳。」末附門生玉陽丁元復祭文，及洪世文行狀、魏文焲墓銘、子東榮行畧，并王應鍾銓擇詩文、覆東榮札。

客越志二卷 刊本。○明王穉登撰。隆慶改元沛國朱察卿序。

莊渠先生書稿全篇四卷 刊本。○明人撰。嘉靖丙辰從子參編。序稱：「先生著作凡以明其所自得，或發前賢所未發，皆不得已而作。先生殁，門人雜記其平日奏疏、講義、序説、論札，彙爲成書，欲梓。而吾弟續復輯先生書稿，累成四帙，名曰《書稿全編》。」

余遷江集二卷 刊本。○明知遷江縣事余佑著。嘉靖己酉子紹芳刻于四川官署。卷首自序，卷尾紹芳跋識。

適晉稿六卷 刊本。○明東郡謝榛著，北海馮惟訥、河汾孔天胤同批點。始于嘉靖癸亥六月，訖于乙丑十二月。題中瀋藩諸宗室皆稱號，諸縉紳隱流皆稱字，從遊燕集舊例。

思補軒漫稿八卷 刊本。内有《贈司馬公》古風二首。○明吏部侍郎永新尹臺著并自序。嘉靖辛酉門人盱江王材序，子重民識。

三巡集一册 刊本。○明巡按濮陽蘇佑著，自序稱：「初按宣大，繼按江北，繼按江西，有所作輒録之，故名。」汝南張承祚跋。

適志集十卷 刊本。○明江西黄鑰著。子梁山知長垣縣事，刊于任。户部郎中長垣張愉序，户部主事李從宜序後。

編茗集八卷 刊本。○明江西參政朝儁黄卿撰。嘉靖二十一年宗藩朱既白刊。鄭天行、陳蘭化校。濮陽蘇佑序。

康對山集十九卷 刊本。○明翰林修撰武功康海著。海號對山，嘗托其友張太微治道校序。卒後，太微請中丞翁東厓檄西安吴六泉梓。嘉靖乙巳渼陂王九思序。

秀巖楚遊集二卷 刊本。○明岐陽武靖王之孫臨淮李名言著，弟寧儉編次。嘉靖乙丑崇陽劉景紹序。

龍石集二卷 刊本。○明聊城許成名著。嘉靖癸亥濮陽蘇佑序。

余文敏公文集十五卷 刊本。○明余有丁著。門人沈一貫序。

珠川摘稿十四卷 刊本。○明進士古睦吴世良著，吉水羅洪先批，武進唐順之點，門生胡漢、余喬編輯。嘉靖壬子歲弟世宜序稱：「世良有《雲塢集》，周生激、宋生銘梓于信江郡。至結茅湖上，忽經數紀，尚有未刻。用與龍泉胡子、鳳岡余子，共取《雲塢集》，每類各摘數篇，刻置于武林書屋。」

明水陳先生集二卷 刊本。○明臨川陳九川著。門生董燧刊。嘉靖戊午晉江王慎中序。卷首有小像并吉水羅洪先贊、雙江聶豹墓碑、羅洪先墓志銘。先生爲陽明高第弟子，學者咸推慕焉。

愧齋文粹五卷 刊本。○明莆田陳音著。嘉靖元年師山馬明衡序稱：「公以厚德聞于天下。平生所著，不下千餘篇。後峯黄君伯固，嘗即家藏編輯，得若干篇。其孫須政又即其集録其要，若奏疏、序記、誌銘之類，得若干篇，題曰《愧齋文粹》，鋟梓以傳。」

聞鶴亭漫集一册 刊本。○明陳朝錠著。王庭欽序。

王遵巖文粹十六卷 刊本。○明晉江王慎中著。隆慶庚午沔陽陳文燭序。

家居集七卷 刊本。○明王慎中著。嘉靖壬子華雲序云：「遵巖王子，曩以吏部謫倅毘陵，吾毘陵未之奇也。會荆川子自京師歸，語于人，毘陵人乃知王子。余官京師，其弟初部君余同年，嘗授予一編曰：『此吾兄《家居集》也。』及改官留都，同年稽勳洪君取而編校之，乃刻以傳閩中。」

玩芳堂摘稿四卷 刊本。○明王慎中著。曹忭序稱：「曩在京師，與同游之士極論當今文學，在吴中共推唐應德氏，在閩中共推王道思氏，二公才名不相上下。唐集已刻之吴中。庚戌之歲，余按江右，政暇蒐取篋中所攜王集，玩而讀之。適廉憲蔡道卿至，輒以授之校刊。王諱慎中，字道思，别號遵巖居士。所著作尚多，此刻其摘稿」云。

研岡集三十四卷 刊本。○明潁川杜柟著。嘉靖乙未王廷相序。

蔀齋先生文集十二卷 藍絲闌鈔本。○明林誌著。正德庚午曾孫士昭序云：「是集曾大父諭德蔀齋先生所著，原稿五十卷，大父助教公珍藏。嘗欲版行，顧力有未逮。至正統八年春，巡按御史張處告，恐散佚失傳，特命四庠掌教先生選校其中深古者，録得三分之一繡梓。迨今七十餘年，版遭朽落，得者亦鮮矣。茲以尋得舊本補完十二。有《策府樞要》、《十二闌干碎金》、《四十三要歌》，暨敕命、謚詞、表傳及諸祭文。詩章不入集中，俟後與拾遺別梓。」卷首有吳節恪贊，并洪熙元年制誥、宣德二年臣王寶等御祭文、國史名臣列傳，係男雲翰識，正統八年天台王用盛有序。

宗子相文集十五卷 刊本。○明廣陵宗臣著，弟原校刊。

皇甫司勳集六十卷 刊本。卷首有「天一閣」、「和鳴國家之盛」二印。○明皇甫汸撰。劉鳳序。

皇甫司勳慶曆稿一部 刊本。自卷七至卷十四存。○明吳郡皇甫汸子循氏撰。

隋堂摘稿十六卷 刊本。○明許茗山著。嘉靖辛酉游震得序：「許公燕人，家于錢塘，又爲吳人」云。

石屋存稿六卷 刊本。○明劉佃序稱：「同年石屋許君存稿。其兄茗山爲閩大參，佃自閩郡轉山東臬司，辭公，公出其存稿六卷。迺付建陽尹鄒子校正，佃爲之序而刻之。」

中峯應制稿六卷 刊本。○明會稽董玘著。唐順之序。

澗濱先生文集六卷 刊本。○明徐文沔著。劉曰材序。

未軒集十卷 藍絲闌鈔本。○明黄仲昭（十六）撰。正德十年門生廬陵劉玉序稱：「先生莆田世家，起郡庠，登進士，入翰林，以言事謫官，尋復棘寺歸隱者十有七年。再起莅學，不數年致政歸。遺文闡理微，徵事核，模寫窮物象之真，吟咏傳性情之正。信乎，其爲有德者之言也。」

康旻集三卷 刊本。○明康浩著。嘉靖乙巳許宗魯序。

徐少湖先生集七卷 刊本。○明華亭徐文登字子升號少湖著。嘉靖甲午奎湖張真序。首湖廣布政使司龍津黃焯序曰：「少湖徐文登，名進士，傳臚及第，官翰林國史編修。以編修謫延平推官，轉黃州郡丞。未幾而拜浙藩公。居延三年，延士奔走執業，多獲成立。此其去也，思慕追攀，慮無以日接于公，顧惟可以師法者道若文耳。乃相與裒集，得文數卷，鋟梓以傳。」

兩厓先生文集六卷 刊本。○明兩厓朱廷立撰。嘉靖東郡蘇佑序，江夏三石山人馮世雍後序。

劉子威文集三十二卷 刊本。○明長州劉鳳子威撰并自序。琅琊王世貞、四明余寅君房均有序。

東里文集二十五卷詩集三卷續集六十二卷代言録一卷聖諭録一卷奏對録一卷附録四卷 刊本。○明少師楊士奇著。永嘉黃淮、江陵楊博、金陵李時敏均有序。周京、唐堯賓、張天叙、洪恩、彭紹夔、鄺舜陶校刻。

陳后岡文集一卷 刊本。○明四明陳東約之著。四川按察司僉事趙廷松序。

重編誠意伯文集十八卷 刊本。○明青田劉基著。嘉靖丙辰巡按直隸縉雲樊獻科編。序稱：「集舊刻于括蒼，凡二十卷，其間著作雜陳，未可類別，且歲久多遺落。因裒爲十八卷，少易舊編之次。始像贊、行狀，概事業之全。次御書、詔誥，紀勳庸之大。次表、頌，次《郁離子》，揚文明之盛。次序紀至詩歌，載制作之詳。統會以題要，分類以便觀。」餘姚李本序。

重編誠意伯文成劉公文集翊運録一卷 刊本。○王景序稱：「先生括蒼之青田人，景爲同郡。今年，守職翰林，其孫廌等集其御書、詔誥、行狀、事實等文，名之曰《翊運録》，蓋取誥『文開翊運』之語也。請予序其首簡。」

徐迪功集六卷談藝録一卷 刊本。○明國子博士徐禎卿撰。嘉靖七年戊子李夢陽序，平湖屠奎後序，郡人徐縉跋。

由拳集二十三卷 刊本。○明甬上屠隆從潁上徙令青浦所著文，馮太史開之與沈太史君典删定之，名曰《由拳集》。由拳，故青浦地，人傳「泖水澄隱隱，下見城郭狀」，以故是集得專名焉。卷首有萬曆八年庚辰句東沈明臣、華亭徐益孫序，尾有青浦彭汝謙跋。

王抑菴文集十三卷 刊本。○明西昌王直著。永樂首選進士入翰林二十八人之一，歷洪熙、宣德、正統、景泰四朝，壽至七十三。男檢討稽編録在翰林時詩文，成化二年男稹重刊。安成吴節序。

漫遊稿六卷 刊本。○明馮三石撰。黄訓序云：「往子馮子都水于徐，予道齊魯之郊識焉。子馮子，號三石。有文集若干卷，間出緒餘，示學諸生，劉丞時濟得而梓之。」

竹巖先生文集十二卷 藍絲闌鈔本。○明莆田柯潛撰，四世從孫維騏編校。

篆江存稿九卷 刊本。○明姜恩著，李維鉉校。沈淳序。

蘇平仲文集四卷 刊本。○明洪武金華蘇伯衡撰，永嘉林與直編。宋濂序云：「文定公裔孫平仲，少警敏絶倫。中歲大肆力于文，由國子學録爲學正，上親擢國史院編修官，以瞶辭歸。濂以翰林承旨致政，天子命舉可自代者，即以平仲應。詔既至，復固辭。上憫其誠，賜文綺楮幣遺之。平仲名伯衡，其先居眉，自文定公長子徽猷閣待制遲來知婺州，遂家焉。今爲婺之金華人，去文定公九世。」

楊侍讀存稿十卷附録五卷 刊本。○明成化四明楊自懲著，子守阯編并序。

吴兵部集一卷 刊本。○明舒州吴檄著。西蜀蔣芝序。

太倉文畧四卷 刊本。○明太倉陸子裘選。王夢祥刊。平湖馮汝弼撰。

薛考功集十卷 刊本。○明薛蕙君采氏著。

屠簡肅公文集十四卷○明甬上屠僑著。嘉靖四十四年張時徹序。

重刻槎翁文集十八卷○明劉子高槎翁著。正德庚辰羅欽忠序曰：「槎翁，吾泰和前輩。元至正鄉舉，會兵興，不果上。隱居山谷間者久之。皇明受命，被詔起，拜職方郎中，進北平按察副使，罷去。改禮部侍郎，權吏部尚書，尋予告歸。明年，復徵爲國子司業以卒。平生詩文萬篇，詩刻于蕭氏者既非其全，而文集所録亦僅存此。藏于家百五十年，玉光劒氣，終不容揜。邇者，家兄吏部侍郎在告家居，從而校之，未畢。迫于召命，瀕行，以告郡太守徐侯。侯乃畢校之，且捐資刻梓。工既，走价示予，俾序焉。」

萬治齋文畧 烏絲闌鈔本。○明萬某撰。

方文襄公遺稿五卷 刊本。○明方獻夫撰。四明范欽序。

柏齋文集十一卷 刊本。○明何瑭著。

尹澄江集二十五卷 刊本。○明尹直撰。弘治七年門生新安程敏政序稱：「太子少保兵部尚書兼翰林院學士廬江澄江先生尹公，還政退居其邑之澄江之上。門生弟子相與詮次其文，號曰《澄江集》，爲二十有五卷。適進士吳君必顯，亦門下士，方知泰和縣事，請而刻之。」

元遊稿一卷 刊本。○玉山程應魁孟孺著。

鳴玉集一卷 刊本。○永嘉張遜業著。松陽徐夢易校并序。

關中集二卷 刊本。○方新著。

文化集一卷 鈔本。○宣城許棠著。

古樓觀紫雲衍慶集二卷 刊本。○句曲朱象先著。

中興間氣集二卷 刊本。○渤海高仲武集。

吕期齋集十四卷 刊本。○鄭雲鎣、彭富王同讚。李時成校梓。

鹿原集一册 藍絲闌鈔本。○玉溪戴欽著。

湖上篇一册 刊本。○龍珠山人李奎著。

鶴江先生頤貞堂稿六卷 刊本。○不著撰人名氏。上元許穀編輯。武進薛應旂校正。萬曆甲戌男應中雕藏琳琅館。

沈雲卿二卷 刊本。

吳霽環文稿一册 鈔本。

嘷囈棄存一卷 綿紙藍絲闌鈔本。○不著撰人名氏。

處庵集一卷 藍絲闌鈔本。○不著撰人名氏。

督學存稿二卷 刊本。○不著撰人名氏。

文端集二卷○不著撰人名氏。

金聲玉振集二十册 刊本。○不著撰人名氏。

鶴田集三卷○不著撰人名氏。

樵風十卷 刊本。○不著撰人名氏。

全懿堂集二卷 刊本。○不著撰人名氏。

暘谷空音九卷 刊本。○不著撰人名氏。

聚樂堂甲辰集一卷 刊本。○不著撰人名氏。

淮漢燼餘稿四卷 刊本。○不著撰人名氏。

燼餘録六卷 朱絲闌鈔本。○名氏未詳。有嘉靖丁酉自序一首，自稱漫翁。每卷有夾片，批評詩、文、賦、雜文。題上有墨圈選記，此未經選定稿本也。

〔一〕「獻」原誤作「顯」，據《四庫總目》改。
〔二〕「沖」字原缺，今據《千頃堂書目》補。
〔三〕「實」原誤爲「賓」，據《八千卷樓書目》改。
〔四〕「藩」字上原空一格，涵虚子即朱權，封寧王，故此處補「寧」字。
〔五〕「齋」原誤爲「齊」，今改。
〔六〕「明」當爲「唐」之誤。
〔七〕「敦」原誤作「惇」，今改。
〔八〕〔九〕〔一〇〕〔一一〕〔一二〕「彼」上原空一格，「待」字缺；「放」上原空三格，「謗焰熄」缺；「聖」上原空一格，「無」字缺；「猶」上原空一格，「埋」字缺；「崔」上原空二格，「立彼」缺。均據《歐陽修全集》補。
〔一三〕「大」原誤爲「六」，今改。
〔一四〕「信」字下脱「道」字，據《皕宋樓善本書志》、《愛日精廬藏書志》補。
〔一五〕「隅」原誤爲「偶」，據《善本書室藏書志》改。
〔一六〕「昭」原誤爲「皓」，據《中國叢書綜録》改。

天一閣書目卷四之三　集部三

總集類

梁昭明文選六十卷 刊本。〇梁昭明太子蕭統撰，唐六臣註。明新安潘維時、潘維德校刻。

文選六十卷 刊本。〇梁昭明太子撰，唐六臣註。

文選六十卷 刊本。〇唐李善暨五臣註。明張伯顏刊。

文選六臣註六十卷 刊本。〇明嘉靖己酉吴郡袁生褧校。

文選補遺四十卷 刊本。〇元茶陵陳仁子輯誦，門人譚紹烈纂類并識後云：「紹烈夙侍舅古迂翁，指示古今文法。翁著述甚富，《牧萊脞語》三十卷已刊墨本。今再取所編《文選續補》四十卷刊成，并前昭明所纂《文選》六十卷，共一百卷行世。外有所輯《韻史》三百卷、《迂褚燕説》三十卷、《唐史卮言》三十卷，續用工刻梓，以求知好古君子云。」

文選纂註十二卷 刊本。〇明萬曆吴郡張鳳翼撰。萬曆壬午余碧泉刊行。

文選六十卷 刊本。〇明嘉靖癸未李廷相識云：「《文選》一書，古今學士大夫靡不重之。顧乏善本，近時所見惟唐府版，而頗藉於得。旌德汪諒氏偶獲宋刻鋟諸梓，濮陽李子爲之書而鑱諸首。」

文選删註十二卷 刊本。○新城王象乾删訂。卷首備列各原序。

廣文選六十卷 刊本。○明大庾劉節撰，并序云：「《廣文選》何？廣蕭子之選也。蕭子之選文也：賦之目十有四，詩之目二十有三，爲騷、七、爲詔、爲册、爲令、爲教、爲文、爲表、爲上書、爲啟、爲彈事、爲箋、爲奏記、爲書、爲檄、爲對問、爲設論、爲辭、爲序、爲頌、爲贊、爲符命、爲史論、爲史述贊、爲論、爲連珠、爲箴、爲銘、爲誄、爲哀辭、爲碑文、爲墓志、爲行狀、爲弔文、爲祭文，爲類三十有七，可謂選矣。然或遺焉，是故廣之以備遺也。孔子曰：『有天地然後萬物生焉。』故始之天地。鳥獸、草木皆物也，鳥獸選矣，草木遺焉，故次之草木。賦諸目具矣，弗目者遺，故次之雜賦。《詩》六義備矣；逸詩，《詩》之遺也；廣之自逸詩始，補亡無矣。操，樂府之遺也；謡，雜歌之遺也；廣之，詩斯備矣。詔，王言也；璽書、賜書、敕論皆王言也；廣之類也。策，册類也；策問，詔類也；廣之以從類也。疏，上書類也；封事、議對皆疏類也；廣之以從類也。對策，對厥問也；策問，詔類矣；對策，對類也，廣之從其類也。記者，序之實也；傳者，史論贊之紀也；説者，論之要畧也；哀辭者，哀之緒餘也；祝文者，祭告之大典也；是故廣之，廣其類也。夫文猶賦也，諸類具矣，弗類者遺，故次之雜文，以廣遺也。夫騷作于屈宋者也，《九歌》遺焉，《九章》遺焉，《九辨》遺焉，景、賈以下不録也。漢詔盛矣，選其二焉，遺者多矣，是故廣之，以備遺也。表、箋、啟、檄畧矣，奏、記、設論、箴、贊畧甚矣，史論、述贊畧益甚矣。銘也、頌也、誄也，古而則者遺矣。書序之遺猶夫銘也，論之遺猶夫書也，碑文之遺猶夫論也，諸論之遺猶夫頌也、誄也。故今攷之：文之遺猶詩也，十六七也；詩之遺猶夫賦也，十四五也；賦之遺猶夫騷也，十二三也；是故廣之，以備遺也。夫然猶或遺焉。典籍散亡，存十一于千百，廣之云者，殆庶幾焉者也。夫文辟之水也，選之者如導水而聚之者也。是故海水之聚也廣，其選者如導水而聚之海者也，吁，難言也。」

廣文選六十卷 刊本。○明大庾劉節廣選。晉江陳蕙校刊。序稱：「梅國劉先生取昭明太子《文選》之遺者，類分而增輯之，凡得千有七百九十六篇，名之曰《廣文選》，誠富哉集矣！顧其中訛字逸簡雜出，又文義之甚悖而俚者間在焉，觀者病之。況其版既不存，予尤懼于日就廢缺，而盛美之莫永也。乃以視鹺之暇，與揚郡守王子松、郡庠教授林璧、訓導曾宸、李世用共校讐增損之，苟完是集，刻置維揚書院。將有待于博達君子之是正，未遂爲定書也。是集删去者二百七十四篇，增入者三十篇，八閱月而告成，其顛末見之凡例。」

續文選三十二卷 刊本。○明平原湯紹祖公孟氏撰，并序稱：「《文選》之成于梁昭明太子也，致士二五，積年三十，其代自晉、宋、齊、梁而上，其人繇屈、宋、賈、馬以還。包舉藝文，兼綜史傳，信文圃之特秀，選部之最都也。余束髮臨文，雅有兹志。時復網羅衆籍，蒐獵羣言，取例往編，甄擷今選。遠自昭明以後，近自不佞以前，格稍肖似，即爲收采。若其人與昭明同日，則懼爲所棄。及與不佞並世，則未見其止。洎夫五代局于促運，宋元淪于卑習，併文太纖靡，詩涉近體，以非本旨，並從删黜。集成，總計三十二卷，名曰《續文選》。」

文選增定三十二卷 刊本。卷面有「裕谷」二字圖章。〇明嘉靖建陽縣重刊。

文選增訂二十三卷 刊本。

周詩遺軌□十卷 刊本。〇明劉節編。

漢魏詩集十四卷 刊本。〇明河中劉成德編選并序。何景明、蕭海校正，均有序。

漢魏詩紀十卷 刊本。〇明馮惟訥編。豫章徐南京序稱：「北海馮君得漢魏以來樂府、詩詞、歌謡、雜曲凡若干篇，復爲之考證疑誤，整齊世次，命曰《漢魏詩紀》。馮君嘗集《風雅廣逸》，以補先秦古詩之缺，別有録謂：『先秦而降，獨漢魏最爲近古。』乃始自漢高，迄于吳紀，自君侯卿士、詞客墨卿，下逮閨門里巷之什，莫不燦然畢備，靡有闕遺。復爲之詳其世系、歷履，正其訛舛，令論古者有攷焉。而附以《詩品》、《談藝》諸篇。刻諸河漢，傳之四方，好古君子庶或有取於斯乎。君名惟訥，臨朐人。」黄禎、喬世寧均有序。

六朝詩集一册 刊本。〇明方山薛應旂序。

六朝聲偶集七卷 刊本。〇明徐獻忠選并序。

六朝詩彙一百十四卷 刊本。卷首有「崑崙山人」、「范氏子受家藏」二印。〇明慈溪張謙彙集，義烏王宗〔二〕聖增彙，姑蘇陸師道校正。嘉靖濟南玄白子金城序。

六朝詩乘十八卷◯明四明史起欽裁正，宣城梅鼎祚選輯。

八代詩乘十八卷◯同上。

建安七子全集二十八卷 刊本。◯明四明楊德周齊莊氏輯，葦菴居士陳朝輔訂并序。卷首並載七子各原序。

三謝詩集一卷 刊本。◯唐張子西輯，序云：「江左諸謝詩文見《文選》者六人。希逸無詩，宣遠、叔源有詩不工。今取靈運、惠連、玄暉，合六十八篇，爲《三謝詩》。」

張曲江燕公合集二卷 刊本。◯唐張九齡、張説著。明嘉靖丁酉河南高叔嗣序曰：「二張：九齡，韶州人，字子壽，謚文獻，有《曲江集》；説，雒陽人，字道濟，謚文貞，有《燕公集》。馬氏《經籍通考》載之。曩歲得《曲江集》京師，蓋邱文莊公録自閣本刊傳之。求《燕公集》，亡有也。後再至都，始獲寫本。友人大理評事應君子〔二〕陽有宋刻，然不完。二集缺謬，無復可攷。因合刻之，置廣視堂齋中。」卷末有云：「亳州薛考功君采嘗以《曲江集》舊本見借，因次其詩手定，各從其類，加冠二賦，倩人録出，别存之。嘉靖甲申蘇門山人題於吏部稽勳官舍。」

篋中集一卷 刊本。◯唐元結次山編并序云：「風雅不興，幾及千載。吳興沈千運獨挺于流俗之中，凡所爲文，皆與時異。能似類者，有五六人。盡篋中所有，總編次之，命曰《篋中集》，凡七人，詩二十四首。」

搜玉小集一卷 刊本。◯唐崔湜、韓休等三十七人，共六十三首。

唐詩極玄集二卷 刊本。○唐姚合選。自題云：「此皆詩家射鵰手也，合於衆集中更選其極玄者，凡二十一人，共百首。」元至元蔣易有序。

唐詩選玄集二卷 藍絲闌鈔本。○唐萬表〔三〕編選。

唐詩又玄集一卷〔四〕藍絲闌鈔本。○唐萬表編選。

唐三武詩三卷 刊本。○唐武平一、武三思、武元衡撰。河中劉成德編校。

唐十子詩十四卷 刊本。○唐常建、郎士元、嚴維、劉義、于鵠、于濆、于武陵、邵謁、伍喬、魚玄機十人。明嘉靖丁未石谷山人王凖序稱：「余文周水部吳下得宋本《唐十子詩》，以授凖刻之。」

國秀集三卷 刊本。○唐芮侯編。後有序云：「《國秀集》三卷，唐人詩，總二百二十篇。天寶三載國子生芮挺章撰，樓穎序之。其詩之次，自天官侍郎李嶠至進士祖詠，凡九十人。挺章二篇穎五篇，亦在其間。內王灣一篇，有『海日生殘夜，江春入舊年』之句，題《次北固山下作》。而殷璠所撰《河嶽英靈集》，作于天寶十一載，歲月稍後，然挺章編選非璠之比，覽者自得之。此集《唐書·藝文志》洎本朝《崇文總目》，皆闕而不録，殆三館所無。浚儀劉景文頃歲得之鬻古書者。元祐戊辰孟秋從景文借本録之，因識于後。」

河嶽英靈集二卷 刊本。○唐殷璠撰。序稱：「王維、昌齡、儲光羲等二十四人，皆河嶽英靈也，此集便以爲號。詩二百三十四首，分爲上下卷。起甲寅，終癸巳。論次于序，品藻各冠篇額。」

唐三體詩八卷 刊本。○汶陽周弼選。

箋註唐賢三體詩法二十卷 刊本。○汶陽周弼選，高安釋至天隱註，隴西金鸞校訂。元方回序稱：「汶陽周伯弼《三體法》者，專爲四韻五七言小律詩設。以爲有一詩之法，有一句之法，有一字之法。高安沙門至天隱，大魁姚公勉之猶子，聰達博贍，禪熟、文熟、詩熟，又從而註伯弼所集之詩。一山魁上人，回方外交也，將磧砂南峯袁公之命，俾回爲序，以弁其端。」

唐音十四卷 刊本。○元楊士弘編次，顧璘批點。楊序云：「言詩者皆宗李杜。至如子美所尊許者，則王、楊、盧、駱；所推重者，則薛少保、賀知章；所讚咏者，則孟浩然、王摩詰；所友善者，則高適、岑參；所稱道者，則季友。若太白《登黄鶴樓》獨推崔顥爲傑作，《遊郎官湖》復嘆張謂之逸興，擬古之詩則彷彿乎陳伯玉。余自幼喜讀唐詩，每慨歎不得諸君子之全詩。及觀諸家選本，載盛唐詩者，獨《河嶽英靈集》，詳于五言，畧于七言，至于律、絶僅存一二。《又玄》、《才調》等集，雖皆唐人所選，然多主晚唐。《鼓吹》明世次爲編，于名家頗無遺漏。兹集共詩一千三百四十一首，始于乙亥，成于甲申。觀者詳其所用心，則自見矣。」

唐音五卷 刊本。卷首有「少明」、「四明范大沖子受氏印」二圖章。○襄陽楊士弘編次，姑蘇顧璘批點。虞集序稱：「襄城楊伯謙好唐人詩。五言七言古詩〔五〕、律、絶句，以盛唐、中唐、晚唐別之，凡幾卷，謂之《唐音》。」

唐詩始音一卷正音六卷遺響三卷 刊本。○元襄城楊伯謙士弘編，序稱：「客章貢，得劉愛山家初、盛唐詩，手自鈔録，分爲始音、正音、遺響，總名曰《唐音》。凡十五卷，共一千二百四十一首。」

唐詩類鈔八卷 刊本。○明顧應祥序云：「選唐詩者，非一家，惟襄城楊伯謙《唐音》最爲嚴恪。分別始音、正音、遺響，非合作者弗録。然中唐以後，多有傑然膾炙人口者，俱不見録，未免考諸別集苦于檢閲。乃取《唐詩品彙》、《三體》、《鼓吹》及真西山《文章正宗》所載，摘其間爲世所稱者，增入數首。仍以五七言古風、近體各爲一類。俱以世代爲先後，名曰《唐詩類鈔》。若李、杜、韓三大家，各全集舊俱不録。然李、杜詩多有選者，惟韓無選，故亦附入云。」

雅音會編十二卷 刊本。○元羊城康麟文瑞集次，後學剡溪王鈍校正。序稱：「是編爲閩臬憲五羊康先生之所集次。先生博取諸家選唐詩，涵濡諷詠，及枕藉熟觀。李、杜、韓詩，殊有所得。但未得音韻成類，艱于檢閲。因手録楊伯謙所選《唐音》，仍分始音、正音、遺響，而足之以青蓮、工部、昌黎三家，以一東、二冬等三十韻分布，以提其綱。取詩之同韻者，以類從類，而詳其目，名曰《雅音會編》。凡十有二卷，總詩三千八百餘首。先生按清漳日，出示，俾刊訛誤。因請壽諸梓。」

唐詩紀事八十一卷 刊本。○計敏夫序後。通正元年杜光庭序。

唐詩品彙九十卷 刊本。每卷首有「先光祿少明」、「范氏子受」、「崑崙山人」、「碧沚書堂」四圖書。○明洪武新寧高棅編。序稱：「自貞觀至天祐，通得六百二十人，共詩五千七百六十九首，分爲九十卷。」

唐詩正聲二十二卷 刊本。○明洪武新寧高棅選。并識云：「因編《唐詩品彙》一集，自貞觀迄于龍紀，三百年間，凡所謂大名家十數公，與夫善鳴者殆將數百家，其言足以没世不忘者，悉録之。分編定目，隨體類從，凡九十卷，共詩五千七百六十九首。竊慮博而廣要，雜而不純，乃拔其尤，彙爲此編。」吾師可泉胡公愛是書不去手，簡以示波，且曰：『熟此則入門不差。』因圖刻之吳中。先生名棅，字彦恢，仕名廷禮。宋尚書張鎮之後，祖麟出菘高，因姓焉。波忝鄉後進，跡其本末於此。若夫格調之高雅，鑒別之精當，則有可泉公之序在。」

唐詩正音三十二卷 刊本。○明高棅選。閩北郭波序云：「吾鄉漫士高先生所選者，視《品彙》加嚴矣。

唐詩二選正聲十卷弘秀集十卷 刊本。每卷首有「天中静香」圖章。○高棅編選。黄魯曾序。

萬首唐人絶句七十五卷 刊本。○宋淳熙洪邁選。紹熙元年自序云：「淳熙庚子秋，邁解建安郡印歸。取諸家遺集，一切整彙。凡五七言五千四百篇，手書爲六帙。起家守婺，齎以自隨。踰年，再還朝侍壽皇帝清燕，聖語云：『比使人集録唐詩，得數百篇。』邁因以昔所編具奏。天旨驚其多，且令以元本進入，蒙寘諸復古殿書院。又四年，來守會稽，間公事餘分，又討理向所未盡者。唐去今四百歲，考藝文志所載以集著録者，凡五百家，今僅半之。又取郭茂倩《樂府》與稗官小説所載僊鬼諸詩，撮其可讀者，版蓬萊閣中，而識其本末于首。」

萬首唐人絶句三十六卷 刊本。○宋洪邁選。明〔六〕嘉定新安吳格小識云：「古唐人絶句，内相洪公手自采擇，暨守會稽，刻之郡齋。後三十年，格獲繼往躅。暇日取是書玩之，已漫謬蠹闕，因命工修補，以永其傳。」

二十六家唐詩選一册 刊本。○明嘉靖癸丑江夏黄貫曾選。并序云：「唐詩自武德迄大曆，英彦蔚興。大家如李、杜，有集廣播。洞庭徐太宰刻陳、杜而下十二家，邇毘陵蔣氏刻錢、劉而下十二家，翼徐刻行世。至如唐初若李嶠、若蘇挺輩，盛唐若李頎、若崔顥、若常建、若祖詠、若王昌齡輩，中唐若李嘉祐、若郎士元、若皇甫曾、冉輩，都無刻本。貫曾懼湮沉，用壽諸梓，俾苦吟琢句之士，盡覩一代美麗之撰云。」

中唐十二家詩集一册 刊本。卷首有先光禄「范氏子受」、「西郭草堂」二印。○明嘉靖毘陵蔣孝思惟忠氏刊。并序：「是編采儲光羲以下，凡若干人。爲中唐詩。」

唐詩韻鈔兩卷 刊本。○嘉靖臨海蔡雲程鈔。序稱：「取楊伯謙、高廷禮諸家所選唐人詩，與其五七言律尤萃者，分類鈔之。初、盛爲多，中唐次之，晚唐間取之。英華典則，大畧在是。其類凡十有五，詩凡五百首。」

十二家唐詩 刊本。○明嘉靖壬子永嘉張遜業序首。江都黄埻梓行。題其後曰：「王、楊、盧、駱沿六朝之習，爲天賦之才，實一代聲律之發硎。自是文運益昌，乃有陳、杜、沈、宋倡于前，王、孟、高、岑繼于後。當時指武德、貞觀爲初唐，天寶、貞元爲盛唐，元和、開成之末曰晚唐。則十二家者，又唐之可法者歟。爰重梓之。」

類編唐詩絶句二卷 刊本。○五言絶句明慈溪王交批點，七言絶句清江敖英批點，王交删訂。

唐詩律選五言六卷 刊本。

遺山解註唐詩鼓吹十卷 刊本。○元郝天挺註。吴興趙孟頫序稱：「中書左丞郝公，當遺山先生無恙時，嘗學于其門。其親得指授者，蓋不止於詩而已。出其博學之餘，探隱發奥，人爲之傳，句爲之釋。或意在言外，或事出異書，公悉取而附見之。使誦其詩者，知其人；識其事者，達其義；覽其辭者，見其指。非遺山不能盡去取之工，非公不能發比興之藴。」

唐詩絶句精選五卷 刊本。○章泉趙蕃、澗泉韓淲選，疊山謝枋得註，餘學胡次焱箋。謝有序。

唐雅二十六卷 刊本。○明清河張之象編。嘉靖華亭何良俊序：「是編起自武德，迄于開元，通得詩二千餘篇，分二十六卷。」

全唐風雅詩一册 刊本。○明閩人黄應麟選集并序。

百家唐詩十八册 刊本。每册首有先光禄「范大沖」、「范伯子子受」、「少明」、「清寧宇宙中人」、「崑崙山人」五圖章。○計九十八人。無選校姓名。

初唐詩三卷 刊本。○明信陽樊鵬編集。自序稱：「嘉靖癸巳，督儲濠梁，得關中李子宗樞相與評古今詩。李以初唐爲稱，適與余契。乃專取開元間詩，編爲三册，凡若干人，題曰《初唐詩》。」

唐音百絶一卷 刊本。○明簡紹芳選。嘉靖辛亥成都楊慎序稱：「風雅遺音莫如絶句，擅長則李彰明，驂乘則王江寧，偏美則劉中山，遺響則杜樊川。少陵雖號左家，不能兼善，自『錦城絲管』之外，咸無譏焉。

余友西辔簡子紹芳選唐諸家，萃爲百首。西辔别有詩話，及雜著若干卷。」

唐詩正音二卷 刊本。○明姚江王庸補註并序。

唐音大成十一卷 刊本。○宣興邵天和編校。

唐詩集句五卷 刊本。○宋趙蕃、韓淲同選，謝枋得註。明孫恭序。

唐絶增奇五卷 刊本。○明楊慎編并序。

李杜詩選二册 刊本。○《李詩選》六卷、《杜詩選》六卷。明毘陵顧明、史秉直選釋，海鹽錢篇校正。

博選唐七言律詩九卷 刊本。○明方介選輯并序。處州府儒學訓導高孝忠後序。

唐律類鈔二卷 刊本。○明臨海蔡雲程輯。蕭山孫學古識云：「鶴田蔡公在南銓時所輯者，舊有鏤版，不傳于嶺海，觀者病弗給也。公迺以録本畀屬吏學古命工刻之。律凡五百首，篇百有五。版五十有三，工完，寘之紫薇堂中。」

唐律類鈔二卷 刊本。○明臨海蔡雲程輯并序。爲類凡十有五，詩凡五百首。

唐詩正體六卷 刊本。○明符觀重訂并序。

唐詩品彙七言律詩二卷 刊本。○明陳卿序。王伯辰校録。

全唐詩選○明李默、鄒守愚編輯。閩林應亮、泰和曾才漢校刊并跋後。

唐詩選七卷 刊本。○明濟南李攀龍編選并序。吴郡王世懋、太原王穉登均有序。

唐詩五言絶句精選四卷拾遺一卷又附刻一卷 刊本。○明永昌張含精選，成都楊慎批點并序。

初盛中晚唐集四册總一百三十六卷 刊本。○《駱賓王集》二卷、《杜審言集》二卷、《沈佺期集》四卷、《楊烱集》二卷、《李嶠集》二卷、《王勃集》二卷、《唐太宗集》二卷、《虞世南集》一卷、《許敬宗集》一卷、《盧照隣集》二卷、《張九齡集》六卷、《蘇廷碩集》二卷、《孫逖集》一卷、《張悦之集》八卷、《宋之問集》二卷、《王維集》六卷、《李頎集》二卷、《儲光羲集》五卷、《孟浩然集》三卷、《崔顥集》二卷、《崔曙集》一卷、《祖詠集》一卷、《常建集》、《覆武集》一卷、《高常侍集》八卷、《岑嘉州集》八卷、《王昌齡集》二卷、《劉隨州集》十卷、《錢考功集》十卷、《皇甫冉集》二卷、《皇甫曾集》二卷、《韋蘇州集》十卷、《李嘉祐集》二卷、《戴叔倫集》二卷、《羊士諤集》二卷、《盧綸集》六卷、《李端集》四卷、《司空曙集》二卷、《覆維集》二卷、《顧况集》二卷、《權德輿集》二卷、《李益集》二卷、《武元衡集》二卷、《耿湋集》二卷。

徐侍郎集二卷 刊本。○唐徐安貞撰。太原王穉登序云：「侍郎衢之，龍邱人。當明皇朝，三應制科，並擢上第，尤工五言詩，迨今千載。龍邱逸民童君佩，集其詩、賦、雜文十六篇，次第之而鋟之木。」童有序。

唐詩批點正音一本

集唐音二卷

聲畫集二卷 鈔本。○宋孫紹遠編。自唐及宋題畫像詩、詞。

宋詩正體四卷 刊本。○明符觀編選。序稱：「采五、七言律詩與七言絶句，調氣渾厚，意味雋永，可以裨化而善俗者，彙爲四卷傳之。」

雅頌正音五卷 刊本。○鄱陽劉仔肩撰。洪武三年宋濂序。

瀛奎律髓四十九卷 刊本。○宋紫陽虚谷居士方回編選并自序。

瀛奎律髓〔七〕**增選一卷** 刊本。○宋虚谷居士方回增選。

滄浪先生吟卷二卷 彭城清省堂刊本。○宋樵川嚴羽著。嘉靖辛卯閩中鄭炯識云：「《滄浪嚴先生吟卷》，閩中、吳中俱有刻本，亦既傳布之矣。予嘗愛其參禪論詩，超悟宗旨，有唐、宋諸賢所未道。至其詩亦格律精深，詞調清遠，蓋真有透徹之悟，而其詞足以達之。乃復重刻以益廣其傳。」

龍州道人集十五卷 藍絲闌鈔本。○宋西昌劉過著。端平紀元弟劉澥序云：「古人以詩名家者，衆矣。余兄改之，詩章散漫人間，無從薈萃。澥遊江浙，涉淮甸，得詩、詞、表、啟、賦、序于所交遊中，纔成帙，用鋟木以廣其傳。」

翰苑詩鈔三十八卷 藍絲闌鈔本。每卷首有「東明山人」、「甬東范氏家藏」二圖章。○宋黄庭堅編楔。

谷音一卷 刊本。○蜀郡張榘序云：「右詩一卷，凡二十三人，無名者四人，共一百首。乃宋亡元初，節士悲憤，幽人清咏之辭。京兆先生早遊江湖，得于見聞，悉能成誦，因録爲一編，題曰《谷音》，刊于平川懷友軒。今歷兵燹，版已不存，予幸藏此本。今年，先生之孫德基來從予，暇時輒出此編，俾録而歸之。」

元詩正體四卷 刊本。○明正德新喻符觀選并序。

元詩體要十四卷 刊本。○明姚江宋公傳編選。總三十八體，凡一千五百二十一首。宣德南海鄧林有序。

選詩補註八卷 刊本。○元上虞劉履補註。至正二十一年謝肅序例云：「《詩》自孔子刪後，殆未易言。然今人欲知漢、魏以下諸作，頗賴昭明選詩之存。兹重加訂選，得二百十有二首。又常恨陶靖節詩在《文選》者甚少，今就其本集增取二十九首。又于《後漢書》得酈炎詩二首，于《文章正宗》得曹子建《怨歌行》一首，于《阮嗣宗集》得《咏懷》二首，皆《文選》所遺者。總二百四十六首，釐爲八卷。其他如經史所載歌謡，《樂府集》所録古詞，別當删取而續傳也。先生名履，字坦之。宋侍御史忠公之四世孫。守志勵行，以經術世其家云。」

選詩補遺二卷 刊本。○上虞劉履校選。序稱：「《選詩補遺》上下卷，凡四十二首。皆古歌謡詞，散見于傳記、諸子之書及《樂府集》者也。余既補註《選》詩，而復輯是編者，蓋竊承朱〔八〕子欲鈔經史諸書韻語、《文選》古詩，附于《三百篇》、《楚詞》之後之遺意。」

選詩續編四卷 刊本。○上虞劉履撰註。

重刻選詩十四卷 刊本。○上虞劉履編。嘉靖壬子吴郡顧存仁序。

河汾諸老詩集八卷 刊本。○元房祺編并後序。明車璽序稱：「元遺山值金亡不仕，爲正學宗盟。麻貽溪、張石泉、房白雲、陳子京、子颺、段克己、成己、曹兑齋諸老，與遺山遊從官寓中。一時雅合，以詩鳴河汾。至大德間，房公祺編集成帙，今所傳者是也。遺山之文備衆體，爲一代宗工，有别集行世。侍御沁水李公叔淵企仰鄉賢，出是集以畀郟令王龍刊行。」

吴興詩選六卷 刊本。○陸隅編。錢學校刊，并跋後云：「予官烏程，爲吴興屬邑，冥感遐遇，萃闔郡之良。自梁、唐、宋以及于今，得詩若干首，編校壽梓。見聞弗及者，不與焉。」唐樞序。

元詩六卷○元孫存吾編類，傳習采集，虞集〔九〕校選并序。

古今名賢詠物詩選六卷 刊本。○明郭大有選。孟良臣刊。魏棨革序。

金臺十八子詩畧三卷 刊本。○明王世貞序云：「金臺者，志燕舊也。十八子者，其人非金臺人。稱《金臺十八子集》，于燕而作者也。梓者誰？紀君旭仁也。黎民表、丁一中等撰。」

明詩正體六卷 刊本。○新喻符觀序云：「明詩選無慮十數家，若劉鄱陽之《正音》，王靈式之《詩選》，可謂得其宗者。然皆止于其時，而于近世之作無及矣。予既選唐、宋、元詩，各爲一編。明詩則選自二公所集，而參之以近日之所得云。」

廣陵聯句集一卷 刊本。○明黄省曾序稱：「涂柱央先生輯詩凡若干首，作者凡五人：東潭涂子名于楚，莘野田子名于大梁，少海朱子名于維揚，瓠州宋子名于廣德，而五嶽黄子則以鉛槧名于江左者也。」

五隖山房集一卷 刊本。○明段炅序稱：「姑蘇之勝，莫大于震澤，莫嘉于石湖。據兩湖之間，以全有湖山佳勝曰五隖山。少參盧公師承，昔家食時，建精舍其中。已乃取甲科，登仕内朝，分職司馬。一時名流以公潛修舊地，詠其山水得賢。詩備羣體，集以疊帙。」

西山紀遊一卷 刊本。○明鄧欽文、沈淵、楊汝允、朱正初、邱齊雲、胡應麟、朱宗吉、潘光統等合刻詩。

和聲集一卷○明正德間河内張祐與同人倡和聯句詩四十餘篇。嘉靖三十年桂林馮承芳序曰：「《和聲集》，集吾廣副總戎可蘭張公與諸縉紳聯句詩也。可蘭卒十有九年，可竹都閫，一日得其舊本于蒼梧故尚書東湖吳公家，蠹殘幾不可讀，乃喟然曰：『是吾先兄遺文，詎可使泯滅耶。』遂翻刻以永其傳。」

金臺雅會稿二卷 刊本。○明嘉靖丙寅蘇祐序稱：「倡首者容峰孫君、雲陵黄君，勛貴則石圃劉君、劍峰孫君，臺彦則言溪方君，部使則少鶴丁君，翰學則瑶石黎君，進士則雩泉樓村二翟君，令尹則横崖陳君、海浮馮君、訒吾岳君，光禄則藹寰倪君，文學則崑山歐陽君，隱逸高蹈之士則問山江君、五岳張君、禹泉夏君。追芳軌而步雅韻。兒子濂亦勉爲之。」

風雅逸篇十卷 刊本。○明楊慎用修編。自序稱：「録中古、先秦詩歌也。首黄帝《彈歌》至伯夷《薇歌》爲第一卷。琴操歌謡詞曲三十一篇爲第二卷。《石鼓詩》十章爲第三卷。逸詩，篇名斷章存者十篇，有句亡篇名者四十四條爲第四卷。經傳所載孔子歌辭，及諸事涉孔子者二十二篇爲第五卷。魯、衛、齊、晉、鄭、宋、吳、趙、成、徐、秦、楚，君臣、民庶、婦女、胥靡、俳優，雜歌、謳、操〔一〇〕、曲誦、祝、相曲爲第六卷、第七卷。古諺、古語、古言、鄙詩〔一一〕、鄙語、野語、俗語、故語、民〔一二〕語、不恭之語百五十條爲第八卷。荀卿《成相雜辭》三章、《俑詩》一章，附蘇秦《上〔一三〕秦王詩》爲第九卷。葛天氏八闋訖于師延滁角，有篇目逸其辭，存其名義，爲《風雅篇》十卷終焉。」

皇明詩選七卷刊本。○明吳興歸安山泉慎蒙編選校正并序。是編起洪武至成化初，爲《雜集》、爲《甲集》、爲《乙集》。又以弘治至正德初，爲《中興集》。又自正德至嘉靖始終爲《繼中興集》。

皇明古虞詩集二卷刊本。○明謝讜獻忠甫編并序。

皇明詩鈔十卷刊本。○嘉靖丙申新安程旦後語云：「卷釐爲十，凡九十七人，共詩二百七十七首。予懼其鈔之弗廣也，命雲南沈尹繼芳梓而傳之。」

選詩外編九卷刊本。卷首有「天一閣」、「古司馬氏」二圖章。○明楊慎編。凡一百若干首。

錫山遺響十卷刊本。○明莫息跋云：「無錫儒士翟公厚、潘繼芳相繼哀集，余僣加裁定，凡十卷，目爲《錫山遺響》。」

六言絶句一卷刊本。○明楊慎選。

皇明江西詩選十卷刊本。○明韓陽選編，李奎校正。韓雍序稱：「巡撫江西之明年，博采國朝江西諸古老之詩，得若干帙，屬按察副使韓陽伯易、大理少卿李公文曜選而正之。逾明年始成，遂壽梓以傳。」

郡齋倡和録四卷刊本。○明袁表校刊并識。王養正序。

選詩三册刊本。○明嘉靖西蜀丹崖劉士元序稱：「少華許子集昭明太子統《選》詩，凡若干首，別爲三册，將入梓，乃有山東之擢，屬丹崖子成之。」

明詩粹選十卷 鈔本。◯明山陰高播批選。

聯句録一卷 刊本。◯明成化長沙李東陽序。

縉紳贈言一卷 刊本。◯明黄仲昭、陳瓊、陳策、吴文度等贈渠竹石翁詩。

聯新事備詩學大成三十卷 刊本。◯三山林貞編集。建安毛直方引。

夫容社吟稿四卷 刊本。每卷首有「古司馬氏」圖章。◯明四明吴士編，并跋後云：「右豫章朱二先生詩。歲己巳冬，士以吴郡王公、武昌吴公書介，謁二先生于夫容社中。因得盡讀其詩，謬爲次之，曰《夫容吟社稿》。逼歲歸吴，屬王公爲之序。」

谿山聯句二卷 刊本。◯明張玉溪、甘几山同著。廖希賢序。

南明紀遊詩一卷 刊本。◯明臨安知府吴郡章士元序稱：「括倉黄公紀遊之作，士元鋟梓成集，并題末簡。」

赤城詩集六卷 刊本。◯明李東陽序云：「浙東台州，古赤城郡地，其人故多能詩。吏部郎中黄君世顯、翰林侍講謝君鳴治，輯宋宣和間至我朝洪武、永樂，得數十人，人得若干篇，爲六卷，名之曰《赤城詩集》。初，宋理宗時有林詠道者，嘗輯爲《天台集》，今刻本不傳。天順初，國子學録張存粹輯《黄巖英氣集》，而不及旁縣，至是始粹然成編。」

清樂園集一卷 刊本。○明高璧跋後云：「清樂園在故尚書崔莊敏公之第，公謝事歸，卜此園終老焉。士大夫歌誦其間者曰益衆，斯園殆與韓魏公之晝錦、司馬温公之獨樂並稱。予辱交其孫清溪，聞公之德行勳業爲詳，集成謹書之末簡。」

絶句博選五卷 刊本。○明王朝雍輯。

詩紀前集十卷正集一百三十卷外集四卷别集十二卷 刊本。○明北海馮惟訥彙編，太原甄敬裁正。有序。

耋壽録一卷 刊本。○明中翰倪若谷八十壽詩，并序。

盛明十二家詩選十二卷 刊本。○益王滇南道人批選并序。

宦轍聯句一卷 刊本。○明祝鑾、楊慎、楊恒、胡宗道、王時中等撰。王省三序。

硯山雅社集二卷 刊本。○明蔣瑶、吴廉、王椿、劉麟、蔡玘、李丙、朱雲鳳、陳良謨、顧應祥、孫濟、吴良謨、吴麟、張寰、韋商臣、朱懷幹、吴龍、唐樞等撰。徐獻忠序。

明詩類選十二卷○明泰山山人黄佐鑒定。門人黎民表參訂，并跋云：「先生嘗取先正遺集，指受去取，俾與同志參訂之。積有年，始克成編。友人潘少承甫獲觀焉，遂以請梓。」

古今詩删三十四卷 刊本。○明濟南李攀龍選。王世貞序。

士林詩選二卷 刊本。○明嘉禾懷悦編次。天順秀水吕原序。吴興邱大祐校正。

選詩拾遺六卷 刊本。〇明嘉靖成都楊慎編次并序。

五言律祖六卷 刊本。〇明楊慎選并序。

除夕倡和詩一卷 刊本。〇明皇甫沖輯并序。

瓊芳集二卷 刊本。〇明賢王編。成化戊戌序稱:「水陸羣卉之至清者,莫出乎梅。歷代士夫珍其清致,靡不留咏。公暇檢蒐載籍,凡咏梅者,悉采録之,類次成編,因目之曰《瓊芳集》。」

矩洲九仙詩一卷 刊本。〇王漸逵跋云:「丁巳歲中秋之既望有五日,元老甘泉湛翁遊于少司馬鐵橋黄公矩洲書院。時陪游者少巖吴子、右溪倫子、念山羅子、青蘿王子、少槐楊子、樾溪倫子暨少巖嗣子元圭、鐵橋公嗣子思道,各爲詩。詩成,翁命思道梓之,委跋于予。」

皇明蕭山□□六卷 刊本。〇明陳諫選,嚴魏批點,楊武書。

李何精選詩四卷 刊本。〇明永昌張含選。叙云:「吾師李空同先生,吾友大復何子,廓清詩祲。李集梓于吴,何集梓于秦。江陰湯子石卿屬余選而別刻之。簡李得五七言二百六十首,何五七言二百二十六首。」

皇明詩鈔十卷 刊本。〇明楊慎鈔。凡九十七人,共詩二百七十七首。嘉靖新安程旦後序。

廣中五先生詩集五卷 刊本。〇明南海孫西菴蕡、黄雪蓬哲,番禺李易菴德、趙臨清介,河東王聽雨佐撰。每卷首各有傳。無序。見《廣州人物傳》。

批點明詩七律十二卷 刊本。○明東明穆文熙批選，拱辰石星閲正，并序云：「敬甫取我明詩數百家，歷數十年，閲之，拔選得七言律若干篇，各加評語，將梓行之，而其所爲詩不與焉。余與伯完趙君，夙從君游，知其苦心聲律，而其自爲詩，又雅深典麗，直逼貞元、大曆之間，乃頃嫌于自選，置而不録。余故與伯完氏，拔其七言律若干首。」

四傑詩選四卷 刊本。○明北郡李夢陽、信陽何景明、濟南李攀龍、吴郡王世貞撰。吴越姚佺、焦穫孫枝同選。

陶學士集二十卷 刊本。○明陶安撰，鉛山張祐編校。弘治十二年鉛山費宏序稱：「安字主敬。太平當塗人。詩文甚富。其存者，在元有《辭達類鈔》，在中書有《知新近稿》，赴武昌有《江行雜咏》，守黄州有《黄岡寓稿》，在桐城有《鶴沙小紀》，總若干卷。今刻置太平郡齋，則前守嚴陵徐公時中圖其始，今守嘉興項公誠之成其終，當塗學諭鉛山張君天益校其譌、次其類，而郡倅董君德美、張君瑞夫、辛君公應、李君宗漢、守儀皆與聞其事焉。蓋距先生之卒，已百十餘年矣。」

王柘湖遺藁二卷 藍絲闌鈔本。○明王梅撰。嘉靖癸卯太倉陳如綸序稱：「王時魁既没之五年，太倉守馮侯惟良就其第，得詩文遺藁，屬吴山人恂校編爲一卷刻之。時魁號柘湖，因以名其藁云。」

陶園後集一册 藍絲闌鈔本。○明建安楊旦撰。正德丙子兵部主事莆田林達序云：「建安楊公爲地官大夫，念母太夫人，上章致仕。上嘉之，以爲太僕少卿還其鄉，南都大夫士榮其歸，作爲詩文以贈。而託夫陶者，因公之舊，且擬公之倫也。公前歸養時，嘗名其游息之所曰『陶園』，景物之適，題咏之富，已梓傳矣。今公歸，復因其名，侈其遇，以悵其別，亦所以志公之終始也。公歸，猶子太學生遷裒所贈遺梓之。」

種蓮歲稿六卷文畧二卷 刊本。◯明遼藩貞翁撰。嘉靖丙辰四月曹忭序稱：「王爲詩多不經人道語，而沖澹平婉，超然有出塵之想。爲文拈筆輒就，思若涌泉，真天才也。合集其詩爲《歲稿》若干卷，集其文爲《文畧》若干卷，請于王梓行。」

袁永之集二十卷 刊本。◯明袁袠撰。嘉靖丁未雲間董宜陽序稱：「《永之集》二十卷，詩十卷，文十卷，及《世緯》二十篇，故廣西提學僉事姑蘇袁先生之所作，其子魯望進士之所校刊者也。」

河岱集三卷 刊本。◯明胡纘宗著。嘉靖己亥李濂序稱：「大中丞可泉胡公，挺生西服，才思敏贍，詩文統若干卷。凡嚮慕者，争梓之以傳。」

苑詩類選三十卷 刊本。◯明包節輯，王交校。嘉靖二十五年戴金序云：「《文苑英華》爲宋之太宗詔諸儒編次，盈千卷，相傳迄今。苦灝瀚，獲睹者未十一。吴淞包侍御蒙泉，取詩選百卷，擇其十三，類爲集，付前給諫王子龍田校讎疑誤，屬刻于鄂州守何子月梧（一四），未成。高侍御南山代守嗣其美。是編序次，始齊、梁以終唐季。其篇什則部以隸目，目以繫詩，自天文、地理、帝德、應制、應令、朝省，以迄人事之屬，爲部二十有七，目幾二百，包括無遺。條附無紊，即一目而羣才畢集。當與昭明《文選》、西山《正宗》並傳云。」

周蹟山詩文三卷 藍絲闌鈔本。司馬公題籤。◯明周天佐著。

滄螺集六卷 刊本。○明江陰孫作著。弘治丙辰薛章憲記云：「鄉先生孫公大雅，在洪武初，以文名一世。求之廿年，乃得公所爲文曰《滄螺集》于都君玄敬，既又得公詩于黄公應龍，各丐以歸。以示中表弟徐直夫，謀刻未果。歲乙卯九月，玄敬、直夫同領鄉薦，歸自南都，乃重言焉。直夫于是捐金僦工，而玄敬手爲校勘，始得竣事。凡爲詩若文七十六首，共六卷。」卷首宋濂有傳。

蛾蠓集六卷 刊本。有「天一閣」、「古司馬氏」二圖章。○明黎陽盧柟撰。自序稱：「摭録舊作并獄稿，文若干首，騷賦若干首，雜體詩若干首，命其集曰《蛾蠓》。」豫章萬恭有叙。

祝氏集畧三十卷 刊本。○明祝允明撰。眉山張景賢序。集分騷賦、樂府、古調、歌行、近體、古體、論議、書牘、碑版、傳志、紀叙、外教十二類，皆公手自編定。别有《祝子通》、《祝子罪知》、《蘇材〔一五〕小纂》、《浮物》、《蠶衣》、《太中遺事》、《野記》、《興寧志》、《祝子雜話》、《怪惾鐸音》、《江海殲渠記》。

榮壽詩編一卷 刊本。○明吴某一塘先生八十壽詩。男侍御禮嘉會之編。萬曆壬辰全天叙序。

近體詩鈔二十四卷 刊本。○明謝東山輯。

詩心珠會十卷 刊本。○明宗藩味一道人宣墡輯并序。

梅花集詠一卷 刊本。○明山西按察司副使沂水楊光溥集，衛輝劉璋校正。

玉厓詩集十卷 刊本。○明上海姚章著。文徵明序。卷首有玉厓自製生誌一首。

詩歸五十一卷 刊本。○明鍾惺、譚元春同選，均有序。自古逸至隋，凡十五卷，曰《古詩歸》。初唐五卷、盛唐十九卷、中唐八卷、晚唐四卷，凡三十六卷，曰《唐詩歸》。

峴泉集十二卷 鈔本。○明耆山張宇初撰。金華王紳序云：「嗣教真人張公無爲，自其家世守老子之教，至公凡四十三傳。公于琅函蘂笈、金科玉訣之文，既無不博覽而該貫，益于六經、子史百氏之書，大肆其窮索。至于辭章、翰墨，各極精妙。間出其詩文若干卷屬序。題曰《峴泉》者，因精舍〔一六〕之稱云。」

劉翰林斐然稿一卷 紅絲闌鈔本。○明劉三吾著。張瓚序云：「明開國詞臣，若宋景濂、王子充、劉三吾諸老，皆首以文章道德之言，黼黻一代文明之治。凡其制作，皆足以傳。獨三吾先生文燬于回禄，後輩每以不見全傳爲慨。長沙碑記詩不下二十餘篇，蓋先生當時手書，以遺愛祖前長史南賓者。南賓與先生同鄉、同時且姻親，故集賴以獨存。予復益以蜀中士大夫所收先生手書序記，若《環牖》諸作數篇，類爲集。因併收壽梓，期成一家言以傳。」

孫山甫督學集八卷 刊本。前四卷缺。○明湖廣巡撫如皋孫應鰲著。俱督學關西時詩。翰林南充任瀚評。末附嘉靖六年任瀚《淮海操并序》及《送淮海孫公陞觀察使序》，隆慶元年御史慈溪顏鯨《贈孫淮海拜大中丞節制三藩序》。

凌溪先生集十八卷 刊本。○明寶應朱應登著。許宗魯序。

莊定山集十卷○明雲南陳常道編輯，四川周滿校正。桂林劉縉、教諭陳應奎、訓導龍壽山同刊。增城湛若水序。詩文凡十卷。户曹陳常道編輯。周滿校正。縣尹劉縉刻置定山書院。别有餘姚聞人詮、王華、廣漢周滿三序。

古今風謡六卷 藍絲闌鈔本。有「天一閣主人」印。○明成都楊慎著，楊富春輯次。

三先生詩十九卷 刊本。○明高啟、楊荃、包尼授著，江陰朱紹同積編輯。曾棨序。

二園集一卷○明賜進士許論序云：「正統丁巳，楊文貞諸公會于楊文敏公之杏園，曰雅集。弘治己未，屠襄惠諸公會于周文公之竹園，曰壽集。各有繪像、篇什，皆太平盛事也。」

張詞臣詩集一册 刊本。

同聲堂詩選十三卷 刊本。○國朝左國棟、孫中麟、吴循、姚文焱同彙次。衲如覺序，同里吴道新亦有序。

甬上耆舊詩三十卷 刊本。○國朝道南胡文學輯選，杲堂李鄴嗣叙傳。均有序。胡序云與其友杲堂同選。取杲堂所撰《甬上耆舊傳》爲本，因人而求其詩。凡名公全集行世已久，不煩更徵。但詢其老去詩篇集外未傳之作。亦有巨公宿老，澹于得名，其遺集尚藏于家，不輕示人，當造門請録。至里中藏書家，集部中常有先賢寫本未行世者，當簡其書目，即與借鈔。他舊家族譜所收詩文，每有可采，亦須造觀。以至山房邨舍，名手留題，爲梵僧田叟所得，及殘章軼簡，偶落人間，肯書一編，受同璧駟。遂得以次編輯。上溯越文大夫種、漢大里黄公、唐祕監賀先生知章、宋參政樓宣獻公鑰、元學士袁文清公桷。世有先民，爲風雅發源，所謂高曾之規矩也。自後倡雅郡中，薦紳如觀察黄先生潤玉、廉使謝先生瑾、兵部洪先生常諸名家，布衣如至孝李先生本、宋宏之、倪味易、李棟軒諸名家，並掃除蕪穢，詩徑始開，一時名公卿相，望若宗伯。楊文懿公守陳、太宰楊公守阯、少保屠簡肅公僑、大司馬張文定公邦奇，九先生俱碩德上公，身握文柄，及諸名縉紳繼起，前後三十餘家，相鼓吹大雅。而棟社長沈先生明臣自草野崛起，與大司馬張先生時徹，對主壇墠。同時有呂中甫時、楊伯翼承鯤諸先生二十餘家，布衣風格，並起冠時。于是吾鄉之詩，金石發聲，遂稱極盛。至于闡揚幽隱，若參政張先生琦、方伯陸先生銓，身後瓣香，奉爲二老。而周太史翰、陳太守本深、張侍御昺、吳學士惠諸公三十餘家，俱自二百年後搜其遺草，始登作者之堂。至布衣則如吳百藥、吳鼓和諸先生，里中漸不識其名氏，鬼神護惜，使餘音不墜，至今日而始出。余復與杲堂重相論定，爲諸先生叙次，位置既定，支派遂分，八風亦辨。此邦文獻庶籍此信傳矣。書成凡四十卷，今取前三十卷爲序，先登棗梨。其餘以次行世。

扶輪廣集十四卷 刊本。○國朝黄傳祖、陸朝瑛同選。

今體臺閣集十卷 刊本。○國朝吳江顧有孝、趙澐同選。禹航嚴沆序。

拙隱園可人集三卷 刊本。○國朝孫鍾瑞撰并序。季舜有、沈廷勱、徐善俱有序。

秦漢文四卷 刊本。○明胡纘宗編次并序。

秦漢文評林四卷 刊本。○明藺嵎朱之藩選，同科孫愼行校，湯賓尹訂。

秦漢文歸二十卷 刊本。○明竟陵鍾惺選。凡例六則。錢塘朱東觀序，西湖張煜如泰先氏識後。

秦漢晉魏文選十卷 刊本。○首二卷缺。

兩漢文鑑四十一卷 刊本。○明陳鑑編次。弘治十五年邵寶序。

西漢文類三十五卷 綿紙紅絲闌鈔本。○右侍郎大庾劉節編輯。

東漢文類三十六卷 綿紙紅絲闌鈔本。○右侍郎大庾劉節編輯。

晉文歸六卷 刊本。○明鍾惺評次。

唐文鑑二十一卷 刊本。○明監察御史東湖賀泰編集。建陽知縣孫佐校刊。正德六年吏部尚書三山林瀚序。

文苑英華一千卷 刊本。○宋學士李昉等奉敕輯次。明隆慶間胡維新序云：「是書出于雍熙初，暨孝朝更命删校，反滋舛訛，至嘉泰再讐，乃稱全本。中所紀述，肇梁、陳，迄唐季，數百年名家網羅畧盡。麗宸奎而資睿覽，宋葉之所以隆也。然藏之御府，非掌中秘書不獲見，今并逸之。儒林家傳有善本，又以卷帙繁灝，繕非經年不可，故寒畯士覩且勿能，又何暇録而傳也。丙寅歲按閩，白之督撫仕齋塗公，公嘉贊之，乃肇謀始役焉。不數閱月刻成。」

文苑英華纂要八十四卷辨證十卷 會通館刊本。○明古吳華燧序稱：「正德改元，在會通館，方從事于《君臣政要》。客有以《文苑英華》請翻印者。時從姪孫子宣爲郡庠生，招與計事。子宣曰：『昔宋孝宗居玉堂，閱〔一七〕祕閣所貯《文苑英華》，苦太舛錯，有害觀覽。時周益公直夜，宣對命取内架所貯正本，集諸學士校勘精讐，命曰節序便觀，將進以備講，弗克就緒。迨益公致政歸，始得重加研訂，去其煩冗，分類成，凡八十四卷，復註《辨證》十卷。某近得印本于陳湖陸氏，寶藏未久。苟從事于舛錯有害瀚漫之集，曷若從事于節序便觀有資之集爲愈。』且請序其事，以爲士子倡，因書以遺之。」

唐文粹一百卷 刊本。○宋吴興姚鉉纂并序，明嘉靖姑蘇尤桂、朱整重校。太學生徐焴重刊。弋陽汪偉序云：「宋姚寶臣所集《文粹》百卷，實本《文苑英華》，十摘其一。當時服其精確，李唐三四百載之文獻在是矣。舊時刻本傳流漸少，其存者亦多訛缺。予得清溪倪公家藏本，脱落者四之一，篁墩程編修爲予補之。予復手自校讐，差完善可讀，每自珍惜。甲申仲冬，以吏部侍郎致政歸。過姑蘇，太守胡侯世甫出示新本，寫善鏤精，予驚喜得奇觀焉。回視所藏，燕石耳。侯曰：『此太學生徐焴家刻也。』因請予序，徐生亦來謁，且堅請。予樂兹集之成，舟過嚴陵瀨，書此付徐生鑱諸木，且以質諸胡侯。」

南北朝文歸四卷 刊本。○明鍾惺評次選，西湖朱東觀、陸夢龍同裁定。

八大家文歸二十八卷 刊本。○明鍾惺評次，西湖沈懋允裁定。卷首列八家本傳。

萬文一統内外集二十二卷 刊本。○明李廷機九我氏撰，并序稱：「少時雅好史傳、百子氏言。恨簡帙浩煩，汗漫無紀。爲之删其煩蕪，存其精要，存西京而上者什六七，西京而下者什二三。又慮其意致各殊，體裁亦異，復爲之分門別彙。有一家自爲一彙者，檀、左記傳類是也。有一家分爲異彙者，賈、董書策類是也。凡二十二卷。友人謂余宜公之，因題而授之梓。」

聖宋名賢五百家播芳大全文粹一百十卷 藍絲闌鈔本。缺第一卷。宋文鑑一百五十卷刊本。〇明〔一八〕呂祖謙奉敕編集。晉王知烊序。

崇古文訣三十五卷 刊本。〇宋樓迂齋先生標註，松陵後學吳邦楨、邦杰校正。寶慶丁亥姚珤序。廣文陳君鋟梓以傳。合沙陳森跋後。

文章軌範七卷 刊本。〇宋謝疊山枋得批點。分放膽、小心二門。門人王淵濟識云：「《岳陽樓記》一篇，先生親筆祇有圈點而無批註。如《前出師表》則併圈點亦無之。不敢妄以己意增益，姑仍其舊。又第七卷內，惟《送孟東野序》、《前赤壁賦》係先生親筆批點，其他篇僅有圈點而無批註。若夫《歸去來辭》與《出師表》，併圈點亦無之，蓋漢丞相、晉處士之大義清節，乃先生之所深致意者也。」

文章正宗三十卷 刊本。〇宋真德秀選。明嘉靖甲辰孔天胤刊并序。

續文章正宗二十卷 刊本。〇宋真德秀編。咸淳丙寅金華倪澄序曰：「右《國朝文章正宗》，真文忠公晚歲所續也。宗簿梁公親見手澤本，而録其目及文之經標識者。澄依席括山，梁公出示此編，如獲拱璧。遂索詩集類入之，門目、次序，間有未的，必反覆繹公初意，稍加整比，釐爲二十卷。僅有其目者，則虛置于末。一代之文，燦然畧備」云。明嘉靖間胡松重刊序，梁椅、鄭圭、戴鏞序後。

古文苑二十一卷 刊本。〇宋紹興己卯臨川王厚之伯順編。紹定壬辰武林章樵升道序曰：「《古文苑》者，唐人所編史傳所不載、《文選》所不録之文也。歌詩、賦頌、書狀、箴銘、碑記、雜文，爲體二十有一，爲編二百六十有四，附入者七。始于周宣王《石鼓文》，終于齊永明之倡和。上下一千三百年間，可謂萃衆作之英華，擅文人之巨偉也。世代隃邈，遺文彫耗，千載而下，學者得以想像紬繹古人述作之懿者，猶幸佛書〔一九〕龕中之一編復出于人間。而其中句讀聱〔二〇〕牙，字畫奇古，未有音釋。加以傳寫舛錯，讀者病之。樵學製吳門，竊簿書期會之暇，玩味參訂，或裒斷簡以足其文，或較別集以證其誤，推原文意，研覈事實，爲之訓注。其首尾殘缺、義理不屬者，姑存其舊編，以俟搜考。復取漢晉間文史册之，所以遺補其數。凡若干卷，釐爲二十一卷，將質諸博洽君子，以求是正焉。」

三蘇文七十卷

妙絶古今四卷 刊本。○宋淳祐壬寅東澗自序云：「自《春秋》迄歐、蘇文，拔其尤，得七十有九首，蓋千載之英華萃矣。」寶祐丁巳紫霞老人序云：「伯紀負奇材，游諸公間。祕監柴公敬其行，西山真公取其學，南塘趙公奇其文。昔予爲江東憲，公餘屈致館舍，論辨終日。因得是編，皆諸老之緒言也。銖兩必校，毫髮不差，軼梁統之選而過之精矣。」

元文類七十卷 刊本。○元蘇天爵編集。元統三年王守誠書云：「右國朝以來詩文七十卷，右司都事趙郡蘇伯修父所類也。守誠在胄館時，見伯修手鈔近諸世名公及當代聞人逸士述作，日無倦容，積以歲年，今始克就編。伯修名天爵，以國子高等生試貢〔二一〕入官。力學善文，多知遼、金故事，亦有論著，他書無所不闕，予之敬交也。故題文類後。」王理、陳旅俱有序。

麟溪集二十二卷 刊本。〇元婺川浦江鄭太和彙編。至正同郡王褘序云：「婺之浦江縣東二十八里，其地曰白麟溪，鄭氏之居在焉。鄭氏合族而居者今九世。朝廷援著令族，表其門曰『孝義鄭氏之門』，而復其役。于是宗工鉅手，或形諸詩以道其美，或著于文以紀其實。月累歲積，所得既多。其家長太和，懼夫久而至于散軼也，爰裒集而彙次之。詩爲樂府、四言、五七言古今體若干首，凡十卷。文爲碑頌、序跋、記辭、銘志、雜著若干首，凡十有二卷。總爲一書。因其所居地名之曰《麟溪集》。太和字順卿，鄉里尊稱之曰貞和先生。實生五百二十二甲子。屬予爲序者，先生之從子欽，字子敬，能承其家者也。」

文翰類選大成一百六十三卷 刊本。〇明李伯璵編輯，馮厚校正。成化八年藩王頤仙序云：「予命左史李伯璵、紀善馮厚取古今文章載籍諸書，始自唐虞，至于我朝，上則王公列卿大夫，下逮閭巷韋布之士之所述作，精加選擇去取。言之冗汎淺近者去之，醇正暢達、有關世教者録之。序其世代，考其名字。凡六十四類，總一百六十三卷，名之曰《文翰類選大成》。用鋟諸梓，以溥其傳。」又淮藩坦仙序。李伯璵、馮厚、林祥序後。

皇明文衡一百卷 刊本。〇明翰林學士新安程敏政選編。直隸徽州府推官西蜀張鵬校刊。序後云：「篁〔三〕墩程學士，嘗自洪武以來，旁蒐遐索，垂三十年，得一百五十六家。擇其文詞之精者，分類録之，得九百七十二篇。學士没，諸集散失。庠生程曾于敗篋中得學士手書目録，遍訪海内蓄書家，亦幾十餘年，始克成編。適予承乏來推刑新安，乃于政暇，畧加校正，分爲九十八卷，繕寫入梓。六閱月，梓人迄工。間有目録無文字者缺之，以俟續訪，别爲一卷。」

皇明文範六十八卷 刊本。○明甬上張時徹輯。隆慶己巳序曰：「余既輯《皇明文苑》成，爰復加品騭，稍爲汰黜，摘其尤異者若干篇，題之曰《皇明文範》。」

古文辨體五十卷外集五卷 刊本。○明海虞吳訥編輯。天順八年安成彭時序云：「梁《昭明文選》、《唐文粹》、《宋文鑑》號爲掇其英，拔其萃矣。然《文粹》、《文鑑》止録一代之作，《文選》雖兼備歷代，而去取欠精，識者猶有憾焉。至宋西山真氏集爲《文章正宗》，其目凡四：曰辭命，曰議論，曰叙事，曰詩賦。天下之文誠無出此四者，可謂備且精矣。然衆體錯出，學者卒難考見。海虞吳先生謂：『文辭宜以體製爲先。』因録古今文入正體者。始于古歌謡詞，終于祭文，釐爲五十卷。其有變體若四六、律詩、詞曲者，别爲外集五卷附其後，名曰《文章辨體》。每體自爲一類，每類各著序題，原著作之意，而辨析精確。一本于先儒成説，使數千載之文體正變高下，一覽可以具見，是蓋有以備正宗之所未備，而益加精焉者也。先生之孫淳，爲監察御史，携是編至京。萬安劉公顯孜，昔與淳同官，見而好之。至是巡撫南畿，訪求于先生仲子銓、曾孫本，得之，親爲校正，刻諸梓。刑部陸員外杲，于先生爲邑後進，樂其書傳，屬予爲序。先生名訥，字敏德。學行淳正，著書積文，老而不倦。官終副都御史。所著有《小學集解》、《性理補注》、《晦菴文鈔》《詩鈔》、《草廬文粹》[一三]、《祥刑要覽》，與此並行于世云。」

古文雅録四卷 刊本。○明鄉進士知汝州崔銷、賜進士州同知章美中校選。

古文集四卷 刊本。○明提學副使信陽何景明選，撫民副使安陽張士隆校。嘉興知府晉安鄭鋼刊。浙江參政莆田洪珠序。

古文類鈔十二卷 刊本。○明林次崖編次批點。

古文會編十二卷 刊本。○明莆田黄式武編。二泉邵寶序。

古文集要三卷 刊本。○明嘉靖辛卯雲南按察僉事督學新都王閣輯，序稱：「《古文集要》者，爲滇士也。滇去中州遠甚，所謂文章名家，或求之而不得，或得之而無資。于是采輯前古，得八十三篇，出示教授蘇子前民，鋟梓成書，給諸學士。余惟不欲棄滇士于中州之外，此斯集所由成也。」

古文短篇一卷○明清江敖英編并序。

古文選正八卷 刊本。○明楊美益編。自序稱：「歲乙卯，奉命巡視陝西茶馬，駐漢中。政暇進諸生而校之。郡介萬山中，士生其間，或病于力之不給，或慨于籍之不傳。因取篋中所攜古文數集，商諸憲副孫君銓。孫君欣然采輯上下于春秋逮宋，二千餘年間，惟其言之不背于義，而可爲吾道羽翼者録之，名之曰《古文選正》。進漢中守李君懿，而鋟諸府治，以與諸士共。」云。孫銓序後。

古文會選二十卷 刊本。○明弘治己未謝朝宣選。

古文類選十六卷 刊本。○明王三省編并序。嘉靖丙申吕調音序後。

古文讀八卷 刊本。○明竟陵鍾惺伯敬氏評，宛陵劉光啟東明氏集并序，金沙周銓簡臣氏定并序。首卷《周禮》、《家語》、《檀弓》、《左傳》，二卷《國語》、《公羊傳》、《穀梁傳》、《戰國策》、《楚辭》、先秦文，三卷《莊子》、《列子》、《荀子》、《孫子》、《管子》、《淮南子》、西漢文，四卷《史記》、《漢書》，五卷《後漢書》、後漢文、季漢文、魏文、西晉文、東晉文、六朝文，六卷、七卷唐文、宋文。

古文奇署十三卷〇錢唐陳宗器家珍氏選。序稱：「取漢、晉、唐、宋之文，而簡閲之。得其所爲感慨淋漓，與夫經術淹通者，一千有奇，名之曰《奇署》。」

古今名喻全編八卷 刊本。〇明萬曆文臺吴仕期撰并序。凡例云：「是書博采先秦、兩漢、晉、魏、唐、宋及明諸大方文集名言，非罕喻不録，非名文不采。初名《警喻録》。嗣所藏日富，所采日精。或以節文則鈎其奇，或以全文則録其槩，而章法、句法、字法悉舉之矣。《警喻》刻自金陵唐氏，蘇、浙、建陽乃其翻版。今刻《名喻全編》，尤爲業舉者稱最。比舊刻增十之七，損五之三，次第分類，音釋詳明，善之善者也。」

文章正論二十卷 刊本。〇明萬曆東萊劉祐選，序稱：「是集輯成，題其端曰《文章正論》。蓋竊附于《易》之養正、《詩》之無邪、《春秋》之大居正云爾也。閎詞鉅筆，素爲博士家所歆艷，而理有未純，于世教無補者，置諸附録，曰《緒論》。會吾鄉徐侍御雅意崇古，今按治淮揚，將闡揚理道以鼓率羣吏，爰付剞劂氏，以爲風教之助。」徐圖校，亦有序。

會心編六卷 刊本。〇明南昌涂相輯。姑蘇顧璘序。

大家文選二十二卷 刊本。○明嘉靖己亥江陰薛甲選。自序云：「《文選》一編，凡二十二卷，選九大家所作，而賦則取之《離騷》。九家爲李白氏、杜甫氏、韓愈氏、柳宗元氏、歐陽修氏、王安石氏、蘇洵氏、蘇軾氏、曾鞏氏。冠以屈原、宋玉，凡十有一人。編成於蜀南大觀臺。」

四大家文選四卷 刊本。○明嘉靖丁巳姑蘇王坊編校。後跋云：「韓粹而正、柳肆而華、歐閎而深、蘇辨而騁，參其塗徑，人人異殊。要之闡聖奧、該物理、顯道體而賁人文，其揆一也。坊自總髮時，先大父永溪公常教習制科，因俾讀四家之文，僅憶百首。乃竟以濩落勿振，行且暮矣。循格佐垣，暇日，理而刻之，題曰《四大家文選》。」

歷代文選十四卷 刊本。○明浙江按察提督學副吳郡范惟一選并自序。嘉靖辛酉淩雲翼序。

勤有文集一册詩集一册 刊本。○明藩楚莊王撰，典儀正雷貫編。伴讀胡粹中序，子嗣王季垷跋。其名爲《勤有》者，取昌黎詩「詩書勤乃有，不勤腹空虛」也。

石陽山人蠡海二卷 刊本。○明吉人陳德文撰。序稱：「髫齡呫嗶之時，得於編翰師友。雖頗散失，猶幸思惟書置囊中，聊備檢閱，積彙累百，犂爲八十一篇。名曰《蠡海》，言乎以微測巨，不知量者也。」

圓菴集十卷附録一卷 刊本。○明天台釋居頂撰。楊士奇序云：「元極頂公，天台儒家子。蜀獻王遣幣聘之，寓詩示意，有僧中班、馬之褒。太祖高皇帝聞其名，召至，奏對稱旨，命爲僧録左講經，陞左闡教兼住持靈谷寺。平生詩文甚富，多不存稿。既謝世，其徒崇遠收萃散逸，僅存其詩賦雜文二百首。釐爲十卷，名《圓菴集》。圓菴，元極别號也。」

陽明先生文録五卷外録九卷别録十卷 刊本。○明新安胡宗憲重刊并序。

陽明文録三卷 刊本。卷首有「古司馬氏」、「天一閣」二印。○明萬曆丙子王幾序。

陽明先生文録五卷外集十卷 刊本。

學約古文三卷 刊本。○明楊撫定，岳倫輯，谷繼宗校。

集古文英八卷 刊本。○明顧祖武編輯，陳泰階、錢察同校。

太倉文畧四卷 刊本。○明陸之裘選。馮汝弼序。

王狀元標目唐文類十二卷 刊本。○名失查。

回瀾文鑑四十卷 藍絲闌鈔本。○缺首六卷。序文、目録俱佚。

諸儒箋解古文真寶十卷 刊本。○序文殘缺。

重刻古文精粹十卷 刊本。○選家姓名未詳。序云：「《古文》一書，乃精選歷代名賢所作也。其間雄詞奥旨，足範後學。然集刊者不一，或此收而彼不録，或彼載而此未備。予兼取而合録之，彙成一帙，分爲十卷。去其訓詁之繁，正其字畫之訛，重加鋟梓，用廣其傳。」

明百家文範八卷 刊本。○明萬曆東陽王乾章選。

古學彙纂十卷 刊本。○明婁東李繼貞、鹿城顧錫疇評。

考古會編續集刊本。殘。○明仁和傅鉞纂。

晉文春秋一卷刊本。○明成化戊戌御史稷山王衡校刊。

古今元屑八卷○宛陵王家佐選評。秣陵周宗孔梓。

快書五十卷○練江閔景賢士行纂，西湖何偉然仙臞訂。

羅文莊完名集壽祺録二卷壽榮録二卷哀榮録八卷刊本。○明吏部尚書泰和羅欽順曾著有《困知記》，述河洛關閩之學。以終養告歸。壽七十，公卿大夫及鄉縉紳爲詩文祝頌，其子集而梓之，題曰《壽祺録》，曹汴序之。又十年，壽八十，天子以明禋禮公，詔撫按大吏宣賜於里第。子㒀集成録，題曰《壽榮録》，永新尹臺序之。優游林下二十六載，考終年八十三。褒榮、祭奠以及歌輓、哀詞，㒀次成書。奉制詞、哀榮之語，爰表篇端。劉魁序之。

初學辨體十部刊本。○國朝崑山徐與喬輯評并序。

雞肋集一卷刊本。○明訥菴鄭珞著。

關中集二卷刊本。○明方新著。

屠漸山集刊本。○明甬上屠應埈撰。

芝園定集五十一卷又外集一册刊本。○明張維静著。

副墨五卷刊本。○明汪道崑撰并序。

四溟全集五卷 刊本。〇明謝榛撰。

九霞山人集十二卷 刊本。〇句吳顧起經著。

峋嶁書堂集一卷 刊本。〇明嘉靖癸巳趙時春序云：「峋嶁者，南嶽之支峯也。其高與衡岳等。升峋嶁而望，凡可喜可駭者，舉得而觀焉。衡之良祝君鳴盛，卜居于峋嶁之陽。將以悦乎聖人而求其道，甘泉湛子見而銘之，漁石唐子聞而記之。祝君既校舉以示余，更授簡屬余叙之。」一

泉亭存稿六卷 刊本。〇明吳鼎著。有墓志銘一篇，海寧許相卿撰。

紅泉選草一卷 刊本。〇明湯顯祖著。李大晉、高應芳校刊。

淮厓集三卷 刊本。〇明倪潤著。朱維藩序。

何氏集二十六卷 刊本。〇明何大復撰。任良幹校刊。

心齋稿六卷 刊本。〇明鄞縣李麟著。正德庚辰曾大有跋。

北潭稿一册 刊本。〇明傅珪著。

石囱先生遺藁六卷 綿紙朱絲闌鈔本。〇明華愛撰。

翠渠續稿一册 烏絲闌鈔本。〇明周瑛撰。

泊菴集十六卷 刊本。〇明梁潛撰。男果識云：「先君登洪武丙子科，不肖果年十一，侍祖畦樂公理家務。迨永樂丁酉，果與弟棨録名秋闈。戊戌而先君殁，遺所作稿多散失，僅集所存者。逾正統丁卯，又二

十九年，而果年六十二矣。感念與二弟荷聖明恩命，果歷官侯官知縣，桀歷官浙江左布政使，楫歷官太平知縣，惟弟榆守邱隴。每執卷，痛泣不能讀，今始能刻之成編。」正統九年王直有序。後載仁宗皇帝御製詩二首，臣王直、陳循題御製詩後。

操舟稿一卷 刊本。○明東歐洪孝先著，譙國曹昌先校。

春草齋集十卷 藍絲闌鈔本。○明烏斯道著。

高漫士木天清氣集五卷 藍絲闌鈔本。○明高棅撰。

汪白泉先生選稿十卷 刊本。○明楊慎選。

天池山人小稿一册 刊本。○明吴郡陸采著。卷分五帙：曰《太山藁》，曰《義興稿》，曰《壬辰稿》、《癸巳稿》、《甲午稿》，總名爲《天池山人小稿》。

南雋集二十卷 刊本。○明鄂郡崇陽汪必東著。嘉靖三十年辛亥，壽七十八，手書自序于卷首。

桂軒稿十卷續集六卷 刊本。○明四川按察副使番禺江源著。弘治四年盱江張昇、豫章李士實序。廬陵王臣、南溪劉忠評，莆田黄仲昭重評，門生吴璉、盧淵編校。新安汪舜民跋。《續集》六卷，弘治十八年南海張詡序。

石潭存稿二卷 刊本。○明舉人禾川劉髦著。其子翰林編修定之，聚其存者彙集之，目曰《石潭存稿》。正統丙寅翰林吉水周叙序之。卷首有成化三年《贈工部侍郎制誥》并小像。

呆齋存稿二十四卷 刊本。○明工部侍郎劉定之著。

呆齋續稿四卷 刊本。○同上。自序曰：「予舊所述，分類存之。今自成化元年乙酉，至五年己丑，不復分類。第于歲盡爲卷，以示兒，蓋因以見予之履歷云。」

莆田集四卷 刊本。○明翰林待詔文徵明著。

唐漁石集四卷 刊本。○明兵部尚書浙東唐龍著。門人平凉趙時春序稱：「別有《黔南集》、《江右集》、《關中集》、《晉陽集》、《淮上集》。龍字虞佐，自云夢漁子，又云漁石子。」

洹詞十二卷 刊本。○明相臺崔銑著。卷一、卷二名《館集》，起正德庚午至丁丑三月。卷三名《退集》，起丁丑至壬午七月。卷四名《雍集》，起癸未至甲申九月。卷五至卷十名《休集》，起甲申十一月至戊戌，凡十五年。卷十一、卷十二名《三仕集》，起丙午至辛丑。

章氏三堂集録□卷 刊本。○明嘉靖三年太平知府金華章藹彙刻其伯祖大宗伯楓山章懋、父大司空元樸章拯及族父方伯甦齋章述，與兄給舍道峯章邁所著奏疏及諸體詩文也。其《四端堂集録》署曰《闇翁文鈔》，理學名臣章懋著。曰《樸翁文鈔》，近代名臣章拯著。有鄱陽余祐序。其《翽羽堂集》署曰《四臣奏疏》，有仙居仙時來序。其《槐桂堂集録》署曰《楓樸遺音》。藹自引稱：「守太平時集録《四臣奏疏》于翽羽堂，集録《二老文珍》于四端堂。而《槐桂之集》則紀辛丑三月三日之夢也。總名之曰《章氏三堂集録》。而以道峯給舍詩文附焉。」

宋學士全集三十六卷 刊本。○明浦江宋濂著。嘉靖庚戌豐城雷禮序稱：「先生舊有《朝京稿》、《凝道記》、《潛溪》、《翰苑》、《鑾坡》、《芝園集》、《龍門子》、《浦陽人物記》。然各集出一時故舊以已見集者，今知浦江事韓叔陽萃爲一編，共三十六卷，九百六十七篇，題曰《宋學士全集》，梓行之。」

夢墨稿十卷 刊本。○明四明時季照著。永樂間臨川饒仲恭序稱：「季照嘗夢人遺以墨，自是學益進。因號所著爲《夢墨稿》云。」

静君集 刊本。○明潯陽張羽著。弘治改元盱江左贊序。

北郭集 刊本。○明吴郡徐賁著。成化丙午吴興閔班序。

槎軒集 刊本。○明吴郡高啟著。成化十四年婁東張泰序。

眉菴集 刊本。○明姑蘇楊基著。成化二十年江朝宗序。

鈐山堂集十三卷 刊本。○明嚴嵩著。時爲禮部尚書。

庸玉録二卷 刊本。○明張終南著。

遊燕集六卷 刊本。○明謝榛著。

邱隅集十四卷 刊本。○明喬世寧著。

玩梅亭集二卷 刊本。○明柴維道著。

海叟集四卷 刊本。○明雲間袁凱著。

戴邃谷集十二卷 刊本。○明戴冠撰。吉水張魯校刊并序。

冬溪外集二卷 刊本。○明嘉善釋方澤著，陸光祖選并序。

郭氏聯珠集二十二卷 刊本。○明贈定襄伯郭鉦著。

棠陵集八卷 刊本。○明方豪著。

石陽山人建州集四卷 刊本。○明吉人陳德文子器著。内卷三、卷四名《孤竹賓談》。

吴文端公集十六卷 刊本。○明吴白樓著。邵寶撰像贊。

費文憲公集十五卷 刊本。○明費宏著。

耆齡集一卷 刊本。○明馮遷撰。邑人孫應魁序。

水西集四卷 刊本。○明壽郡張曉撰。

徐徐集一册 刊本。○明象山王梴著。

蟛蜞集四卷〔二四〕○明閩中林嵋著。

杏花書屋自娱集一卷 刊本。殘。○檇李金世隆著。

江浦孫老□十二卷 刊本。○明萬曆江浦知縣沈孟化修。

鄭善夫集十五卷○明嘉靖鄭善夫繼之氏撰，汪文盛編。

碧里鳴存一卷○浙西董穀碩父著。

初潭集三十卷 刊本。○李贄撰并序。

同春堂遺稿四卷 刊本。○侍御劉熠著。

白門稿畧一卷 刊本。○明王世懋撰。黎南表序。

筆花集一册 藍絲闌鈔本。○湯舜民著。

鳳鳴後集六卷 刊本。○明鄭楷撰。

蒲室集十五卷 刊本。○豫章釋大訢撰。至元四年虞集序。

袁中郎集八册 刊本。○明袁宏道撰。《袁石公遺稿》五卷、《解脱集》四卷、《瓶史》一卷、《瓶花齋集》十卷、《桃源詠》一卷、《華嵩遊學》二卷、《敝篋集》二卷、《廣莊》一卷、《破研齋集》三卷、《廣陵集》一卷、《錦帆集》四卷、《瀟碧堂集》二十卷。

李中麓簡居集四卷 刊本。○明章丘李開先著并自序。

金臺甲子稿一卷 刊本。○明池陽方新著。四明柴綮編。

金臺乙丑稿一卷 刊本。○同上。

花影集四卷 刊本。○不著撰人名氏。

香臺集三卷 藍絲闌鈔本。○不著撰人名氏。

南還稿一卷○無撰著姓名。

〔一〕「宗」原誤作「家」，今改。
〔二〕「子」原誤作「干」，今改。
〔三〕萬表，明人。此誤作「唐」。下同。
〔四〕韋莊有《又玄集》，疑即此書。
〔五〕「詩」上原脱「古」。
〔六〕「明」當爲「宋」之誤。
〔七〕「髓」原誤爲「體」，據「四庫總目」改。
〔八〕「諸」當係「朱」之誤。查劉履《選詩補註》元謝肅序云：「故朱子嘗欲採輯一編，附于《三百篇》、《楚辭》之後。今劉先生坦之之爲補註也，……一取則於朱子。」即爲劉氏命意。
〔九〕「集」字原脱，今據《中國古籍善本書目》補。
〔一〇〕〔一一〕〔一二〕〔一三〕「操」原作「摻」，「詩」原作「諺」，「民」原作「名」，「上」原作「干」，均據《存目叢書》改。
〔一四〕「梧」原誤作「湖」。
〔一五〕「材」原誤「林」，今正。
〔一六〕「含」疑爲「舍」之誤。
〔一七〕「閲」字原脱，今補。
〔一八〕吕祖謙爲宋人，「明」當爲「宋」之誤。
〔一九〕「書」原誤作「言」，今改。

〔二〇〕「聱」原誤爲「聲」，今改。
〔二一〕「貢」字原脱，今補。
〔二二〕「篁墩」二字原誤倒，今乙正。篁墩，地名，在歙縣西南三十里。
〔二三〕《草廬文粹》原誤作《廬陵大粹》，今正。
〔二四〕「卷」字上原空字，今據《天一閣見存書目》補。